华中师范大学学科发展简史

（1903—2023）

彭南生／主编
董中锋　段　锐／副主编

华中师范大学
120周年校庆丛书
华中师范大学120周年
校庆丛书编委会　组编

编写及组织人员：
申国昌　曾　群　胡中波　党波涛　蔡　鹏　石　嵩
熊　娜　周轶楠　钱　佳　袁本芳　李　娜

華中師範大學
CENTRAL CHINA NORMAL UNIVERSITY
1903 - 2023

華中師範大學出版社
HUAZHONG SHIFAN DAXUE
CHUBANSHE

新出图证（鄂）字 10 号
图书在版编目（CIP）数据

华中师范大学学科发展简史：1903—2023/彭南生主编；董中锋，段锐副主编．—武汉：华中师范大学出版社，2023.8
（华中师范大学 120 周年校庆丛书）
ISBN 978-7-5769-0200-6

Ⅰ.①华… Ⅱ.①彭… ②董… ③段… Ⅲ.①华中师范大学—学科发展—概况 Ⅳ.①G659.286.31

中国国家版本馆 CIP 数据核字（2023）第 145581 号

编 辑 室：综合编辑室
电　　话：027-67867370
责任编辑：郭志刚
责任校对：肖　阳
封面设计：甘　英　胡　灿
出版发行：华中师范大学出版社有限责任公司
社　　址：湖北省武汉市洪山区珞喻路 152 号
销售电话：027-67861549
邮　　编：430079
网　　址：http://press.ccnu.edu.cn
印　　刷：湖北恒泰印务有限公司
督　　印：刘　敏
开　　本：787mm×1092mm　1/16
印　　张：30.25
字　　数：463 千字
版　　次：2023 年 8 月第 1 版
印　　次：2023 年 8 月第 1 次印刷
定　　价：120.00 元

修史存真，明理增智

彭南生

华师人常常不无自豪地说，华师人文底蕴深厚！何以言之？我以为就在于它一脉相承的、没有间断的120年办学史。今天的华中师范大学源自1903年创办的文华书院大学部，1912年始创的中华大学，1948年创建的中原大学，于新中国初期合成一校，历经华中高等师范学校、华中师范学院，直到华中师范大学。一代又一代华师人在这里辛勤耕耘，用人类的大爱、用辛勤的汗水、用智慧和知识，浇灌、培育了一届又一届学生。从昙华林到喜洲镇，从粮道街到米市街，从河南宝丰到湖北武汉，华师人的前辈历经艰难，百折不挠，保留和传承教育的薪火，最后汇聚于武昌桂子山。当然，这是严格地以大学的创办为起点的，如果泛泛地谈论华师的办学史，其原点应该追溯到19世纪70年代初期的文华书院。从基础教育走向高等教育，从中学走向大学，这是华师先辈不断奋进的动人篇章。华师校史是一个载体，它刻印了华师人奋斗的足迹，铺陈了一代又一代华师人的人文情怀，承载了“忠诚博雅，朴实刚毅”的华师精神，诠释了“求实创新，立德树人”的大学校训。历史是人创造的，华中师范大学校史是一代又一代华师人用爱与知识、智慧，甚至于用生命书写的，弥足珍贵！

百廿华师，底蕴厚重，每一位华师人都倍加珍惜，深以为荣！在120周年校庆前夕，学校党委决定启动校史修编工作，组成专门编写班子分门别类地重新编修《华中师范大学经典文库》《华中师范大学校史》《华中师范大学学科发展简史》和《华中师范大学校友风采》，并委总责于我。以我个人的学识与精力，实不足以担此重任，但又不便推托，一来这是校党委的决定，时任书记赵凌云在会议上直接提议由我负责，这也算是一种信任吧，我必须服从学校决定。二来我是学历史出身的，又是一个老华师人，有责任、有义务扛起这一重任。这其中最难的是学科发展史，120 年来我校并未编写过专门的学科发展史，没有可资借鉴与参考的样本，专门的学者又大多不愿意，甚至不屑于承担这类费力不讨好的编写工作，此外，究竟什么是学科，学术界内外并未形成共识。因此，在组织、协调校史编写工作时，我只好勉为其难，与董中锋、段锐等一道扛起了主编《华中师范大学学科发展简史》的重担。

学科是什么?《现代汉语词典》（第 7 版）的解释如下：“按照学问的性质而划分的门类，如自然科学中的物理学、化学。”《现代汉语大词典》也有相同的表述：“按照学问的性质而划分的门类。如自然科学中的物理学、化学，社会科学中的历史学、经济学等。”英文中的“学科”是一个多义词，多个词汇用于表达“学科”内涵，而这些词汇又具有多重意义，如 subject，当它指称“学科”时的英文解释为：“a branch of knowledge studied, as in a system of education”，即科目、学科。但是，英文中可以指称学科的词汇还有 discipline，其英文释义为“a branch of learning studied at a university”，即学科、科目，但英文中的 discipline 似乎更加适合于大学制度下的学科内涵。可见，中、英文语义上的学科内涵，并没有什么大的分歧，都是为了研究与学习而进行的知识分类，都是人才培养与教育体系中的一个重要元素，而且是大学发展的核心要素。也正因如此，人们常常将学科与科研等同起来。但是，随着社会经济与科学事业的进步，人类社会面临的科学问题日趋复杂，要解决这些问题，任何单一学科都无能为力，需要综合运用不同学科的理论、方法和手段，因此，在现代科学研究中，各个不同学科之间的渗透、融合、协同必不可少。也有人在学科与专业之间画等号，由于人才培养的需要而设置的各种专业，看上去门类越来越多，分类越来越细，同时由于行政组织如系、学院等行政组织的分界，使得专业及其与之对应的学科之间的边际十分清晰，但是，实际上没有一个专业能完全固守学科的边界。如经济学专业的学生，所学课程并非固定在经济学学科门类中，历史学专业的学生也不能仅仅满足于历史学门类课程的学习。因此，学科虽然是专业的基础，但专业建设与发展绝不仅仅是某个单一学科能够支撑的。可见，科学研究、专业建设等已经超出了单一学科的边界，一个专业要建设好，背后一定有一系列实力雄厚的学科做支撑，同样，要解决现代社会经济与科学研究中的复杂问题，必须多学科协同发力。因此，学科是一个复合性的概念，是以知识分类为基础，以人才培养、科学研究、文化传承、社会服务等为核心要素的大学建设的综合性组织体系，也是现代大学建设与发展的核心内容。同时，影响学科发展的因素也是多方面的，如学科组织架构、师资队伍建设、科学仪器设备与文献资料，乃至于看不见，但又无时不在、无处不在的校风、学风等学术生态，都在影响着学科建设的质量。学科发展史既不是传统意义上的科研史，也不能简单地等同于专业史。

从某种意义上说，现代大学的竞争就是学科之间的竞争，各个国家、各个高校无不将学科建设作为发展的重中之重，学科建设日益成为国家和高校的一种有组织的行为。从 20 世纪 90 年代中期开始，我国实施了“211 工程”——建设 21 世纪 100 所左右重点高校和一级重点学科，这是一个基础性工程。在此基础上，又挑选若干所大学，进入“985 工程”，希望我国大学综合实力“上水平”。经过 20 余年建设，从 2016 年开始，我国启动“双一流”建设，旨在建设一批在世界上获得同行广泛认同的一流大学和一流学科。从“211 工程”到“985 工程”再到“双一流”建设，一脉相承，我国的高等教育走过了从“打基础”到“上水平”的阶段，现在进入了“求认同”的新时期。一流学科建设涵盖五大任务，即建设一流师资队伍、培养拔尖创新人才、提升科学研究水平、传承创新优秀文化、着力推进成果转化。加强党对高校的全面领导，是一流学科建设的前置条件。这对我们编好学科发展简史具有重要的指导性意义。

一个大学的学科发展史就是历史上这所大学学科建设的历史，既要弄清历史上学科建设的来龙去脉，学科的存在与发展状况，也要挖掘学科发展或不发展的原因，总结分析其中的经验与教训。从史书编撰的角度看，《华中师范大学学科发展简史》必须要回答如下几个基本问题：一、120 年来华师的学科是怎样发展、演变的？即 120 年来学科发展变迁的过程。二、120 年来华师学科发展的原因是什么？即影响学科发展的诸要素。三、120 年来学科发展的成效如何？即学科发展对人才培养、社会经济建设带来的影响。但是，这些问题又不是截然分立的，譬如，有些要素可能既是学科发展的体现，又是学科发展的原因，以师资队伍为例，一流的教师队伍是学科发展的关键因素，这既是学科建设的首要任务，也是学科得以发展的重要原因，因此，在确定编写大纲时，我们确定了以问题为导向、以学科要素为维度的总体编写原则，于是形成了本书的结构安排。

全书除绪论和结语外，分为五个专章。绪论部分概述华中师范大学学科建设与发展的总体情况，历时性地介绍华中师范大学在不同阶段学科建设与发展的起步、初步发展、调整融合与快速发展过程，这既是120年来华师学科发展的基本脉络，也是以下各个专章展开的一个大的背景。第一章专门叙述学科组织的设立与发展。学科组织是学科建设与发展的基本架构，与科学研究和专业建设密不可分，一般以院系或研究所为依托，本章对不同历史时期的院系设置与发展、科研机构的设立、专业设置及重点建设，学术治理体制机制的变化等，分门别类地加以缕述。

第二章分析各个不同办学时期华师学科队伍的建设与壮大，既有从规模上所做的总体描述，也有对学科队伍建设举措进行的深度分析。学科建设的主体是人，其中一些学术团队，发挥了支撑作用，那些德高望重、学养深厚的著名专家学者发挥了引领作用，华师120年的办学史上，群星灿烂，闪耀学界，我们从中析出以国家重点学科为中心的8支团队，予以重点介绍，并对在学术史上产生过重要影响的58位学者，以出生年月先后为序，铭记其功德，弘扬其学术，以为后人之师。

人才培养始终是学科建设和发展的重中之重，也是学校的立足之本，第三章从理念的形成和发展、规模和结构、教学改革与实践三个层面探讨了华中师范大学的人才培养。120年来，华师人萃取中西文化精华，融合传统与现代元素，形成了具有华师特色的育人理念，从早期的“立足本土文化、放眼人类文明”，“成德、达材、合作、进取”到近现代的“忠诚、奋发、博学、乐育”，“求实创新，立德树人”，人才培养理念一脉相承，学生规模从小到大，从弱到强，从综合到专门，师范特色逐渐突出。在120年的办学史上，华师人从专业体系、课程建设、培养口径、师范特色等方面不断探索，不懈改革，提高人才培养质量，为社会培养了60余万名各类人才，为中国教育、政治、经济与社会建设做出了卓越贡献。

学科虽然不能等同于科研，但学科最重要的元素就是科学研究。华师从它诞生的那一天起，就以科研服务于人才培养，以科研成果造福于经济社会为科学研究的根本宗旨。没有设备，从最简陋的实验教学开始，没有资料，直接走向田野调查。华师的科研从无到有，从小到大，学术交流日趋活跃，承担国家重大攻关项目的能力日益增强，标志性成果的影响力、在同行中的认可度明显提升，屡获国家级、省部级大奖。华师主办的学术期刊在学术界赢得了良好的学术声誉，策划的图书项目中有 4 项获得国家出版基金资助，出版的学术著作在学术界留下良好的口碑。科研管理工作者不断提升服务质量，创新服务机制，获得了广大科研工作者的赞誉。第四章在梳理华师科研不同发展阶段的基础上，对不同历史时期的学术交流、重要科研进展、学术出版机构与学术刊物，以及科研管理创新等，进行了全面叙述。

第五章将华师的文化建设与社会服务合并论述。广义上讲，文化无边无际，大到校园建设，小到楼宇命名，但本书只从大学精神层面上论述华师的文化建设。学校的发展必须融入国家的发展战略中，并服务于国家和社会建设，才能持续地发展下去。华师精神集中体现在“忠诚博雅、朴实刚毅”八个字上，但这八个字不是凭空想象出来的，而是 120 年来一代又一代华师人用智慧和汗水浇铸而成的。以“博学、博雅、博爱”为主要内容的华师“三博”文化是华师人文精神的集中体现，其中，“爱在华师”已经成为华师的文化符号。老校长章开沅先生曾提出“教育要用真正的爱来办”，诠释了教育的真谛。他说：“爱是教育的起点，又是教育的终点。”华师是人民教师的摇篮，华师人用对人类的大“爱”培养未来的人民教师，使“爱”成为华师学子的职业精神，当他们毕业走上讲台时，满怀对学生的“爱”去传道、授业、解惑。

结语部分在总结 120 年学科发展历史的基础上，尝试提炼、归纳华师学科建设与发展的特点与经验，以期对当下及今后华师的学科建设有所借镜。所谓修史存真，明理增智，大抵不过如此。但结语非结论，这些特点与经验的概括是否准确，有待华师人检验，或留待 130 周年校庆时再予以修正。

编写大纲与主要内容确定后，本书分章合作，责任到人，由专人执笔。但时间短、任务重，各位执笔人手头均有繁重的日常工作，他们克服困难，加班加点，完成编写。出版社又组织工作专班，暑期昼夜不息，终于在校庆前夕，将这本凝聚了编写组各位执笔人汗水与智慧的学科简史奉献在广大华师人面前，算是对华师 120 周年校庆的献礼之作。

《庄子》有言："始生之物，其形必丑!"尽管编写组成员竭尽全力，但限于对学科的认知和修史能力的限制，加之修编大学学科发展史没有现成的模式可以借鉴，缺漏之处在所难免，诚恳希望广大读者，特别是广大华师校友不吝赐教，以便将来再版时加以完善。

目　录

绪论　学校学科建设与发展概况 ······ 1
一、从华中大学到华中师范大学：学校办学的阶段性 ······ 2
二、历史时期学科建设与发展概况 ······ 9
三、华中师范学院的学科调整与融合发展 ······ 33
四、华中师范大学学科布局与快速发展 ······ 59
第一章　学科组织设立与发展 ······ 74
一、不同历史时期的院系设置与发展 ······ 74
二、科研机构的设立 ······ 85
三、专业设置与重点建设 ······ 100
四、学术治理体制机制的变化 ······ 115
第二章　学科队伍建设与发展壮大 ······ 127
一、学科队伍的发展与壮大 ······ 127
二、队伍建设举措及其成效 ······ 142
三、学术团队 ······ 164
四、知名教授 ······ 186
第三章　人才培养与教学建设 ······ 227
一、人才培养理念的形成与发展 ······ 227
二、人才培养的规模和结构 ······ 235
三、教学建设与人才培养实践 ······ 247
第四章　科学研究与学术交流 ······ 268
一、科学研究的起步与发展 ······ 268

二、不同时期的重要学术交流 …… 288
三、科学研究重大成果 …… 303
四、学术出版机构与学术刊物 …… 327
五、科学研究管理创新 …… 338
第五章　文化建设与社会服务 …… 354
一、华师精神与文化特色 …… 354
二、服务国家战略 …… 375
三、服务基础教育 …… 392
四、服务地方社会 …… 408
结语：学校学科建设的特点与历史经验 …… 421
一、学校学科建设的特点 …… 421
二、学校学科建设的历史经验 …… 429
附录1：华中师范大学重大科研项目立项情况一览表 …… 436
附录2：华中师范大学科学研究优秀成果奖获奖情况一览表 …… 449
附录3：华中师范大学国家社科基金成果文库入选情况一览表 …… 471

绪论　学校学科建设与发展概况

学科是大学的核心构成，是一所大学的灵魂所在。优良学科是一流大学的前提与基础，也是高等教育高质量发展的重要支撑。因此，研究一所大学的历史，就必须梳理和回溯大学的学科发展史。研究大学学科发展史，首先要明晰“学科”的概念。《现代汉语词典》（第7版）对“学科”进行了界定，“学科”是指按照学问的性质而划分的门类，如自然科学中的物理学、化学，社会科学中的经济学、社会等①。这是对学科的基本界定。而就研究角度而言，学科的内涵更加丰富。“学科”一般包含两层含义：一是作为知识的学科，即常识上对学科概念的理解，二是围绕这些学科而建立起来的组织。基于此，大学的学科又可以从三个角度来研究，即从创造知识和科学研究的角度来看，学科是一种学术的分类，指一定科学领域或一门科学的分支，是相对独立的知识体系；从知识传递和教学的角度看，学科就是教学的科目；从大学里承担教学科研的人员来看，学科就是学术的组织，即从事科学与研究的机构②。因此，大学的学科建设一般包括确定学科方向、选拔学科带头人、组建学科梯队、调整学科机构、建设学科基地、营造学科发展环境等基本内容。除此之外，大学学科建设还包括研究生专业建设、研究生课程建设、学位点建设、导师队伍建设、校园文化建设等重要内容。对大学的学科发展史的梳理与回顾，可以展示大学学科演变历程，明晰不同时期大学的学科创立、演变、调整、发展等演进轨迹以及所形成的特色和优势，把握大学发展的基本脉络，以期

① 中国社会科学院语言研究所词典编辑室：《现代汉语词典》，商务印书馆2016年版，第1488～1489页。

② 朱莉主编：《大学之路》，内蒙古科学技术出版社2007年版，第95页。

为大学发展提供有益镜鉴，对于当今的“双一流”建设、高质量高等教育体系构建均具有积极的意义。

一、从华中大学到华中师范大学：学校办学的阶段性

回顾华中师范大学 120 年的发展历程，学校大致经历了三个发展阶段，从 1903 年文华书院大学部到 1953 年华中师范学院成立为第一阶段，从 1953 年到 1985 年学校更名为华中师范大学为第二阶段，此后到 2023 年为第三个阶段。在不同的发展阶段，面临不同的发展境遇，学校发展呈现出阶段性的变化。

（一）历史时期的学校创立与演进（1903—1953 年）

回溯历史，华中师范大学主要有三支源流，分别是 1924 年成立的华中大学、1912 年建立的中华大学以及 1948 年创建的中原大学。其中的华中大学脱胎于 1903 年成立的文华书院大学部，华中师范大学 120 年的校史即从此发轫，爬梳华中师范大学的发展史应从文华书院大学部始。

1903 年，成立于 1871 年的文华书院正式开设大学部，标志着学校高等教育的起步。1909 年 5 月文华书院在美国哥伦比亚注册，学校正式更名为“文华大学校”，简称“文华大学”。1924 年，美国圣公会牵头联络其他几个差会在华办的学校，决定以文华大学为基础在武昌成立新的华中大学。1924 年 11 月 1 日，华中大学正式开学，其组织结构、教学方法、课程设置、学位授予等均为英美大学模式。在发展过程中，由于得到美国雅礼会、英国循道会（卫理公会）、美国复初会、英国伦敦会、美国圣公会等差会的支持，学校的办学资金充足，培养和延聘了不少名师，如韦卓民、萧之的、桂质廷等都在学校长期执教。因此，华中大学在国外差会设立的基督教大学中教育质量位列前茅，更是华中地区执牛耳者。新中国成立后，教育部逐步对华中大学进行了改组。1951 年 8 月，私立华中大学与中原大学教育学院合并，成立了新的公立华中大学。1952 年，经过院系调整，学校规模扩

大，10 月更名为华中高等师范学校。

文华书院预科学生

中华大学是我国最早的私立大学之一①，由湖北黄陂人陈宣恺和其子陈时创办于 1912 年。1915 年 3 月，私立武昌中华大学获教育部批准立案。学校的办学经费主要依靠陈家父子捐献的家产及各种募捐所得，虽然经费一直不够充足，但在掌舵人陈时的苦心经营之下，中华大学发展迅速，到 20 世纪 30 年代，在校生规模达 2000 余人。抗战时期，中华大学西迁重庆办学，虽遭战争摧残，亦坚持不懈，抗战胜利后迁回武汉。1952 年，中华大学的中文系和化学系并入公立华中大学，财经系和会计、统计、银行 3 个专修科并入湖北省高级商业学校，化工专修科并入湖北省高级工业学校，土木工程专修科并入湖北土木工程学校。水利专修科的所有学生业已结业。学校自此停办。

中原大学是一所革命大学，由中共中央中原局、中原军区创办。解放战争时期，随着革命形势的快速发展，为新中国培养一批建设者和干部队伍的任务迫在眉睫。1948 年 7 月，经刘伯承、邓小平等提议，陈毅、张际春等与投奔解放区的河南大学进步教授嵇文甫、王毅斋、罗绳武等积极筹备，1948 年 8 月，中原大学正式成立，陈毅兼任校长。1949 年底至 1951 年初，中原大学陆续开办了文艺学院、教育学院、财经学院、政治学院。1949 年 12 月成立的教育学院先后开办了政治、历史、教育行政、俄文四系以及实验工农速成中学。1951 年

① 田正平、陈桃兰：《中国近代私立大学创建考辨》，《现代大学教育》2007 年第 4 期。

8 月，中原大学教育学院与华中大学合并，改制为公立华中大学。在 4 年多的办学历程中，中原大学培养了 1.4 万余军政干部和专门的技术人才，为革命事业的发展和国家经济建设起到了重要的推动作用。

1953 年 10 月，各源流高校经过调整、合并与整合而成的华中高等师范学校定名为华中师范学院，面向中南五省（区）招生，主要为中南地区培养中等以上各类学校师资。而文华—华中大学、中华大学与中原大学作为华中师范大学的三支主要源流，分别是基督教大学、私立大学与革命大学的代表，在历史时期，这几所高校在各自的领域都取得了不俗的发展成就，最终合流为华中师范学院，为华中师范大学奠定了丰富多元的发展根基。

（二）华中师范学院的改革与演变（1953—1985 年）

1953—1985 年为学校的华中师范学院阶段。这一阶段，学校发展大致经历了调整与发展、曲折与进步以及恢复与变革三个时期。

第一，调整与发展。1953 年 10 月 20 日，“华中师范学院”校名正式启用。这一阶段，学校根据国家需要对各系科进行了动态调整。1954 年 7 月 16 日，体育系科并入中南体育学院。1956 年 1 月 25 日，华中师范学院录取湖北省各地中等学校教师 288 人的首届函授专修科正式开课，并创办《函授教育通讯》刊物，着重为湖北地区提升中学教师质量。1957 年起，函授专修科停办，开始招收五年制本科。1962 年夏，体育系 1960 级、1961 级学生调入武汉体育学院，体育系建制撤销，全部教师转入公共体育课教研室。1962 年，湖北大学被撤销，9 月 l4 日，学校数学、物理、化学 3 系的 600 多人并入华中师范学院学习和工作。经过调整，学校的系科更为完善。

1954 年，学校对教学内容、教学形式和教学方法提出了规范性意见，要求根据培养目标制定计划、设置学科，严格执行师范教育培养要求，坚持教育实习制度，健全教学组织，改进教学方法. 明确学校各行政部门“为教学服务”的原则。1955 年，学校进行了 3 项教学改革，包括建立“教师工作日、教学工作量制度”；改变班级组织形式，实行大班上课、小班课堂讨论、实习作业的方法；建立系一级行政、党、团、工会联席会议制度，加强集体领导。

这一阶段，学校开始重视学术研究。1954 年 8 月，学校正式向全体教师提出了开展科学研究的任务。1954 年 9 月，学校教务处发布了《关于科学研究工作》的文件，学校科研逐步进入有计划、有组织的轨道。为鼓励、促进教育科学研究工作，并及时推出师生的教育科研成果、教学改革信息，教务处于 1954 年年底筹备出版了《教学与研究》杂志。1955 年 2 月，学校主办的学术性刊物《华中师院学报》创刊号出版，学校一大批学术专著也陆续出版。1955 年 7 月，学校第一届科学报告会举行。1957 年春，学校举行了全校首次科学讨论会。

第二，曲折与进步。1957 年以后，由于受各次政治运动的影响，学校在曲折中艰难发展，但有些成绩仍可圈可点。一是基本确立了规范化的人才培养模式，加强学生的思想教育和管理，狠抓学风建设。编辑和出版了一批教材，许多教材被兄弟院校采用，被指定为高等学校文科院校教材。二是教学和科研改革不断推进，对青年教师明确提出要过好中学关、辅导关、教学关、外语关、科研关的“五关”要求。三是办学规模不断扩大。1958 年，在校注册学生达 4750 人；1965 年，函授生、夜大生在册学员达 2509 人。“文革”期间，学校招收“工农兵学员”6 届共计 6296 人，学校结合实际进行教学安排，多数学员都有不同程度的提高。在“下乡办学”过程中，学校在湖北多地创办分校，促进了湖北省高等教育的发展。1966 年 4 月，学校在湖北黄石创办了大冶分院，如今发展为湖北师范大学。1966 年 8 月，在湖北十堰创建了郧阳分院，后发展为今天的汉江师范学院。1970 年 12 月，湖北省革委会将位于京山县梭罗河林场的湖北省共产主义劳动大学交给学校管理，京山分院正式成立。1974 年 11 月 1 日，京山分院首届工农兵学员举行开学典礼，先后开办了中文、数学、政史、农基四个专业。1979 年 7 月撤销。这一时期，在全体师生的共同努力下，学校的学术研究也取得了一些成绩，如出版了《中学语文教学中的语言因素》《墨家的形式逻辑》《亚里士多德逻辑》《汉语初稿》《中国当代文学史稿》《辛亥革命史》《说文解字约注》等一批有相当影响力的学术著作。

第三，恢复与变革。“文革”结束后，学校遭到破坏的各项工作逐渐得到恢复。1977 年底，全国各地相继恢复高考工作。1978 年初，学校招收 1977 级学员 1122 名。

在恢复与变革的过程中，学校不断推进教学工作的正规化，从

1977级学生起，学校实施教育部统一制订的四年制本科教学计划。从1979年开始，学校又普遍增设选修课，到1984年全院开设选修课170多门；1981年，学校规定所有毕业生都必须进行教育实习，实行本科毕业论文制度和学位制度。1982年，学校授予2191人学士学位。1978年，学校又恢复研究生招生，是年，共有7个专业招收了研究生，1979年增加到14个专业招收研究生。1981年12月5日，学校举行了首届研究生毕业典礼，35名硕士研究生经过25名专家评审，参加论文答辩，成绩优秀率达90%以上。

这一阶段，学校还恢复和新建了中国近代史研究所、粒子物理研究所、科学社会主义研究所等一批学术研究机构，推动了学校学术研究的快速进步。1978年10月8日，学校首次成立学术委员会，创办了《辛亥革命史丛刊》《社会主义研究》《教育研究与实验》《教育与经济》等19种学术刊物，搭建了学术平台。学术讲坛、学术会议频繁举办，营造了浓郁的学术氛围。十一届三中全会以后到1984年底，学校共承担了国家科研项目50多项，每年都有50余部书籍公开出版，多名教师的成果在湖北省科学大会、全国科学大会上获奖，文科教师出版学术专著、译著和其他著作227本，发表学术论文2189篇；理科教师取得科研成果297项，这些成果有的代表了国内某一学科的研究水平，有的成为国内某一学科的奠基之作，有的填补了国内某一学科的空白，其中有近20部教材被教育部列为全国高等院校统编教材，这充分彰显了学校研究水平的提升。

（三）华中师范大学的发展与跨越（1985—2023年）

1985年7月14日，华中师范学院向当时的国家教育委员会呈送报告，请求将校名更改为“华中师范大学”，以适应形势变化和学校发展的需要。8月5日，国家教委下发批复，同意所请。从“学院”到“大学”，标志着学校发展从此进入了一个新时代。此后，华中师范大学一直朝着高质量、高水平的重点大学方向努力。

更名后，华中师范大学为提升办学水平，进行了一系列的改革，其中较为重要的是“五定”方案出台与实施。1987年7月，历时三载的“五定”方案正式落定。“五定”，即定任务、定专业、定学制、定规模、定编制。在这个方案中，学校提出“用10～15年或者更长一些时间，建成高水平的包括文、理、教、管、艺综合发展的师范大学”。围绕这个目标，学校一方面坚持师范特色，一方面适时建设和发展非师范类专业。到2001年，学校的师范类专业和非师范类专业持平，各23个。到2013年，非师范专业增加到44个，本科专业总数增至71个，涵盖了教育部本科专业目录中的十大学科门类，基本实现综合性大学的学科专业结构布局。在布局综合性重点大学的过程中，学校将专业教育和学科建设摆在突出位置。

在这一时期，学校还明确提出了“本科为本”的办学指导思想。1988年，学校在教务处设立了实践教育管理科，推动实践教育的有序开展；设立教材出版补贴基金，推荐出版自编教材。在学校的鼓励和支持下，1988年，章开沅等主编的《辛亥革命史》和高原编著的《科学社会主义》获国家教委优秀教材奖一等奖；1989年，祁守仁等的《把近代物理实验室建成教学、科研、生产三结合基地》、黄曼君的《新观念、新思维下文学教学总体探索》获国家级优秀教学成果奖。1989年，学校又成立了教学委员会，由来自本科教学、管理一线的39位专家担任委员，以提升本科教育管理的民主性与科学性。

同时，为培育和发展一批有代表性的高水平学科，推动学校办学水平的提升，1985年，学校开展重点学科的试点工作，将有机化学、中国近代史列为学校重点学科试点。1987年，将中国近现代史、历史文献学、科学社会主义、理论物理、有机化学5个学科列为首批校级重点学科，这5个学科的带头人分别为章开沅、张舜徽、高原、刘连寿、张景龄。1988年，中国近现代史率先跻身国家重点学科行列。同年，校级重点学科扩展至11个，新增教育基本理论、经济地理、现代汉语、运筹学与控制论、中国现当代文学以及昆虫病毒学6个学科。这些重点学科逐渐发展成为学校的一张张名片，同时也带动了华中师范大学整体办学质量与水平的提升，对华中师范大学迈入重点大学行列起到了重要作用。

在国家推进“211工程”“双一流”等重点高校建设的过程中，华中师范大学大力开展学校改革与发展，不断提升办学实力，取得的学校发展水平的跃进。

首先，学校根据社会经济的发展调整专业设置，不断提升培养质量。“八五”期间，学校增设适应社会发展需要的 9 个应用性本科专业和 10 多个应用性专科专业；历史学、物理学分别被评为国家文科、理科基础科学研究和教学人才培养基地。“九五”期间，又增设了 14 个本科专业，新增国家文科、理科基础学科人才培养和科学研究基地各 1 个。在此期间，涌现了一大批优秀教学成果。如 1992 年，王庆生主编的《中国当代文学史》和王道俊主编的《教育学》获国家级优秀教材奖；1993 年，王先霈等主持的《文艺学教学体系的开拓与改建》获国家级教学成果一等奖。2003—2013 年的十年间，学校积极致力于拔尖创新人才培养的探索，在人才培养模式上推行了多项改革举措：其一，依托历史学和物理学两个国家本科人才培养基地，培养拔尖创新人才；其二，创办交叉培养实验班，培养创新型复合型人才；其三，实施“博雅计划”，对优秀学生实行重点培养；其四，实施“未来教育家培养计划”，大幅提升了人才培养质量。

其次，学校大力开展重点学科建设，提升办学水平。1996 年，学校提出“经过几年的建设，使学校几个重点学科成为国家‘211 工程’建设的重点学科”。1997 年，学校向教育部提出，重点建设中国近现代史、科学社会主义与国际共产主义运动、汉语言文字学、教育学原理、理论物理 5 个重点学科，经教育部同意，立项建设。“九五”期间，新增 2 个一级学科博士学位授权点。根据国家发展改革委员会、教育部、财政部文件精神，2005 年，学校提出了“以重点学科建设为核心”的总目标，重点建设 7 个重点学科建设项目。到“十一五”末期，学校的国家重点学科增至 9 个（含 1 个培育学科），一级学科博士学位授权点增至 14 个。在 2011 年全国第三轮学科评估中，学校有 5 个一级学科排名全国前五；在 2012 年教育部学科评估中，学校 6 个学科进入全国十强，在 2016 年全国第四轮学科评估中，学校有 4 个学科进入 A 类。

再次，大力推进研究平台建设，强化学校科研实力。2003—2013 年，学校的研究平台建设也取得了显著成效，学校人文社科研究平台除 3 个教育部重点研究基地之外，还成功申建各类各级研究平台 16 个，其中有“中国文化产业研究中心”等 6 个部级重点研究基地，10 个湖北省人文社科重点研究基地。学校自然科学研究平台布局更为全面合理。2009 年，立项建设国家数字化学习工程技术研究中心，实现了我校国家级研究基地的突破；2 个实验室通过教育部验收，成为教育部重点实验室；3 个实验室通过湖北省科技厅、教育厅组织的验收，成为湖北省重点实验室；2 个工程中心建设成为湖北省工程中心。目前，学校的科研平台包括：国家工程研究中心 1 个，国家工程技术研究中心 1 个，教育部人文社会科学重点研究基地 3 个，国家教材建设重点研究基地 1 个，国家级国际联合研究中心 2 个，全国科普教育基地 1 个，省部共建协同创新中心 1 个，其他省部级人文社科重点研究基地 38 个，其他省部级重点实验室及重点研究基地 20 个。

经过努力，学校发展不断迈上新的台阶。2005 年，学校正式进入国家“211 工程”建设序列。2017 年，学校的政治学和中国语言文学入选国家“双一流”建设学科，2022 年教育学也入选“双一流”建设学科，充分彰显了华中师范大学这一时期取得的跨越式发展。

二、历史时期学科建设与发展概况

回溯历史，各源流高校根据社会发展环境与学校学科特色，不断进行学科建设与调整，实现了学科的特色发展。如文华—华中大学的图书馆学独具特色、中华大学的师资队伍建设成果斐然、中原大学则着重为革命与社会发展培养干部等。而且这些高校的学科发展特色，在不同程度上都对华中师范大学的学科建设产生了影响，成为华中师范大学学科建设的历史底色。

（一）文华—华中大学学科的肇始与起步（1903—1951 年）

1903 年，文华书院大学部的成立标志着文华走向了高等教育，直到 1924 年文华大学改建为华中大学，文华大学共存在了 22 年。中华民国建立以后，政府重视高等教育，大学发展迅速，尤其是一批国立大学的办学质量快速提升。到 20 世纪 20 年代初，许多中国人自办的大学办学水平超过基督教大学。面对冲击，基督教在华各差会的教士意图将高等教育基础较好的华中地区的几所规模较小的大学合并成一所由各差会联合办理的规模较大的大学，以此来与当时实力雄厚的国立大学相抗衡，巩固基督教高等教育在华中地区的地位。1922—1924

年，各差会经过数次商讨和反复沟通，经过 3 年的筹备，以文华大学为主体，同时吸收博文书院和博学书院的华中大学得以建立。华中大学于 1924 年 9 月在武汉开学，孟良佐为代校长，韦卓民为教务长，韦卓民实际负责华中大学的内部事务，并主管中文系。华中大学逐步发展成为民国时期最为知名的基督教大学之一，学校的学科发展存在不少亮点。华中大学是在文华大学的基础上发展而来的，学科建设方面也多继承了文华大学，因此，将二者合起来论述更能反映学科发展的基本脉络。

1. 文华—华中大学学科与师资发展的基本历程

文华大学为教会大学，特别重视神学教育，所以文华大学最初只设立了神学院。后来，学校又相继增设了文学院、理学院与医学院。这样，文华大学的学科方向逐渐丰富了起来。文华大学的所有学科中，图书科是具有开创性的，是我国最早设立的大学图书科。而文华大学图书科的设立与发展得益于韦棣华的积极推动。韦棣华为美国纽约巴塔维亚的一位图书管理员，于 1899 年来华，在文华大学掌管图书馆。他认识到图书馆事业需要专门的人才推动，于是与文华大学校长孟良佐商讨创立图书科，专门研究图书馆学，培养图书馆专门人才。1920 年，文华大学正式开设图书科，这是中国正规的高校图书馆学教育的开端。文华大学图书科的要求较高，主要招收大学二年级水平的学生，学制 3 年，教师有韦棣华、沈祖荣、胡庆生等，培养了中国第一代图书馆学专门人才，具有开创性的贡献。在当时，中国的图书馆事业虽然有了一定的发展，但是图书编目与图书管理等方面的经验还不足，专门的人才更是寥寥无几，因此，具备专业能力和专门知识的文华大学图书科毕业生颇受欢迎。文华大学图书科建立后的十年间，培养了 60 名毕业生，在中国十余个省份的 30 座重要的图书馆工作，切实推进了中国近现代图书馆事业的发展。如 1925 年，清华大学图书馆就聘请了武昌文华大学图书科毕业生曾宪三任职①。还有毕业生前往美国，进入哈佛大学图书馆、华盛顿图书馆工作的。

随着学科方向的丰富，文华大学的课程也逐渐增多。除神学外，文华大学还开设了中文、英文、数学、历史、地理、物理、化学等课

① 《学校新闻：图书馆新聘职员》，《清华周刊》1925 年第 24 卷第 1 期。

程。其中神学、英文、数学课程受到学校的重视。神学是文华大学的一门常设课程，所有学生都要学习。同时，学校还要求学生必须参加每天早晚各举行一次的宗教仪式，以强化宗教教育。由于文华大学的很多教师是外籍教师，学校采用的教材多为英语教材，英语是教学的主要语言。自1906年始，学校授课全部使用英语。因此，文华大学的英语课程备受重视，学生都能熟练使用英语进行交流与学习。学校每周五还组织英语练习会，所有的大学生都要参加，练习英语的演讲与辩论，或者请教师、专家作英语专题演讲，以提升学生的英语水平。

文华大学还开设了体育课程。学校的体育活动十分丰富，活跃了校园气氛，锻炼了学生体魄，在不少体育赛事中也取得了不俗的成绩。1905年，在体育教师麦卡锡的带领之下，文华大学的体育竞技水平迅速提升，尤其是学校足球队在华中地区名列前茅。1907年，文华大学足球队取名"常胜者队"，并在武汉地区的10次大学生运动会上9次摘得桂冠。1915年，文华大学又派梁启崇、吴律书等学生参加了以中国、日本、菲律宾三国为主体的"远东运动会"。此次运动会在上海举行，也是文华学子参加的第一个国际性体育赛事。在这次运动会上，梁启崇获得撑竿跳高第三名和0.5英里接力赛的第一名，为中国队争得银牌和铜牌各一枚，为中国队获得总分第一名[①]做出了自己的贡献。

另外，文华大学还注重开展文艺活动，组织了鼓乐队、合唱队、军乐队、剧团等文艺社团，丰富了校园活动，陶冶了学生情操，产生了积极的社会影响。1905年，在教师戴维的支持和帮助下，文华大学成立了第一个学生合唱队，合唱队每学期为文华大学献演一台节目，而且在重要活动或庆祝日中也都少不了合唱队的身影。1906年文华大学学生军训期间，鼓乐队引领身着戎装的学生军训队，进行长途行军，吸引了许多武汉市民的围观欣赏。1907年，学校思殷堂修缮竣工。6月3日，在教师康德明的指导下，学生合唱队在思殷堂举办了演唱会。1908年，S. E. Chiu博士担任合唱队队长，他对合唱队的学生进行了音乐和演唱方面的专门训练，学生的演唱水平得到提升。合唱队

① 《远东运动会第七日比赛》，《新闻报》1915年5月23日，第9版。据《新闻报》1915年5月23日的报道，在远东运动会上，中国队共取得96分，总分名列第一；菲律宾队获得77分，位列第二；日本队获得32分，为第三名。

曾在汉口维多利亚大剧场进行了几次精彩的专场演出，轰动一时，为文华大学赢得了极佳的社会声誉。后来，文华大学的合唱队成为武汉地区最好的音乐团队之一。1908年，在教师康德明、余日章的倡导和努力下，学校又成立了军乐队，并从美国购买了相关的乐器，军乐队后来在学校重大场合和重要节日中都参加演奏。同时，学校还成立了剧团，起初主要排演西方戏剧。1909年6月5日，剧团首次献演的剧目是莎士比亚的《威尼斯商人》。

中华大学校门

华中大学的建立是以文华大学为主体的，因此，华中大学成立之初，学科设置与文华大学相差不大，有文科、理科、图书科三科，其中理科由于基础薄弱，发展状况欠佳，而图书科实力较强，成为华中大学办学初期最具特色的学科。华中大学初创时，将原文华大学的图书馆学专业改设为图书馆学系，胡庆生任系主任，韦棣华和沈祖荣都是该系的教师。图书馆学系的建立提升了图书馆学专业的地位，该专业面临更广阔的发展前景。同时，韦棣华为推动中国图书馆事业和图书馆学的发展，在国内外积极游说，争取资金，尤其是积极推动美国国会退还中国的庚子赔款作为文化事业基金。中美庚款董事会成立后，韦棣华从中得到一部分资金用于扩充华中大学图书馆，发展图书馆学学科。这一时期图书馆学系的招生极为严格，且考试认真，生源质量较为优异，学生毕业后也都能有好的出路。第一届毕业生大都入职了国内外重要图书馆①。1927 年，华中大学受多种因素影响停课，但华中大学的图书馆学专业仍以文华图书馆学校的名义坚持办学。1929 年，华中大学复校后，图书馆学专业不仅有 2 年制的专科生，还有 4 年制的本科生，其中 10 名学生被认定为高年级生。但是，此时华中大学与文华图书馆学校在学生训练、课程设置、学位授予和领导关系等方面发生了争执。最终，双方的矛盾激化，1930 年底，文华图书馆学校独立，改名为武昌私立文华图书馆专科学校。

1929 年，华中大学在美国雅礼会、英国循道会（卫理公会）、美国复初会、英国伦敦会、美国圣公会 5 个差会的共同推动下得以复校，并决定向中国教育部注册，选举韦卓民为校长。1929 年 9 月，经过重组的华中大学开学，而且得到了更多基督教差会的支持，将雅礼大学和湖滨大学也合并进来②。学校设文学院、理学院和教育学院 3 个学院，系科有了较大的发展，包括中文、历史、英语、经济、地理、宗教、生物、化学、物理 9 个主要的系，及数学和音乐 2 个较为次要的系。在美国雅礼会的支持下，华中大学的理学院得到了快速的发展。华中大学创办之初，理科实力薄弱。直到 1926 年，长沙雅礼大学因时局变动而关停，学校的桂质廷博士带领几名学生和许多仪器设备来到华中大学，华中大学的理学院才得以充实。1929 年，华中大学重建，雅礼会答应每年提供一笔经费用于购买科学仪器，以发展华中大学的理学院。同时，雅礼会还派遣了 3 位理科的教师（生物系的萧之的、物理系的陶士珍和化学系的一位王姓教师）到华中大学任教。他们的到来进一步充实了理学院的师资力量，后来华中大学理学院成为当时华中大学最具实力的学院。

1931 年 10 月 16 日，国民政府教育部令湖北省教育厅批准华中大学备案③。24 日，华中大学收到了国民政府教育部批准华中大学校董会正式注册的函。这标志着中国政府正式认可华中大学为一种特殊形式的私立大学。这一时期，学校的学科进一步完善，学科方向增多，

---

① 《华中大学图书科消息》，《中华图书馆协会会报》1928 年第 4 卷第 3 期。

② 《华中大学开学》，《武昌文华图书科季刊》1929 年第 1 卷第 3 期。

③ 《教育部训令：第二一一一号（二十年十二月十六日）：令湖北省教育厅：为私立武昌华中大学准予立案由》，《教育部公报》1931 年第 3 卷第 50 期。

综合实力增强。此时，华中大学仍然由文学院、理学院、教育学院三个学院组成。

文学院设立中文系、外文系-英文组、商业系、社会科学系-社会组（后改称历史社会学系）、经济组、历史组、政治组、哲学组和音乐组（后并入教育学院）。文学院的教员有韦卓民、丁克生、安海兰、周正权、恩敦五、陈之逵、甘施礼、舒美生、黄祖度、雷美佳、薛福德，韦卓民任院长。

理学院设有物理系、生物系、化学系、数学组，主要培养中学理科教员、医学预科人员及专门人才。教员有桂质廷、柯约翰、彭亚粹、郑法五、卢惠霖、萧之的，桂质廷任院长。此时，理学院所有教员的薪金及各系的大部分设备都是由雅礼会提供的，物理系设有仪器室、实验室及机器房，购置的仪器约值 25000 元；生物系有仪器室、标本室供学生开展生物实验，仪器价值约 27000 元；化学系的仪器约值 20000 元，设有仪器室、天平室和实验室。总体来看，在雅礼会的资助下，华中大学理学院的师资和仪器设备充足，推动了相关学科的快速发展。

教育学院以培养中等教育师资为宗旨，设有教育原理、教育心理、教育行政和体育组 4 个系组，后将文学院的音乐组并入。教员主要有薛世河、丁克生、安德生、李清濂、法乐尔、韦卓民等，院长为薛世河。另外，教育学院还特设 1 学年的课程研究班，招收有 2 年以上教学经验的专学教员，以提升中学教员的专业素养。1934 年，教育学院的发展遇到了一场危机。当年 7 月，教育部要求华中大学教育学院的两个主要系——管理系和师范系合并，这样教育学院就只有一个主干系和一个次要的音乐组，这就不符合教育部规定的学院设置应有两个主干系和一个次要系的要求，直接影响到教育学院存在的合法性。为此，学校一方面采取各种手段筹措资金，购买仪器设备，为建立新的系科提供保障；另一方面广泛网罗师资，强化师资队伍，为筹建新的系做准备。华中大学先于 1934 年聘请了心理学教授胡毅，后又于 1935 年延聘了留美博士骆传芳为心理系教师，完成了心理系的师资配置，使得教育学院得以存续。此时，教育学院有教育学系、心理学系、音乐组和体育组①。

---

① 《基督教学校新闻：武昌华中大学》，《中华基督教教育季刊》1935 年第 11 卷第 1 期。

抗战爆发以后，面临日寇的步步紧逼，1938 年华中大学决定西迁。华中大学先迁到广西桂林，后迁移昆明①，最终于 1939 年 3 月 16 日迁到大理喜洲镇，落户云南。在云南办学期间，华中大学仍然设文学院、理学院与教育学院，其系科有所变化。文学院设中文系、外文系、经济商业系、历史社会学系和哲学宗教组。理学院设有生物系、化学系、物理系和数学组。教育学院设有教育学系、心理学系和音乐专业。

抗战结束后，1946 年 4 月，华中大学开始迁回武汉②。学校仍设文、理、教育三个学院。学校进行了系科调整，把教育学院的心理学系并入文学院，和哲学组合并为哲学心理组，把文学院的宗教专业独立为宗教组。最终，文学院设国文系、外语文系、经济商业系、历史社会系、哲学心理组、宗教组，教职员 31 人。理学院设物理系、化学系、生物系和数学组（后改为数学系），有教职员 15 人；教育学院有教育学系和音乐组（1947 年增加了教学系和体育组），有 9 名教职员。这一时期，为推动学校各学科的发展，校长韦卓民拟订了各系科发展计划，指出：经济商业系应在最短时间扩充为商学院，以满足武汉地区对商业专门人才的需求；数学组应扩充为系，以巩固理学院各学科的基础；教育学院的教育学系应扩展为教育学系与师范系两个系，分别研究教育学理论和培养师资，而音乐组应扩展为音乐系，以培养专门的音乐教师③。

华中大学在发展过程中基本保持了文学院、理学院和教育学院三个学院的总体格局，其中文学院与理学院的系组较多、师资力量雄厚，教育学院实力相对薄弱。在各学科发展过程中，学校根据师资力量、学校发展总体需求，以及社会对不同类型人才的需求，不断对系科设置进行改革和调整，推进了各学科的发展，亦促进了学校办学质量的提升。

2. 文华—华中大学学位点的探索

文华大学建立之初，并无学位授予权，1903 年招收的学生都纳入

---

① 《武昌华中大学将由桂迁昆》，《益世报（昆明版）》1939 年 2 月 7 日，第 1 版。

② 《华中大学迁武昌》，《大公报（重庆）》1946 年 6 月 6 日，第 2 版。

③ 韦卓民：《华中大学前途之展望与规则》，《华中通讯》1947 年第 1 卷第 1 期。

3 年制的大专班。1911 年，文华大学开始授予学士学位，而硕士学位的授予肇始于 1915 年，由此可见，在前期丰厚积累的基础上，文华大学的学位授予体系在几年间迅速建立起来。

1906 年，文华大学首届大专班的 7 名学生毕业，分别是聂文清、张祖绅、程宗洛、陈宗良、周操柏、崔思恭、吴中桢，此时的文华大学未获得学位授予权，毕业生也都没有获得学位。为解决这一难题，校长翟雅各采取了多方面的措施：其一，增强学校综合实力，打好办学基础。文华大学通过多种方式不断引进优秀师资，打造高质量的教师队伍。1903 年，文华大学成立时，学校仅有中国籍教师 7 人，外籍教师 4 人。1905 年，在美国耶鲁大学获得理科硕士学位的理查德和毕业于上海圣约翰大学的戴维加入文华。1906 年之后，学校进一步强化师资引进，师资力量逐渐增强。到 1911 年，文华仅英语系就有 10 名新教师，包括 4 名中国籍教师和 6 名外籍教师。后到 1920 年时，文华大学计有外籍教师 12 人，中国籍教师 24 人，这个数字是 1903 年时的 3 倍有余。1921 年，文华的教职员人数达到了 43 人（包括中学部教职员，部分教职员在任职上有交叉），其中文理学院 18 人、神学院 7 人、汉语言文学系 10 人。同时，从 1910 年级开始，文华大学为大多数学生增加了一年的学士学位课程，以帮助学生达到学士学位授予的要求。另外，1909 年，文华大学还将武汉地区的武昌博文书院和汉口博学书院的大学预科并入，增强了学校的综合实力。其二，在美国注册，获得美国高校的支持。文华大学成立之际，中国还处于清政府统治之下，清政府并未建立学位授予制度。为获得学位授予权，文华大学于 1909 年 5 月 18 日先在美国哥伦比亚特区注册，更名为“文华大学校”，成为美国政府认可的大学。以此为契机，在翟雅各校长的努力下，历经波折，文华大学终于和美国纽约州立大学校董会达成协议，获得了学士学位授予权。1911 年 1 月 15 日，文华大学的毕业生进行了首次的公开学位论文答辩。1911 年 1 月 17 日，文华大学的朱德祥、房宗原、傅德润、黄馥亭、桂质朴、吴沾恩、冯传先、曹道发、韦卓民等 9 名毕业生被授予文学学士学位。此后的 1912 年至 1916 年的 5 年中，文华大学每年均有 5 名毕业生获得学士学位。1914 年，文华大学的首届专科班毕业生中的聂文清、张祖绅、程宗洛三人获得了学校补授的文学学士学位。同年，文华大学开始授予理学学士学位，陆德和唐文阜获得了理学学士学位。同时，随着学校实力的增强，1915年1月29日，文华大学首次毕业生硕士学位。这也标志着文华大学建立了较为完善的学位体系，文华大学的办学水平提升。

华中大学建立时，因处于试验期，既未在中国注册，也未在美国注册，并未获得学位授予权，为解决毕业生的学位授予问题，华中大学借用文华大学的学位点为学生授予学位。而且，在开办的初期，受多种因素的影响，华中大学的学位授予工作的进行并不顺利。1925年，收回教育权运动冲击着华中大学的办学秩序，学校发展处于风雨飘摇之际，当年学校虽为学生授予了学位，但未举行正式的学位授予典礼。此后两年，由于时局变动，人心思变，华中大学的学位授予也未能正常进行。直到1929年学校重建后，学位授予工作才得到了恢复。1930年6月30日，华中大学举行了复校以来的第一次学位授予仪式，这也是学校自1927年以来举行的首次学位授予仪式。华中大学以文华大学的名义给11名毕业生授予学士学位。这11名毕业生既有学校关停后在其他学校完成学业的8名1928届毕业生，也有3名1930届毕业生。

1931年，华中大学获得国民政府教育部批准，获得学士学位授予权。从这一年开始，华中大学按照教育部的要求，进一步完善学位授予标准，规定毕业生必须参加毕业考试并且提交论文才能毕业和获得学位。1932年6月18日，华中大学举行毕业典礼，这届的4名毕业生获得了盖有国民政府教育部印章的学士学位证书。此后，随着华中大学办学规模的扩大和学生数量的增加，获得学位的学生数量也有所增加。1933年，华中大学4名毕业生获得文学学士学位，4名毕业生获得了理学学士学位。1934年，华中大学有12名学生获得了学士学位，包括5名文学院的学生、4名理学院学生和3名教育学院学生。并且时任湖北省省长和湖北省教育厅厅长也受邀参加了1934年的毕业典礼和学位授予仪式，这在一定程度上反映学校的办学质量为社会所认可。1949年5月，武汉解放后，华中大学仍正常办学，但由于此时教育部对于学位授予的态度不明确，此后3年学校未给毕业生授予学位。

3. 文华—华中大学学术研究的进步

民国以后，随着高等教育的进步，大学逐渐走向了正规化与学术化的发展方向，学术活动日渐丰富，学术氛围日渐浓厚。蔡元培指出："大学为纯粹研究学问之机关，不可视为养成资格之所，亦不可视为贩卖知识之所。学者当有研究学问之兴趣，尤当养成学问家之人格"①，即强调了学术研究对于大学的重要性。

在这样的社会大环境下，文华大学与华中大学都比较重视学术研究。在文华大学发展的过程中，期刊作为宣传文华事业、推进学校发展、促进学术创新的重要平台，也得到了学校的重视。1906 年，文华正式出版发行了自己的英文季刊——《文华评论》（*The Boone Reviews*）来取代 1901 年创办的校刊《文华年鉴》。《文华评论》由文华大学的教师和学生合办，主要记载文华大学发展过程中的大事，宣传学校各项事业的发展情况。1911 年，文华大学的校长正式委任《文华评论》的首届编委会，使得这本期刊由原先的师生合作办理变为学生自办，刊物的办理也更加规范。《文华评论》作为一个宣传平台，成为外界了解学校的重要媒介；同时，作为一本英语读物，该期刊也有利于学生英语水平的提升。在办理刊物的过程中，学生自身也得到了发展与进步，促进了学校培养质量的提升。因此，《文华评论》的出版发行，对文华大学的学科学术发展与学校办学水平的提升都具有一定的价值。

而华中大学建立以后，学校的学术研究又取得了不少的进展，具体如下：

其一，开始搭建学术团体。华中大学的学术气氛浓厚，师生乐于开展学术活动，在开展学术活动过程中，他们组建了不少的学术团体，进一步推进了华中大学学术活动的繁荣和学术氛围的营造。如学校教师发起成立的国际问题研究会，由教师担任主席、顾问，学生参加，通过专题讲演、学术研讨等方式进行专题研究②，师生共同研讨、共同学习、共同进步。学生发起成立的学术团体在数量和形式上更为丰富，文学院有国文学会和英文学会，分别由中文系和英文系的学生主办，国文学会每月举行一次学术讲演。理学院组织了科学会、生物学

① 高平叔：《蔡元培教育论著选》，人民教育出版社 2017 年版，第 171 页。

② 《基督教学校新闻：武昌华中大学》，《中华基督教教育季刊》1934 年第 10 卷第 4 期。

会和无线电学会等学术团体。科学会每周举行一次科学讲座，请教师按专题主讲；生物学会以研究生物学为宗旨，每周有常会，报告新的研究成果，还常开展标本采集等活动；无线电学会则以研究无线电原理，学习无线代收发机的构造和安装为宗旨，将在日常学习的知识应用于实际操作。教育学院的学生组建了教育学会，每周举行讲演和同学报告会各一次，专门探讨教育学知识。各种学术团体的举办推动了师生积极参与学术研究，为学校学术研究的深化奠定了坚实的基础。

其二，着力打造学术平台。除了多样的学术团体，华中大学的教师和学生还创办了不少刊物，打造学术平台，刊载学校的学术研究成果，拓展学生的知识获取渠道。如华中大学于 1934 年创办的《华中生物学刊》由校长韦卓民题词，还聘请校内外教师为名誉顾问和顾问，刊登校内师生和国内外生物学专家的研究论文①。国文学会主办了《读书脞录月刊》和《苍洱月刊》，英文学会出版了《洱海英文月刊》，科学会定期出版《科学文摘》，无线电学会办有《每日新闻》等。这些刊物的创办为师生学术研究成果发表提供了平台，激励他们不断推动学术研究。同时，这些刊物还丰富了学生的知识，开拓了学生的眼界，宣传了学校的研究成果，对于华中大学整体办学水平的提升具有积极的意义。

其三，注重开展应用研究。华中大学在云南喜洲办学期间，学术研究不仅没有中断，而且师生根据当地的实际情况，更加注重应用研究，不仅服务了学校的办学，还对当地社会发展起到了推动作用，这以理学院教师开展的研究最为突出。物理系的师生利用废旧汽车的发动机和发电机，拼装了一套发电系统，为学校的照明和实验室提供了电力，这也是云南西部地区最早的电力设施。他们还在当地拦河筑坝，建成了一座小型的水力发电站，为当地社会发展提供了电力资源。化学系根据当地的物产，改进了靛蓝染料提取技术，引进了新的制革技术，还研究了滇西酒精、油脂等工业，推动了当地产业技术的变革和社会经济的发展。生物系的师生则对当地的自然环境进行了研究，苍山、洱海的动植物都是师生的研究对象，尤其是 1941 年萧之的对洱海各水层的含氧量、pH 值、水生物及浮游生物的研究取得了不少成果，

---

① 桂质廷：《序》，《华中生物学刊》1934 年第 1 卷。

他的“洱海生物”和“滇西彩云”研究论文在国外杂志发表，为美国科学界所惊叹。

其四，积极进行学术交流。华中大学利用其自身优势，积极与国内外同行交流合作，推动了学校发展。一方面，学校聘请了许多外籍教师和留学归国学子到校任教，提升了师资队伍质量；另一方面，学校教师经常赴国内外各高校开展学术研究交流，促进了华中大学学术研究的进步。1931 年，生物系的教师萧之的赴燕京大学攻读研究生。1934 年 6 月校长韦卓民受到耶鲁大学和芝加哥大学的邀请，赴美讲学交流①。1935 年，理学院院长桂质廷博士到美国进行了一年的研究工作。1948 年，中文系主任傅懋勣受到英国文化委员会的资助赴英国开展为期两年的语言学研究。

其五，取得丰富学术成果。华中大学重视学术研究，校长韦卓民提出学校要注重“学生程度之提高，研究精神之发展”②。在学校的重视和师生的努力下，华中大学的学术研究成果颇丰，许多研究课题与成果不仅在国内领先，而且在国际社会产生了较大的影响。1933 年 10 月，美国洛克菲勒基金会的 2 名代表参观考察了华中大学理学院的 3 个系和实验室，随后给萧之的主持的扬子鳄研究专项课题拨付了资助基金，推动课题研究的进展。华中大学中文系教师在西南民族文化、文献、语言以及国学等方面深入研究，得到国内外广泛认可。因此，哈佛—燕京学社 1937 年 6 月开始资助华中大学，并为下一学年拨款 4000 美元。后因战乱和西迁，资助一度停止，1939—1940 年资助又得到了恢复。在云南办学期间，中文系对西南少数民族文化进行了深入研究，包鹭宾、游国恩、傅懋勣等教师对滇西文化及少数民族语言的研究，受到了国际学者特别是美国汉学家的高度重视。他们取得较为丰富的研究成果，如撰写与发表了《云南土族的种类及其分布》《云南土族文化述略》《释蛮》等文章③。1944 年，为纪念建校 20 周年，华中大学中文系组织编辑了《华中大学国学研究论文专刊》（第一辑），学校还出版了《华中大学二十周年特刊》，收录了不少学校教师的研究

① 《基督教学校新闻：武昌华中大学》，《中华基督教教育季刊》1935 年第 11 卷第 1 期。

② 韦卓民：《华中大学前途之展望与规则》，《华中通讯》1947 年第 1 卷第 1 期。

③ 《华中大学中国文学系文史研究工作近况》，《图书季刊》1940 年第 2 卷第 3 期。

新成果，其中王玉哲的《鬼方考》一文还获得了1945年的全国学术奖金，足见华中大学教师研究成果之优秀。在学术研究论文之外，华中大学教师也撰著了不少学术著作，而且其中不少是该研究领域的佳作。其中徐嘉瑞的《大理古代文化史稿》是研究云南白族文化的开山之作，将白族文化推向了世界，展现了中华民族的多样风采；许烺光的《在祖先的庇荫下》，深入分析了中国传统文化中的基本社会体制，对于人们更好地了解中国家庭生活提供了非常有价值的论述。

（二）中华大学学科的初创与进展（1912—1952年）

中华大学全称为私立武昌中华大学，创建于1912年，是我国近现代教育史上创办最早的私立大学之一。民国成立后，政府开始允许民间力量办高等教育，陈宣恺、陈时父子将中华学堂升格为中华大学，首开在华中地区办理中国近现代私立大学的办学史。作为一所私立大学，中华大学的办学经费主要来自创办者陈时家族的田产、学杂费、社会捐助和少量政府资助。由于很长一段时间内中华大学的办学经费不够充足，因此，与当时的国立大学和基督教差会资助的基督教大学相比，中华大学的学科建设相对困难。在陈时的努力维持之下，中华大学的学科发展也有不少亮点，而且中华大学实行开放办学的方针，广邀国内外知名学者主讲，延聘了不少优秀师资，实现了学科队伍的进步，营造了极为浓厚的学术氛围，也使得中华大学在民国时期名噪一时，成为武汉当地的知名高校。

1. 中华大学学科发展的历史轨迹

1912年8月，中华大学开始招生，学校设有预科部、专门部、女子部和中学部。其中女子部为简易师范性质，设有文学和职业两组。只有专门部为大学性质，设有法律、政治经济两科和英语专修科，尚未达到本科程度。1913年，国民政府教育部颁布了《私立大学规程》，明确了私立大学创办的要求①。为使学校符合政府规定，中华大学进行了全方位的改革，将不合规的学生予以清退，将女生部独立为“中华女子学校”。同时，中华大学增设图书馆，延聘师资，增强学校实

① 《私立大学规程》，《中华教育界》1913年第4期。

力。1915 年，私立中华大学正式获得教育部批准立案，由陈宣恺担任校长兼法定代表人，实际由陈时主持校务。

1916 年 9 月，中华大学开办本科，首设文科的中国哲学门，后开法科经济学门，再办商科交通学门。1920 年，中华大学增加了西洋哲学系，设于文科之下，并于 1922 年改为教育哲学系，这也是华中师范大学教育学科的起源。1922 年，中华大学根据全国教育会联合会改革学制的精神，对学校进行了变革，当年 9 月停招预科，并在法科开设法律学系。

1926 年，受战争的影响，中华大学停办，直到 1928 年复校[①]。复校后，由于学生人数较少，中华大学未分科设系。1929 年 7 月，南京国民政府教育部制定的《大学组织法》颁布，规定具备 3 个学院以上的高校才能称为大学[②]。基于此，中华大学进行了系科调整，改为学院制，分设文学院、理学院和商学院。

文学院由原来的文科和法科改办而成。中华大学对原文科与法科的各系进行了调整，原文科的中国哲学系停办，改为中国文学系，原文科的教育学系保留；原法科的法律系保留，原法科的经济学系改为政治经济学系，后又分设为政治学系和经济学系，经济学系后并入商学院。文学院后增设外国语文系。另外，为服务地方发展，1932 年 2 月，学校接受地方教育行政部门委托，开设市政专修科和师范专修科，分别附设于政治经济学系和教育学系，为地方培训行政干部和中学教师。

理学院是中华大学为达到《大学组织法》的相关要求而新设置的学院，先后设置了数学系、物理系和化学系，1934 年又附设了农艺学系。由于理学院的相关学科在中华大学早期办学中并无基础，师资力量不强，仪器设备不足，因此理学院的各系科发展较慢，未形成规模，影响不大。

商学院由原商科改办，虽然中华大学有商科办理的基础，但是改为商学院后，原有的交通学系停办，商学院所设系科有经济学系、工商管理学系、银行学系和会计学系等，皆为商学院原来未设的系科。

---

① 《武昌中华大学复校》，《民国日报》1928 年 1 月 10 日，第 12 版。

② 《大学组织法》，《行政院公报》1929 年第 69 期。

而重新设立的各系科，皆为当时社会经济发展所需要的，也体现了中华大学面向社会需求办学的基本方向。

开展系科调整的同时，中华大学还根据国民政府对科目数、学分、教学时数的要求，进行了课程建设。据1931年的统计，中华大学各系课目数与教学时数情况，如下表1.1所示。

表1.1　中华大学各系课目数及教学时数表

学院	系科	课目数		每周时数	
		上学期	下学期	上学期	下学期
文学院	中文系	16	17	42	43
	外文系	14	16	34	36
	教育学系	11	12	30	32
	法律学系	18	20	42	43
	政治经济学系	18	20	42	45
	师范专修科	10	12	30	33
理学院	数学系	7	7	16	17
	物理学系	5	6	16	16
	化学系	6	6	15	16
商学院	工商管理学系	5	5	16	18
	银行学系	5	6	16	18
	会计学系	5	6	16	18

资料来源：中华民国教育部编：《第一次中国教育年鉴》（丙编 教育概况），上海开明书店1934年版，第98页。

全面抗战爆发后，中华大学坚守在武汉。1938年夏，开封和九江被日军攻占，中华大学不得不西迁。中华大学先迁到宜昌，后迁到重庆。中华大学西迁过程中，学生流失过半，1939年西迁至重庆的学生不足百人。在重庆办学期间，面临生源减少、经费不足等问题，中华大学因时对所设系科进行了调整。学校将1938年招收的中文系和外文系新生合并到一起教学，改称文学系。1939年6月，招收新生时，中华大学又对院系进行了变革。其一，文学院仍分设中文系和外文系，加上教育学系（后停办），共3个系。1943年，增设文史专修班。其二，理学院撤销物理系和农艺学系，仅保留化学和数学两个系。其三，商学院撤销银行学系和会计学系，保留工商管理学系和经济学系。1940年增设会计专修班。经过调整，中华大学的系科得到一定程度的恢复和发展。

1945年，抗日战争取得全面胜利，中华大学计划回迁武汉，并于1946年成行。迁回武汉后，为推动学校的发展，中华大学向教育部申请扩充系科：(1) 文学院恢复教育学系，增设新闻学系，合同中文系和外文系共4系。(2) 理学院的数学系改为数理系，保留化学系，仍为2系。(3) 商学院恢复法律系，增设国际贸易学系，加上原有的工商管理学系和经济学系，计4系。教育部最终准许文学院恢复教育学系、商学院增设国际贸易学系，其他要求未予准允。由此，中华大学扩充为8个系。

中华人民共和国成立后，中华大学积极进行了办学思想与教职员思想的改造，改革了学校的管理体制，而对于系科设置，中华大学则在保留原设8系的基础上，3个学院分别增设了1个专修科。文学院增设俄文专修科，理学院增设土木专修科，商学院增设会计专修科。同年，商学院的国际贸易系停止招生。1950年8月，湖北省文教厅对中华大学进行了改组，废除了学院，保留系科，并将外文系、数学系并入武汉大学，教育系和俄文专修科并入湖北教育学院，将中文系改为文史系，保留化学系，将经济系、工商管理系和国际贸易系合并为财经系。经过合并与改组，中华大学还有化学系、文史系、财经系3个系。

此后的两年时间中，中华大学坚持服务生产建设的基本办学方针，在保持系科不变的基础上，增设了不少专修科。1950年8月，中华大学接受湖北省财经委员会委托开办了化工专修科、土木专修科、会计专修科和统计专修科4个专修科；1951年，受湖北省水利局委托，中华大学又办了水利专修科，受湖北省人民银行委托办理了银行专修科。1951年，中央教育部发函批准中华大学文史系恢复中文系的原称。1952年，中华大学的中文系和化学系并入公立华中大学，财经系和会计、统计、银行3个专修科并入湖北省高级商业学校，化工专修科并入湖北省高级工业学校，土木工程专修科并入湖北土木工程学校。水利专修科的所有学生业已结业，停办。自此，中华大学的办学历史终止。

2. 中华大学学科队伍的建设

在40余年的办学历程中，中华大学一贯重视学科队伍建设。学校的办学经费一直不甚充足，即使1930年至1937年是中华大学历史上财务状况较好的时期，中华大学能够支付给教师们的薪酬也比较微薄，难以与其他高校相比。如1933年，中华大学教授月薪最高是240元，而武汉大学教授在1930年最少都能拿到300元。教育部督学钟道赞在1933年4月撰写的《视察湖北教育总报告》中曾经描述了中华大学薪酬微薄的境况，报告指出中华大学的"教员待遇，中学比省立学校约低五分之二，大学除少数教授外，约低二分之一"①。即便如此，在校长陈时的大力斡旋与感召之下，许多教师仍甘愿在中华大学任教。同时陈时还利用其在政界的影响力，大力延聘兼职教师，有力推进了学校的学科队伍建设。

从中华大学发展历程来看，中华大学的学科队伍建设有着明显的起伏，受时代环境的影响非常大。1928年中华大学复校之后，陈时励精图治，学校面貌较复校之前更加蒸蒸日上，师资队伍比较齐整，规模比较稳定。1938年西迁重庆之后，学校元气大伤，教师流失严重，1940年以后才逐渐恢复。如1932年学校有教师40人，到1939年下降到仅有15人，而到1943年则恢复到49人②。总体来看，除了抗战的特殊时期，加上诸多的兼职教师，中华大学的师资队伍基本保持在50人左右，数量较为充足。

从学校学科队伍的学缘结构来看，学校的教师不少毕业于海外高校，有的来自美国哥伦比亚大学、哈佛大学等世界名校。如表1.2所示，学校1930年上学期的32名专任教师中毕业于海外高校的有14人，占总数的43.75%。而从年龄来看，教师皆为34～44岁的中青年教师，师资队伍年富力强，充满活力。

---

① 民国教育部：《教育部督学视察湖北省、江西省教育报告》，1933年10月编印，第89页。

② 陶光胜：《引领与助推：教育家陈时与中华大学》，华中师范大学博士学位论文，2021年，第155页。

表 1.2　中华大学 1930 年上学期专任教师一览表

序号	姓名	年龄	毕业何校	研究何种科学	所任何职
1	邹昌炽	44	美国西北大学	教育政治法律	文学院长兼教授
2	严绂苹	38	美国哥伦比亚大学	职业教育	教务长
3	胡竞存	34	日本明治大学研究科	法学	事务长兼商学院长及教授
4	鲁济恒	42	湖北存古学堂	经学	教授
5	罗濬	42	美国哥伦比亚大学	教育	教授
6	严默生	42	美国哈佛大学	教育	教授
7	饶达三	42	美国哈佛大学	教育	教授
8	胡东林	42	上海复旦大学	社会科学	教授
9	姚名帛	42	湖北官立法政	法学	教授
10	胡嗣江	42	北京法政大学	法学	教授
11	胡越	42	上海光华大学	政治经济	讲师
12	甘佑先	42	湖北商科大学校	银行	讲师
13	刘明远	42	美国杜克大学	经济	教授
14	李志仁	42	美国密歇根大学	矿学	讲师
15	朱定国	42	国立武昌大学	文学	讲师
16	陈世仪	42	北洋大学	法律	教授
17	余祖言	42	日本宏文学院	教育与哲学	教授
18	陈康	42	前清府师范	文学	讲师
19	林树华	42	美国哥伦比亚大学	教育	教授
20	罗树蘅	42	湖北存古学堂	经学	教授
21	江悟源	42	北京法政大学	法学	讲师
22	罗兴林	42	国立清华大学	外文	讲师
23	邓翔海	42	北京高等工业	理科	教授
24	鲍芝轩	42	广东优级师范	理科	教授
25	陈心泉	42	南洋大学	理科	讲师
26	段麟郊	42	私立武昌中华大学	哲学	党义教师兼教授
27	张济时	42	武昌师范大学	教育与哲学	教员
28	陈飞鹏	42	美国密歇根大学	教育	教授
29	皮松云	42	美国芝加哥大学		教授
30	王震寰	42	上海震旦大学	法律	讲师
31	张铭柱	42	法国巴黎工程学校	化学	讲师
32	彭沛民	42	英国伯明翰大学	文学	教授

资料来源：《私立武昌中华大学十九年度上学期教职员一览表》，原件存华中师范大学档案馆，中华大学类，卷宗号 LS13-274。

中华大学校长陈时在政界颇具影响力，而且为人礼贤下士，积极延聘名师，诸多学者到中华大学教学授课，有力推动了学校教师队伍的发展。如 1920 年 1 月，华中地区的几所大学邀请胡适莅临演讲，胡适因为陪同杜威访华，无法抽身，于是推荐陈独秀前往。演讲完毕之后，“陈氏乃和武汉地区的几位大学校长（尤其是武昌城内的几所私立大学）同车返京。这几位校长——特别是一所教会主办的‘文华大学’和一所国人私立的‘中华大学’的当局们都受了北大所发动的新文化运动的影响，而想到北京物色几位教授（新文化）的师资”①。这反映了中华大学校长陈时对人才延聘之积极，求贤若渴的态度落实于行动中。1922 年 4 月 10 日，陈时登门拜访黄侃，诚挚邀请其莅临中华大学执教。黄侃欣然接受，并在日记中写道：“十日（十四日月曜日）戊申。陈叔澄（名时，黄陂人，仲骧之从弟，中华大学校长）来请授其校诸生《尚书》及《庄子》，允之。”②

总体来看，在经费不足的情况下，中华大学能为各学科延聘到充足的优秀师资，而且其中近半数为海外归国的师资，非常难得，不得不说这是校长陈时尽心竭力的结果。

3. 中华大学学术研究的进展

中华大学在近半个世纪的办学历程中，虽然经费不够充足，但在校长陈时毁家兴学、苦心经营之下，亦取得了不俗的办学成绩。在学术研究方面，陈时提倡学术自由，并利用自己的资源广泛延请优秀师资来校任教和讲学，推动了中华大学学术研究的进步。具体来看，中华大学的学术研究主要有以下特点：

其一，大力提倡学术自由，营造良好的学术氛围。中华大学的学术氛围活跃，与其办学宗旨密切相关。1917 年 11 月，陈宣恺病逝后，陈时正式接任中华大学校长，将“成德达材，独立进取”写进中华大学的校训，强调了中华大学办学的独立自主，提倡学术自由，鼓励研究与创造。这与蔡元培倡导“思想自由，兼容并包”“囊括大典，网罗

① 胡适著，唐德刚译注：《胡适口述自传》，陈金淦：《胡适研究资料》，北京十月文艺出版社 1989 年版，第 267 页。转引自陶光胜：《引领与助推：教育家陈时与中华大学》，华中师范大学博士学位论文，2021 年，第 154 页。

② 黄侃：《黄侃日记》，江苏教育出版社 2001 年版，第 142 页。

百家”的办学思想不谋而合。在这样的办学宗旨指引下，中华大学办学的物质条件虽不甚优渥，但陈时利用自身的社会影响力，广为延揽，邀请到了许多国内外名家到校传经授道。这充分地贯彻了中华大学学术自由的办学方针，有效地营造了重视学术的气氛，极大地开阔了师生的学术视野，有力地推动了中华大学的学术发展。

其二，积极创办学术刊物，打造学术研究平台。中华大学特别重视学术研究，为此，学校于 1915 年 5 月 1 日专门创办了学术刊物《光华学报》。《光华学报》得到了校长的重视，陈宣恺题写刊名，并由专门部的教师刘树仁担任主编。《光华学报》主要刊载中华大学师生的学术研究成果，是当时武汉地区传播新思想，宣传新文化的重要阵地，成为推动新文化运动的重要阵地。尤其是 1917 年，中国共产党早期的青年领袖恽代英主编了《光华学报》第 4 期，使得学报思想更加活跃，内容更加进步。恽代英先后在学报发表了《新无神论》《怀疑论》等文章，宣传唯物主义思想。而在此之前，1912 年中华大学就创办有《中华周刊》，记载了许多教育新闻和中华大学校务事项，比较详细地记录了中华大学办学的历史和教育方针。创刊于 1930 年 2 月的《中华季刊》是中华大学的校刊，以介绍学术、发表本校师生相互研讨之结果为宗旨，校长陈时为该杂志撰写了《创刊旨趣》，内称欧、美、日等国家文化进步，学术发明多，而国内却寥寥可数，大学和各学术团体作为学术研究的重地，应承起这份社会责任①。可见，中华大学将办学的视野放诸全球，以极高的民族责任感和使命感，积极打造国内学术研究平台，推动了学校学术研究的进步。另外，中华大学校内也有不少的学术团体，亦推动了中华大学学术研究的发展。如中华大学教育学会，就以研究学术、发扬教育、联络感情为基础②。

其三，注重加强学术交流，丰富学校办学资源。中华大学重视学术交流，常延请国内外名家到校讲学，尤其是 1925 年，陈时当选为湖北省教育学会的理事长后，凡有各界名家抵汉，都免不了被陈时邀请到校讲学。就算是在西迁重庆办学期间，中华大学的学术交流依然活跃。可以说，通过广泛延聘名师授课与讲学，陈时将个人的社会资源

---

① 陈时：《创刊旨趣》，《中华季刊》1930 年第 1 卷第 1 期。

② 《修正武昌中华大学教育学会会章》，《中华周刊》1934 年第 496 期。

和人脉资源都转化为学校的办学资源，在办学经费有限的情况下，极大地丰富了中华大学的师资队伍，有效地拓宽了学生的视野，提升了学校的办学声誉。

中华大学的学术交流不仅有“引进来”，还有“走出去”，中华大学的不少教师到外校、外地交流思想。如 1934 年 3 月 7 日，时任中华大学教务长的严士佳受邀到武昌图书馆学专科学校讲演，主题为《中国的职业问题》①。中华大学的校长陈时更时常在国内外的教育社团与会议中为国家教育发展建言献策，交流思想与经验。他不仅积极参加全国教育会联合会、中华教育改进社、中华职业教育社等国内教育社团的活动，还于 1923 年 6 月作为中国代表，赴美国旧金山参加了“万国教育会议”。这也开了湖北教育界走出国门、参与国际教育会议的先河。陈时在美国期间注意学习与交流，回国后，向全校师生进行报告，开阔了师生的眼界。

（三）中原大学学科的探索与转型（1948—1953 年）

中原大学创办于解放战争过程之中，是一所培养党和军队需要的军政干部的革命大学。中原大学从 1948 年 8 月建校，到 1953 年 1 月 6 日被撤销，共存续了 4 年多的时间。在这不长的办学历程中，中原大学将主要精力集中于干部培训。随着革命事业的推进，中原大学的办学重点从培养革命时代需要的军政干部，转移到培养社会经济建设需要的行政、教育、财经与政法干部，这从中原大学的学科建设与调整过程也可以略窥一二。

1. 学校与学科的初创

1948 年，中原大学创办于豫西的宝丰县。初创阶段的中原大学为满足当时革命发展形势，未采用现代大学的方式进行组织，不设置院系，而是按照学员的文化程度编队。中原大学依据学员的文化程度、思想觉悟和性别编成 80～100 人的 3 个大队。每个大队配 2 名辅导员和 1 名督导助理。中原大学创办后，发展迅速，学校又根据学生人数的增加而增设编队。到 1948 年 11 月，中原大学共编了 17 个大队，学

① 《中原大学教务长严士佳先生讲演》，《武昌文化图书科季刊》1934 年第 6 卷第 1 期。

生数达到了2194人，规模庞大。为了应对学校规模的迅速扩张，中原局不断抽调各地干部到校支援。1948年8月25日，中原局抽调华东南下的干部朱凡等73人来校工作。这样，中原大学的师资队伍与干部队伍逐渐壮大起来。同时，为了适应新形势对宣传工作的迫切需要，中原大学开始筹设新闻系，设长线专业，培养新闻宣传人才。

这一时期中原大学的主要任务就是为革命事业培养干部与人才。学校主要通过短期思想政治训练对青年知识分子进行教育与改造。因此，这一时期中原大学的课程以政治理论课为主，教授的内容主要是马克思主义、毛泽东思想的基本理论和基础知识，重点对学员进行思想政治教育。1948年底，根据中宣部有关指示，学校开设的课程有：中国现代史、新民主主义论、解放区建设、辩证唯物论与历史唯物论、中共介绍、时事教育。后又增加了社会科学基本知识、科学社会观等课程。授课有两种方式：一种是讲授为主，讨论解答为辅。另一种是自学讨论为主，解答总结为辅。两种方式都是坚持理论与实际相结合以及教、导、学三结合的原则[①]，有效地提升了教育教学的效果。

1948年11月，中原大学迁校开封，同时学校对教育行政制度、机构与组织进行了调整。学校计划设置4部，但由于条件不足，先设置了政治部开展短期干部培训、研究部负责理论研究。其中政治部下设各大队，1949年3月改为4个分部，每分部下辖4个大队；研究部设政治研究室、文艺研究室和研究班。在开封办学期间，中原大学正式成立了党的总支委员会，下设3个支部。1949年3月15日，中原大学团委也宣告成立。这标志着中原大学党团组织的健全，也体现了党对中原大学领导的加强，对于中原大学的发展具有重要的意义。

2. 南迁与学科发展转型

1949年5月，中原大学开始南迁武汉办学。8月16日，中原大学迁到武汉后正式开学。到武汉后，中原大学开始逐步转变办学方针，向着学术型与专业性大学发展。尤其是在中华人民共和国成立后，中原大学的转型进一步加速。1949年12月，政务院决定将在革命战争中诞生的新型革命大学改为培养管理干部和专门建设人才的正规大

---

① 陶军主编：《中原大学校史》，华中师范大学出版社2003年版，第57～58页。

学。于是，中原大学逐步推进学院制改革，逐步向正规的综合性大学方向努力①。经过改制，中原大学设立了财经、教育、政治、文艺4个学院。

文艺学院是中原大学在接管私立武昌艺术专科学校的基础上创办的，共有3个系——音乐、美术、戏剧，后设有创作组发展为创作系。音乐系系主任先后由林路、张星原担任，美术系系主任为计桂森，戏剧系系主任是崔嵬。文艺学院的学制最初为半年，1950年改为1年，1952年改为2年。文艺学院主要采取理论与实践相结合的方式开展教学，让学生在文艺演出、革命宣传与社会服务等活动中接受教育。

中原大学教育学院成立于1949年12月5日。由于师资和校舍等办学资源的不足，教育学院成立时，先设置了政治系和历史系，系主任分别是陶军和方衡。1950年，增设教育行政系和俄文系，系主任分别由常春元和陶军担任。学制初定为1年，后改为2年。全校的公共必修课有社会科学概论、新民主主义教育、时事教育、苏联介绍、思想方法等，课程内容丰富，比较扎实。这一时期，教育学院发展面临诸多问题，其中教育行政系的问题最为突出。面对这些问题，教育学院院长潘梓年决定将教育行政系改为教育系，以拓宽培养口径，这对后来华中师范学院与华中师范大学教育学科的发展具有深远的影响。教育学院在学科建设上也特别重视服务社会。如1950年5月，教育学院开设了工农速成中学师资训练班，以满足各地工农干部文化补习学校对师资的强烈需求。

财经学院与教育学院同时成立，院长为梁维直，下设工商管理、金融、贸易3个系，戴重远、牛永年和金畅如分别担任3个系的系主任，学制定为1年。1951年，首届学员毕业后，学院根据社会发展需求进行了系科调整，改设财政银行系、合作贸易系和统计系，学制仍为1年。同时，为满足中部地区对财经、贸易干部的需要，在中南财经委员会的指示下，财经学院还开办了财经干部轮训班和贸易大队。1951年1月，中原大学的政治学院并入财经学院，8月文艺学院、教育学院脱离，此后中原大学就只有财经学院了。1951年9月，财经学院又增设了工商管理系，同时将学制延长为3年，确立了正规化和专

① 陶军主编：《中原大学校史》，华中师范大学出版社1986年版，第259页。

业化的学科发展方向。同时，财经学院又增设了成本会计、统计和会计 3 个专修科，开办了行政与劳保两个特别班，培训了一批当时经济建设与社会发展急需的行政与财经工作人员，获得了社会的广泛好评。

政治学院成立于 1950 年 1 月 7 日，院长由副校长孟夫唐兼任，学院的创办以短期的政治培训为目的，没有设置具体的系科，按班和大队进行编制，附设有政治研究室，1951 年 1 月并入财经学院，存续的时间仅有 1 年，是中原大学办学时间最短的一个学院。

3. 学科独立、合并与撤销

经过调整与转型，中原大学奠定了综合性的大学雏形，但随着国家高等教育改革的深入以及高校院系调整的推进，中原大学的各个学院逐步与学校脱离。1953 年 1 月 6 日，孟夫唐根据中南局指示，在中原大学召开大会宣布撤销中原大学，拆分为中南财经学院和中南政法学院。自此，中原大学 4 年多的办学历史结束。

中原大学的撤销是逐步进行的。首先，中原大学文艺学院独立。1950 年 6 月，中南军政委员会决定将中原大学文艺学院改归中南军政委员会文化部领导，改建为一所独立的院校，以更好地培养文艺专门人才。1951 年 1 月 19 日，中原大学院长会议上，再次传达了中南军政委员会文教委员会的指示，要求中原大学移交文艺学院。1951 年 8 月 1 日，恰逢中原大学建校三周年纪念日，中原大学文艺学院独立后改建的中南文艺学院正式宣告成立。此时，中原大学还有教育学院与财经学院。其次，中原大学教育学院与私立华中大学合并。1951 年 8 月 16 日，中南军政委员会决定将中原大学教育学院和私立华中大学合并改组为公立华中大学，自此教育学院与中原大学脱钩。此时，中原大学仅有财经学院尚存。最后是中原大学的完善与裁撤。文艺学院与教育学院分别独立与合并，使得中原大学元气大伤，但中原大学并未消沉，而是对财经学院进行了完善与发展，财经学院的办学走向正规化。1952 年，全国高校的院校调整开始，在这一过程中，中南地区的调整力度最大。为了服从全国高等院校综合布局的大局，中原大学在 1953 年被拆分为中南财经学院和中南政法学院，结束了其短暂而光辉的发展历程。

综上所述，作为一所从革命年代兴起的新型革命大学，中原大学在从干部培训学校迈向正规化大学的办学历程中，学科发展与调整的速度快、频率高，但其学科建设始终坚持以服务党和人民的事业为宗旨，无论是干部培训，还是学科增设，都是以革命事业和国家建设的急需为依据的，在4年多的办学历程中，中原大学培养了1.4万余军政干部和专门的技术人才，为革命事业的发展和国家经济建设起到了重要的推动作用。而且中原大学作为华中师范大学和中南财经政法大学等高校的前身之一，也推动了我国高等教育的转型发展，不愧为我国高等教育史上的一座丰碑。

三、华中师范学院的学科调整与融合发展

中华人民共和国成立以后，随着时代的演进与社会的变革，学校在发展中曾几易校名。1951年中原大学教育学院与华中大学合并组建时，学校名为公立华中大学；1952年中华大学、湖北教育学院等并入后，学校又改名为华中高等师范学校；1953年定名为华中师范学院，并沿用了三十多年；1985年，华中师范学院更名为华中师范大学，并由中原大学创始人之一——邓小平同志，亲笔题写校名。1951年至1985年这三十年来，各院各系励精图治，自强不息，为后来华中师范大学学科的发展奠定了坚实的基础。

（一）公立华中大学学科体系的组建整合（1951—1952年）

华中大学由“私”改“公”源自1951年1月11日《教育部关于处理接受美国津贴的教会学校及其他教育机关的指示》的颁布，该文件明确规定“高等学校由中央教育部领导处理”，“由政府接收改为公立”。同年8月，中央教育部决定并委托中南军政委员会教育部接办私立华中大学并将其改制为公立华中大学，宣布公立的同时把中原大学教育学院并入华中大学，改变了华中大学的领导体制，落实了对华中大学的实质管理。1951年5月18日，教育部《关于1950年全国教育工作总结和1951年全国教育工作方针和任务的报告》获政务院会议批准，该报告要求各大行政区组建一所师范学院，这亦是公立华中大学定性师范的一个起点。尽管公立华中大学存续时间不到两年，但其在

学校学术学科发展史上起到了关键的过渡作用，不仅完成了私立大学向公立大学的转变，也承担了师范改制的重要历史任务。

1. 取消院的建制，进行学系改并

首先，取消院的建制。私立华中大学原有文学院、理学院、教育学院。中原大学教育学院并入后，带来俄语、教育、政治、历史四系。向师范过渡方面，改制委员会研究过设大学部、师范部两块，只把教育学院“打乱平分”，其他如经济等非师范专业学生仍在大学部，直到毕业。最后的决定登在 1951 年 8 月 17 日的《长江日报》：公立华中大学设中国语文、外国语文、政治、历史、教育、物理、化学、生物、数学等 10 余系，以及俄文、历史、政治、教育等专修科。以上专业从 1951 年暑假起开始招师范生，非师范专业从此停止招生。此外，私立中华大学中文系学生调至公立华中大学，改为师范生待遇；私立中华大学化学系学生调至公立华中大学，仍为普通高等学校学生待遇。

其次，学系改并。经济系并入武汉大学，经济系不再招收新生，原有学生按入学时计划在华中大学完成学业，学制改为三年（实际上 1952 年 9 月经济系调入武汉大学）。私立中华大学中国文学系、化学系，解放初期成立的湖北教育学院的教育系（从私立中华大学调入不久）、中国语言文学系、数学系、物理系、体育系、美术系、音乐系、戏剧系、俄文系，广西大学生物系均并入公立华中大学。此外，私立中华大学的校舍、图书、家具全部转给公立华中大学，化学仪器一部分转给公立华中大学，另一部分留给湖北省高级工业学校。

最后，与华中大学有密切关系的私立文华中学、私立恩旭小学，均改为公立华中大学的附属中学和附属小学。中南教育部决定，将原文华中学与华中大学附属中学合并为华中大学附属中学，校名暂定为“文华中学”，恩旭小学取消“恩旭”名称，改为华中大学附属小学。

2. 定性师范属性，着眼师范教育

1951 年 5 月 18 日，教育部《关于 1950 年全国教育工作总结和 1951 年全国教育工作方针和任务的报告》获政务院会议批准，该报告要求各大行政区组建一所师范学院。这是中南军政委员会教育部落实中央决策的一个决定，也是公立华中大学定性师范的一个起点。7 月 2 日，韦卓民校长为了学校的存续和发展考虑，在征得校董事会同意后，向中南军政委员会教育部发出了（华大）校字455号函，请求将学校改为公立。中南军政委员会教育部在请示了中央教育部之后，部长潘梓年7月7日亲笔致函韦卓民校长，对私立华中大学的要求表示欢迎。潘梓年在信中说："一、我部认为华大所陈各节均属实情，同意改为公立。二、为配合生产建设，迎接文化建设高潮，兼以华大过去毕业生多为中等学校教师，改公立后，成为中南区培养高级中等学校师资的高等学校，从1951年起，开始招收师范生，校名暂称'华中大学'。三、学生中有将中原大学教育学院合并入华中大学，增加华中大学的力量的要求。以上三项，中央人民政府教育部均表同意，特先函复，以便及早从事准备工作，并请转告华大董事会。"

1951年8月16日，私立华中大学改为公立。1951年9月26日，中南军政委员会教育部向华中大学发出指示："我部为了今后训练和培养本区中等学校师资，已呈准中央，决定将你校改为公立，学校性质定位师范学院，校名暂仍称华中大学。在改制期间，所有一切学校行政及对外事宜，均由华中大学改制委员会领导和督促该校工作人员负责进行。"为此，华中大学拟定了改制的两条原则："一、师范大学基本教育政策：为要好好培养中等学校师资，以马列主义与毛泽东思想为最高指导原则教育学生，使之掌握进步的教育科学技术和有关的专门知识，为人民服务。二、华中大学现有学系除经济系外，皆与国内师范大学，如东北师范大学、北京师范大学相同。"为了贯彻两项原则，华中大学先后派出20多位中青年教师到国内有关兄弟院校学习进修，这些教师后来成为学校教学骨干，有的成为学科带头人。

3. 提升办学规模，扩大师资队伍

华中大学宣布公立后，学校规模的扩大和招生人数的增多在办学历史上是空前的。1952年10月8日《人民华大》校刊记载：由于规模突然扩大，"学校床铺不够，大部分学生睡在地板上"。公立华中大学首届招收学生876人，其中本科学生注册人数为321人，专科学生注册人数为555人。1951年8月16日改制（公立），到秋季开学时，公立华中大学教师数量达到103人，其中教授20人、副教授26人、讲师15人、助教29人、实习教员13人。

公立华中大学在1952年的全国院系调整期间，规模进一步扩大。

院系调整开始，私立中华大学的校舍、图书、家具全部转给公立华中大学，化学仪器一部分转给公立华中大学，另一部分留给湖北省高级工业学校。1952 年 9 月 16 日，广西大学生物系全体师生 20 余人，在系主任苏宏汉教授带领下到达武汉，公立华中大学行政、工会、学生会派代表 40 余人到站迎接。1952 年 10 月 30 日前调入的学生情况：私立中华大学中国文学系、化学系学生共 70 人；解放初期成立的湖北教育学院的教育系（从私立中华大学调入不久）、中国语言文学系、数学系、物理系、体育系、美术系、音乐系、戏剧系、俄文系学生共 339 人；广西大学生物系学生 29 人。公立华中大学增加学生共 438 人。1952 年，公立华中大学调出的情况是：经济商业系学生调入武汉大学，外文系英文组调入中山大学，地理组调入河南大学。

（二）华中高等师范学校学科体系的调整（1952—1953 年）

华中高等师范学校不是一个规范的校名，是“公立华中大学”到“华中师范学院”这个被评估期对公立华中大学的特别指称。这一过程自 1952 年 11 月 1 日起，一直到 1953 年 10 月 20 日。1952 年 5 月，《教育部关于全国高等学校 1952 年的调整设置方案》出台，该方案拟定的原则是“整顿与加强综合大学，发展专门学院”，规定的时间是“预计两年内基本完成”。从方案的文本上看，是以大行政区为单位的宏观部署：规定中南区设置综合性大学（一）中山大学……（二）武汉大学；设置“高等师范学校”华中大学，由原华中大学与湖北教育学院合并组成，广西大学生物系并入。1952 年 10 月，中南军政委员会教育部决定将私立中华大学一部分及湖北教育学院和改制中的华中大学合在一起，另行筹建华中高等师范学校。

1. 以教育实际为依据，完善学科设置

华中高等师范学校根据中央教育部规定，结合中南地区教育实际和本校的条件，先后开设有修业 4 年的本科：教育、政治、中文、俄文、历史、数学、物理、化学、生物、体育、图画制图、音乐 12 系，以及修业 2 年的专科：教育、中文、俄文、历史、数学、物理、化学、生物、体育、图画制图、音乐、艺术 12 科。修业 1 年的有：高制和初制的历史、数学、物理、化学、生物 10 个班。另外，为调训中学教

师，设有俄文科、政治、教育、历史等班，以及文教干部训练班、工农中学师资训练班。

1953年暑假后，华中高等师范学校13个系科的简要情况如下：

教育系科：专业课中有学校卫生、生理、人体解剖等课程。教师阵容逐步扩大，暑假从北京师范大学又回来了9位接受苏联教育专家训练的教师。教育系学生学制四年、专修科学制两年。政治系：1953年暑假后，招收首届新生70人。

中国语言文学系科：除了设四年制本科外，还有两个二年制的专修班。

俄语系科：是一个新成立的系，分四年制本科、三年制专科与二年制专修科（1952年招收的科是三年制），有教师40人，其中苏联籍教师13人。系设有基本俄语组，领导俄语系科俄语教学：普通俄语组，领导全校各系科俄语教学。在基本俄语组内，又分设语法教学组、翻译研究组、中学俄语教学指导组。教师在各自的教学组织里从事教学研究活动。

历史系科：设有四年制的本科班和二年制的专修科班，共开设6个教学班，有学生244人。课程开设有中国历史文选、中国中世纪史、中国近代史、世界古代史、世界中世纪史、世界近代史及教学法课堂专题讨论课。系下设有历史教研室。

数学系科：有教师18人：系科两个年级，学生381人。课程开设有17门主干课。系科设有代数、几何及数学分析3个教研组。

物理系科：主要由原华中大学物理系与湖北教育学院物理科合并而成，设普通物理、理论物理两个教学组，分别担任普通物理、理论物理、天文、气象、制图、物理教学法、高等物理实验等课程的讲授任务；后来还开设有数学分析、解析几何等数学课程。合并后一年多的时间里，教师自制和增添教学仪器8套，节约了开支，解决了教学急需。

化学系科：设有机化学、无机化学、分析化学3个教研组。开设了动物学、植物学和普通物理学等课程。

生物系科：设有植物学、动物学、达尔文主义基础及人体解剖、生理学4个教研室。教师们赴广西、湖南、华北、青岛各地采集动、植物标本，制造模型及挂图，建起了6个实验室，标本模型达数千种。

体育系科：教师由分出去时留下的 14 人增加到 22 人，学生从 60 余人增加到 144 人。设有公共体育、体操舞蹈、田径及业务学科 3 个教研组。

图画制图系：1952 年秋开办，美术系科针对社会需要而设立，有学生 118 人。系科下设图画、图案、艺术理论 3 个教研组。图案教研组仅有教师 3 人。

音乐系科：教师 31 人、学生 117 人。设钢琴、乐队乐器、理论及声乐 4 个教研组，还成立了面向中学的创作、欣赏、演奏工作组。课程主要设有声乐、钢琴、弦乐、合唱、和声、合奏、作曲等。

艺术科：主要培养初级中等学校音乐与图画教师。课程设置有声乐、钢琴、乐理、写生、艺术理论、作曲、二胡、合唱、画图教学法等。

1953 年 3 月 14 日第 4 次建校委员会通过的教学工作计划，要求各教研室（组）将教师培养列为首要任务之一，有计划、有方向地组织培养，并明确青年讲师和助教的工作时间，保证他们有一定的时间从事研究工作，鼓励建立科学研究与教学工作中的“师徒关系”。

2. 以培养目标为基准，优化课程体系

根据培养目标，学生学习内容不论系科，都必须包括 4 个组成部分：(1) 政治理论科目，包括中国革命史、马克思列宁主义基础、政治经济学、辩证唯物主义与历史唯物主义，这些课程是全校各系科学生的公共必修课；(2) 教育科目，包括教育学、心理学、教育史、学校卫生及各科教学法，这也是各系科学生必修的课程；(3) 专业科目，包括各系专业科目的课程以及与之相关联的课程；(4) 教育实习，这也是每一个师范生的必修课程。

1953 年 5 月，学校开始实施《华中高等师范学校教育实习工作计划》。分别与汉口和武昌有关师范学校和中学建立了联系，把这些学校作为应届毕业生教育见习和教育实习的联系点和基地。学校成立了教育实习指导委员会，负责研究、规划、检查、总结工作。学校除指定卞彭、陶军、高庆赐、郭抵、邵达成、黄溥、王倘、李琮池、邱鸿钧、陈宣、喻存粹、田家农、郭涤生、杨健、陈毓芳等人为委员外，还特聘湖北省实验中学校长、省一中校长、省二中校长、省三中校长、省一女中校长、省二女中校长、武汉市男一中校长、武汉市男二中校长、武汉市一女中校长、武汉市二女中校长、本校附中校长、省教育厅及武汉市教育局有关领导为委员，由卞彭任主任委员，郭抵、邵达成任副主任委员。华中高等师范学校首批学生于1953年5月18日至6月6日分赴各实习点实习。这标志着学校初步进入正规化、规范化的高等师范教育的新阶段。

3. 以丰富生活为目的，建设校园文化

1952年11月，华中高等师范学校学生会正式成立。1953年8月24日，华中高等师范学校作出《关于召开第一届团员代表大会的决定》。明确大会的主要任务是：(1) 听取党总支委员会的报告；(2) 传达全国第二届团代会精神；(3) 检查、总结学校建团一年来的工作，确定新学年的工作任务；(4) 各支部间交流经验；(5) 选举团委会。9月4日，团员代表大会正式召开。会议着重讨论了青年团组织如何配合党组织和校行政，在全校青年学生中贯彻毛泽东“三好”的指示，以及如何根据青年特点开展工作的问题。本届团代会共收到和处理(有些是责成有关单位处理) 提案五大类共218份。其中，第一类属搞好学习类，提案11件；第二类属身体健康类，提案6件；第三类属团内教育类，提案12件；第四类属团的工作改革类，提案20件；第五类属其他类，提案34件。首届团代会开创了学校群众团体民主、务实、团结、奋进的风气。

9月18日，共青团武汉市高等学校委员会组织部发出 (组干字) 第9号批示，同意华中高等师范学校第一届团代会上选出的以何汉为代表的21人组成新的团委会，批准何汉任团委书记。此后，各系科和教工、机关均相应选举产生了新的团支部。到1954年初，全校共有团员1594人。在校团委的组织和领导下，还建立了教师团总支和职工团总支。

1953年5月，政治辅导处为全校学生作了《进一步提高政治认识，为树立优良的新学风而努力》的报告。9月，陶军副教务长作了《关于加强学习纪律》的报告。其目的都是要求学生端正学习态度，遵守学习纪律。这在院系调整和学校定性为师范教育的特定情况下，的确起了较好的作用。有不少人因成绩优异而受到表彰，还有人被评为模范团员。

为了丰富师生的文化娱乐生活，除了每周举行舞会外，学校还充分利用两部电影放映机，放映有教育意义的影片。中文系科和音乐系科有定期的文艺晚会，体育系科有定期的体育表演，吸引了全校师生。1953 年，学校成立了体育运动委员会。

（三）华中师范学院学科建设的曲折发展（1953—1976 年）

1953 年，“华中师范学院”校名正式启用，一直延续了三十多年，具体可分为盛装起步阶段（1953—1956 年）、稳步发展阶段（1956—1966 年）以及艰难探索阶段（1966—1976 年），学科建设的发展在这三个时期都呈现出不同的特点与趋势。

1. 华中师范学院盛装起步阶段（1953—1956 年）

1954 年 5 月 4 日上午，华中师范学院举行了首届院行政会议，会议共讨论了 5 个问题，并就其中的几个大问题作出决议，重点探讨了关于额定各级教师教学时数问题以及师资培养问题。1955 年 1 月，为贯彻系主任负责制，学院撤销政治辅导处和系的政治辅导员，各系另配备行政秘书、教务秘书各一人，协助系主任抓好本系行政工作、思想政治工作和教务工作。1956 年 12 月 10 日，中央教育部任命郭抵为华中师范学院副院长。学院中层领导班子也作了调整：任命陈翔南为人事处长；陶军为科学研究部主任，同时免去副教务长职务；李家光为科学研究部副主任；邵达成为业余教育部副主任，兼教育系主任；黄溥为教育科学研究室主任。一系列举措表明，这个时期华中师范学院正朝着教学为先、科研为主的方向努力。

（1）师资队伍建设与培养

1957 年初，教师在册人数由 1952 年的 251 人增加到 406 人。其中教授 54 人，副教授 34 人，讲师 84 人，教员 27 人，助教 209 人。华中师范学院培养师资以自力更生为原则，对老教师要考虑到如何提高，对青年教师要考虑到如何培养，具体做法是：采取“带徒弟、传手艺”和互帮互学的办法；有计划、有步骤地派青年教师到外校去进修；派青年教师到中学去教课，实地练兵。学院在师资培养上具体采取了如下措施：

第一，选派教师到兄弟院校学习。从1953年到1955年，先后选派到中国人民大学、北京大学、北京师范大学、东北工专、华东师范大学等校学习和进修的教师（包括少数行政干部）达53人。

第二，边学习，边工作。对大多数中年教师和新分配来的青年教师，学院根据各系、教研室教学计划和本人条件，确定发展方向，制定培养计划，由系、室指派专人传授教学经验；或组织辅导小组，为他们解惑答疑。到1954年，学校已培养任课教师111人，还在继续培养的有77人。

第三，夜校培养。1952年12月，学校成立了政治理论夜校，系统地提高教师的马列主义理论水平和教育科学水平。1954年10月，经中共武汉市委批准，学院的马克思列宁主义夜校，开设了马克思列宁主义基础和中国革命史两个专班，为期一年，参加学习的教师达90%以上。截至1956年底，全校282名助教中，担任教学工作的达83人，担任教学辅导工作的有135人。这批新教师成了学院的一支有生力量。

第四，聘请苏联专家授课。1954年9月29日，学校报请武汉市公安局批准，聘请了10名苏联专家来院授课。其中，坡洛托夫、瓦赫吕舍夫是自华中高师时就在本校工作的，坡洛托娃是由湖北教育学院合并到本校时转来的，伊林和聂瓦错娃是从华中工学院和中南财经学院聘请来的，其余5人均系从牙克石及乌拉浩特聘请来的。他们除了给学生授课外，还负有向本校教师传授苏联教学方法和给教师开设俄语课的责任。同时，院内还采取招收在职研究生班的培养办法，集中培养和提高助教的业务能力。到1956年底，参加进修班学习的助教达34人。

第五，开展国际学术交流活动。1954年12月，德意志民主共和国柏林大学教授、中国近代史学者贝喜发博士，应邀到学校作关于中国近现代史教学工作的报告；报告后还邀请了武汉大学与我院有关教师举行座谈。章开沅教授当年作为接待陪同，与贝喜发博士一起访谈了辛亥革命亲历者，这次交流成为他研究辛亥革命的一个起点。1956年6月，苏联生物学家谢孔来院讲学。此外，还有苏联马克思列宁主义基础专家库兹涅佐夫等人来院讲学，并与有关教师座谈。

（2）规范教学体系与机制

1953年，华中高师两年制师范生毕业，1954年学校对教学内容、教学形式和教学方法进行了如下改进：

第一，根据培养目标制订计划、设置学科。学校的培养目标是德才兼备的高、初中师资。学生学习的学科，必须依据中央高等师范教育会议所指出的，包括政治理论课程、教育科学、外语、体育等公共必修课、专业课和教育实习等部分。

第二，严格执行师范培养规格，确立以教学内容改革为中心，研究并掌握教学计划的实质，编写好教学大纲、讲义和教科书。1954—1955年，在校一年级基本上执行部颁教学计划。在全院设置的200多门课程中，采用苏联教材的有97门，占全部课程的48%左右。此外，还编写教学大纲25种、讲稿156种、对外交流讲义60多种。

第三，坚持教育实习制度。王自申在当时的《华中高师》创刊号上撰文说：我国旧教育是理论和实际脱离的教育，过去办高等师范教育的成为“天神”，没有一所高级师范学校和中学教学相结合的。所谓“大而不师”“中而不附”，就是说师范大学并不师范，附属中学并不附属。这是与新型的人民师范大学的要求格格不入的。因此，学院的教学改革，必须贯彻理论与实际相结合的原则，“天神”必须下凡，到中学去接受锻炼。学院从1953年建立教育实习制度起，到1957年上半年，共举行了9届（次）教育实习，实习学生达5774人。

第四，严格规定各级教师每周教学时数。一般教师以教12小时为原则，系科主任以教6小时为原则，负责带徒弟的教师以教6小时为原则，开课的青年教员、助教以教2～4小时为原则，以保证教师自学和提高的时间。

第五，健全教学组织。1954年暑假前后，全院除院属的4个共同必修科教研室外，系属教研室增加到30个。各系和教研室陆续建立和充实了资料室。历史系为配合历史教学，建成了历史博物馆。钱基博教授为该馆捐赠珍贵文物423件。

第六，改进教学方法。在教学形式和教学方法上，学校普遍注意课堂讲授、辅导、课堂讨论、实验、实习、作业、考试、考查等多种教学形式的灵活运用，并不断总结经验，克服形式主义的弊端。与此同时，各系普遍重视教学法的研究，先后采用新的检查学生成绩的考试和考查两种方法。

第七，明确学院各行政部门“为教学服务”的原则。学校为贯彻教师对学生全面负责的精神，发挥教师在教学中的主导作用，明确规定学校的行政工作要面向教学，一切行政部门都要树立为教学服务的观念，要为教师的教学和学生的学习，创造优越的教学条件和优良的学习环境。

1955 年起，学校根据实际情况，又进行了 3 项改革：第一，建立“教师工作日、教学工作量制度”，使教师进一步明确自己的任务，对自己提出高标准、严要求；第二，改变班级组织形式，实行大班上课、小班课堂讨论、实习作业的方法；第三，建立系一级行政、党、团、工会联席会议制度，加强系一级的集体领导。

1956 年 7 月 30 日至 8 月 15 日，院党委在庐山召开了党委扩大会议。会议集中讨论了深入教学和加强党的思想政治工作问题，并决定在学校增设科学研究部、业余教育部和教育科学研究室 3 个机构。9 月 30 日，学校又召开了院行政干部扩大会议（参加者有系、组主任，各系党、团专职干部），分析了学校的教育、教学情况及存在的问题，提出了后一阶段的工作要求，即加强思想领导，加强自学指导，在方式上要深入实际；对存在的问题要采取实事求是的态度进行具体研究，在院统一领导下分层予以解决。10 月份，学校为贯彻“百花齐放、百家争鸣”的方针，召开了一系列“争鸣”座谈会，许多教师纷纷就修订教学计划、健全学校制度、提高教学质量、培养学生独立工作能力等问题，畅所欲言，发表了许多建设性的意见和建议。

（3）学术平台的搭建与发展

1954 年 8 月，学校正式向全校教师提出了开展科学研究的任务。9 月，教务处发布了《关于科学研究工作》的文件，明确指出，科学研究的方针是“以研究我国师范教育和普通教育的实际为主，其次才是一切有关国家建设及其他属于自然科学和社会科学的问题”。文件还指出，由于科研在我院是一项新工作，因而，既不能“好高骛远，脱离实际”，也不能“过于拘谨，不敢动手”，总的要求是从低级到高级，逐步提高，摸索前进，创造条件。年底，国家高师教育视导工作组来学校检查工作，肯定了学校结合教学进行科学研究的重要性和必要性，同时也就科研的现实状况提出了指导性的意见。此后，学校制定了有关科学研究工作的检查与督促制度，学校科研开始起步，并逐步进入有计划、有组织的轨道。

院党委在 1954 学年度工作方案中指出："科学研究工作，是结合教学改革有计划地进行提高各科教师的科学理论和教学法水平的工作。高等师范学校应该奖励科学研究工作。"根据院党委的意见，学校在此期间先后制定了两次科学研究计划。第一次是 1954 年暑假后，提出了 150 项课题，着手研究的有 69 项，完成 16 项；第二次是 1955 年，共提出 178 项课题，完成 93 项，计划以外的完成 18 项，两次共完成 127 项。

为了鼓励、促进教育科学研究工作，并及时推出师生的教育科研成果、教学改革信息，1954 年底，教务处筹备出版了《教学与研究》杂志。这份刊物对交流经验、传播信息、促进教学起了重要的作用。1956 年底，全院各系的 34 个教研室（组）中的 216 位教师，提出了 167 个研究课题，有关专业教育的研究占 77.8%。在研究人员中，助教首次占 45.37%。这充分表明科研的新生力量正在充实着科研队伍，预示着学校兴旺发达。在老、中、青教师密切合作，发挥个体与群体从事科学研究的同时，学生的科研活动也开始起步。1955 年 1 月，中文、历史、政治等 6 系的部分班级，建立了 8 个科研小组。到 1956 年，在"全面发展，因材施教"的方针指导下，学校加强培养学生独立思考、独立工作能力，学生中的科研活动更为普遍。为了正确引导学生从事科研活动，是年 3 月 14 日，学校制定了《华中师范学院学生科学研究小组暂行办法》，鼓励高年级学生在学好基础知识的同时，积极投入科研活动。根据《暂行办法》规定，只有学习成绩优良的学生才能参加，并在系负责人领导下进行。这样，经学校批准，很快成立了 42 个科研小组，从事科研活动的学生达 456 人。

1955 年 2 月，全院学术性刊物《华中师院学报》创刊号出版。杨东莼任临时编辑委员会主任委员，卞彭、马斌任副主任委员，陶军、高原、高庆赐、陈铁为委员。学报编辑部归口教务处。1956 年 12 月 6 日，学报编辑委员会举行正式成立大会，在总结办刊两年来工作的基础上，讨论并制定了《华中师院学报出版暂行办法（草案）》。在会上成立了新的编委会，杨东莼院长任主任委员，卞彭等 20 位专家为委员。学报编委会分社会科学和自然科学两个编辑组。学报编辑部在院长领导下开展工作。编委陶军在《发刊词》中阐明了学院创办学报的必要性和可行性，并代表学院规定学报的任务主要是："在教师学习苏联，结合实际，展开科学研究，提高教师政治理论、思想和科学业务水平，保证教学质量，贯彻教学计划这一系列的工作当中，不仅要起一个反映和传播现实的作用，而且更重要的，要起组织教师，指导方向的作用。”《发刊词》强调学报要注重科学性、理论性、争鸣性和创造性，突出理论联系实际，这些对办好学报无疑具有重要的指导意义。

学报从1955年到1957年，共出版6期，刊发论文、译文62篇，约100万字。《华中师院学报》1959年分成文、理两版，1979年经国家教育部和国家新闻出版署批准向国内外公开发行。它是我国最先走向世界的少数几家高校学报之一，发行到日本、美国、法国、苏联等几十个国家和地区，国外订购及交换的文科学报每期达600多份。李中行、杨平、邓宗琦先后兼任主编。1985年第5期起，刊名易名为《华中师范大学学报》哲学社会科学版和自然科学版，副校长邓宗琦教授继续兼任主编。

自1952年到1957年，在哲学社会科学研究方面，朱伯石的《中学语文教学中的语言因素》、詹剑峰的《墨家的形式逻辑》、韦卓民的《亚里士多德逻辑》等专著和译著18部得以出版，论文71篇在省市以上的报刊发表。其中，政治系詹剑峰教授的《墨家的形式逻辑》(湖北人民出版社1956年出版)，综合《墨子》全书，融贯中西，按照现代逻辑秩序整理成一套具有独成一体的形式逻辑。此书出版后，远销到德意志联邦共和国等其他许多国家和地区，并被美国、香港相继翻印出版，还被一些国外知名学者编入专集或作为引论。《人民日报》《长江日报》等曾专题刊发了书评和该书畅销国内外的报道。

1957年春，学校举行了全院首次科学讨论会。这次大会检阅了学校科研的成果。大会包括10个分会场，邀请了武汉地区有关机关、学校与外地部分兄弟师范院校的200余名代表参加，讨论了50篇专题报告，其中有20篇是关于普通教育理论和实际问题以及结合高等教育需要的题目，如《五年来的校长工作》《关于小学基本生产技术教育问题的研究》等。有的是结合专业，阐述和研究党的政策以及研究当时社会科学界正在争论中的问题，如《中国共产党对农业社会主义改造的道路》等。有14篇是科学理论的专题研究和科学实验、调查报告，如《湖北应城石膏试制硫酸铵的研究》《武汉鸟类初步调查》等。许多代表和教师的发言，对学院教学、科研工作起到了帮助和启迪作用。

2. 华中师范学院稳步发展阶段（1956—1966 年）

华中师范学院在这一阶段依旧重视学校师范之性质，保证师范生的培养规格，狠抓师资队伍建设与教学质量，科研成果丰富，学术影响深远。

（1）确保师范规格

1958 年 11 月 28 日至 12 月 10 日，中共八届六中全会在武昌举行，会议开始觉察并纠正“左”的错误。根据上级党委的统一部署，院党委于 1959 年 1 月向全院师生员工作学习八届六中全会文件的动员报告。为了保证师范规格，教务处决定从新学期开始，重新开设教学法课程。学校还明确指出，附校要大力贯彻“整顿、巩固、集中基地，以中等教育为主，普通中学、专业学校兼顾的原则”，为毕业生教育实习服务。为了保证师范规格，学校深入中学实际，1962 年组织普教组的同志赴黄冈、鄂城等地调查中学现状，实地检查毕业生质量。数学系等系科还相继成立了中学研究室和中学资料室。教务处根据教师在教学和调研中总结出的点滴经验，汇编出版了《教学经验专题汇编》《教学经验手册》。

（2）重视教学质量

通过一系列的组织工作，全院 130 名中老年教师绝大部分担任了院、系务委员会委员或系、室负责人。物理系主任邱永喜教授亲自主讲该系一年级《普通物理》的力学部分。数学系李修睦教授认真讲授基础课，并且把提高学生解决实际问题的能力和独立思考能力作为完成教学任务的重要方面。地理系梁希杰教授主讲《经济地理导论》，循循善诱，精益求精。一批知名教授和学有专长的教师纷纷走上讲坛授课，其中有张舜徽讲授的中国历史要籍介绍、章开沅讲授的中国近代史、詹剑峰讲授的逻辑学、许祖岷讲授的政治经济学、高庆赐讲授的古汉语、方步瀛讲授的古典文学、梁希杰讲授的经济地理导论等。

学科配合教学、科研举行了不同类型的报告会。如外语系薛诚之教授向学生作《如何使用工具书和做学术卡片》《怎样学习俄国、苏维埃文学作品》的报告，历史系张舜徽教授给学生作《有关写字、作文、读书、讲话》的报告，物理系连续举行《固体辐射损伤》等学术报告会。理科系开展了对一些科研项目的研究，如地理系学生独立思考，举行了学术讨论会。在此基础上，地理系教师选择了部分论文，汇编成《大学生自然地理学论文集》出版。

(3) 抓好师资建设

学校明确提出青年教师要过好“五关”，即中学关、辅导关、教学关、外语关、科研关。系、室都采取了各种途径，如集体备课、参加辅导答疑、观摩教学、到附中兼课等，让青年教师到教学第一线去经受锻炼。

学校再次掀起了老教师带徒弟的高潮。中文系方步瀛教授、石声淮教授为青年教师补基础课，给他们讲授《文心雕龙》和《诗品》。历史系张舜徽教授给青年教师讲通史。物理系杨约翰教授等 5 位教师都配有年轻的助手，采取“分工负责，一带一，带到底”。当时，教师很重视外语学习，1962 年秋，有 180 多位教师参加学院外语班的学习。

1962 年 9 月，院务委员会通过并批准 88 人晋升为讲师，其中优秀者后来大多成为教学科研骨干甚至学术带头人。

(4) 科研成果丰富

在教材供不应求的情况下，文科各系集中力量按部颁教学大纲规定编写教材，有许多教材达到了较高的水平，有的被指定为高等学校文科院校教材。中文系陈安湖、王庆生等编写的《中国当代文学史稿》(科学出版社 1962 年出版)，是我国出版最早的一部中国当代文学史，当时就被许多兄弟院校所采用。此外，郑远志、邢福义等编著的《汉语初稿》中册 (人民出版社 1960 年出版)、韦卓民的《康德哲学讲解》(商务印书馆 1963 年出版)、陶军的《马克思主义的辩证法》(湖北人民出版社 1957 年出版)、戴本博的《夸美纽斯的教育思想》(湖北人民出版社 1957 年出版)、李道仁等的《儿童社会教育》(湖北人民出版社 1960 年出版) 等，都达到了相当高的水平。

学校文科教师共出版专著、译著 26 部，其中有不少是著名教授撰写的学术名著。邢福义撰写了《拼音读物：奇袭虎狼窝》《拼读物：马学礼》以及《现代汉语语法》，还与郑远志、郑远汉合著《汉语初稿》中册，撰写“概说”“词法”部分。张舜徽的《中国古代史籍举要》闻名遐迩，最初由湖北人民出版社 1955 年出版，旋即被许多兄弟院校和研究机构采用。后来经过修订增补，又由湖北人民出版社再版。该书不仅在国内产生了轰动效应，而且被译成日文在日本出版。他的《清人文集别录》1963年由中华书局出版，1962年由中华书局出版的《中国古代史籍校读法》畅销国内外，为国内外学者所称道，也受到国内文史爱好者的欢迎，香港《大公报》还为此书刊发了书评及介绍。1980年，该书又由上海古籍出版社再版。据资料统计，这阶段文科各系教师共发表学术论文（包括译文）280篇，其中中文系114篇、历史系55篇、政治系26篇、教育系23篇、外语系62篇。

理科教师也取得了一定的成绩。论著有生物系薛慕光教授的《武汉地区经济动物手册》、地理系景才瑞教授的《自然地理研究什么》，译著有数学系李修睦教授的《图的理论及其应用》等。物理系的《量子力学》等教材出版后，受到兄弟院校普遍欢迎。物理系卞彭教授与龙传安合写的《氧化物阴极在减速力场中放射的研究》发表于《新科学》杂志；数学系李修睦教授的《介绍网络问题》发表于《数学通报》；化学系张景龄教授的副博士论文《论取代三芳基卤甲烷和二烷基亚磷酸盐的相互作用》发表于《全苏科学院通报》。这些论著和论文在当时都达到相当的学术水平。据资料统计，这一时期理科各系教师在国内外有关刊物上发表论文达130余篇。

（5）学术影响深远

1954年冬，民主德国历史学家贝喜发博士专程到武汉搜集辛亥革命史料，时年28岁的历史系教师章开沅负责接待。“一个外国人不远万里来搜集辛亥革命史料，为什么身在首义之地的我却漠不关心？”章开沅突然萌生出研究辛亥革命史的想法，“后来，我就与许多辛亥老人及其后裔建立了联系”。1961年，适逢辛亥革命50周年，章开沅想到武汉是首义之地，遂向学校提出，在武汉举办全国性纪念辛亥革命50周年讨论会的构想，得到了学校的支持。“我一边组织论文写作，一边和同事争取中央的支持与指导。”除了专攻论文写作，章开沅和同事还要奔赴各地与其他学者联络。20世纪60年代，国家经济严重困难，口粮供给不足，“我们常常饿得走不动，干脆就瘫坐在大街上”。功夫不负有心人，1961年10月16日，第一次全国性纪念辛亥革命学术研讨会在武昌召开。包括李达、范文澜在内，有一百多名学者参会，无论规模还是水平，都属创举。

王庆生与陈安湖、周景堂等人共同编写了《中国当代文学史稿》，

65 万字，该书由学校印刷厂铅印，在中文系做教材，后来科学出版社来华中师范学院组稿，带走了这个书稿，《中国当代文学史稿》1962 年由科学出版社出版，首印 6000 册硬面精装，是我国第一部中国当代文学史论专著。北京大学陈晓明教授在《中国当代文学主潮》里说："直到 1962 年，华中师范学院中文系编著的《中国当代文学史稿》一书由科学出版社出版，'当代文学'最早的正式命名才由此产生。"青年学者陈占彪也说："到华中师范学院中文系编著的我国第一部中国当代文学史即《中国当代文学史稿》正式于 1962 年出版，'中国当代文学'学科概念终于为大家所接受。"

1958 年刘连寿由国家选派赴苏联留学，师从国际著名物理学家栗弗席兹。60 年代中期，师从我国理论物理奠基人之一——北京大学胡宁教授，参加了"层子模型"的研究，奠定了扎实的物理功底。1978 年，刘连寿教授开始组建华中师大基本粒子理论研究室，并开始招收第一批硕士研究生。

1962 年，张景龄教授学成回国后，一方面继续从事有机化学的教学工作，另一方面着手组织科学研究，建立了磷有机实验室，根据中国当时松毛虫危害严重的情况，他决心从研制防治松毛虫的药物着手。经过一段努力，研究工作有了头绪，但组织上需要他带队去参加农村"四清"运动，研究不得不暂停，但他始终没有放弃为科研献身的志向。1965 年他和助手一起终于成功地合成了含有乙烯亚胺的昆虫不育剂。

1957 年，运筹学在西方刚刚兴起，李修睦就一方面关注运筹学发展动向，另一方面联系中国科学院数学研究所的部分研究人员，成立了第一个运筹学研究室。这个研究室成立后，不仅为运筹学学科的发展做出了重要贡献，还在运筹学服务经济建设方面做出了实际成绩。1960 年，李修睦从中国科学院数学研究所回到华中师范学院数学系，担任教学和系主任工作，利用业余时间将法国巴黎大学教授、法国图论学派的领袖人物贝尔热的法文名著《图的理论及其应用》译成中文，由上海科学技术出版社出版。这对图论在中国的发展有着重要的影响。当代中国的许多图论学者都深情地说："我学习图论的第一本书就是李修睦教授翻译的贝尔热的书。"1976 年冬，日本图论专家访华团一到中国，就想会见李修睦教授，因为他们也是从他的中译本系统地了解图论的。1980 年贝尔热来华讲学，当李修睦把 1963 年出版的中译本赠给他时，他激动不已，并说："我只知道欧洲一些国家有译本，没有想到东方中国的李教授，在 20 年前就翻译了我这本书。东方中国早在 20 年前就有人研究图论这门学科了。"

3. 华中师范学院艰难探索阶段（1966—1976 年）

这一阶段，教育受到严重挫折，华中师范学院的日常教学与科研工作近乎停滞，但仍有一批桂子山人凭借着对学术的一腔赤忱与一股不屈不挠的毅力在艰难中进行科学研究与学术探索，并取得了令人钦佩的成果。

1975 年，人民出版社邀请章开沅等人编纂多卷本的《辛亥革命史》。那时"四人帮"仍在台上，"左"的思潮仍然束缚着史学界，但章开沅说："我们没有考虑更多，只是在荒废多年之余想重新做点实事。"就这样，横跨几个省份的《辛亥革命史》编写组成立了。由于"文革"前积累的资料多已散失，所以许多章节必须从搜集资料起步，且编书缺少经费，开会、食宿条件极差。章开沅教授就是在这样的条件下耕耘着。

农药所的张景龄教授虽多次受到冲击和批判，但他从未动摇为祖国为人民贡献知识、贡献力量的决心和信心。1973 年学校开始恢复教学工作，但实验室仍无法开展科研工作，他已无法再等待，他向领导要求带领教师到葛店化工厂去开展科研工作。在工厂，他和工人同吃同住，日夜工作在实验室里，1973—1975 年，在他的主持下完成了新农药"杀虫畏"和"水环磷"的小试研制工作。

生物系主任李琮池教授，曾被看成是"资产阶级学术权威"和"走白专道路"的"老朽"。1972 年，年届花甲的李池教授在一无资料、二无设备和年迈体弱的情况下，选定棉花花蕾铃期主要害虫的病原体病毒这个课题，开展研究工作。他走遍了荆州地区各个县的大棉区，采集了几百个病虫样品，做了几千次的涂片、染色和镜检，反复做了 500 多次感染试验，筛选出 14 个毒力较强的多角体病毒毒株，从中选了两株大量生产，终于使棉铃虫病毒的筛选和试验获得初步成果。1974—1976 年，他带领小组的同志 10 多次到荆州地区进行科学考察，收集病毒样品，进行大田试验，开办病毒治虫训练班。回到学院后，他埋头翻译外文资料，做了近1000张卡片，摘录笔记100多万字。高血压发了，他也不休息，靠吃降压片坚持工作，就这样，终于取得了成功。1977年，棉铃虫病的大面积大田试验成功，在荆州地区许多县、社、队推广试用，有16个省市近70个单位来函索取资料、毒种或参观访问。

曾被当作“反动学术权威”在全院被批斗过的历史系张舜徽教授，在动乱的年代从没有间断学术研究，写出了《说文解字约注》(200多万字）的专著手稿。足有2尺多高的书稿，他全部是用毛笔一丝不苟、工整地誊抄的，毛笔写秃了50多支。

以“华中师范学院中文系现代汉语教研室”的名义，实为邢福义、高庆赐所著的《现代汉语语法知识》，1972年由湖北人民出版社出版后不久，即被日本学者贺美嘉富译成日文在日本出版。同样是以“华中师范学院中文系现代汉语教研室”的名义，实为郑远汉所著的《现代汉语修辞知识》，1972年由湖北人民出版社出版后，1973年又重印过3次。以“华中师范学院历史系”的名义，由商务印书馆出版过的历史系教师的著作有：王宏吉、向子祥的《1905年俄国革命》(1973年)，戈振刚、黄震的《十八世纪末法国资产阶级革命》(1974年)，王宏吉、杨朴羽的《1848年德国革命》(1975年）等。政治系以“华思政”名义出版了由高原等撰写的《学习〈反杜林论〉札记（哲学编）》(湖北人民出版社1973年出版)。此外，这一时期还有著作《现代汉语语音知识》《逻辑知识及其应用》《鲁迅杂文选读》《现代汉语词汇知识》《辛亥革命前夜的一场大论战》《十月社会主义革命》，译作《印度社会》《丹麦王国》《挪威简史》等共19部出版。这些著（译）作的出版，既满足了本校和兄弟院校教学的急需，又满足了社会青年渴求知识的欲望，有的还填补了国家科研的空白，在学术界、理论界和社会上受到好评。

1970年，学校承担了“油膜光阀外光源大屏幕电视投影器”的研制任务。这是一项综合性强的大型研制项目，也是一项填补国家空白的项目。研制组的同志仅用1年多的时间，就完成了国外10余年的研究。1973年，应第四机械工业部的邀请，研制组携带研制成功的YWDD型电视图像投影器实验样机，赴京表演，受到各界的重视和好评。

（四）新时期华中师范学院学科体系重建（1976—1985年）

1978年10月，国务院批准华中师范学院重新归为教育部直属师范院校，由教育部主管，并恢复在中南5省、区（湖北、湖南、河南、广东、广西）招生。1979年1月5日，华中师范学院根据中共湖北省委〔1978〕43号文件《关于撤销企事业单位革命委员会的通知》，撤销了“华中师范学院革命委员会”“华中师范学院政治部”，恢复了学院党、政系统的院、处（部）、系组织机构。春风轻拂桂子山，华中师范学院学科学术的发展焕发出新的生机。

1. 规范学术委员会，重建并扩展学科体系

1978年10月8日，学校首次成立学术委员会。学术委员会由29名委员组成，刘丙一任主任委员。1979年1月，院学术委员会召开第一次工作会议，审议并通过《华中师范学院1978年至1985年事业发展规划》。《规划》提出，在1982年以前，理科基础课开出全部实验课，选修课开出50%；1982年底设立音乐、美术和学前教育专业；1983年后增设电化教育、电子计算机、心理学、教育行政和学校管理专业；争取到1990年在校生人数达到1万人，其中本科生7000人，研究生和进修生3000人；函授生、夜大生达到1万人。委员们原则上通过了《规划》，同时也提出了不少具体的修改和补充意见。《规划》对学院教育事业的发展确实起过鼓舞人心的作用，这些构想中的专业后来都变成了现实，但招生规模超出了学校条件限制。《规划》在一定程度上反映了当时操之过急的思想。

1980年1月，刘丙一调走后，学术委员会由院长刘若曾任主任委员，郭抵、陶军、杨平、王秋来、邓宗琦、李琮池、高原、严学窘、李修睦任副主任委员。1982年4月，学院成立了新中国成立以来第一届学位评定委员会。学位评定委员会主席为高原，副主席为张景龄，王庆生、古堡、石声淮、张舜徽、张长龙、刘连寿、邢福义、杨约翰、杨葆焜、陆秀丽、李琮池、李修睦、吴量恺、周镐、周叔平、胡启柱、梁希杰、章开沅、曹方久等为委员。按照学位条例暂行实施办法的有关规定，各系建立了5至9人的学位评定委员会分会。1984年11月30日，学院成立了第二届学位评定委员会，由高原、张舜徽等21名委员组成。章开沅任主席，邓宗琦任副主席。经院领导研究决定，以系、所为单位组建的第二届学位评定委员会，均与系、所学术委员会合一。

1953 年，华中师范学院只有 13 个系（科），十一届三中全会后，恢复了被撤销的专业，并增设了新专业。到 1984 年底，学院有 11 个系 16 个专业。1978 年 3 月 24 日，湖北省教育局同意恢复教育系，设教育学专业。1979 年 5 月，教育部批准恢复体育系。1983 年 2 月 11 日，教育部同意筹建学前教育专业和心理学专业。6 月 8 日，教育部同意 1983 年招收两年制学前教育专科生。1984 年 4 月 27 日，教育部批准增设思想政治教育专业，教育系恢复学前教育专业，学制均定为四年。1985 年 6 月 21 日，电化教育系成立。

1980 年底，院党委讨论决定：各系行政领导确定为院长领导下的系主任分工负责制。经过反复酝酿，各系民主选举了系主任、副系主任、教研室主任等领导职务。通过民主选举，一大批有业务专长、有组织领导才能的人走上了领导岗位，充实和加强了各级领导班子的力量。在全院 10 个系主任（体育系暂未选举）中，有教授 5 人、副教授 5 人；32 个副系主任中，有教授 1 人，副教授 12 人，讲师 19 人。

2. 发展研究生教育，加强国际交流与互动

从 1978 年开始，学校共有 21 个专业招收硕士、博士研究生。经国务院批准，学院的历史文献学、中国近代史专业获得国家首批博士学位授予权，随后又有科学社会主义和理论物理专业获得博士学位授予权。辩证唯物主义与历史唯物主义、科学社会主义、基本教育理论、中国现代文学、中国古代文学、汉语史、中国古代史、中国近代史、历史文献学、概率论与数理统计、运筹学与控制论、理论物理、有机化学、植物学、病毒学等专业获首批硕士学位授予权。1979 年 9 月录取政治、中文、历史、教育、地理、物理、数学 7 个系 13 个专业研究生 57 名。1981 年，学院共招收研究生 142 名。1980 年夏，《研究生学报》创刊，发表在校研究生的论文，1990 年湖北省期刊调整时宣告停刊。从 1987 年起，《华中师范大学学报》（哲学社会科学版）每年为高年级研究生出版一期“研究生论文专辑”，推出成果、扶植新秀。1981 年 12 月 5 日，首届研究生举行了毕业典礼，35 名研究生经过 25 位专家评审，参加论文答辩，成绩优秀率达 90%以上。1981 年有 35 名研究生毕业，院学位评定委员会在 1982 年授予了其中 29 名毕业生硕士学位。1983 年 6 月 23 日，学校召开了研究生培养经验交流会。1985 年 1 月 5 日，研究生处成立。

根据 5 年师资培训计划的安排，到 1983 年，学校陆续派往美国、日本、法国、加拿大、意大利、新西兰、马耳他等国考察和学习的有 42 人。大多数人在国外学习勤奋，受到国外导师好评。如物理系讲师张镇九，在国外完成了多项研究工作，其中 11 项写成论文陆续发表，还翻译了大量资料，被美国物理学会、天文学会吸收为正式会员。为提高全院教师的外语水平，学院举办了英、日、德、俄语学习班，其中办脱产英语学习班 15 期，每期半年（不合格的可继续学），共培训教师 233 人；加上其他语种的学习班，共培训 261 人。据统计，1977 年全院借助词典能翻译阅读专业书籍的教师，占教师总数的 19%，到 1983 年该比例上升为 36%，而理科系有的达到 50%以上。1978 年 5 月 19 日，澳大利亚西澳比较教育协会代表团来学院参观。1979 年 9 月，章开沅教授赴美访问，11 月又从美国赶赴日本，这是中国大陆辛亥革命研究者第一次走出国门。1980 年 5 月 28 日，澳大利亚学者 A. D. 肖等 3 人来院做学术报告。1981 年 6 月，张景龄教授赴美国参加第五届国际磷化学会议。7 月，李琮池教授赴法国参加第五届病毒学会议，刘连寿教授赴美国斯坦福直线加速器中心访问。1981 年，在纪念辛亥革命七十周年国际学术讨论会上，三卷共 120 万字的《辛亥革命史》出版。全世界的目光一下子聚集到辛亥革命的首义之地——武汉，一大批国外史学家慕名而来。1982 年 2 月 22 日，学校举行斯诺学术讨论会，在国际国内产生了很好的影响。湖北省委第一书记陈丕显、斯诺夫人洛伊斯·惠勒和女婿彼得·恩特尔，学院负责人刘介愚、刘若曾、杨平，以及文艺界、新闻界的知名人士出席了大会。斯诺夫人在会上讲话并放映幻灯片。会后，还举办了《埃德加·斯诺与中国》展览，前来参观的有 8000 余人。1983 年 5 月 20 日至 28 日，法国科学院院士、法国生物科学委员会主席、法国科技大学比较病理研究所所长、世界卫生组织主席瓦戈尔教授应邀来我院讲学。我院授予瓦戈尔教授名誉教授证书。1983 年 10 月 29 日，我院授予意大利著名量子光学专家弗朗·别尔塞柯博士“客座教授”荣誉称号。1984 年 10 月 11

日，学校与华中工学院、国际报告文学研究会等单位联合举办了“史沫特莱在中国”学术报告会。史沫特莱是美国著名作家和记者，中国共产党和中国人民的亲密朋友、杰出的国际主义战士、朱德传记《伟大的道路》的作者。在大会上，华中师范学院有 4 名代表宣读了学术论文，并获得大会好评。1985 年 3 月 4 日，应日本外务省邀请，全国青年联合会组织青年代表团访问日本，我院外语系 82 级学生谢群作为成员赴日访问。1985 年 4 月 13 日起，章开沅院长赴美国访问，访美期间，与美国 13 所高校签订了学者交流、学生交换、学术资料交换的协议书，同时，学院与孟菲斯州立大学结为姊妹学校。1985 年 6 月 15 日，美国加州大学长滩分校国际交流中心主任何拉利先生、亚洲研究中心李三保先生、美国语言研究所所长福克斯女士一行 5 人，专程来我院访问，并正式签订双方校际交流协议书。

3. 承担科研性项目，恢复并建设研究基地

中国近代史研究所 1984 年经教育部批准建立，其前身辛亥革命史研究所于 1978 年成立。粒子物理研究所于 1986 年正式成立，其前身为刘连寿、李家荣 1979 年在物理系创建的基本粒子理论研究室。科学社会主义研究所于 1984 年 4 月正式成立，其前身为 1978 年成立的政治系科学社会主义研究室。农药所于 1975 年开始筹备，1977 年正式建室，1982 年扩建成研究所，1984 年经学校批准为系级单位。历史文献所 1983 年 5 月 3 日经教育部批准设立，其前身是 1978 年底建立的历史文献研究室。

学校恢复和新建的研究所、研究室还有：教育科学研究所、哲学研究室、政治经济学研究室、普通语言学研究室、现代文学研究室、逻辑句法研究室、训诂学研究室和《汉语大字典》编写组、《英语短语词典》编写组、《俄语成语词典》编写组等。在自然科学方面，有应用物理研究所、昆虫病毒研究所、农业自然与区划研究室、计算机及其应用研究室、引力理论及其天体物理研究室、运筹学与控制论研究室等。1982 年 9 月 20 日，学校召开首次重点学科建设经验交流会。会议由高原主持，章开沅、刘钊杰、徐育苗分别介绍了历史研究所、有机合成研究所、科学社会主义研究所的建设经验。1984 年 9 月 28 日，会长姚雪垠提议，中国当代文学总会由中山大学迁到华中师范学院，并在学校创办《当代文学通讯》刊物。

学校发起或挂靠在校内的研究会、学会有：全国马列主义理论研究会、中国历史文献研究会、湖北省科学社会主义研究会等 20 个国家级和省级研究会、学会。教师参加学术研究活动的国家级和省级学会、研究会达 93 个。在这些学术团体中担任理事、常务理事、理事长、会长职务的教授、副教授和讲师约 100 人，如高原教授为全国政治学会常务理事、湖北省政治学会会长和国务院学位委员会学科评议组成员，章开沅教授为中南地区辛亥革命史研究会理事长、湖北省社联主席、湖北省史学会副会长和国务院学位委员会学科评议组成员，张景龄教授为中国化学学会理事、湖北省暨武汉市化学学会农药专业组负责人，李修睦教授为中国数学学会理事、全国图论研究会理事长、湖北省暨武汉市数学学会副理事长，李琮池教授为全国海洋湖泊学会理事、全国昆虫学会理事、湖北省昆虫学会名誉理事长等。

4. 打造学术化平台，论文与著作成绩斐然

1985 年 1 月 17 日，文化部批复了教育部关于申请成立十二家大学出版社的函件，学校开始筹建出版社，邓宗琦副院长兼任出版社社长，陶军顾问兼任总编辑。除了原有的《华中师院学报》外，学院新创办的公开发行的刊物有：章开沅教授主编的《辛亥革命史丛刊》、张舜徽教授主编的《中国历史文献研究集刊》、杨宏禹教授主编的《社会主义研究》、王忠祥教授主编的《外国文学研究》，国内编辑发行的刊物还有《教育研究与实验》《数学通讯》《语文教学与研究》《中小学外语》《高教研究》《印度史资料》《粒子物理（英文版）》《华中师范学院研究生学报》《华中师范学院大学生学报》以及《摇篮》杂志等。

学校经常聘请国内外知名的教授、科学工作者讲学。这一时期来校讲学的国内学者，有中国科学院何祚庥研究员，中国人民大学高放、刘佩弦、戴逸教授，北京大学周祖谟、胡绳教授，复旦大学蔡尚思教授，中山大学李华钟教授，湖南师范学院林增平教授，四川大学赵振铎教授，吉林大学高清海教授，北京师范大学齐世荣教授和著名语言学家吕叔湘先生等。国外学者有美国加斯特教授、胡昌度教授，日本岛田虔次教授，澳大利亚卢遂现博士等 60 多人。学院的教师也经常应邀到兄弟院校和国外讲学。章开沅教授、张景龄教授、刘连寿教授、李琮池教授以及张镇九、彭金生讲师等都分别到美国、日本、加拿大等国讲学或参加学术会议。1980 年 12 月 20 日，受教育部委托，学校举办中国近代史教师进修班，由历史系章开沅教授作《中国近代史教学与研究的几个问题》的专题报告。1982 年 4 月初，章开沅教授参加了台湾海峡两岸学者首次在美国芝加哥城召开的辛亥革命问题的讨论会。章开沅教授提交的学术论文和在讨论会上的答辩，赢得了台湾学者和国外学者的敬佩。中文系邢福义、黄曼君副教授等，也于同年分别到北京大学、华中工学院等兄弟院校讲学。这些学术交流活动，促进了教学、科研，增进了友谊。1985 年 4 月 23 日，经国家教委批准，学校有 4 个学科和专业接受国内访问学者和举办研讨班，这 4 个学科是刘连寿教授的“理论物理—重离子碰撞与夸克物理理论及新粒子物理”、张镇九副教授的“引力相对天体物理”、张舜徽教授的“中国历史文献学”研讨班和杨兰田副教授的“理论天体物理”研讨班。

1978 年初春，为迎接全国科学大会，学校举行了“1977 年科学报告会”。会议共收到 46 篇科学报告，有 27 篇在会上交流。张景龄教授在“水胺硫磷扩大试验”中，将国外工艺中二步反应合成一步，成功地研究出“水杨一步合成法”，研制出的“水杨酸异丙酯合成新工艺”，为我国化工原料生产填补了一项空白。李琮池教授领导昆虫病毒研究室，与湖北省荆州地区微生物研究所共同研制出了“棉铃虫核多角体病毒 VHA—273”，获 1978 年湖北省科学大会成果奖。这一年，理科各系共承担科研项目 25 项，到年底完成了 10 项；文科各系开展 47 个课题的研究，完成了 23 个。在全国科学大会上，华中师范学院荣获 4 项奖，其中，院大屏幕电视组获先进集体奖，物理系获大屏幕黑白电视机的合作完成奖，生物系获钩端螺旋体病原学和流行病学研究的合作完成奖，化学系获新农药水胺硫磷的完成奖。

1978 年 4 月 26 日，中南地区 7 院校《中国现代文学史》协作编写组在武汉召开第二次讨论会，来自全国各地 30 多所院校的近 80 名代表与会，学校承担了此次会议的主要组织工作。从 1978 年 10 月 25 日开始，由学校主持为期 10 天的庐山第四纪冰川地貌学术讨论会在庐山举行。来自全国 25 个省区市，包括北京大学、中山大学、北京师范大学等 43 个兄弟院校和科研单位的 77 位代表出席了讨论会。讨论会着重研讨了李四光对我国地质研究工作的卓越贡献。年底，学校又与中国社会科学院外国文学研究所联合举办了马列文艺著作学术讨论会。1979 年 4 月，全国高等师范院校土壤地理学教材审编和学术讨论会，由华中师范学院会同福建师范学院共同主持。6 月，教育部委托华中师范学院与上海师范学院等单位主持召开了全国高等师范院校河流、湖泊水文教材分析暨学术报告会。1980 年 10 月 7 日，由北京大学和华中师范学院共同组织的强子结构讨论会在武汉举行，物理系基本粒子研究室主任刘连寿副教授主持开幕式，刘介愚出席大会并讲话。1983 年 9 月 16—22 日，中国图论研究会第三次全国学术交流会在我院召开，中国科学院系统科学研究所和全国各地科研单位、大专院校、工程技术部门的 153 名代表出席了会议。

1978 年，经国家教育部批准，学校成立了教育科学研究所。1985 年 8 月，教育科学研究所编辑出版了《陶行知全集》1～6 卷，共 350 万字，该全集由湖南教育出版社出版后，参加了在香港举行的中国书展和北京书展，被《中国青年报》《博览群书》编辑部评为 1986 年优秀畅销书。1981 年 4 月，学院成立了高等教育研究会，创办了研究会刊物《高教研究》。截至 1983 年下半年，《高教研究》共发表论文 308 篇。其中，部分论文被公开出版的理论刊物选登。十一届三中全会以后到 1984 年底，学校共承担国家科研项目 50 多项，每年都有 50 余部书籍公开出版。在这些著作中，有的代表了国内某一学科的研究水平，如章开沅教授等主编的《辛亥革命史》；有的成为国内某一学科的奠基之作，如张舜徽教授的《中国文献学》；有的填补了国内某一学科的空白，如刘连寿教授主编的《物理学辞典·粒子物理分册》等。

学校有近 20 部专著被教育部列为全国高等院校统编教材。高原教授主编的《科学社会主义》，被公认为是同类教材中最好的一部，3 次再版，5 次印刷。教育系为主编单位的《教育学》由人民出版社出版，首次印行 40 万册，后又多次再版。学校还有一批著作在全国评比中获奖，《语文基础知识》1982 年被评为第一届全国中学生“我最喜爱的十本书”之一；《湖北农业地理》荣获湖北省重大科技成果二等奖。文科教师自粉碎“四人帮”之后到 1985 年 8 月，共出版学术专著、译著和其他著作 227 本。其中，中文系出版专著 41 本，合著 24 本。文科教师共发表学术论文 2189 篇，其中，中文系 857 篇，教育系 248 篇，俄语系 189 篇，历史系 184 篇，政治系 146 篇。理科教师取得科研成果 297 项，其中重点成果 27 项，有 10 项在教育部举办的科技成果展览会上展出，名列全国师范院校第三位。物理系与机电厂共同完成的“实验电动发电机组”填补了国内电工仪器的空白。物理系张镇九讲师的论文《自引力体系的熵在塌缩过程中的行为》，经国内论文评选委员会通过，在第三届格拉斯曼广义相对论国际会议上发表。刘连寿教授的论文《超高能重离子碰撞》和《路烃积分子与瞬子》，在 1982 年武汉召开的粒子学术会议上发表。彭金生老师的《二分量原子在驻波场中的自洽位》，不但在国际学术会议上发表，而且被物理评论组编辑认为是“最透彻和最严密的论述”。

在华中师范大学发展的历程中，华中师范学院扮演着承前启后的重要作用。在人才培养方面，华中师范学院定性师范，着眼教育，立足湖北，服务中南，通过各种方式和渠道，为我国的基础教育事业培养了一批批合格师资及教育管理人才。在学科发展方面，各院系设置逐渐完善，为师生搭建了良好的学术交流平台。在师资建设方面，涌现出了杨东莼、韦卓民、詹剑峰、张舜徽、陶军、高原、高庆赐、张景龄、章开沅、邢福义、刘连寿、李会滨等一批学术巨匠。他们的业绩和声誉已经熔铸成学校的知名品牌，为学校在海内外树立了良好的形象。总而言之，华中师范学院继承了华中大学、中华大学和中原大学优良的学术传统，在三十多年中励精图治、奋勇向前，为后来华中师范大学的发展奠定了扎实的基础。

四、华中师范大学学科布局与快速发展

党的十一届三中全会以后，全国工作重心转移到经济建设上来。1985 年，《中共中央关于教育体制改革的决定》出台，明确了中国高等教育发展的战略目标，为高校学科建设指明了发展方向。同年，国家教委下发《关于统一华中、西南两所师范学院更改校名的批复》，“华中师范学院”更名为“华中师范大学”。学院改大学，是学校学科发展史上的一件大事，也是学校学科建设新的生长点。

（一）华中师范大学学科建设的平稳推进（1985—1990年）

更名后的华中师范大学，在校长章开沅的领导下焕发勃勃生机。“七五”期间，学校从战略发展的高度充分认识到学科建设的重要性，将其列入学校工作的议事日程。《华中师范大学“五定”方案》确定了学校的发展目标，即按照着重巩固提高，在提高中逐步发展的方案，用10到15年或者更长一些时间，建成高水平的包括文、理、教、管、艺、体综合发展的师范大学，使华中师范大学成为中南地区培养“四有”人才和开展科学研究的重要基地之一。在这一方案的指导下，学校学科建设在巩固提高中平稳推进。

1. 专业设置与培养体系的调整改造

学校按照着重巩固提高，在提高中逐步发展的方案，逐步推进具有国内或国际先进水平的重点学科建设。在专业设置方面，20世纪80年代后期，学校共设立有思想政治教育、汉语言文学、历史学、学前教育、教育学等14个专业，覆盖法学、历史系、文学、教育学、理学、艺术学6个学科门类。为建设具有国内或国际先进水平的重点学科，学校于1988年评出中国近现代史、历史文献学、社会科学主义、理论物理等11个重点学科，同时在人、财、物方面给予优先支持，并取得突出成果。如刘连寿教授领导的粒子物理学科、张景龄教授领导的有机化学学科、张舜徽教授领导的历史文献学科均在本学科领域内保持领先地位。此外，章开沅教授领导的中国近现代史学科，于1988年7月率先跻身国家重点学科队伍。在培养体系方面，学校贯彻落实为中等教育服务，为基础教育服务的办学宗旨，坚持“本科为本”的办学理念，确立了本科教学在学校工作中的主导地位。作为首批博士、硕士学位授予单位之一，学校也重视发展研究生教育，加强高层次人才培养，建立健全研究生学科专业指导组，修订各专业研究生培养方案，确定各学科专业研究生的培养目标，调整课程体系和教学内容，进一步规范培养过程，初步形成了从本科到硕士、博士的人才培养体系。

2. 课程改革与教学改革的同步推进

课程改革和教学改革是学科发展的重要抓手。一方面，加强课程建设。学校出台了《本专科课程建设的基本要求》《华中师范大学主干课程建设规范及评估验收办法》等文件，确定了“普通心理学”等14门主干课程，有计划、有步骤地使全校主干课程走上规范化轨道，同时把好选修课质量关。针对学校教材内容陈旧、新设专业缺少教材的情况，学校制定了《华中师范大学推荐出版自编教材暂行规定》，设立教材出版补贴基金，推动教材建设。另一方面，在教学改革方面，学校先后出台了《教学质量评估制度》《学年学分制度》等教学改革文件。其中，学校改学年制为学分制，修订了26个专业的学分制教学计划，是教育体制的一项重大改革。在加强教学的同时，学校经调查研究提出了关于加强高等师范院校本科教育实习的意见，试行委托实习和定向实习等方式，在学生中提倡“一口话”和“一笔字”训练。在进一步完善教育实习的同时，支持各系社会实践活动，设立实践教育管理科，负责对全校教学计划内的实践教育工作进行计划管理和宏观控制，使社会实践教育走上正轨。

3. 学术研究与国际交流的不断扩大

学术研究是学科建设的重要组成部分，学校的学术研究在“七五”期间取得了长足进展。为适应国家建设和新形势的发展需要，学校从战略发展的高度充分认识到科研工作的重要作用，成立了专职的科研机构，将学术研究发展成为有领导、有组织、有计划的实践活动。1986年，学校决定编制“七五”哲学社会科学发展规划，成立哲学社会科学规划领导小组，统筹社会科学学术研究。在科研机构建设上，随着办学规模的扩大，学校在原有研究室、研究所的基础上陆续增设了粒子物理研究所、高等教育研究所等一系列科研机构，此外还建立了58个实验室，为学术研究的开展提供了充足的硬件支撑。在科研管理方面，学校紧抓项目管理、经费管理、成果管理、科研机构管理、学术活动管理、学术刊物管理、人才群体管理、挂靠学会管理、开发创收管理等10个方面的工作。在科研成果方面，硕果累累。“七五”期间，学校获得省、市级以上各类科研成果219项，出版各类专著683部，发表论文3684篇，科研水平大为提高。

学术交流是拓宽学术渠道，提升学校学术影响力的重要举措。这一时期，学校学术交流活动日益频繁，与美国、德国、日本、法国等国家的17所大学、研究机构、教育团体建立了校际交流关系。学校高度重视外籍专家的聘请和管理工作，并将此作为深化改革、扩大开放、引进人才、促进教学与科研的重要措施。学校还接收了交流单位赠送的一批图书资料、计算机与计算机软件，以及其他部分教学、科研设备。此外，学校也经常邀请国内外知名专家学者，如周培源、丁玲、姚雪垠、徐迟等国内学者，艾德文·布莱克斯、杰里·博恩等国外学者来校讲学。学校教师也经常受邀至校外讲学、参加国际学术会议或其他国内外学术交流活动。学校先后主办对外经济关系与中国近代化国际学术研讨会、湖北省陶行知研究会暨首届学术讨论会、《古代文史名著选译丛书》编委会议、全国常微分方程与控制论学术讨论会、全国首次甲骨语言研究方法讨论会等重要学术会议。

4. 人才培养与社会服务的成果丰富

这一时期，在党的统一领导下，学校在人才培养和社会服务方面取得丰富成果。其一，采取多种措施提高师生积极性。学校实施主讲教师审批制度，加强教学第一线力量，调动教师从事本科教学的积极性；开展教学质量评估，检测教师教学水平；设立教学优秀奖，鼓励教师搞好教学。如在1989年，曾祖荫、廖晓昕等8人获评全国优秀教师和教育工作者，程毅等7人获评省优秀教师和教育工作者。其二，为调动学生学习积极性，学校设立各项奖学金，开展科研成果评奖活动；加强本科教育实习，开展各类社会实践活动，增强学生专业意识，提升实践能力。据不完全统计，1988年学生在实践教育中获得各类成果242项，其中，获各级奖励7项。其三，改革本科毕业生分配方向。1990年底，学校组织了1986年至1990年毕业生分配使用情况调查，结果表明，5年中，学校共为国家培养了6065名本专科毕业生，其中78%分配到基层中学，为国家基础教育事业培养了大量优秀师资。在研究生教育方面，5年中，学校毕业硕士研究生近600人，博士毕业生26人，硕士毕业生820人，建立了一支老、中、青结合的科研队伍，增强了学校接受、完成国家科研任务的力量。

（二）华中师范大学学科建设的加速发展（1991—2000年）

按照国家教委要求，学校在1991年制订了“八五”计划、“九五”

计划，以及十年规划纲要等总领性文件，以《中国教育改革和发展纲要》精神为指导，面向21世纪，面向社会主义现代化建设，力争在2000年前，将学校教学、科研和管理水平提高到一流水平，一批学科和科研成果达到国际或国内的先进水平，进入“211工程”。在这一建设目标的指引下，学校快速发展，办学规模进一步扩大，学科建设也在稳步推进中深化改革、加快发展。

1. 以学科建设为中心，完善专业设置与院系建制

1990年后，学校发展基本稳定，在学科建设中以巩固已有重点学科为主，加强校级重点学科建设。一是在巩固已有学科专业的基础上，发展新兴交叉学科，形成新的学科生长点，夯实学科建设基础。如学校在原有传统师范专业的基础上，根据新的专业目录，大力发展非师范专业，向综合性方向扩宽。“九五”期间，本科专业已增加至45个，进一步扩大了专业覆盖面，同时以建立重点实验室和基础实验室的方式，重点扶持国家鼓励和大力发展的信息、生物、材料、环境等具有较好前景的应用型、交叉型学科和专业，并取得初步成效。二是在建立较为完善的学科结构的基础上，适应改革发展的需要，完善学院制学科建构格局。学校确立了“分层次发展、分阶段投入、分类型建设”的学科建设思路，确定了国家重点学科、省级重点学科、校级重点学科的发展层次，分近期、中期、远期的资金投入规划，根据基础学科、应用学科和交叉学科的不同类型进行建设。经过全校师生员工的共同努力，完成了中国近现代史、科学社会主义与国际共产主义运动、汉语言文学、教育学原理、理论物理等重点学科建设，同时在学科整合、布局结构调整等方面取得了较大进展，尤其在重点学科建设中突出了自身特色，保持并发展了原有优势，建设了一批居国内同类院校先进水平的重点学科，建立和完善能体现现代教育思想、适应多种办学形式需要的师范教育学科体系。

2. 以队伍建设为中心，努力构建高素质师资队伍

学校“八五”计划提出，要加强教师队伍和教辅人员队伍两方面的建设，并以青年教师为重点，建设一支素质优良、结构优化的教师队伍。学校在总结经验的基础上，修改了《华中师范大学人员编织管理暂行办法》《华中师范大学教职工定编方案》等文件，推动教师管理体制改革。学校制定了师资队伍建设规划，选拔学术带头人和学术骨干教师，进一步完善教师职务聘任制；加强青年教师培养，大胆起用年轻冒尖人才。在专业技术职务评聘工作改革中，学校着力优化教师队伍结构，采取向重点学科、重大科研项目、重点主干课程、具有较大科技研发效益的项目和优秀拔尖中青年教师倾斜的政策导向，制定破格晋升制度，选拔了一批优秀的青年人才。同时，为加强学术梯队建设，扶植新人，学校设立了青年科学基金、学术著作出版基金资助青年教师学术著作的出版，并为青年教师提供条件到国内外学习和交流。

3. 以人才培养为中心，推动课程建设与教学改革

为主动应对世纪之交的严峻挑战，学校调动全校师生开展教育思想大讨论，明确了课程教育改革的具体实施方案。学校根据教学过程、教学质量管理改革需要，先后出台了《教师教学工作基本要求》《本专科课程建设基本要求》《加强教材建设的意见》等 20 多项教学管理改革措施。第一，改革教学内容与课程体系。在教育部颁布的“高等师范教育面向 21 世纪教学内容和课程体系改革计划”指导下，学校在人才培养目标、模式及各专业课程体系、教育内容、教学方法、教学手段等方面进行了全方位改革。教学改革以人才市场为导向，进一步明确不同层次的培养规格，全面修订现有专业教学计划，教育内容上注重学科交叉、渗透和补充，建立新的课程内容体系，教育方法上突破偏重传授书本知识、理论教学比重偏大的倾向，充分调动学生学习的主动精神，使学生适应社会发展需要和现代化建设需要。第二，改革教育管理模式。学校在此前实施学年学分制的基础上，进一步推进学分制，制定《华中师范大学进一步推行学分制的工作方案》，并以此为切口，深化学分制管理改革。同时学校在以往实行的课程建设评估、考试评估和教师理论课堂教学质量评估等活动的基础上，遵循“以评促改，以评促建”的原则，正式启动“院系教学管理评估”工作，深化教学管理改革。第三，加强课程与教材建设。在课程建设方面，学校采取分批立项建设措施，在各院系、专业论证其核心课程、主干课程，坚持抓好校级主干课程立项建设。在教材建设方面学校采用立项规划建设方式，每年评选基金项目资助出版优秀教材，并将高水平教材推荐至教育部。同时学校严格规范各专业教材，尽量使用全国统编教材以及部分优秀自编教材，以保证教学质量。这一阶段，学校坚持师范为本，坚持服务基础教育，为社会主义建设事业培养了一大批有理想、有道德、有文化、有纪律的合格人才。

4. 以国家战略为中心，推进科学研究与学术交流

在学术研究上，学校形成了文科、理科、教育学科学术研究协调发展的创新格局，学术水平整体上显著提高。文科学术研究以争取项目多，发表论文论著多，成果获奖数量多，层次高为显著特点；理科学术研究呈现基础理论和应用科学两极延伸、向高水平迈进的态势；教育科学研究注重“主体教育思想”研究，加强了对基础教育特别是农村九年制义务教育的研究，形成了教育学科的鲜明特色和优势。同时，学校注重科技产业的产学研介入，形成了学术研究与科技开发相互促进、共同发展的新局面，学术成果转化初具规模。在科研管理方面，学校实行了项目基金管理、科研质量管理等方面的改革措施，大力支持和发展重点学科，积极鼓励教师扩宽学科领域，争取科研项目。

在学术交流上，学校注重结合学科建设开展国内外学术交流，社会横向联系不断扩大，国际合作有所突破，学校在国际学术界的影响和地位不断提高。一是通过主办国际学术会议，扩大学校的国际学术影响，提高相关学科的学术地位，如国际多粒子动力学术会议、当代文学国际学术研讨会相继在学校召开；二是优先选派重点学科骨干教师参加国际学术会议，促使这些重点学科的研究领域紧跟国际学术前沿；三是注重选拔中青年学术骨干出国深造，把一批中青年骨干教师推向国际学术舞台；四是争取国际资助项目，开辟新的研究领域。如美国亚洲教育联合董事会资助学校教科院，成立了“特殊教育研究中心”，美国鲁斯基金会资助学校历史研究室，英国海外发展部资助学校城市经济管理系等。

（三）华中师范大学学科建设的跨越发展（2000—2013 年）

“211 工程”的实施不仅为我国大学学科建设提供了一次重要的发展机遇，还为我国大学学科建设建造了一个相对稳定而又健全的“温室”，充分孕育和推动了一大批重点学科的发展和繁荣。迈入新世纪，学校进入国家“211 工程”高水平大学建设行列，为学科建设赢得了广阔空间。为把学校建成国内一流、国际上有一定影响的，实力雄厚、特色鲜明的综合性研究型大学，学校在学科建设上重点着力，实现了跨越式发展。

1. 分层进行重点学科建设，深入推进组织建设

迈入新世纪，我国大学学科建设形成了“国家级—省级—校级”的多层次重点学科建设格局。在学科建设方面，学校集中资源优先建设与区域、经济、文化等主导产业链、技术链、资源链相融合的特色学科群；发挥综合性大学的优势，坚持“资源优化配置，学科交叉融合”的原则，着力整合及优化全校资源，促进学科交叉融合，培育新的学科生长点；有重点、分层次建设具有国内领先水平标志性学科，着力形成基础学科与应用学科相结合、传统学科与新兴学科相促进、优势学科与特色学科相统一的学科格局。具体而言，根据教育部 2012 年颁布的《普通高等学校本科专业目录》及学校发展的实际情况，学校对学科结构进行了合理调控。一方面，以免费师范生政策为契机，进一步完善高等教育师范体系，开设专业目录中的全部师范专业，注重创新教师教育体系，彰显学校教师教育特色；另一方面，根据国家经济建设和社会发展的需要，学校依托文、理科基础学科的传统优势，确立了建设一流文科、高水平理科、有特色工科的发展思路，适时发展非师范专业，开设了经济、法学、哲学、电子、信息、管理、新闻传播及艺术类专业等新兴学科和应用学科专业，基本实现了综合性大学的学科专业结构布局，建立起完善的职前、职后教育协调发展的师范教育学科专业体系。

2. 深入开展课程教学改革，切实提高培养质量

2000 年至 2013 年是国家高等教育发展的重要时期，经济社会的快速发展为学校学科建设带了难得的机遇，也提出了深化改革的挑战。学校以教学研究助推教学改革，十年来本科教学研究立项数目达到 187 项，并涌现出一批重大教学研究成果。如 2005 年获得国家级教学成果奖 3 项，2009 年获国家级教学成果奖 2 项，2013 年获省级教学成果奖 20 项，获奖比例位居湖北省高校首位。另一方面以教学改革提升教学质量，包括修订人才培养方案、人才培养模式改革、推广研究型教学方式和实践教学改革等方面。其一，十余年间，学校在推行师范生免费教育政策和实施“一体两翼”，建设高水平大学的背景下，先后三次修订《本科生人才培养方案》，深入开展课程教学改革，切实提高人才培养质量。其二，学校致力于培养拔尖创新人才的实践探索，在人才培养模式上推行多项改革措施，包括依托历史学和物理学两个国家本科人才培养基地，培养拔尖创新人才；创办交叉培养实验班，培养创新性复合型人才；实施“博雅计划”，选拔优秀学生重点培养；实施“未来教育家培养计划”，等等。其三，从2007年起，学校启动研究性教学立项工作，全面推进研究型教学。其四，学校以实施高等学校本科教学质量与教学改革工程为契机，全面推进实验教学内容方法改革，加强实践基地建设和管理创新，坚持教育理论与实践相结合，以提升学生实践创新能力为主线，着力构建实践教学四年“主线贯通”体系。这一阶段，学校狠抓教学基本建设和课程教学改革，成效显著，使人才培养质量大为提升。

3. 统筹规划科学研究布局，大力提升发展水平

在学术研究方面，学校坚持“加强原创，鼓励交叉，聚集人才，强化组织，科教结合，贡献社会”的指导原则，坚持“人才、基地和项目三结合”的发展原则，在人文社科研究方面，按照“目标明确，重点突破”的原则，狠抓人文社科建设，注重科研布局，努力争取科研项目和经费，积极促进科研成果的产出，加强科研机构和科研人才队伍建设，规范科学管理，使学校人文社会科学研究的各项指标大幅上升，整体水平有了较大提高，显示了学校在人文社科研究领域的实力、活力和潜力。学校自然科学研究按照建设高水平理科和特色工科的思路，立足学校发展现状，坚持科学发展观，合理配置学校科技资源，促进学科交叉融合，加强科技人才培养、规范科研管理、提升科研服务水平，在重点实验室、工程技术研究中心、中小企业共性技术推广中心、产业创新基地等方面建设了学科布局较为全面、合理的研究基地体系；高水平科研成果不断涌现。社会服务能力不断加强，使学校自然科学研究上一个新台阶。经过十余年的建设，学校形成了学科布局较为全面、结构日趋合理的研究基地和平台建设，建立了自由探索式研究、战略高技术研究和有组织重大科研相结合的学校科技创新体系，坚持基础研究和应用研究相结合，坚持产、学、研合作，加快科技成果转化和产业化工作，形成了学校全方位、多层次面向经济社会发展的新格局。

4. 积极参与国际交流合作，着力提高国际影响力

在学术交流方面，学校国际化进程加快。10 年来，通过“引进来”“走出去”，与国际学术界形成良性互动，推进学校学术活动国际化、学术机构国际化、学术研究国际化、学缘结构国际化，基本形成了“学校搭平台，院系唱主角，教授为主体”的三维互动氛围，为学校学术水平的提升奠定了良好的基础。学校坚持自身的学科特色、办学理念和人才培养优势，积极参与教育国际交流与合作，大力推动各个学院教学和科研的国际化能力建设，扩展教育对外开放的深度和广度，教育对外开放各项工作稳步推进。截至 2012 年底，学校已与美国、加拿大、澳大利亚等 70 多个国家和地区的百余所大学和教育机构建立了教育交流与合作关系，全球交流网络初现雏形，姊妹院校布局日趋合理。2003 年以来，通过签署校际合作协议，建立良好的合作磋商机制，学校与北美洲、大洋洲的教育交流与合作关系得到巩固和加强，学校与欧洲国家及亚洲周边国家的交流新渠道得以开辟，一批高层次的合作科研、研究生培养和中外合作办学项目得以启动，从而形成了布局合理、特色鲜明、具有广阔发展前景的教育国际交流与合作网络。通过组团出访和接待海外教育团组，以及教授间互访讲学和合作科研，学校以北美、欧洲、大洋洲和亚洲四大地区为重点，初步确立了以全球 20 所高水平大学为核心的交流合作平台，构建了全球交流网络，国际交流与合作成果显著。根据优势学科、特色学科以及新兴学科三个不同层次的需求，学校有的放矢地缔结姊妹学校关系，创建三位一体的对外交流与合作模式，即充分利用国外高校的学校声誉、专业优势和人才层次服务于学校的办学目标。这不仅推动了各教学科研单位开展对外交流与合作的能力建设，也提升了学校在海外高校的知名度和影响力。

（四）华中师范大学学科建设的稳步发展（2013—2023 年）

党的十八大以后，中国特色社会主义进入新时代，中国高等教育事业发展进入新的阶段。2017 年，学校成为“双一流”建设高校，致力于“建设教师教育领先的世界一流大学”。这一阶段，在习近平新时代中国特色社会主义思想的指导下，学校学科建设进入内涵式的发展阶段，取得了一系列历史性成就。

1. 建成了门类齐全、优势明显、特色鲜明的学科专业体系

学校以国家和社会需求为导向，继续坚持“一流的文科、高水平的理科、有特色的工科”的战略思路，贯彻“提高内涵、突出重点、促进交叉、整体提升”的建设方针，不断推进学校人才、学科、科研三位一体的协同创新，促进学科交叉融合，推动强势学科、优势学科、新兴学科的协调、互动发展，构建较为完善的学科结构体系。学校坚持“本科教育为本”的教育理念，坚持本科教学的基础和中心地位，逐步完善本科专业目录。目前，学校共有本科目录专业 81 个（另有中外合作办学专业 3 个），涵盖哲学、经济学、法学、教育学、文学、历史学、理学、工学、管理学、艺术学等 10 个学科门类。在学位点建设方面，学校现有 21 个博士学位授权一级学科，1 个博士专业学位授权类别，33 个硕士学位授权一级学科，21 个硕士专业学位授权类别，涵盖教育学、文学、历史学、理学、工学、农学、管理学、艺术学等 11 个大学科门类。同时，学校教师教育特色明显，设有 16 个师范专业，积极参与教育部师范类专业认证工作，按照新时期加强教师队伍建设、推进现代化的工作要求，统筹谋划、推进实施卓越教师培养工作。一流学科建设稳步推进。2015 年，“双一流”建设全面启动，学校学科建设进入新的阶段。2022 年，学校进入“双一流”建设高校名单，其中，政治学、教育学、中国语言文学进入一流学科建设名单。在党的领导下，学校以学科建设为重点，坚持对接国家战略需求，全面启动新一轮“争创一流”学科建设，着力提高学术水平和办学层次，建成了门类齐全、优势明显、特色鲜明的学科专业体系。

2. 建成了层次完整、结构合理、系统完善的人才培养体系

为适应国家及区域经济社会发展需要，学校以教育思想观念的更新为先导，创新人才培养模式，深化教育教学改革。在教育教学过程中，学校全面推进信息技术与教育教学深度融合。加快构建科教融合协同培养机制，建立完善的本科课程培养体系、本科实践教学体系和教学质量监控与评估机制。其中，“深度融合信息技术重构本科人才培养体系的探索与实践”项目获得 2018 年国家级教学成果特等奖。以此为契机，学校大力投入资源进行教学资源、平台信息化工作，建设智慧教学，累计建设数字资源课程 A 类 62 门、B 类 391 门、C 类 452 门，其中国家级精品视频公开课 2 门、国家级精品资源共享课 17 门、省级精品视频公开课 1 门、省级精品资源共享课 16 门。同时，学校加强课程评估，完善课程教学质量标准，重点自主精品教材建设和课程建设，打造了一批具有华师特色、在国内外具有重要影响的通识核心课程和教师教育课程。同时，学校实施优质教材建设工程，加快推进教学内容和教材建设。2020 年首届国家教材建设奖评选，学校共有 8 部教材获奖，其中一等奖 1 部、二等奖 7 部，马敏教授当选全国教材建设先进个人。学校鼓励教师在教学实践中进行教学内容、教学方法、教学手段、教学评价等多方面的改革创新，并设立“本科教学创新奖”激励教学创新。在全体师生的共同努力下，学校坚持以人才培养为中心，不断构建立德树人落实机制和“五育并举”人才培养体系，深化教育教学改革，建成了层次完整、结构合理、系统完善的人才培养体系。

3. 建成了师德高尚、业务精湛、充满活力的教师队伍体系

师资队伍是第一资源，学校以全面提高人才队伍素质、优化人才队伍结构、建设优势学科群和创新团队为核心，以培养、引进优秀学科团队带头人、学科领军人才和学术骨干为重点，以完善学校人才资源合理配置和有利于优秀人才成长的长效机制为保障，建成了一支师德高尚、业务精湛、充满活力的教师队伍。学校现有教职工 3600 余人，专任教师 1900 余人，其中教授、副教授 1325 人，博士生导师 605 人；有人文社科资深教授、国家级教学名师等各类国家级高层次人才 80 多人。学校一方面加强师德师风建设，完善师德师风建设制度体系，出台《关于加强和改进新时代师德师风建设的实施办法》，加强党委教师工作部建设，进一步完善师德建设长效机制；另一方面实施人才强校战略，完成师资队伍建设“十四五”专项规划，启动实施“院士”培育工程，召开学校人才工作大会，举办国际青年学者论坛，实施“博士后菁英计划”，完成“学者名师支持计划”遴选工作，全年遴选不少于 40 人。同时做好省部级以上各类人才计划申报及专家推荐工作，力争新增国家级、省级人才、专家 30 余人次，实现教育学科“长江学者”新突破，关心关爱中青年教师成长，实施科研团队支持计划，加强教研室和教学团队建设，完善青年学者“传帮带”机制，通过师资队伍建设，激发人力资源活力，建成师德高尚、业务精湛、充满活力的教师队伍体系。

4. 建成了潜心钻研、自主创新、经世济民的学术研究体系

在“双一流”建设的新背景下，学校科研工作实现了从“重数量”到“重内涵”的转变，以问题和质量为导向，重点围绕党和国家重大急需、国家和区域经济社会的突出问题开展研究，进一步鼓励支持科研的原始创新和实际贡献。学校开始多学科交叉的协同攻关科研，瞄准国家重大战略和现实社会问题，进一步强化科研的社会服务功能，科研管理服务走向信息化、精细化；加强智库建设，进一步强化科研的社会服务功能。在学术基地与科研平台建设上，经多年机构调整与改革后，至今学校已经形成 156 个人文社科研究机构，其中省部级 43 个，校级 113 个，基本实现了人文社会科学全覆盖。在人文社科研究方面，人文社科科研项目种类逐渐增多，学校承接国家科研任务能力显著提升，服务社会企事业单位水平不断提高。截至 2021 年，教育部“高等学校科学研究优秀成果奖（人文社会科学）”学校共获得 129 项，其中一等奖 11 项。在理科科学研究方面，自 1982 年张景龄获学校首个中国科学院基金资助项目（国家自然科学基金前身）以来，学校获得的国家自然科学基金项目和经费均显著增长，学校整体创新实力增强。40 年间学校共获得国家创新研究群体基金项目 1 个，国家杰出青年基金项目 6 个，重点项目、重大国际合作项目、联合基金项目等重大项目 35 个。在国家自然科学基金会设立“教育信息科学与技术”新方向及 F0701 新代码后，学校连续两年在该领域立项数位居全国第一，并取得该领域唯一一个重点项目。在科研成果转化方面，学校注重以基础研究带动应用研究，服务国家战略和地方发展能力不断加强。学校通过以“学校对准产业链，以产业链部署创新链，以创新链聚拢人才链，以人才链丰富教育链”的发展思路，加快部署和构建高水平科技创新平台体系，为学校学科建设提供有力的支撑。在智库建设与资政研究方面。学校制定《华中师范大学智库建设实施方案》，先后实施“智库机构培育建设专项计划”“智库专项研究计划”“智库信息发布平台建设专项计划”，坚持分类建设，构建多层次的华师智库体系。学校坚持和加强党的领导，加快构建中国特色哲学社会科学，不断完善自主性的科技产学研用体系，建成了潜心钻研、自主创新、经世济民的学术研究体系。

5. 建成了更大范围、更宽领域、更深层次的国际交流格局

这一时期，学校不断扩大和深化教育对外开放，拓宽对外交流的学科领域，加强国内外学术交流合作，国际合作科研项目大为扩展。新冠疫情暴发后，学校一方面紧抓疫情防控，一方面通过云端交流等方式主动开展国际交流工作，化危为机，开创新局。进入常态化防控阶段后，一方面向 100 多所国（境）外合作高校发送慰问信，巩固交流基础；另一方面创新工作形式，开展云端交流，合作伙伴网络建设取得新进展，建成了更大范围、更宽领域、更深层次的国际交流格局。2003 年百年校庆后，学校提倡“学校搭平台，院系唱主角”的国际交流新模式，充分调动院系所研究中心的积极性，构建全球学术交流网络，努力培育和打造一批具有国际前瞻性、国内一流的国际教学平台和科研平台。2016 年 9 月，学校印发《华中师范大学关于做好新时期教育对外开放工作的实施意见》，为今后一个时期学校对外开放工作明确了目标方向和理论指导。据统计，“十二五”以来学校累计与 15 个国家 40 余所高校和科研机构签署了 110 余份协议，先后与澳大利亚、美国、加拿大等国的著名大学合作成立了 1 个中外合作办学机构和 5 个（本科或硕士层次）中外合作办学项目。通过教育对外开放，积极拓宽教育国际合作与学术交流渠道，学校人才培养层次不断提高，培育了新的学科增长点，为学校科学研究提供了强大的智力支持。聘请外国文教专家，建设国际化的教师队伍是推动学科发展的重要措施。学校始终坚持师资队伍国际化，聘请长短期外国文教专家来校开展教育教学、讲座报告、学术研究等工作。2020 年新冠疫情暴发前，每年在校工作的长聘外专外教达 60 人左右，短聘外国专家约 500 人次。疫情暴发后，在条件允许的情况下，采取校内人员线下集中，共同与国内外专家进行云端交流的方式，开展线上线下相结合的外专引智工作，服务学校的师资队伍建设和学科学术的国际化发展。同时，学校鼓励师生出国留学或进修，拓宽师生的学术视野，增强学术水平和国际交往能力。这一阶段，学校对外交流人员层次显著提高，国家公派留学人员的学历层次和整体质量越来越高，并呈年轻化趋势。2013—2022 年间，学校获得国家公派出国留学资格师生人数 939 人，因公临时出国师生 10044 人次。各种出国留学、访学、交换项目的实施，大幅提升了学校师生的专业能力和科研水平，有力推动了学科学术的国际化发展。在党的领导下，学校坚持扩大国际交流合作，不断推动区域国别文化研究和来华留学事业的蓬勃发展，建成了更大范围、更宽领域、更深层次的国际交流格局。

第一章　学科组织设立与发展

学科是高校内部组织结构产生和发展的基础，高校学术治理体制机制随着学科的演变而发生变化。回溯华中师范大学学科组织设立与发展的整体历程，由萌芽到逐渐成熟、由最初的单一化发展到今天的多元化，其漫长的发展过程也是在遵循学科发展规律的基础上，受学科知识发展和社会现实需求双重驱动，结合自身情况进行组织变革的过程。

一、不同历史时期的院系设置与发展

院系是高校组织内部遵循学科逻辑建立起来的二级学术行政组织，具有学术—行政的双重组织性质，是高校进行教学与科研的基本单元，它既包括直属于学校管理的二级实体学院、学部，又包括与学院平级的直属学校管理的实体研究机构等。高校院系设置从以学科门类为基础设立“科”，到以一级学科为基础建立“系”，延续至以学科分类为基础建立“院、系”“学部”等多元化的组织结构，都体现着学科组织遵循学科逻辑并依靠学科的力量而建立。高校院系发展与大学管理模式、学科知识发展、社会变革需求等息息相关，其设置、撤销、合并、组织新造等过程也是学科发展和演变的重要体现。

（一）华中大学时期（1903—1951 年）

华中师范大学的历史最早可以追溯到 1871 年基督教美国圣公会在武昌昙华林创办的文华书院。1903 年，文华书院正式设立大学部，是华中师范大学百廿年历史的发端。1909 年，文华书院正式更名为“文华大学校”。

1903—1924 年，作为基督教大学的文华大学除开设有教会大学传统的神学院外，又增设了文理学院、医学院以及图书科等，开设的课程除神学外，还有中文、英文、数学、地理、历史、理化等。

1924 年，美国圣公会牵头联络其他几个教会组织的学校，决定以文华大学为基础在武昌成立私立华中大学。华中大学初建时，仍设有神学院。1925 年前后，先后发生非基督教运动和收回教育权运动。受其影响，1927 年华中大学停办，原神学院的学生全体去了上海的圣约翰大学。1929 年华中大学重建时，韦卓民当选华中大学校长，直到 1951 年卸任。学校设文学院、理学院、教育学院，宗教仅为其中一个系科。文学院下设中国文学系、外国文学系、经济商业系、社会科学系、英语组、社会组、经济组、历史组、政治组、哲学组、音乐组等；理学院下设物理、化学、生物三个系和数学组等；教育学院下设教育原理和教育行政两个系及体育组等。其间，受时局影响和社会经济发展需要，学校对学院下设各系不断进行调整和完善。这一时期的大学学科设置逐渐以西方学科为主，废除了传统的经学，增设了哲学，重视法、农、商、教等实用学科，学科逐渐呈现出分化与综合并行的发展趋势。

随着新中国的诞生，对教会大学的改造也提上日程。1951 年私立华中大学改制为公立华中大学，学系进行了一系列调整：首先是将经济学系并入武汉大学，其次是取消学院一级的设置，改设中国语文系、外国语文系、历史系、政治系、教育系、物理系、化学系、生物系、数学系等十余系和俄文、历史、政治、教育等专修科。

1905 年，文华书院学生参加“文华公书林”的开工奠基典礼

1909 年 5 月 18 日，文华书院在美国哥伦比亚特区注册，学校正式命名为“文华大学校”。图为当年的文华大学校校门

华中大学当年在喜洲的校舍

华中大学音乐组师生合影

（二）中华大学时期（1912—1952 年）

1912 年建立的私立武昌中华大学是华中师范大学的前身之一。学校初名中华学校，1913 年升格改名中华大学，1915 年春获准立案后，即于当年 9 月开始办理本科教育。首先开办中国哲学门，1916 年 3 月获司法部认可增办法科经济学门，同年 9 月又开办商科交通学门。

1920 年，中华大学设“三科四系”，除了原有的文科中国哲学系、法科经济学系、商科交通学系外，又在文科下面增设西洋哲学系（后改称教育哲学系）。

1922 年 8 月，中华大学开办法科法律学系，招生专业扩充到 5 个，形成“三科五系”的院系设置。这一时期学院组织结构转变，由效仿日本的“科—门”结构逐渐向欧美的“科—系”结构转变，形成“校—科—系”三级组织结构。

1929 年，南京国民政府颁布实施《大学组织法》，学院成为大学中真正的实体，“校—院—系”的三级组织结构正式确立。中华大学遵照《大学组织法》，改组成学系制，建立起文学院、理学院、商学院。

至 1933 年底，中华大学已经设有 3 院 14 系 1 专修科，具体设置是：文学院下设 4 系 1 专修科，分别是中国文学系、外国语文系、教育学系、政治学系、法律学系、师范专修科。理学院下设 4 系，分别是数学系、物理学系、化学系、农艺学系。商学院下设 5 系，分别是工商管理学系、会计学系、经济学系、银行学系、农业经济学系。之后，受时局影响，3 院下设的系科多有调整变化，但这种院系设置的局面一直维持到 1950 年。

1939 年，“西迁”后的私立中华大学锐减为 3 院 7 系。文学院下设教育学系、中文系、外文系。理学院下设化学系、数学系。商学院下设经济学系、工商管理学系。

1940 年，私立中华大学设 3 院 6 系 1 专修科。教育学系停办，增设会计专修科。

1947 年，私立中华大学设 3 院 8 系 1 专修科。文学院下设教育学系、中文系、外文系。理学院下设化学系、数学系。商学院下设国际贸易学系、经济学系、工商管理学系及会计专修科。

1949 年，私立中华大学设 3 院 7 系 3 专修科。文学院下设教育学系、中文系、外文系。理学院下设化学系、数学系。商学院下设经济学系、工商管理学系及俄文专修科、会计专修科、土木专修科。

1950—1951 年，湖北省文教厅按照“废院存系增科”的原则，对私立中华大学的教学组织进行了改造，取消文学院、理学院、商学院名称，改设 3 系 6 专修科，即文史系、化学系、财经系，化工专修科、土木专修科、会计专修科、统计专修科、水利专修科、银行专修科。

1952 年，全国开展高校院系调整工作，中南军政委员会教育部主持拟订了调整方案，于当年 9 月完成了对中华大学的改制：文史系、化学系等并入公立华中大学；财经系和会计、统计、银行 3 个专修科并入湖北省高级商业学校；化工专修科并入湖北省高级工业学校；土木工程专修科并入湖北土木工程学校；停招水利专修科。

（三）中原大学时期（1948—1953 年）

1948 年成立的中原大学是一所典型的革命大学，由中共中央中原局、中原军区创办，中原大学教育学院亦是华中师范大学的前身之一。学校初设河南宝丰，不久迁至河南开封的河南大学内，1949 年 6 月整体南迁到湖北武昌，同年 11 月增设教育学院。至 1950 年 2 月，教育学院开设政治系和历史系。1950 年 9 月，又增设俄文、教育 2 个系以及实验工农速成中学。1951 年 8 月，中南军政委员会正式决定，中原大学教育学院与私立华中大学合并，改为公立华中大学，学校性质定为师范学院，为中南地区培养中等学校师资。

中原大学教育学院全体合影

（四）华中师范学院时期（1953—1985年）

1. 高等教育转型期

1949年新中国成立后，为满足社会主义经济建设的需求，我国高等教育从效法欧美转向学习苏联模式，苏联的高等教育结构体系对我国高等教育产生了深远影响。在高等教育转型期，我国进行了大规模的高校院系调整，确定以专业（二级学科）设置为中心的大学教学制度改革，设置学系作为高校的二级组织，学系下面设立教研室，作为基层教学单位，突出高校的人才培养职能。

新中国成立初期，中央人民政府对高等院校进行了较大规模的调整。1951年8月，中原大学教育学院与华中大学合并，改制为公立华中大学。1952年9月，私立中华大学部分并入公立华中大学，又先后将湖北教育学院，广西大学的生物系，南昌大学师范部俄文科、文法学院教育系，华南师范学院的历史系，平原师范学院的历史系，海南师范专科学校的图画制图科、艺术科等调入公立华中大学。是年11月，华中大学改制为“华中高等师范学校”，学校的性质变为高等师范教育机构。其时，学校共设13个系和3个专业组：

中国语言文学系：由华中大学的中国语文系、中华大学的文史系、湖北教育学院的国文系组建成立。

化学系：由华中大学的化学系、中华大学的化学系组建成立。

历史系：由华中大学的历史系、中华大学的文史系、中原大学教育学院的历史系、华南师范学院的历史系、平原师范学院的历史系组建成立。

政治系：由华中大学的政治系、中原大学教育学院的政治系组建成立。

教育系：由华中大学的教育系、中华大学的教育学系、中原大学教育学院的教育系、湖北教育学院的教育系组建成立。

物理系：由华中大学的物理系、中华大学的物理系、湖北教育学院数理科中物理部组建成立。

生物系：由华中大学的生物系、广西大学的生物系组建成立。

数学系：由华中大学的数学系、湖北教育学院的数学科组建成立。

俄语系：由华中大学的俄文专修科、中原大学教育学院的俄文系、南昌大学师范部俄文科组建成立。

音乐系：由华中大学教育学院的音乐组、中华大学的音乐专业、湖北教育学院的音乐科组建成立。

艺术系：由海南师范专科学校的艺术科并入成立。

图画制图系：由海南师范专科学校的图画制图科并入成立。

体育系：华中高等师范学校成立后获准开设。

英语组：由华中大学的外国语文系改组而成。

哲学组：由华中大学文学院的哲学组、中华大学哲学系组建成立。

地理组：由华中大学史地专业、中华大学的史地组组建成立。

1953 年 10 月 24 日，华中高等师范学校正式定名为“华中师范学院”，成为文理科综合性的师范大学，设有四年制的教育系、政治教育系、中文系、俄文系、历史系、数学系、物理系、化学系、生物系、体育系、图画制图系、音乐系 12 个系；二年制的教育科、中文科、艺术科等 12 个科；一年制的历史、数学等 10 个班。

1954 年 10 月 19 日，华中师范学院由中南行政委员会教育局主管改为中央教育部直接管理。学校系科根据国家需要进行动态调整：1954 年，体育系并入中南体育学院。1955 年，以华中师范学院音乐系和图画制图系为基础成立武汉艺术师范学院。1958 年 5 月 23 日，湖北省人民委员会发文，将武汉艺术师范学院合并到华中师范学院，成立音乐、图画两系。1962 年，体育系 1960 级、1961 级学生调入武汉体育学院。1962 年，湖北大学被撤销，其数学、物理、化学 3 系并入华中师范学院[①]。

至 1966 年，学院设有 10 个系 11 个专业，形成了包括附中、附小、幼儿园在内的多层次“一条龙”的完整教学体系。

2. 高等教育恢复重建期

党的十一届三中全会以后，我国高等教育全面恢复。1978 年，国务院批准华中师范学院重新归为教育部直属师范院校，学校开始进行面向国家和社会需求有建制地进行教学和科研活动，院系设置与发展进入新时期。

1980 年，为贯彻全国师范教育工作会议精神，华中师范学院贯彻“调整、改革、整顿、提高”八字方针，对院系进行了大规模调整。至 1985 年，学校升格为“师范大学”之际，设有教育系、政治系、历史系、外语系、地理系、生物学系、数学系、物理系、化学系、电化教育系、图书情报学系、体育系、城市经济管理系、美术系、科学社会主义研究所。

（五）华中师范大学时期（1985—2023 年）

1985 年 8 月 5 日，国家教委下发《关于同意华中、西南两所师范学院更改校名的批复》，华中师范学院正式改名为华中师范大学。从“学院”到“大学”，标志着学校发展从此迈入一个新时代。

1. 高等教育加快发展期

为了适应党的工作重心转移到经济建设和社会主义现代化建设上来，1985 年出台的《中共中央关于教育体制改革的决定》，规定“高等教育的结构，要根据经济建设、社会发展和科技进步的需要进行调整和改革”，第一次提出要扩大高校的办学自主权。

当时社会经济的发展迫切要求教育先行，以便为各条战线培养高级专门人才。1987 年 7 月，华中师范大学“五定”方案正式形成，即定任务、定专业、定学制、定规模、定编制。在该方案中，学校正式

① 赵凌云主编：《昙华林到桂子山——华中师范大学校史简明读本》，华中师范大学出版社 2021 年版，第 116～117 页。

提出“用10～15年或者更长一些时间，建成高水平的包括文、理、教、管、艺综合发展的师范大学”①。围绕自身办学定位，学校以建设“高水平师范大学”为办学目标，逐步恢复在“文革”中撤销、停办的系和专业，沿袭“以系为主”的院系设置。

根据国家教委的批复，学校1986年恢复重建音乐系；撤销外语系，设立英语系、俄语系、公共外语系；组建地理系；1988年成立语言学研究所。

至1990年，学校设有教育系、政治系、历史系、英语系、俄语系、公共外语系、地理系、生物学系、数学系、物理系、化学系、电化教育系、图书情报学系、体育系、城市经济管理系、美术系、音乐系、语言学研究所、科学社会主义研究所。

2. 市场经济转型期

20世纪90年代初，党的十四大确立了建立社会主义市场经济体制的改革目标，1992年全国普通高等教育工作会议提出“高等教育发展坚持‘规模、结构、质量、效益’协调发展的方针，高等教育改革适应社会主义市场经济体制和社会发展的需要，提高教育质量和办学效益是根本目标”②。

在市场经济转型期，国家开始走简政放权的道路，1993年《中国教育改革和发展纲要》（以下简称《纲要》）出台，《纲要》指出“逐步建立政府宏观管理、学校面向社会自主办学的体制”。同年，党中央、国务院启动“211工程”。1998年颁布的《中华人民共和国高等教育法》，将专业设置与调整纳入高等学校办学自主权的范畴，极大地扩大了高校办学自主权。教育部开始通过共建、合作、合并等形式进行大规模的院系调整。

伴随着经济社会发展和高等教育规模的扩大，在人才培养强调重基础、宽口径、复合型的新需求与重视高校科学研究职能的新趋势下，学校以争取进入“211工程”为目标，确立“建设国内一流、国际上

① 赵凌云主编：《昙华林到桂子山——华中师范大学校史简明读本》，华中师范大学出版社2021年版，第143页。

② 张应强等：《中国教育改革40年——高等教育》，科学出版社2018年版，第11页。

有一定影响力的社会主义师范大学”的办学目标，提出“教学改革要主动适应社会主义市场经济体制的需要，以人才市场为导向，进一步明确不同层次的培养规格，拓宽和调整专业方向”，实施“教学立校、科研强校”办学建设方针，对学科结构进行调整，加强应用学科的建设，促进学科的交叉、综合与渗透，通过分、合、增、建学系、恢复兴办学院等一系列改革措施，促使学系向学院制转变，既强调了原有的人才培养职能，又突出了科学研究职能，也由此开始出现“一科多院（系）、一院（系）多科”的院系设置格局。

1992 年，成立计算机科学系。

1993 年，恢复心理学系；成立经济系；成立社会学与行政学系；教育系与教育科学研究院合并成立教育科学学院；由教育部中南教育管理干部培训中心、湖北省党政干部华中师范大学培训部、科学社会主义研究所中的现代管理研究中心和社会学研究中心以及高等教育研究所组建成立管理学院；政治系改建法商学院；图书情报学系更名为信息管理系。

1994 年，成立文学院；成立旅游系（与地理系并存）。

1995 年，成立生命科学学院。

1996 年，成立历史文化学院；由经济系与城市经济管理系共同组建成立经济学院；旅游系更名为旅游学院；法商学院更名为政法学院。

1997 年，成立社会学系。

至 2000 年，学校设有教育科学学院、政法学院、历史文化学院、英语系、俄语系、公共外语系、旅游学院、生命科学学院、数学系、物理系、化学系、电化教育系、信息管理系、体育系、经济学院、美术系、语言学研究所、计算机科学系、管理学院、心理学系、社会学系、文学院、科学社会主义研究所。

3. 高等教育大众化发展期

进入 21 世纪，我国确立了教育优先发展的基本国策，实施“科教兴国、人才强国、可持续发展”三大战略，继“211 工程”之后，先后启动了“985 工程”和“2011 计划”。2010 年《国家中长期教育改革和发展规划纲要（2010—2020 年）》提出增强高校办学自主权，促进高校管办评分离，进一步扩大了高校的办学自主权。

学校进入国家“211 工程”高水平大学建设的行列。为适应高等教育规模扩张的发展趋势，学校以学位点建设为抓手，通过学位点立项建设来实现学科布局的整体完善，逐步由“综合性、开放式的教学科研型大学”向“教师教育特色鲜明的综合性研究型大学”跨越式发展，优化学科结构、拓展学科领域、产生新的学科增长点，形成了“大而全”的学科布局。为克服传统的系所设置造成的学科壁垒，促使不同学科相互融合，学校改变原来学系划分过细致使学科建设碎片化的弊端，开展了新一轮学院设置改革，重新建立了“校—院—系”三级管理体制，进一步突出学科的价值与科研的重要性，提高人才培养质量与科研创新能力。

2001 年，成立外国语学院。

2002 年，成立物理科学与技术学院；原化学系、农药化学研究所和分析测试中心合并成立化学学院；数学系更名为数学与统计学学院（同时成立统计学系）；旅游学院更名为城市与环境科学学院。

2003 年，在科社所建制基础上设立国际政治系。

2004 年，成立音乐学院；原政法学院和马克思主义理论课部合并组建成立新的政法学院；美术系改组为美术学院；科学社会主义研究所更名为政治学研究院。

2005 年，成立心理学院（原心理系撤销）；原体育系和公共体育部合并成立体育学院；由原教育科学学院的教育系、教育科学研究所与教育部中南高师师资培训中心、湖北省普通话培训测试中心、华中师范大学课程研究中心和教育评估中心等单位组建成立教育学院。

2006 年，成立国家文化产业研究中心。

2008 年，成立社会学院，原社会学系撤销。

2009 年，成立国家数字化学习工程技术研究中心。

2010 年，由原继续教育学院、网络教育学院、职业技术学院合并组建成立职业与继续教育学院。

2012 年，成立计算机学院、法学院、湖北经济与社会发展研究院；政法学院拆分成独立的马克思主义学院（政治传播学院）和法学院；信息技术系与文学院新闻传播系合并组建信息与新闻传播学院；经济学院更名为经济与工商管理学院；管理学院更名为公共管理学院；信息管理系撤系建院，更名为信息管理学院。

2013 年，撤销信息与新闻传播学院，成立独立建制的新闻传播学院和教育信息技术学院。

至 2015 年，学校设有城市与环境科学学院、法学院、公共管理学院、国家数字化学习工程技术研究中心、国家文化产业研究中心、化学学院、计算机学院、教育信息技术学院、教育学院、经济与工商管理学院、历史文化学院、马克思主义学院、美术学院、社会学院、生命科学学院、数学与统计学学院、体育学院、外国语学院、文学院、物理科学与技术学院、心理学院、新闻传播学院、信息管理学院、音乐学院、语言研究所、政治学研究院。

4. 高等教育内涵式发展期

进入中国特色社会主义新时代以来，党中央作出建设世界一流大学的战略决策，把建设教育强国作为实现中华民族伟大复兴的基础性工程，深入实施“科教兴国、人才强国、创新驱动发展”三大战略。2017 年，教育部等五部门发布了《关于深化高等教育领域简政放权放管结合优化服务改革的若干意见》，从学位授权审核改革、自主设置本专科专业等多个方面推进高校专业动态调整，让高校拥有了更大办学自主权。2019 年，中共中央、国务院印发《中国教育现代化 2035》，提出要让学校办学自主权得到有效保障。

2017 年，学校进入国家“一流学科建设高校”行列，政治学、中国语言文学成为国家首批重点建设的一流学科。2022 年，教育学进入国家重点建设一流学科行列。学校建设目标由建设“教师教育特色鲜明的综合性研究型大学”逐步转向“建设教师教育领先的世界一流大学”。

为了满足新时代科技革命背景下知识创新的迫切要求，突破“一科多院、一院多科”格局下学校内部治理体制机制改革的“瓶颈”，解决学院设置与学科发展之间的矛盾，实现教学科研组织与学科发展之间的有效匹配，学校坚持以一级学科为基本单元，将所有在建学科分为三层级四梯队，统筹推进争创一流。在院系设置上，学校坚持管理扁平化、重心下移的原则，逐步向“学校—学部—学院”的模式转型，目标是建设适应学科发展、人才培养与科学研究，能够更好服务国家战略的高校内部教学科研组织架构，凸显其创新功能与服务职责，提升治理能力和治理水平现代化。

2016 年，中国农村研究院从政治学研究院拆分出来，独立成院。

2017 年，政治学研究院更名为政治与国际关系学院；马克思主义学院（政治传播学院）定名为马克思主义学院。

2020 年，组建成立人工智能教育学部，整合了校内 4 个二级建制教学科研单位（国家数字化学习工程技术研究中心、教育信息技术学院、伍伦贡联合研究院、教师教育学院）和 12 个国家级、省部级教学科研平台。

2021 年，成立政治学部，组成单位包括政治与国际关系学院、中国农村研究院、公共管理学院、社会学院、法学院等学校独立建制的实体教学科研单位。

至 2023 年，学校设有人工智能教育学部、教育学院、心理学院、文学院、新闻传播学院、历史文化学院、马克思主义学院、经济与工商管理学院、公共管理学院、法学院、社会学院、外国语学院、信息管理学院、体育学院、音乐学院、美术学院、数学与统计学学院、物理科学与技术学院、化学学院、生命科学学院、计算机学院、城市与环境科学学院、政治与国际关系学院、中国农村研究院、语言研究所、国家文化产业研究中心。

二、科研机构的设立

科研机构是高校组织高质量科学研究和社会服务，聚集和培养优秀科研人才，开展高水平学术交流，汇聚先进科研设备的重要基地。高校科研机构的设立从早期教师和学生自发组成的学术组织，发展成承担某些教学和科研任务的成建制的教研室、教研组，再演化为成规模进行有组织的科研活动而形成的科研机构。科研机构作为学科的重要载体，其“增设改废”也是学科的发展和演变的缩影。

（一）新中国成立之前

早期的文华大学、华中大学、中华大学办学资源相对匮乏，同时受到当时时局的影响，学校的教学、科研活动具有一定的自发性，以学术研讨、知识传播、增长见识为初衷，师生自发组织成立了一批学术组织。

在文华大学发展的过程中，学校重视学术平台建设。1906 年，文华正式出版发行了自己的英文季刊——《文华评论》来取代 1901 年创办的校刊《文华年鉴》。1909 年文华书院更名为“文华大学校”，随着学校规模的扩大和学生的日益增多，学生活动日趋活跃，组建了不少学生社团。文华学生社团有文华英语爱好者协会、文华学生青年基督教联谊会、文华大学部学生会、文华艺术俱乐部、文华学友联谊会。除此以外，还有文华英语修辞协会、文华新知识联谊会、体育运动协会以及学生军训队、文华军乐队、文华童子军等。

1929 年，华中大学重建以后，办学资源相对充足，师资队伍得到加强，学术研究的水平也逐渐提高，进一步推动了华中大学学术活动的繁荣和学术氛围的营造。早期一些神学教员组织了宗教研讨班，一些来自武汉地区各教堂的领导者在冬季和早春参加了该研讨班的学习研究活动。教师发起成立的国际问题研究会，通过专题讲演、学术研讨等方式进行专题研究①。

华中大学注重学术组织的自主建设，并积极向外界申请资助。1930 年，桂质廷博士来到华中大学，在桂博士的指导下，机械专家唐福初先生接受美国雅礼会的资助建立了一个机械车间，为理学院各系制作了大量的简易实验仪器和设备，并开设了高等物理实验课。

1931 年，教育部委派两名视学官对华中大学进行了课堂检查和理科实验室检查。1933 年，美国洛克菲勒基金会的 2 名代表，考察了理学院的 3 个系和实验室，并在考察之后决定资助萧之的先生扬子鳄专项研究课题基金。1934 年，中国基金会向华中大学拨款 6000 元，用以购买理科实验室仪器。不久，国民政府按照扶助私立大学政策，向学校拨款 15000 元，学校将该款项一部分用于购买仪器和设备，并建立了化学系实验室。1936 年，桂质廷博士回国，带回一批新仪器，在学校建立了一个磁和电离层研究所②。

---

① 《基督教学校新闻：武昌华中大学》，《中华基督教教育季刊》1934 年第 10 卷第 4 期。

② 马敏、黄晓玫、汪文汉：《华中师范大学校史（1903—2013）》，华中师范大学出版社 2013 年版，第 50 页。

1939 年，华中大学西迁过程中，很多具有影响力的学者加入。受国外实用主义思想的影响和当时校情的限制，学校的学术组织在这些学者的倡导下更多地以学术研讨和解决现实问题为目的开展学术活动。

在云南喜洲，华中大学各院系成立了一些学术性团体：文学院由中文系和英文系的学生主办国文学会和英文学会，国文学会每月举行一次学术讲演。理学院组织了科学会、生物学会和无线电学会等学术团体，科学会每周举行一次科学讲座，请教师按专题主讲；生物学会以研究生物学为宗旨，每周有常会，报告新的研究成果；无线电学会则以研究无线电原理及实习无线代收发机的构造和安装为宗旨，将日常学习的知识应用于实际操作。教育学院组建了教育学会，每周举行讲演和同学报告会各一次，专门探讨教育学。1940 年底，奉中共地下党的指示，西南联大政治系李志疆转学到华中大学，组织“社会科学研究会”，进行秘密宣传活动，以《苍洱半月刊》为阵地，宣讲抗日思想①。

中华大学注重学术交流，邀请了很多专家学者来校讲学，并组织了讲演会，成立学术平台开展学术交流。1915 年 5 月 1 日学校创办的学术刊物《光华学报》正式创刊。1923 年 1 月，校长陈时组织“寒期学术讲演会”，德国哲学家杜里舒博士应邀来会主讲“以德意志的新文化与中国之旧伦理互相补益”。1924 年 1 月 24 日，陈时特邀康有为来校演讲“大同主义与人道”；3 月 29 日，特邀驻德公使魏宸组来中华大学演讲；5 月 25 日，特邀黄炎培、邹恩润来校演讲职业教育，又组织全校师生赴武昌体育场聆听印度诗人泰戈尔演讲。同期来校演讲者，还有美国教育家孟禄、德国职业教育家培仑子。8 月，陈时先后邀请张君劢、马寅初、孙洪芬等来校演讲。

中华大学虽然经费不够充足，学校仍组织成立了“专科学术研究会”，每星期分科开会一次，邀请海内外学者讲演，以养成学生课外研究的习惯。中华大学教育学会以研究学术、发扬教育、联络感情为基础②。法学会于 1934 年成立，“研究学理，已有相当成绩”。外国文学

---

① 马敏、黄晓玫、汪文汉主编：《华中师范大学校史（1903—2013）》，华中师范大学出版社 2013 年版，第 62 页。

② 《修正武昌中华大学教育学会会章》，《中华周刊》1934 年第 496 期。

系于1935年4月成立外国文学会，发行文学专号，邀请名师讲演。政治学系亦于1935年4月成立政治学会。商学院于1930年成立商学会，发行《特刊》《商潮》等刊物，并谋划出版《商学季刊》，“研讨学术，已有相当成绩”“于学术上，贡献不少”[①]。这些学会相比早期自发组织的学术组织，更具规模和影响力。

1938年，中华大学西迁重庆，虽然时局动荡，陈时仍经常邀请社会名流来校演讲，包括陈立夫的“唯生论”、杨杰的“抗战必胜，建国必成”、冯玉祥的“爱国主义与抗战胜利”、马寅初的“新人口论”、邹韬奋的“政治民主化”、范长江的“抗战形势”等，均获师生及与会者好评。此外，著名外交家顾维钧还来校用英语演讲国际形势。

（二）新中国成立到改革开放前

新中国成立后，中共中央提出学习苏联经验，对全国高校实施第一次重大院系调整，完全模仿苏联高等教育模式，用“学系”来代替“学院”这一层级的管理建构，按照专业设置教研室。教育部在1950年颁布的《高等学校暂行规程》中规定：“大学及专门学院设若干学系，其设立或变更由中央教育部决定之”，“教学研究指导组（简称教研组）为教学的基本组织，由一种课目或性质相近的几种课目之全体教师组成之”[②]。1963年国家颁发《关于加强高等学校统一领导分级管理的决定（试行草案）》，明确了高校内部管理体制的相关要求，高校逐步形成了校（院）—学系—教研室的管理架构。教研室作为基层学术组织，既承担教学任务，又承担科研任务，科研服务于教学。此时，学校的科研组织逐渐向教研室转变。

1953年之后，华中师范学院结合校情，建立了一批教研室、研究室和教研组，除了全院院属4个共同必修科教研室外，系教研室增加到30个。学校先后成立了马列主义基础教研室、政治经济学教研室、中国革命史教研室、共同体育课教研室、历史教研室、教育教研室等。

---

① 《工商管理学系级史》，《武昌中华大学三十六届毕业同学录（1935）》，原件存华中师范大学档案馆，中华大学类，卷宗号LS12-62。

② 《中国教育年鉴》编辑部：《中国教育年鉴（1949—1981）》，中国大百科全书出版社1984年版，第777页。

1955 年，学校按照中共中央和教育部指示，将原有的教研室改组为教研组。政治教育系设：马列主义教研组、政治经济学教研组、中国革命史教研组、共同体育课教研组；中国语文系设：中国文学教研组、语言文字教研组、文选—文艺理论教研组；历史系设中国古代及中世纪史教研组、中国近代—现代史教研组、世界历史教研组、历史教学法教研组；俄语系设：语法及翻译教研组、普通俄语教研组、综合俄语教研组、讲读教研组；数学系设：分析教研组、几何—代数教研组、数学法教研组；物理系设：普通物理教研组、理论物理教研组；化学系设：有机化学教研组、无机化学教研组；生物系设：动物学教研组、植物学教研组；教育系设：教育学教研组、心理学教研组、教育史教研组、普通教育教研组。

1956 年为加强党的思想政治工作，学院又增设科学研究部、业余教育部和教育科学研究室，并在部分系的学生中间建立科研小组。

1960 年学校新设一批研究室。政治教育系设毛泽东思想研究室；教育系设人体条件反射实验室；中文系设毛泽东著作研究室、语音室；物理系设无线电电子学-半导体-理论物理综合研究室；数学系设运筹学研究室、微分方程研究室；化学系设半导体化学研究室、元素有机化学研究室；生物系设放射性生物研究室、生物化学研究室。

1965 至 1973 年期间，学校成立了一批科研组：大屏幕电视科研组、计算数学科研组、射流技术科研组、半导体器件科研组、卫星大地测量与大地天文科研组、湖北地理科研组、湖北动植物资源调查组、农作物良种选育及丰产栽培试验科研组、生物防治科研组、有机教研室科研组、三次谐波利用科研组、辛亥革命科研组、英国史科研组、鲁迅研究科研组、现代汉语科研组、中小学数学改革科研组。

1978 年，根据全国科学大会及全国教育工作会议精神，学校对当时的科研组织进行了整顿，成立了科学社会主义研究室、政治经济学研究室、哲学研究室、辛亥革命研究室、中国古文献学研究室、印度史研究室、鲁迅研究室、教育科学研究所、计算机技术与应用研究室、大屏幕电视研究室、基本粒子理论研究室、农药研究室、昆虫病毒研究室、农业自然资源与区划研究室。

同时，学校又成立了中国社会学研究室、无机化学教研室、分析化学教研室、物理化学教研室、有机化学教研室、化工教研室、教学法教研室、结构化学教研室、半导体材料和器件研究室、基本粒子理论研究室、伦理学与法学教研室、体育学科教研室、体育术科教研室、共同体育教研室、心理学教研室、植物学教研室、动物学教研室、达尔文主义基础及人体解剖教研室、生理学教研室等。

学校在开展有组织科研活动的探索中，建立了以二级学科为口径的教研室、研究所和三级学科为口径的科研组。这些科研组织承担了服务教学、学术研究、提高师资力量等功能，也为后来科研机构的发展奠定了基础。

（三）改革开放以来

党的十一届三中全会召开后，我国高等教育全面恢复并发展起来。1978 年，国家颁布了《1978—1985 年全国科学技术发展规划纲要》，提出“科学技术是生产力”，确定的发展方针为“全面安排，突出重点”[①]，动员和组织全党全军全国各族人民，向科学技术现代化进军。

在这种背景下，学校科研机构的发展迈入快车道。

1. 恢复调整期

1978 年 10 月颁布的《全国重点高等学校暂行工作条例（试行条例）》指出，“系是按照学科性质设置的教学行政组织”，“教研室是按专业或课程设置的教学组织”。同月，国务院批准华中师范学院重新归类为教育部直属师范院校。作为教育部主管高校，随着改革开放的浪潮，学校科研机构的发展进入正式起步时期。

1982 年，国家开始实施科技攻关计划，面向经济建设主战场，重点解决经济和社会发展中的重大科技问题，以促进传统产业技术改造升级、新兴产业形成、社会可持续发展以及科技实力和自主创新能力的提高。

1983 年，全国第二次教育科学规划会议指出：“各地教育科学研究所要依靠教育（高教）协会，各学科研究会、各级学科研究会、各级各类学校的教研室，共同完成一些科研项目。各地新建和扩建教育

① 张琼妮、张明龙等编：《新中国经济与科技政策演变研究》，中国社会科学出版社 2017 年版，第 396 页。

科研机构，提倡与有关高等院校结合。各级教育科研机构要从实际出发，发挥各自的优势，形成各自的特色，并且要互通有无，加强协作。要创造条件，建立若干研究中心。”

随着经济社会的发展，按照专业化划分的教研室、研究室等逐渐显现出专业划分过细、专业设置过狭窄等弊端，这些科研组织愈发不能满足国家、社会和学校的发展。同时，我国的高校也逐渐从单科性或多科性大学向学科门类齐全的综合性大学转型，科研组织也随之亟待转变。

学校结合学科实际情况，开始布局相关院系的重点研究方向，在原有优势学术团体、系所、研究室、教研室的基础上，先后成立了教育科学研究所、历史研究所、历史文献所、科学社会主义研究所、语言研究所等一批文科研究所，以及应用物理所、农药化学所、昆虫病毒研究所等一批理科类研究所。

1978 至 1990 年，学校按照上级文件精神，恢复和新建了一批研究所、研究室、教研室。

文科类。政治系设哲学研究室、政治经济学研究室；中文系设普通语言学研究室、中国现代文学研究室（前身鲁迅研究室）、现代汉语逻辑句法研究室、训诂学研究室、汉语字词编纂与古籍整理研究室；历史系设印度史研究室、中国古文献学研究室、教育与经济研究室、考试与评估研究室、思想政治教育研究室、《汉语大字典》编写组、《英语短语词典》编写组、《俄语成语词典》编写组和农村基层政权研究中心等。

理科类。设有数学研究所、地理研究所、农业自然与区划研究室、计算机及其应用研究室、引力理论及其天体物理研究室、运筹学与控制论研究室等。

1991 年，为进一步加强教研室建设，学校出台了《华中师范大学关于加强教研室建设的意见》《华中师范大学教学研究所工作试行条例》《关于教学研究室整顿工作的补充意见》等文件。

教育科学研究所：1978 年经国家教育部批准成立，在学院原有教育系的基础上成立了教育科学研究所，由教育系主管科研工作的系副主任兼管。学术带头人是杨葆焜教授。

历史文献所：1978 年底学校建立历史文献所，1983 年经教育部批准设立，是当时国家教育委员会“全国高等院校古籍整理研究工作委员会”直属的18个重点研究所之一。学术带头人是张舜徽教授。

语言研究所： 在1981年建立的汉语逻辑句法学研究室和1983年建立的普通语言研究室的基础上，扩建为语言研究所。学术带头人是邢福义教授。

农药化学所： 1977年成立了农药研究室，1978年有机化学成为国内首批硕士学位授权点，1982年经教育部批准正式建立农药化学研究所，1984年经学校批准为系级单位。学术带头人是张景龄教授。

历史研究所： 1978年学校成立的辛亥革命史研究室，1984年经教育部批准，在印度史研究室与辛亥革命史研究室基础上成立历史研究所。学术带头人是章开沅教授。

科学社会主义研究所： 在1978年成立的政治系科学社会主义研究室。在此基础上，1984年学校成立科学社会主义研究院。学术带头人是高原教授。

粒子物理研究所： 刘连寿、李家荣于1979年在物理系创建基本粒子理论研究室，在此基础上，学校于1986年正式成立粒子物理研究所。

昆虫病毒研究所： 生物系于1978年建立昆虫病毒研究室。在此基础上于1988年成立昆虫病毒研究所。学术带头人是李琮池教授。

2. 转型发展期

随着社会主义市场经济的逐步完善，党和国家对高校科研工作提出了新要求。1992年3月，国务院颁布的《国家中长期科学技术发展纲领》中确立“科技体制改革的核心是建立新的运行机制，把完善计划管理和加强市场调节有机结合起来，充分发挥两者的协同优势”。此时建立在二级、三级学科基础上的科研机构，已经不能完全适应学科发展和学校跨学科研究的需要，学校开始面向经济建设，将科研机构建设与市场调节结合起来，逐步以一级学科为口径设立科研机构。

学校在原有的科研机构基础上，陆续增设了高等教育研究所、天体物理研究所、文学研究所、汉语言研究所、甲骨训诂研究所和教材教法研究中心、相对论研究中心、课程论研究中心、计算机研究中心、分析测试中心、微机开发中心、美国研究中心、中共党史人物研究中心、土地科学研究中心、可持续发展研究中心等。“八五”期间受美国亚洲教育联合董事会资助，学校成立了“特殊教育研究中心”。

1999年，教育部启动了教育部重点实验室申报工作。为对接申报工作，学校在原有研究所、中心的基础上，相继成立了农药与化学生物学实验室、分子物理与化学实验室、分析与测试实验室、纳米材料实验室、高能物理实验室、光电子信息工程实验室、神经生物学实验室、分子生物学及细胞工程实验室、水生生物学实验室、非线性分析实验室、计算机网络理论与应用技术实验室、人的发展与心理健康实验室、中文信息处理实验室。这标志着学校的科研机构形成了规模化。

此后，学校又先后获批农药与化学生物学教育部重点实验室、水生生物学重点实验室、分子生物学及细胞工程重点实验室、纳米材料研究中心、分子物理与化学重点实验室、分析与测试重点实验室等一批重点科研机构。

“九五”期间湖北省教育厅主要依托我校组建省级重点实验室：湖北省教育信息现代化研究中心。

2000年、2001年学校分别获批3个教育部人文社会科学重点研究基地：中国近代史研究所、中国农村问题研究中心、语言与语言教育研究中心。

2002—2003年，学校先后获批最优控制与离散数学湖北省重点实验室、湖北省教育信息化研究中心、湖北省农药工程技术研究中心等省部级科研机构。

3. 快速发展期

2004年，中共中央印发《关于进一步繁荣发展哲学社会科学的意见》，标志着哲学社会科学建设进入新阶段。国家哲学社会科学规划办、教育部等中央部门，陆续开始对高校给予持续稳定的项目资助，开展基地建设、成果评价，科研组织形式逐渐多元化，科研管理办法等具体制度逐渐健全完善。学校获批的国家级重大重点课题、省部级科研项目，科研经费、科研项目、成果产出等均呈倍数增长。以此为契机，校内科研机构得到了快速的发展。同年，学校成立或获批了文献信息资源研究中心、城市水资源分配与水环境研究中心、湖北省教育数字化技术工程研究中心等省部级科研机构。

2005 年，学校获批成立国家语言资源监测与研究网络媒体中心、人的发展与心理健康湖北省重点实验室、湖北红色文化研究中心等省部级科研机构。

2006 年，学校获批成立国家文化产业研究中心、教育部教育信息技术工程研究中心、湖北省社区建设研究中心、湖北省汉语国际推广工作研究中心、非物质文化遗产研究中心等省部级科研机构。

2007 年，学校获批成立夸克与轻子物理教育部重点实验室、国家体育总局体育文化研究基地、夸克物质物理学科创新引智基地、遗传调控与整合生物学湖北省重点实验室、教育数字媒体与可视化学科创新引智基地、全国高校电子政务与电子商务联合实验室华中师范大学分部等省部级科研机构。

2008 年，学校获批成立国务院侨办侨务理论研究武汉基地、湖北省基础教育研究中心、海峡两岸农村比较研究中心、湖北省电子商务研究中心、武汉城市圈“两型社会”建设研究院、中国两型社会建设改革试验区研究中心等省部级科研机构。

2009 年，学校获批成立中国农村林业改革发展研究基地、湖北省社会发展与社会政策研究中心、道家道教研究中心等省部级科研机构。

2010 年，学校获批成立青少年网络心理与行为教育部重点实验室、中国旅游研究院武汉分院等省部级科研机构。

2011 年，学校获批成立教育信息化战略研究基地（华中）、湖北省文学理论与批评研究中心等省部级科研机构。

中国近代史研究所：1999 年获学校批准，历史研究所调整重组并更名为中国近代史研究所。2000 年被批准为教育部普通高校人文社会科学重点研究基地。中国近代史研究所整合了中国古代史、世界近代史、历史文献学等学科的优势力量，有力地促进了学科间的交叉与融合，形成了中国近现代史学科新体系，拓展和引领了辛亥革命史、中国早期现代化、商会史、博览会史、乡村手工业史、近代社会群体、教会大学史和基督宗教史等研究方向。首任研究所负责人是章开沅教授。

中国农村问题研究中心（中国农村研究院）：20 世纪 80 年代中期科学社会主义研究所政治学研究室张厚安等人开始从事农村基层政权研究；1990 年学校成立农村基层政权研究中心；1995 年更名为农村问

题研究中心；1999 年更名为中国农村问题研究中心，并于 2000 年获批教育部人文社会科学重点研究基地。2011 年更名为中国农村研究院。中国农村研究院是政治学世界一流学科建设单位，下设研究方向政治学理论、中国政治、比较政治。首任研究所负责人是徐勇教授。

语言与语言教育研究中心（语言研究所）：1988 年学校成立语言学研究所，1996 年取得博士学位授权。1999 年组建华中师范大学语言与语言教育研究中心，并于 2001 年获批教育部人文社会科学重点研究基地，并建成博士后科研流动站，至 2007 年，除了拥有“汉语言文字学”博士点和“语言学及应用语言学”博士点，又创建“中外语言对比”“中文信息处理”和“对外汉语教学”三个博士点，并获批了汉语国际教育硕士专业学位硕士授权点。首任研究所负责人是邢福义教授。

农药与化学生物学教育部重点实验室：2003 年农药与化学生物学教育部重点实验室经教育部批准正式立项建设，2006 年通过验收并正式对外开放，实验室建有农药学国家级重点学科和湖北省优势重点学科，拥有化学一级学科和农药学二级学科博士学位授予权。实验室研究方向有绿色农药的分子设计与合成、农药活性杂环的合成方法学、农药残留分析与环境化学、农药化学生物学。首任实验室负责人是杨光富教授。

国家文化产业研究中心：2006 年，经原文化部批准，学校成立国家文化产业研究中心。中心以中国史、中国语言文学、管理科学与工程和公共管理四个一级学科为支撑，拥有“文化资源与文化产业”新兴交叉学科，设置“文化资源与文化产业”学术型硕士、博士学位点和农业硕士（农村文化）专业学位点。中心的研究方向：非物质文化遗产保护及资源数字化、非物质文化遗产传承及大数据管理与传播、非物质文化遗产资源智能服务与创新发展。首任中心负责人是黄永林教授。

国家数字化学习工程技术研究中心：2006 年经教育部批准成为教育部工程研究中心，2009 年经科技部批准进入国家工程技术研究中心建设序列。中心现有“教育信息科学与技术”博士点和计算机应用技术、管理科学与工程、教育技术学 3 个硕士点，是国内教育信息化领域的国家级工程技术研究中心，是我国教育信息化技术研发、产品推广、产业示范的重要基地。首任中心负责人是杨宗凯教授。

夸克与轻子物理教育部重点实验室：实验室起源于 1977 年建立的粒子物理研究室，1985 年批设“粒子物理研究所”，1997 年批设“高能物理湖北省重点实验室”，2007 年与“光子与电子物理实验室”资源整合，成立夸克与轻子物理教育部重点实验室，2010 年进入运行期。实验室设有高能重离子碰撞实验、夸克物质理论、粒子物理及唯象学，以及粒子探测器及快电子学技术四个研究方向，包含八个研究性课题组。首任实验室负责人是许怒教授。

学校部分重点研究基地及平台

4. 高质量发展期

2012 年教育部、财政部印发了《关于印发高等学校创新能力提升计划实施方案的通知》，又称“2011 计划”。学校为对接“2011 计划”，出台了“1+6”政策体系，整合资源，大力推进协同创新工作，共建设协同创新中心 8 个，重点支持城乡发展一体化湖北协同创新中心、信息化与基础教育均衡发展湖北协同创新中心、教育信息化协同创新中心、核物质科学协同创新中心、农村改革发展协同创新中心、湖北省地理科学实验教学示范中心；引导性支持了文化遗产传承与数字化保护协同创新中心、社交网络及其信息服务协同创新中心、中国商会发展协同创新中心等科研机构的发展。

2012 年，学校在科研机构的建设上，进一步打破学科壁垒，建立新型的、形态多样的各类跨学科的科研机构。同年，学校获批成立湖北地方治理与地方发展研究中心、城乡发展一体化湖北协同创新中心等省部级科研机构。

2013 年，学校获批成立中国农村综合改革协同创新研究中心、湖北房地产发展研究中心、湖北高校思想政治教育管理发展研究中心、湖北省区域历史文化研究中心华中师范大学研究基地（湖北问津文化教育研究院）、非物质文化遗产研究中心、武汉文化创新研究院、湖北省学校德育研究中心、湖北省党的建设研究中心、湖北省教育信息化发展研究中心、地理过程分析与模拟湖北省重点实验室等省部级科研机构。

2014 年，学校获批成立夸克物质国际联合研究中心、湖北省中国特色社会主义理论体系研究中心华中师范大学研究基地、湖北省文化体制改革智库、湖北省生态与环境国际联合研究中心等省部级科研机构。

2015 年，国家启动“双一流”建设，高等教育注重内涵式发展。高校科研开始从“重数量”到“重内涵”的转变，科研工作重点围绕党和国家重大急需、国家和区域经济社会的突出问题开展研究，其特点是以问题和质量为导向，进一步鼓励支持科研的原始创新和实际贡献。同年，学校获批成立教育部教育立法研究基地、学校治理研究中心、夸克物质及探测技术国际联合研究中心、绿色农药湖北省工程研究中心等省部级科研机构。

2016 年，学校获批成立全国民政政策理论研究基地、工业文化研究中心、绿色农药与合成化学学科创新引智基地、湖北省中国合唱艺术研究中心等省部级科研机构。

2017 年，学校进入“双一流”建设行列，鼓励多学科交叉的协同攻关科研，加强自主科研，瞄准“四个面向”，打破学科间壁垒，建立了一批前沿交叉的科研机构。同年，学校获批成立教育大数据应用技术国家工程研究中心、国家教育治理研究院、湖北省农药与绿色化学合成国际科技合作基地、中印尼人文交流研究中心等省部级科研机构。

2018 年，学校科研管理机构再次进行调整，社科处与人文社科高等研究院合并建制，科技处与科学技术发展研究院、军工项目办公室合并建制，学校科研管理更加专业化。学校科研平台的数量逐渐扩大，层次明显提升，结构日趋合理。同年，学校获批成立国家体育总局体育产业研究基地、智能生物传感技术与健康国际联合研究中心等省部级科研机构。

2019 年，学校获批成立国家中小学（中职）历史教材研究基地、信息化与基础教育均衡发展省部共建协同创新中心、全国高校思想政治工作队伍培训研修中心、高校思想政治工作创新发展中心、云南香格里拉高原复合生态系统教育部野外科学观测研究站、人工智能与智慧学习湖北省重点实验室等省部级科研机构。

2020 年，学校获批成立老龄科研基地、硅像素芯片及其探测技术湖北省工程研究中心等省部级科研机构。

“十四五”以来，学校新增非线性分析及其应用教育部重点实验室、退伍军人事务研究基地、台港澳与东亚研究中心、国家智能社会治理实验基地（教育）、生物博物馆等科研机构。

2022 年 11 月依托于贵州大学、华中师范大学、华南农业大学建设的绿色农药全国重点实验室获科技部批准。

青少年网络心理与行为教育部重点实验室：实验室于 2010 年 12 月经教育部批准立项，2011 年 6 月通过教育部重点实验室建设计划论证。实验室依托心理学、教育学和信息科学，建有教育学国家级重点学科和心理学、教育学湖北省一级重点学科，拥有心理学、教育学一级学科博士学位授予权，并建有博士后流动站。实验室依托心理学科设置有四个主要研究方向：网络认知学习与教学、网络社会行为、网络与青少年心理健康、青少年网络文化与内容安全。首任实验室负责人是周宗奎教授。

全国民政政策理论研究基地：该基地是民政部与华中师范大学合作共建的研究基地，基地于 2016 年 6 月正式挂牌成立，接受民政部业务指导，实行主任负责制。基地依托政治学一流学科，秉持“立足城乡、面向全国”的发展理念，致力于对中国城乡基层治理中的重大理论和实践问题进行协作研究和集体攻关，为中央和地方政府解决城乡基层治理中的系列问题提供理论指导和政策咨询。首任基地负责人是陈荣卓教授。

工业文化研究中心：中心成立于 2017 年 1 月，是工信部工业文化发展中心与高校联合创办的首家工业文化研究机构。中心依托中国史一级学科，开展工业文化基础理论研究、工业史研究、企业史与企业家精神研究、劳模精神与工匠精神研究、工业遗产研究、工业旅游研究、劳动教育与工业文化研学研究、工业文化传播研究等方面研究。首任中心负责人是彭南生教授。

非线性分析及其应用教育部重点实验室：2023 年 4 月获教育部重点实验室建设立项。实验室依托数学与统计学学院，2003 年获应用数学博士学位授予权，2005 年获数学一级学科硕士学位授予权，2007 年设立数学博士后流动站，2011 年获数学一级学科博士学位授予权与统计学一级学科博士学位授予权。实验室主要依托偏微分方程、动力系统、代数学、应用统计数学等二级学科形成了非线性偏微分方程、动力系统、代数学、生物数学和数据科学等研究方向。首任实验室负责人是彭双阶教授。

2020 年 5 月，学校对标智能时代教育改革重大战略需求，在国内率先组建了人工智能教育学部。学部以建成人工智能与教育深度融合的交叉学科创新高地，全面支撑学校教师教育改革创新为建设定位，以“服务需求、凸显高峰、融合创新、协同发展”为建设思路，建设“人工智能＋教育”集成攻关大平台。

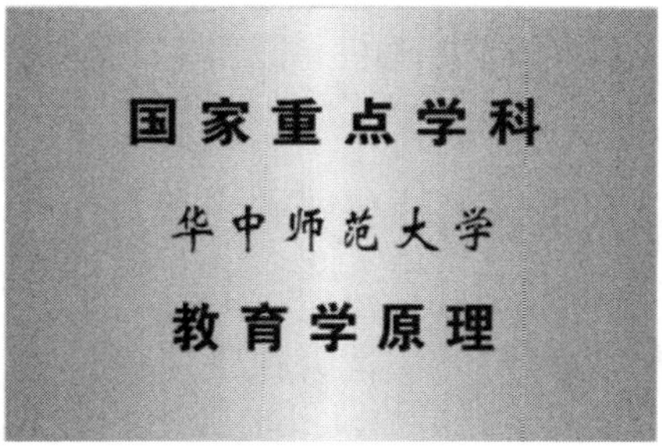

教育学原理国家重点学科

人工智能教育学部

国家数字化学习工程技术研究中心

2021 年 12 月，为推进政治学一流学科建设，学校成立了政治学部。政治学部作为“学科特区”试点单位，学校在学科治理架构、人才培养、队伍建设、人事管理、科研体制、资源配置等方面给予充分的自主权，实现权责统一，发挥学部在政治学一流学科建设中的主体作用，落实一流学科建设责任。

为进一步激发科研机构的组织活力，学校将管理重心下移。学校在科研机构的学术团队建设中探索实行学术活动“PI（Principal Investigator）制”，并率先在三个一流学科（政治学、教育学、中国语言文学）中组建了一批以 PI 为核心的具有共同学术愿景的学术共同体，发挥教授在科研机构和学科建设中的主导作用。

截止到 2023 年，学校已经形成 167 个人文社科研究机构，其中省部级 45 个（部级基地 15 个，部级共建基地 7 个，省级基地 19 个，省级共建 4 个），校级 122 个。拥有 19 个重点建设的新型智库，其中 1 个教育部首批签约的中国特色新型高校智库（中国农村研究院）、1 个省部共建的协同创新中心（信息化与基础教育均衡发展省部共建协同创新中心）、2 个省级智库（湖北文化体制改革智库、湖北社会建设研究院）、2 个教育部国别和区域研究备案中心（中印尼人文交流研究中心、台港澳与东亚研究中心）、1 个与湖北省教育厅、长江出版集团合作共建的社会智库（国家教育治理研究院）。

建设了科研基地平台共计 33 个，其中国家级科研平台基地 5 个；部级科研基地平台 13 个：教育部研究基地 12 个（教育部重点实验室 4 个，教育部工程研究中心 2 个，教育部野外科学观测研究站 1 个，学科创新引智基地 3 个，其他 2 个），中央网信办实验基地 1 个；省级科研基地平台 14 个：湖北省重点实验室 6 个，湖北省工程技术研究中心 1 个，湖北省国际科技合作基地 3 个，湖北省工程研究中心 3 个，湖北省 2011 协同创新中心 1 个；全国科普教育基地 1 个。

三、专业设置与重点建设

自新中国成立以来，我国逐步建立了高等教育学科专业制度和重点建设制度。为了迅速适应日益增长的社会主义建设需要，国家先后五次调整和更新本科专业目录，先后八次调整和更新研究生专业目录。国家学科制度和学科体系建设的显著进展为高等教育的大众化发展提供了制度保障。

（一）学科专业设置

1954 年，高等教育部参考苏联大学的专业目录制订了以 11 个行业部门进行专业门类划分的专业目录《高等学校专业目录分类设置（草案）》。1963 年，国家采用学科与行业部门相结合的专业门类划分方法调整了专业目录。改革开放以来，本科专业目录先后于 1993、1998、2012、2020 和 2023 年进行了调整更新，研究生专业目录先后于 1981、1983、1990、1997、2011、2018、2020、2022 年进行了调整更新。学校根据国家高等教育学科专业制度的不断发展，结合学校实际不断优化调整学科专业。2023 年，学校共设有本科专业 81 个，在建博士、硕士学位授权学科 34 个，其中博士学位授权一级学科 21 个，硕士学位授权一级学科 33 个，覆盖哲学、经济学、法学、教育学、文学、历史学、理学、工学、农学、管理学、艺术学、交叉学科等 12 个学科门类，为向教师教育领先的世界一流大学迈进奠定了坚实的基础。

1. 本科专业设置

学校源自 1903 年创办的文华书院大学部（1924 年改名为华中大学）、1912 年创办的中华大学、1949 年创办的中原大学教育学院。1903—1951 年，从文华大学到华中大学时期，学校先后开设哲学、经济、政治、社会、教育、体育、中文、外文、历史、数学、物理、化学、地理、生物、心理、图书馆学、音乐等专业。

在中华大学时期（1912—1952 年），学校先后开设哲学、经济、农业经济、银行学、国际贸易、法律、政治、教育、中文、外文、数学、物理、化学、交通、农艺、工商管理、会计等专业。

在中原大学时期（1949—1951 年），其教育学院先后开设政治、教育、俄文、历史等专业。

1951 年中原大学教育学院与华中大学合并组建成公立华中大学，1952 年中华大学等并入后，改名为华中高等师范学校。1952—1953 年，学校先后开设政治、教育、体育、中文、俄文、历史、数学、物理、化学、生物、音乐、图画制图等专业。

1953 年学校定名为华中师范学院。1953—1985 年，学校先后开设政治教育、思想政治教育、教育、学前教育、体育、中文、英语、俄语、历史、数学、物理、化学、地理、生物、音乐、美术等专业。

1985 年更名为华中师范大学以来，学校根据专业目录调整和学校发展的实际情况，对本科专业结构不断进行优化，涵盖专业类以及开设的专业数量不断扩大，学校从 1994 年的 29 个专业、2000 年的 41 个专业、2012 年的 60 个专业，到 2023 年的 81 个专业，逐步形成了完备的多学科师范大学本科教学体系。2023 年 4 月，教育部公布的最新本科专业目录共包含 12 个学科门类 93 个专业类 792 种专业，学校本科专业涉及学科门类 10 个，占比 83%，专业类 33 个，占比 35%，专业总数 81 个，占比 10%。学校本科专业设置情况如下：

哲学门类。哲学类：哲学。

经济学门类。经济学类：经济学；金融学类：金融工程；经济与贸易类：国际经济与贸易。

法学门类。法学类：法学、知识产权；政治学类：政治学与行政学、国际政治；社会学类：社会学、社会工作；马克思主义理论类：思想政治教育、马克思主义理论。

教育学门类。教育学类：教育学、科学教育、教育技术学、学前教育、小学教育、特殊教育、融合教育；体育学类：体育教育、运动训练。

文学门类。中国语言文学类：汉语言文学、汉语言、汉语国际教育；外国语言文学类：英语、俄语、法语、西班牙语、日语、朝鲜语、翻译；新闻传播学类：新闻学、广播电视学、网络与新媒体。

历史学门类。历史学类：历史学。

理学门类。数学类：数学与应用数学、信息与计算科学；物理学类：物理学、核物理；化学类：化学、应用化学；地理科学类：地理科学、自然地理与资源环境、人文地理与城乡规划、地理信息科学；生物科学类：生物科学、生物技术；心理学类：心理学、应用心理学；统计学类：统计学。

工学门类。电子信息类：电子信息工程、通信工程、电子信息科学与技术、人工智能；计算机类：计算机科学与技术、软件工程、信息安全、物联网工程、数字媒体技术、数据科学与大数据技术。

管理学门类。管理科学与工程类：信息管理与信息系统、房地产开发与管理、大数据管理与应用；工商管理类：工商管理、人力资源管理、财务会计教育；公共管理类：行政管理、劳动与社会保障、土地资源管理；图书情报与档案管理类：信息资源管理；电子商务类：电子商务；旅游管理类：旅游管理。

艺术学门类。音乐与舞蹈学类：音乐表演、音乐学、舞蹈学；戏剧与影视学类：播音与主持艺术；美术学类：美术学、绘画；设计学类：视觉传达设计、环境设计、数字媒体艺术。

2. 研究生专业设置

1981 年 5 月，国务院学位委员会发布《中华人民共和国学位条例暂行实施办法》和《关于审定学位授权单位的原则和办法》，我国正式开展博士、硕士学位授予工作，并拟定了《高等学校和科研机构授予博士和硕士学位的学科专业目录（草案）》。该版目录共设有 10 个学科门类，60 个一级学科，666 种专业（二级学科）。国务院学位委员会根据此学科、专业目录审核批准了我国第一批博士和硕士学位授权学科、专业点。

1981 年 11 月，华中师范大学获批成为国家首批博士、硕士学位授予单位，历史文献学和中国近代史 2 个专业获批成为国家首批博士学位授权二级学科专业点；15 个专业获批成为国家首批硕士学位授权二级学科专业点，分别是：历史文献学、中国近现代史、科学社会主义与国际共产主义运动、理论物理、中国现代文学、教育学原理、汉语言文字学、中国古代文学、马克思主义哲学、中国古代史、概率论与数理统计、运筹学与控制论、有机化学、植物学、微生物学。

1983 年，国家正式批准第一版《高等学校和科研机构授予博士和硕士学位的学科专业目录（试行草案）》，该版目录共设有 11 个学科门类，64 个一级学科，647 种学科、专业（二级学科）。

1984 年 1 月，学校科学社会主义与国际共产主义运动专业获批成为国家第二批博士学位授权二级学科专业点；人文地理学、电路与系统、农业昆虫与害虫防治等 3 个专业获批成为国家第二批硕士学位授权二级学科专业点。

1985 年，国务院进行了第三批次学位授予单位和学科的审定工作。同年 8 月，国家教委根据当时学科（专业）设置和学生规模的实际情况，批复同意将华中师范学院更名为华中师范大学。

1986 年 7 月，国务院公布了第三批博士和硕士学位授予单位和授权学科专业名单，华中师范大学新增理论物理 1 个博士学位授权二级学科专业点；新增 14 个硕士学位授权二级学科专业点，分别是：政治学理论、中共党史、教育史、文艺学、语言学及应用语言学、课程与教学论、基础心理学、英语语言文学、政治经济学、区域经济学、民俗学、无机化学、天体物理、自然地理学。

1990 年，国家发布第二版《授予博士、硕士学位和培养研究生的学科、专业目录》，目录共设有 11 个学科门类，72 个一级学科，620 种二级学科。

1990—1996 年，国务院陆续进行了第四、五、六批次学位授予单位和学科的审定工作。学校在此期间新增 3 个博士学位授权二级学科，分别是：中国现代文学、教育学原理、汉语言文字学；新增 14 个硕士学位授权二级学科，分别是：马克思主义理论与思想政治教育、马克思主义基本原理、凝聚态物理、俄语语言文学、动物学、分析化学、教育经济与管理学、农药学、世界史、基础数学、行政管理学、科学技术哲学、物理化学、计算机应用技术。

至 1996 年 4 月，学校共有博士学位授权二级学科 7 个，硕士学位授权二级学科 46 个。

1997 年，国务院发布第三版《授予博士、硕士学位和培养研究生的学科、专业目录（1997 年颁布）》，新增了管理学学科门类，学科门类增至 12 个；一级学科由原来的 72 个增至 88 个，二级学科由原来的 620 种调整为 381 种。

1998 年 6 月，国务院公布了第七批博士和硕士学位授予单位和授权学科、专业名单，学校新增 1 个博士学位授权二级学科：农药学；新增 5 个硕士学位授权二级学科，分别是：比较文学与世界文学、比较教育学、体育教育训练学、经济法学、生物化学与分子生物学。至此，华中师范大学共有博士学位授权二级学科 8 个，硕士学位授权二级学科 51 个。

2000—2010 年，为了支撑研究生教育“积极发展”战略实施，国家学位授权审核主动放权变革、扩大授权点布局，努力满足高层次人才培养的社会需求，共开展了四批学位授权审核，即第八批至第十一批。

2000 年 12 月，国务院下达第八批博士和硕士学位授权学科、专业名单，华中师范大学首次获批共 2 个博士学位授权一级学科，即政治学和中国语言文学；新增教育史等 17 个博士学位授权二级学科；新增政治学和中国语言文学 2 个硕士学位授权一级学科；新增高等教育学等 21 个硕士学位授权二级学科。

2003 年 12 月，国务院下达第九批博士和硕士学位授权学科、专业名单，学校新增教育学、历史学、物理学等 3 个博士学位授权一级学科；新增马克思主义哲学等 26 个博士学位授权二级学科；新增教育学、历史学、物理学、管理科学与工程等 4 个硕士学位授权一级学科；新增学前教育等 23 个硕士学位授权二级学科。

2006 年 1 月，国务院下达第十批博士和硕士学位授权学科、专业名单，学校新增马克思主义理论和心理学共 2 个博士学位授权一级学科；新增体育教育训练学等 13 个博士学位授权二级学科；新增哲学、理论经济学、马克思主义理论、心理学、体育学、外国语言文学、数学、化学、地理学、生物学、电子科学与技术、计算机科学与技术、公共管理学等 13 个硕士学位授权一级学科；新增 48 个硕士学位授权二级学科。

2011 年 3 月，国务院下达 2010 年审核增列的博士和硕士学位授权一级学科名单（第十一批次）。学校在该批名单中增列 5 个博士学位授权一级学科，分别是体育学、数学、化学、管理科学与工程、公共管理等；增列 7 个硕士学位授权一级学科，分别是应用经济学、法学、新闻传播学、艺术学、材料科学与工程、信息与通信工程、图书情报与档案管理。

2011 年，国务院发布第四版《学位授予和人才培养学科目录（2011 年）》，该版目录增加了艺术学学科门类，学科门类增至 13 个，一级学科数增至 110 个，不再公布二级学科的设置，改为原则上由学位授予单位根据国务院学位委员会、教育部发布的学科目录中一级学科学位授权权限内自主调整[①]。同年 4 月，国务院学位委员会开展学

① 王战军：《中国学位与研究生教育 40 年（1978—2018）》，中国科学技术出版社 2018 年版，第 20 页。

位授权点对应调整，目的是为保证研究生招生、培养和学位授予工作的有序进行，需将按原目录批准的博士、硕士学位授权点，对应调整到 2011 年新目录相应的一级学科。

2011 年 8 月，国务院公布了对应调整结果，华中师范大学历史学博士学位授权一级学科对应调整为中国史和世界史这两个博士学位授权一级学科，撤销原历史学博士学位授权一级学科，新增统计学博士学位授权一级学科；艺术学硕士学位授权一级学科对应调整为艺术学理论、音乐与舞蹈学、美术学、设计学等 4 个硕士学位授权一级学科，撤销原艺术学硕士学位授权一级学科，新增生态学和软件工程共 2 个硕士学位授权一级学科。至此，学校共有博士学位授权一级学科 14 个，硕士学位授权一级学科 33 个。

2017 年 3 月，国务院开展 2017 年博士硕士学位授权审核工作，并于次年 3 月下达了 2017 年审核增列的博士、硕士学位授权点名单。

2018 年，学校新增 7 个博士学位授权一级学科，分别是：哲学、社会学、外国语言文学、地理学、生物学、植物保护、图书情报与档案管理等；新增天文学 1 个硕士学位授权一级学科。

2016—2020 年期间，学校经过动态调整，撤销了材料科学与工程、理论经济学、软件工程、艺术学理论、系统理论、环境科学等 6 个硕士学位授权点。

2018—2020 年，国务院先后更新了两次《学位授予和人才培养学科目录》。2018 年 4 月更新的学科目录将一级学科数增至 111 个；2020 年 12 月更新的学科目录新增交叉学科门类，将门类增至 14 个，一级学科数增至 113 个。

2021 年 10 月，国务院下达了 2020 年审核增列的博士、硕士学位授权点名单，学校新增工商管理硕士学位授权一级学科。至此，我校共有博士学位授权一级学科 21 个，硕士学位授权一级学科 33 个。

2021—2022 年，国务院学位委员会、教育部组织开展了新一轮学科专业目录修订工作，并于 2022 年 9 月发布《研究生教育学科专业目录（2022 年）》，该版目录共有 14 个门类，117 个一级学科。据此，学校在建博士、硕士学位授权点正在按照新版目录开展对应调整。

（二）不同时期的重点建设

改革开放后，在国力有限的情况下，国家采取“重点建设、带动全局”的建设方式，集中有限的优势资源，重点支持建设若干所国内顶尖的一流大学和一流学科走向世界，进而带动中国高等教育水平的整体提升①。1985 年至今，华中师范大学经历了国家的重点学科建设、“211 工程”建设、“985 工程”建设、“双一流”建设等四项重点工程，历经近 40 年的重点建设，学校逐步建立起国内一流、国际上有一定影响力的教师教育特色学科体系，为向教师教育领先的世界一流大学迈进奠定了坚实基础。

1. 重点学科建设

1985 年 5 月，国家发布《中共中央关于教育体制改革的决定》，明确提出“根据同行评议、择优扶植的原则，有计划地建设一批重点学科”。这是在中共中央文件中首次明确提出建设重点学科的意见，并将重点学科建设作为一种建设制度②。

1985 年，华中师范大学为加强学科建设，首先对有机化学、中国近代史 2 个专业进行评估，作为学校重点学科的试点。至 1987 年，共评出了中国近现代史、历史文献学、科学社会主义、理论物理、有机化学等 5 个学科作为学校首批重点学科，同时评出了 5 个学科带头人，分别为章开沅、张舜徽、高原、刘连寿、张景龄。

1988 年 1 月，学校共评出中国近现代史、历史文献学、科学社会主义、理论物理、有机化学、教育基本理论、经济地理、现代汉语、运筹学与控制论、中国现当代文学、昆虫病毒学等 11 个重点学科。

1988 年 7 月，章开沅教授领导的中国近现代史学科率先跻身国家重点学科队伍，成为该学科领域的“国家队”。

1991 年，学校启动“八五”建设，确立了以学科建设为龙头，以队伍建设为基础的基本思路，根据“保重、改老、扶新、解困”的原则，通过政策倾斜加强重点学科建设，实行重点学科评估和淘汰制，

---

① 王战军主编：《中国学位与研究生教育 40 年（1978—2018）》，中国科学技术出版社 2018 年版，第 179 页。

② 谢桂华：《高等学校学科建设论》，高等教育出版社 2011 年版，第 19～20 页。

制定学术骨干和学术带头人的管理办法，巩固和发挥了已有重点学科的优势，一些新兴学科也脱颖而出，形成了一定的学术特色。

在此基础上，学校建立了一批重点学科，分别为中国近现代史、粒子物理理论、有机化学、历史文献学、科学社会主义、中国现代文学、语言学、教育学、昆虫学、运筹学与控制论、人文地理 11 个学科。

至“八五”末期，学校的科学社会主义、理论物理、历史文献学等 3 个学科获批成为第一批在鄂部委高校湖北省重点学科。同时，学校自行设置了 18 个校级重点学科。

1996 年，学校启动“九五”建设，确定了“以调整和优化学科结构为中心、以学位点建设为重点、突出优势学科、加强特色学科、大力发展应用学科”的学科建设方针，以“分层次发展，分阶段投入，分类型建设”为学科建设的思路，确定了国家级重点学科、省级重点学科、校级重点学科的发展层次，分近期、中期、远期进行资金投入，并且根据基础学科、应用学科和交叉学科的不同类型进行建设。

1998 年，学校科学社会主义、理论物理、历史文献学、汉语言文字学、教育学原理、运筹学与控制论、农药学、中国现当代文学、人文地理学等 9 个学科获批成为第二批在鄂部委高校湖北省重点学科。马克思主义理论与思想政治教育、政治经济学、文艺学、英语语言学与应用语言学、中国古代史、凝聚态物理、计算机应用技术、昆虫学、植物学 9 个学科成为校级重点学科。

2001 年，学校启动“十五”建设，学科建设贯彻“全面规划、突出重点、促进交叉、整体提升”的指导思想，贯穿观念转型，即由师范本科教育向教师教育转型；由重视专业建设向重视学科建设转型；由提倡教学为本向提倡教学科研并重转型；由管理体制的惯性粗放运行向规范精细运作转型。坚持“扬优、支重、改老、扶新”，即发扬基础学科齐全的优势，着力抓好重点学科建设，根据国家、社会需求，改造传统学科，加强文科、振兴理科，大力扶持和发展应用学科，向具有良好发展前景和新的生长点的学科、专业倾斜，完善学科整体布局，努力提高全校学科建设的总体水平。

2001 年，教育部公布第二批国家重点学科名单，共评选出重点学科点 964 个。学校 3 个学科入选第二批国家重点学科名单，分别是：

中国近现代史、科学社会主义与国际共产主义运动、汉语言文字学。

2003 年，学校汉语言文字学、教育学原理、农药学、现当代文学、运筹学与控制论、人文地理学 6 个湖北省重点学科顺利通过第二批在鄂部委高校湖北省重点学科验收。

2004—2007 年，学校理论物理、粒子物理与核物理、文艺学、教育学原理、农药学、发展与教育心理学、行政管理、应用数学、运筹学与控制论、中外政治制度、历史文献学、英语语言文学、中国现当代文学、马克思主义理论与思想政治教育 14 个学科获批成为第三批在鄂部委高校湖北省重点学科。

2007 年，教育部公布第三批国家重点学科名单，此次共评选出一级学科国家重点学科点 287 个、二级学科国家重点学科点 693 个、国家重点（培育）学科点 219 个。学校国家重点学科增至 9 个（含培育学科 1 个），分别为：教育学原理、科学社会主义与国际共产主义运动、理论物理、马克思主义基本原理、农药学、中国近现代史、中国语言文学、中外政治制度、文艺学（培育学科）。

2. “211 工程”建设

1993 年 2 月，党中央、国务院正式发布《中国教育改革和发展纲要》，提出“为了迎接世界新技术革命的挑战，要集中中央和地方等各方面的力量办好 100 所左右的重点大学和一批重点学科、专业”（简称“211 工程”）。1995 年 11 月，经国务院批准，国家教育委员会、国家计划委员会、财政部联合下发了《“211 工程”总体建设规划》，并拨出专项资金实施“211 工程”建设，掀开了新中国成立以来我国教育史上规模最大的一次高等教育建设，为推动高等学校学科建设提供了一个发展与提高的重要机遇期。

“八五”以来，作为教育部直属师范大学，学校没有与其他大学合并；同时由于种种原因，未能进入首期“211 工程”建设。“九五”期间，学校以争取进入“211 工程”为目标，对学科结构进行了较大的调整建设，加强应用学科的建设，形成新的学科生长点。

1997 年，学校在已有中国近现代史国家重点学科的基础上，向教育部提出重点建设中国近现代史、科学社会主义与国际共产主义运动、汉语言文字学、教育学原理、理论物理 5 个重点学科，并经教育部同意按“211 工程”要求进行立项建设。

2001 年，学校 5 个重点学科建设项目顺利通过了整体验收，优势学科的地位进一步得到加强，同时带动了其他相关学科的发展，学校在学科整合、布局结构调整、科学研究、办学效益、人才培养等方面取得了较大的进展，为我校下一步进入“211 工程”建设奠定了坚实的基础。

2005 年 10 月，教育部下达了《关于华中师范大学 2005 年“211”项目建设方案的批复》。学校自 1993 年 9 月开始正式申请列入国家“211 工程”，历经十余年的努力，正式跨入国家“211 工程”高水平大学建设行列。学校以突出优势特色学科、扶持新兴交叉学科、强调出标志性成果为原则，以国家重点学科为依托，将社会主义发展与农村农民问题研究、近现代转型时期的社会群体与经济组织研究、小句中枢说在汉语与临界领域研究中的应用与验证、多粒子系统物理及相关领域前沿问题研究、农药学及其化学生物学 5 个重点学科项目确定为学校 2005 年“211 工程”重点学科建设项目。

中华人民共和国教育部

教育部关于华中师范大学 2005 年“211 工程”项目建设方案的批复

教育部关于华中师范大学 2005 年“211 工程”项目建设方案的批复

2006 年，学校启动“十一五”建设，学科建设坚持“有所为、有所不为”的原则，集中资源优先建设与区域经济、教育、文化等主导产业链、技术链、资源链相融合的优势特色学科群；发挥综合性大学的优势，坚持“资源优化配置，学科交叉融合”的原则，着力整合及优化配置全校资源，促进学科交叉融合，培育新的学科生长点；有重点、分层次建设几个具有国内领先水平的标志性学科，建成一批适应 21 世纪社会经济发展需求的新兴学科、交叉学科以及特色学科，形成基础学科与应用学科相结合、传统学科与新兴学科相促进、优势学科与特色学科相统一的学科格局，着力提高学术水平和办学层次。在重点学科建设上，依托学校的国家级重点学科和省级重点学科，选择部分基础好、实力强、有特色，能够对国家的经济建设、科技进步、社会发展和教育事业等领域产生较大影响，对省市发展支柱产业和增强经济实力有重大影响的学科进行重点建设。

2008 年，学校进入国家“211 工程”三期建设，总体建设目标是：以重点学科建设为核心，重点建设 7 个重点学科建设项目，并围绕重点学科建设项目，开展“华中师范大学‘211 工程’三期重点学科建设项目”和“华中师范大学‘211 工程’三期创新人才培养和队伍建设项目”。

2012 年，学校 7 个“211 工程”三期重点学科建设项目顺利通过国家验收，并获得教育部、国家发展改革委员会、财政部的专项奖励资助。

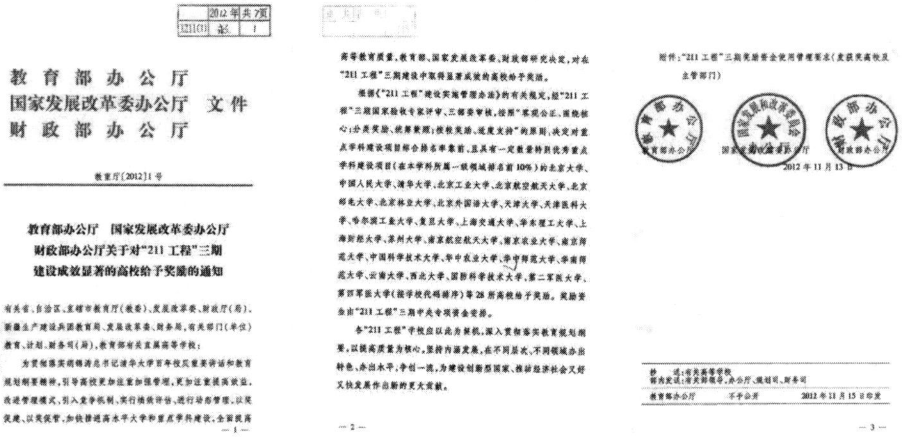

教育部办公厅
国家发展改革委办公厅　文件
财政部办公厅

教重厅〔2012〕1 号

教育部办公厅　国家发展改革委办公厅
财政部办公厅关于对“211 工程”三期
建设成效显著的高校给予奖励的通知

有关省、自治区、直辖市教育厅（教委）、发展改革委、财政厅（局），新疆生产建设兵团教育局、发展改革委、财务局，有关部门（单位）教育、计划、财务司（局），教育部有关直属高等学校：

为贯彻落实胡锦涛总书记清华大学百年校庆重要讲话和教育规划纲要精神，引导高校更加注重加强管理，更加注重提高效益，改进管理模式，引入竞争机制，实行绩效评价，进行动态管理，以奖促建、以奖促管，加快推进高水平大学和重点学科建设，全面提高高等教育质量，教育部、国家发展改革委、财政部研究决定，对在“211 工程”三期建设中取得显著成效的高校给予奖励。

根据《“211 工程”建设实施管理办法》的有关规定，经“211 工程”三期国家验收专家评审、三部委审核，按照“客观公正、围绕核心；分类奖励、统筹兼顾；按校奖励、适度支持”的原则，决定对重点学科建设项目综合排名靠前，且具有一定数量特别优秀重点学科建设项目（在本学科所属一级领域排名前 10%）的北京大学、中国人民大学、清华大学、北京工业大学、北京航空航天大学、北京邮电大学、北京林业大学、北京外国语大学、天津大学、天津医科大学、哈尔滨工业大学、复旦大学、上海交通大学、华东理工大学、上海财经大学、苏州大学、南京航空航天大学、南京农业大学、南京师范大学、中国科学技术大学、华中农业大学、华中师范大学、华南师范大学、云南大学、西北大学、国防科学技术大学、第二军医大学、第四军医大学（按学校代码排序）等 28 所高校给予奖励。奖励资金由“211 工程”三期中央专项资金安排。

各“211 工程”学校应以此为契机，深入贯彻落实教育规划纲要，以提高质量为核心，坚持内涵发展，在不同层次、不同领域办出特色、办出水平，争创一流，为建设创新型国家、推动经济社会又好又快发展作出新的更大贡献。

附件：“211 工程”三期奖励资金使用管理要求（发获奖高校及主管部门）

教育部办公厅　国家发展改革委办公厅　财政部办公厅
2012 年 11 月 13 日

抄　送：有关高等学校
部内发送：有关部领导，办公厅、规划司、财务司

教育部办公厅　不予公开　2012 年 11 月 15 日印发

教育部等三部委关于对“211 工程”三期建设成效显著的高校给予奖励的通知

3.“985 教师教育创新平台”建设

1998 年 5 月，江泽民在北京大学百年校庆大会上的讲话中指出：“为了实现现代化，我国要有若干所具有世界先进水平的大学。”1998 年 12 月，教育部在制定的《面向 21 世纪教育振兴行动计划》中指出：“要调动多方面积极性，对于若干所学校和有条件的学科进行重点建设，争取达到世界一流水平。”为贯彻落实科教兴国战略，教育部决定

重点支持北京大学、清华大学等部分高等学校创建世界一流大学和高水平大学，简称“985 工程”①。

2008 年，华中师范大学进入教育部、财政部“优势学科创新平台”项目建设学校行列。2009 年，教育部启动实施“教师教育创新平台项目”，该项目是对 6 所部属师范大学教师教育的专项支持项目。项目资金全部用于教师教育的创新与发展，提高免费师范生培养质量，支持免费师范毕业生攻读教育硕士，加强在职中小学教师培训，深入推进全国教师教育网络联盟计划，构建教师终身学习体系。学校进入国家教师教育“985”优势学科创新平台。

学校“教师教育创新平台”建设通过教师教育的信息化、国际化建设以及搭建“教师教育创新与服务综合改革实验区”，把免费师范生的招生培养和就业、教师教育的学科创新、教师教育的教学改革与中部地区的基础教育改革和实践紧密结合起来，探索、发现、解决教师教育创新中存在的重大现实问题和理论问题，在此基础上，探索并形成可供示范和推广的“教师教育创新体系”。具体组织实施了“教师教育改革与创新理论研究基地”“教师教育创新体系科学研究平台”“教师教育创新与服务信息技术研发平台”“学科教学论教师队伍建设”“中部地区教师职业技能教育与培训基地”“免费师范生优质教学资源共享与服务平台”“中部地区教师教育创新与服务综合改革实验区”7 个子项目的建设工作。

2011 年，学校启动“十二五”建设，学科建设继续坚持“一流的文科、高水平的理科、有特色的工科”的战略思路，贯彻“提高内涵、突出重点、促进交叉、整体提升”的建设方针，不断推进我校人才、学科、科研三位一体的协同创新，促进学科交叉融合，努力推动强势学科、优势学科、新兴学科的协调、互动发展，着力提高学术水平和办学层次。

2012 年 5 月，学校“教师教育创新平台”试点建设任务通过教育部检查验收，并在验收中获得优秀等级。

4.“双一流”建设

2015 年 8 月 18 日，中央全面深化改革领导小组会议审议通过

---

① 谢桂华：《高等学校学科建设论》，高等教育出版社 2011 年版，第 48 页。

《统筹推进世界一流大学和一流学科建设总体方案》，对新时期高等教育重点建设做出新部署，将“211 工程”“985 工程”“优势学科创新平台”“特色重点学科项目”等重点建设项目，统一纳入世界一流大学和一流学科建设，并于同年 11 月由国务院印发，决定统筹推进建设世界一流大学和一流学科。

2017 年 9 月 21 日，教育部、财政部、国家发展改革委联合发布《关于公布世界一流大学和一流学科建设高校及建设学科名单的通知》，正式确认公布世界一流大学和一流学科建设高校及建设学科名单，首轮“双一流”建设高校共计 137 所，其中世界一流大学建设高校 42 所（A 类 36 所，B 类 6 所），世界一流学科建设高校 95 所；双一流建设学科共计 465 个（其中自定学科 44 个）。

2017 年，学校成为国家首轮“双一流”建设高校，政治学和中国语言文学 2 个学科入选国家首轮“双一流”建设学科名单。首轮“双一流”建设，学校坚持“目标引领、绩效导向、分层推进、整体提升”，以“中国特色、世界一流”为目标，以服务国家重大战略需求为导向，以绩效为杠杆，以改革为动力，以育人育才为核心的“学生—学术—学科”一体化战略为工作主线，保持文科的传承与创新，推进理科的突破与超越，加强教师教育学科的融合与突破，构建高水平大学学科体系，推进学校向教师教育特色鲜明的国际知名高水平大学学科体系转型。学校将所有在建学科规划为三个层次、四级梯队，分别冲击世界一流、国内一流和国内高水平学科。在整体建设中重点突出“政治学”“中国语言文学”两个高峰学科的建设，以示范引领促进整体建设，以重点突破带动整体提升，实现若干优势和特色学科率先进入世界一流学科建设方阵，带动学校整体形成更好的学科生态系统。

2017 年 3 月，学校启动“争创一流学科”建设，提出“坚持以一流为目标，以学科为基础，以改革为动力，以绩效为杠杆，以‘优化学科布局、提升学科水平’为首要任务，以重点突破带动整体跨越，整合学科资源，创新学科组织模式，更加注重内涵，更加强调特色，提升若干战略必争学科和潜力学科的整体水平，带动其他学科特色发展，进一步加快教师教育特色鲜明的高水平大学发展速度”。

“十三五”期间，学校按建设规划将在建学科分为三个层次、四级梯队分层建设、分类推进，共立项建设 27 个“争创一流学科”建设项目。其中以政治学、中国语言文学为第一梯队，强化建设；第二梯队重点培育我校 4 个已有较强实力、基础雄厚的优势学科；第三梯队重点建设了 4 个有较好建设基础的特色学科。

2021 年 7 月，学校顺利通过国家首轮“双一流”建设验收工作。同年 8 月，学校 5 个学科群被遴选列入湖北省高等学校优势特色学科（群）建设行列，分别是教师教育学科群、文化传承与传播学科群、马克思主义与当代中国学科群、数理基础研究与应用学科群、分子科学与生态环境学学科群。

2022 年 2 月，学校进入国家第二轮“双一流”建设高校行列，政治学、教育学、中国语言文学 3 个学科入选国家第二轮“双一流”建设学科名单。

第二轮建设期间，学校重点围绕“加强教师教育、夯实文理基础、促进特色交叉”优化学科布局，以“服务需求、集群创新、聚类推进、重点突破”为基本路径，通过实施“打造学科高峰”计划、“一流文科集群建设”计划、“一流理科集群建设”计划、“教师教育创新学科集群建设”计划和“学科交叉计划”等，促进优势与特色统一、基础与应用协同、传统和新兴互促高质量学科体系，建设教师教育领先的世界一流大学。

2022 年，学校启动新一轮“争创一流”建设，通过实施“打造学科高峰”计划、“一流文科集群建设”计划、“一流理科集群建设”计划、“教师教育创新学科集群建设”计划、“学科交叉”计划来推动全校在建学科发展。同年 9 月，经学科申报及专家论证，学校确定了新一轮“争创一流”学科第一批建设项目，批准立项了中国史、马克思主义理论、物理学、化学、数学 5 个“争创一流”学科建设项目，其中学科高峰项目 1 项、一流文科集群项目 1 项、一流理科集群项目 2 项、教师教育创新集群项目 1 项。同年 12 月，学校确定了第二批建设项目，批准立项了设计学、外国语言文学、生物学、信息资源管理 4 个“争创一流”学科建设项目。其中一流理科集群项目 1 项、教师教育创新集群项目 1 项、特色交叉项目 2 项。

四、学术治理体制机制的变化

学术治理是对高校内部一切学术事务进行控制、引导和规范的过程，其本质是学术决策权的配置问题。学术治理的重心即学术决策权在学术治理体系内部的配置层级和部位，譬如学系、学院、学部和学校，其实质是学术治理体系的权力重心定位问题。在120年的发展中，华中师范大学术治理体制机制随着社会环境的变革以及学校建立发展的历史演进，表现出了在曲折中不断现代化的特点。

（一）教会控制下的董事会制度

1924年，华中大学成立，受西方学术治理制度的影响，其学术治理制度为董事会决策下的校长负责制。华中大学成立之初，颁布了《私立武昌华中大学组织大纲》（以下简称《华中大学组织大纲》），为学校学术管理提供了制度遵循。《华中大学组织大纲》规定："本大学以校董会为其设立之代表，负经营及维持本大学之责任；大学设校长一人，总辖全员校务，校董会聘任之。"

校董会的职权主要包括：筹集经费；审核预算、决算；募集捐款；选任校长；监察账目等，它是教会学校的最高权力机关、立法中心和决策中心。同时，对于具体的校务工作，学校设校务会议，由校长组织，其职权包括：规定校内一切行政事宜；教育方针制定；宿舍事项；批准学系的规则；议决校长交予的事宜；授毕业证书、奖状和学位，校长对校务负领导责任。对于教学事务，《华中大学组织大纲》规定，设教务长和各处主任，同时设教务会议，由教务会议审定教学、课程方针；决定学生升降①。

1931年，华中大学在国民政府教育部注册完成，为进一步加强学校管理，5个协作差会（美国圣公会、复初会、英国循道会、英国伦敦会、美国雅礼会）15人组成的建校委员会在纽约成立，华中大学的各项事务最终汇总到建校委员会及其执委会。每次校董会的会议报告

---

① 《私立武昌华中大学组织大纲》，藏于华中师范大学档案馆，卷宗号为华中大学-LS12-2-002.

都需完整地交由建校委员会审阅，校董会的学校发展规划需要得到建校委员会批准方可实施。

从 1950 到 1951 年 7 月期间，私立华中大学在中国共产党的领导下已经开始进行校内体制改革，这一期间，私立华中大学名义上是董事会决策下的校长负责制，实际上是党和政府引导下的校长负责制①。

（二）政府管理下的董事会制度

1912 年，中华大学成立，其主要的学术治理体制为董事会决策下的校长负责制。依照教育部颁布的《私立学校规程》，中华大学颁布《私立武昌中华大学校董会章程》，提出学校设立校董会，其职责包括：选任校长及董事会职员（如秘书、财务委员等）；筹管基金；计划扩充校务；审议重大校务和预决算；监察财务②。校董会为最高机关，负经营学校之权责③。

校务方面，《私立武昌中华大学组织大纲》规定设校长一人，对外代表全校，对内总揽一切校务；具体行政事务分别由秘书室、事务处、教务处和各院院长处理；设校务会议、院务会议、教务会议、训育会议、事务会议等商讨具体校务事宜；除此之外，学校还设立了政治训育委员会、考试委员会、经济审查委员会、建设委员会、学生成绩委员会、推广委员会等细化学校事务的管理④。

20 世纪初期，华中师范大学的前身文华大学、华中大学、中华大学都为私立学校，大部分学术治理权力集中于校董会。总体来看，在借鉴和学习西方大学学术权力制度文明的基础上，在近代中国大学制度化、现代化和本土化的历史进程中，经由学校和政府一道努力，学

① 马敏、黄晓玫、汪文汉：《华中师范大学校史（1903—2013）》，华中大学出版社 2013 年版，第 159 页。

② 私立武昌中华大学校史组：《中华大学》，华中师范大学出版社 2003 年版，第 98～99 页。

③ 私立武昌中华大学校史组：《中华大学》，华中师范大学出版社 2003 年版，第 99～103 页。

④ 私立武昌中华大学校史组：《中华大学》，华中师范大学出版社 2003 年版，第 99～103 页。

校基本实现了大学学术权力的制度化建构[①]。

（三）中国共产党领导学术治理的发端

1948年，中原大学筹备建立，7月，中国共产党成立了中原大学筹备委员会，陈毅任主任委员，刘子久、嵇文甫、王毅斋兼任副主任委员，陈斐琴负责主持校务，设教务、注册、秘书、总务4科。

中原大学成立之初颁布的《中原大学组织法草案》（以下简称《组织法》）提出："本校设校长一人，副校长一人，教务长一人，领导本校对内对外之教学行政工作"，形成了实际上的校长负责制[②]。还规定"校务会议为全校最高行政会议"，其职权包括：教学方针和教育计划制定；学校规章制度制定；学校机构和干部的调遣；经费预决算和建校计划的审核[③]。具体到中原大学的教育学院，《组织法》提出院务会议为最高会议，有研究讨论学院教育行政方针计划的职权。院务会议通过的《教育学院系工作条例》提出"在院长的直接领导下，遵照校方与院方各种规定与制度，完成业务教育工作……各系通过专门分工，兼理同学有关业务教育的思想改造与提高工作"[④]。由此可见，中原大学的教育学院也制定了相对完善的学术治理体制机制。

1949年3月15日，中原大学团委宣告成立，这标志着中原大学党团组织的健全，也体现了党对中原大学领导的加强，表明了学校的学术治理进入新阶段。

（四）党领导下的委员会负责制

1950年6月教育部第一次全国高等教育会议提出"全国高等学校由中央人民政府教育部统一领导，其他各大行政区内高等学校暂由中央教育部委托各大行政区教育部直接领导"，为落实中央教育部的决策，中南军政委员会教育部开始对华中大学进行改制。

---

① 陈金圣：《大学学术权力的制度化建构》，中国社会科学出版社2014年版，第157～158页。

② 陶军主编：《中原大学校史》，华中师范大学出版社2003年版，第293～312页。

③ 陶军主编：《中原大学校史》，华中师范大学出版社2003年版，第293～312页。

④ 陶军主编：《中原大学校史》，华中师范大学出版社2003年版，第293～312页。

1. 党领导下的改制委员会负责制

1950 年 7 月，政务院会议通过的《关于高等学校领导关系的决定》，明确提出全国高等学校由中央教育部统一领导。1951 年 8 月，私立华中大学改制为公立华中大学后，学术治理体制相较于之前发生了根本改变，由董事会决策下的校长负责制转变为党领导下的改制委员会负责制，从而确立了党在公立华中大学学术治理中的实际领导地位。

1952 年 10 月，中南军政委员会教育部筹建华中高等师范学校，宣布成立华中高等师范学校建校委员会，撤销华中大学改制委员会。11 月 3 日，华中高等师范学校建校委员会举行第一次会议，与会委员 24 人。会议产生了华中高等师范学校建校委员会，成立了华中高等师范学校调整机构计划委员会。

1954 年 3 月 15 日，中南局高校党委批准，同意成立“中共华中师范学院党组（委员会）和总支委员会”。10 月 19 日，高等教育部、中央教育部、司法部等 7 个部委，联合发出《关于大区行政机构撤销后中南区高等学校管理办法的联合通知》，明确规定：“华中师范学院由中央教育部直接管理。”自此，华中师范学院便由中南行政委员会教育局主管改为直属中央教育部主管。

2. 党委领导下的校务委员负责制

1959 年 3 月，华中师范学院成立了以刘介愚为主任委员、郭抵为副主任的首届院务委员会，它是学院的最高行政机构，其主要职能包括：修订教育计划、鉴定教材、制定科学研究规划等[①]。由此，华中师范学院的学术治理制度由之前的“党领导下学校改制委员会负责制”转变为“党委领导下的校务委员会负责制”。6 月，院务委员会第一次会议推选了常务委员会委员，并且建立科学研究等 4 个专门委员会的组成人员和关于各系工作检查的决定，批准了系务委员会委员和教研组主任名单。

1961 年，教育部正式任命刘介愚为院（校）长，兼任党委书记。同时，建立教务部和院务部，分工主管教务和行政事务工作。原教务

① 马敏、黄晓玫、汪文汉主编：《华中师范大学校史（1903—2013）》，华中大学出版社 2013 年版，第 181 页。

处改为教务部，原教务长陶军任部长。原院长办公室与总务处合并为院务部（人事处撤销），原总务长蒋浩任部长。新中国成立的十年间，党对学术治理意识形态工作的主体责任逐步明确，党委逐渐开始成为高校的全国最高领导、管理和决策机构。

“文化大革命”期间，华中师范学院的学术治理受到了很大的挑战。1967 年 11 月 20 日，华中师范学院革命委员会成立，党委的管理权转移给了革命委员会，标志着华中师范学院由直属中央教育部领导改为由湖北省革命委员会直接领导，教师的调配、学生的毕业分配、教学经费及基建投资，全部由湖北省统筹安排。

改革开放后，华中师范学院重新归属为教育部直属师范院校，恢复招生，在党的领导下开始学科体系和科研基地的恢复与重建，政府开始将办学自主权归还给学校。

1979 年 1 月 5 日，华中师范学院根据中共湖北省委发布的《关于撤销企事业单位革命委员会的通知》，撤销了“华中师范学院革命委员会学院政治部”，恢复了学院党、政系统的院、处（部）、系组织机构。中共湖北省委组织部对学院领导进行了调整和任命，任命白瑞西为临时党委书记兼院长，刘丙一、李开蕊为临时党委副书记，另调于江任临时党委副书记；任命郭抵、武承先、杨平、王经、郎郡诗、严学窘、王秋来为副院长。

在校内的整体治理制度上，华中师范学院开始探索党委领导下的校长负责制，为后续的正式实行奠定了基础。1978 年 10 月，学术委员会召开第一次工作会议，审议并通过《华中师范学院 1978 年至 1985 年事业发展规划》，同时成立各系、所分会。

1980 年底，学院开始对部分机构进行调整，对院、系两级领导体制进行改革。从机构设置上，实行党委和行政分开办公，党群系统设党委办公室、组织部、宣传部、统战部、保卫部（1982 年改为保卫处）、人民武装部、纪律检查委员会、团委和工会；行政系统设院长办公室、教务处、科研生产处、人事处、总务处、计财处、图书馆 、基建办公室、人民防空办公室和学报编辑部。同时，华中师范学院党的基层支部和各系党总支（直属支部）均按照《关于党内政治生活的若干准则》规定进行了民主选举，产生了新的领导班子。

（五）党委领导下的校长负责制

1985年中共中央《关于教育体制改革的决定》（以下简称《决定》）提出“扩大高校办学自主权，逐步实行校长负责制”之后，华中师范大学正式确立了“党委领导下的校长负责制”。党委的主要工作是政治和思想的领导，集中精力抓好贯彻落实党的路线、方针和政策的工作，抓好党的建设和思想政治工作。行政工作由行政组织去做，充分发挥了行政系统的作用①。为进一步规范管理，学校在全校各系实行了系主任负责制，较好地发挥了系行政负责人的领导作用。

1986年起，学校在全校范围内进行了教师职称改革工作，开始实行教师职务聘任制。1988年，国家教委根据《高等学校教师职务试行条例》，同意我校有权审定教授任职资格。教师职称改革为理顺职务、职责和工资关系打下了基础，与此同时，其他专业技术系列也开始陆续进行职称评定工作。

1991年5月，为深入贯彻落实《决定》，学校召开了第三届教师代表大会暨第十一届职工代表大会，开始进行以人事、分配改革为中心的校内管理体制改革。在会上，王庆生校长做了题为《认清形势，把握时机，积极稳妥地推进我校内部管理体制改革》的长篇报告，校工会主席向大会作了《发扬工人阶级主人翁精神，积极支持参与学校改革，为办好华中师范大学而努力奋斗》的工作报告，校党委书记戴绪恭做了总结讲话。

1992年，学校在试点和总结经验的基础上，修改了《华中师范大学深化校内管理体制改革的方案》以及其他16个具体学校规章制度，并汇编成册，这些文件的实施，掀起了校内改革热潮。

1993年《中国教育改革和发展纲要》（以下简称《纲要》）提出要建立适应社会主义市场经济体制和政治、科技体制改革需要的学校治理体制。依循《纲要》的规定，华中师范大学开始推进以人事制度和分配制度改革为重点的学校内部管理体制改革。

1999年，经学校党委会研究并提交党委会讨论通过，《华中师范

① 马敏、黄晓玫、汪文汉主编：《华中师范大学校史（1903—2013）》，华中大学出版社2013年版，第244页。

大学机关机构改革方案》正式出台并付诸实施。该方案对学校职能机构进行了调整，进一步明确了各部门的职能和权限。

2000 年，学校发布《华中师范大学职员制度试点工作方案》，成立了职员聘任委员会，下设职员聘任工作办公室，明确规定了各个等级职员的岗位职责和任职条件。

这一时期学校的学术治理体制机制改革与完善，离不开 1998 年的《中华人民共和国高等教育法》的颁布，该法明确了高校内部管理体制，规定高等院校实行党委领导下的校长负责制，强调了党委的领导地位和校长职权，同时赋予学术委员会以学术审议权和教职工大会的民主管理与民主监督权，为华中师范大学校内管理体制改革提供了法律遵循。

2013 年，《华中师范大学章程》出台，规定中国共产党华中师范大学委员会（以下简称“党委”）统一领导学校工作，支持校长按照《中华人民共和国高等教育法》的规定积极主动、独立负责地开展工作，保证教学、科研、行政管理等各项任务的完成。

学校党委的主要职责有：宣传执行党的路线方针、决议；审定学校基本管理制度；讨论学校内部组织机构设置及负责人；加强学校党组织建设；建立学习型党组织；领导学校思想政治和德育工作；领导学校群众组织；做好统一战线工作。校长的主要职责是：拟定学校规划；组织教学、科研活动；拟定内部机构设置方案和负责人员；聘任教师及其他工作人员；学籍管理；拟订执行年度经费预算方案等。

为加快建立现代大学制度，完善内部治理结构，促进学术发展，党的十八大以来，华中师范大学党委在实践中认真贯彻落实党对学术组织的全面领导，促进学校发展。

（六）学术委员会制度

围绕教学和科研两大办学任务，华中师范学院于 1978 年 10 月 8 日首次成立学术委员会，开始实行学术委员会制度。学术委员会在校长领导下对学校发展规划、教学、科研等方面提出建议，审查、鉴定科研成果，评议研究生毕业论文，参与教授工作评审，主持校内学术讨论，组织参加学术交流①。高校学术委员会的设置表明，随着“文化大革命”后拨乱反正工作的开展，学校的教育与学术机构属性得以复归，但显而易见的是，此时的大学学术委员会只是一种咨询机构，较之于高校内部的政治权力和行政权力居于弱势地位，其设置和运行不足以克服大学组织在整体上的行政化特质②。

华中师范学院改名为华中师范大学之后，2005 年 5 月，学校第八次校长办公会决定成立华中师范大学学术委员会，马敏任主任委员，印发《华中师范大学学术委员会章程》。

2010 年 6 月，我校新一届学术委员会成立，共有 23 名成员，学术委员会主任由著名语言学家邢福义教授担任。除了分管学术工作的副校长外，书记、校长等学校领导全部退出，意味着学校学术委员会开始独立于学校行政体系。

2015 年，学校召开第 8 次党委常委会，正式通过了《华中师范大学学术委员会章程》（下简称《章程》）。《章程》规定学术委员会包括校学术委员会、学院学术委员会，分别为学校、学院的最高学术机构，统筹行使且仅行使学校学术事务的决策、审议、评定和咨询等职权，学术委员会实行年度报告制度，厘清了相关职能、权责的边界，完善了工作流程与制度。

2015 年 10 月，通过各学院推选、民主推荐等程序，经学校 2015 年第 12 次校长办公会审议，华中师范大学第二届学术委员会正式成立。新一届校学术委员会由 31 名专家教授代表和 5 名学生代表组成，覆盖了我校 27 个教学科研单位，25 个学科。新一届学术委员会的成立，进一步完善了学校学术组织体系，突出教授治学，保障学术权力科学规范、民主高效运行。为规范学术委员会审议工作，学校制定出台了《华中师范大学学术委员会议事细则》等规章制度，在完善学术事务的规划决策机制、改进基层学术组织的组织形式和运作模式、推动学科交叉融合、构建学术团队建设的可行机制等方面进行了有效探索。

学校的学术委员会制度不断完善与健全，顺应了中共中央、国务

---

① 王飞：《制度突破与文化变迁——透视中国大学发展的百年历程》，云南大学出版社 2010 年版，第 217 页。

② 陈金圣：《大学学术权力的制度化建构》，中国社会科学出版社 2014 年版，第 166 页。

院《中共教育改革和发展规划纲要（2010—2020）》中对大学“去行政化”、完善大学内部治理结构的要求。此外，2014年的《高等学校学术委员会规程》，作为中华人民共和国成立后首部明确诠释高校学术委员会制度的国家规范，直接明确了学术委员会是学校“最高学术机构”的地位，对高校学术事务有“决策、审议、评定和咨询”等职权，并对委员会成员的产生方式、人员结构、职责权限、工作制度等细则作了规定，催生和推动了各高校学术委员会制度的建设进程。

2018年12月，学校对学术委员会进行了改组设置及换届，产生了华中师范大学第三届学术委员会，构建了以学术委员会为核心，系统完整、层次分明的学术治理架构，建立健全了学校—学部—学院学术委员会一体化工作体系，进一步理顺了学术委员会运行机制。新一届学术委员会设置了学术道德委员会、学科建设委员会、教学指导委员会、教师岗位聘任委员会四个专门委员会。同时进一步明确了各级学术委员会的常设机构：校学术委员会的常设机构设在校学术委员会办公室；学部（学科）学术分委员会的常设机构设在学部（学科）学术分委员会第一召集人所在学院办公室；学院学术分委员会的常设机构设在各学院办公室。各级学术委员会办公室分别处理校、部（学科）、院级学术委员会日常学术事务。

2019年，《中国教育现代化2035》提出“完善学校治理结构，继续加强高等学校章程建设”，这对学术治理现代化提出了新的要求。在这一政策的指引下，学校启动了《华中师范大学学术委员会章程》修订工作，制定了《华中师范大学学术委员会议事细则》（讨论稿），对议事原则、议事范围、会议制度、议题确定、议事程序、会议纪律等几个方面做了规定，规范学术事务有序运行。同时，校学术委员会责成校学术委员会办公室推进各基层学术委员会建设，并督促其按章程积极参与学校、学部和学院相关事务，履行职责职能。

学校各级学术委员会职能如下：校学术委员会为学校的最高学术机构，统筹行使学校学术事务的决策、审议、评定和咨询等职权。学部（学科）学术分委员会负责学科群内的学科建设发展与布局，对学部（学科领域）内学科规划与调整、教师队伍建设、学术评价体系、跨学科人才培养等统筹考虑和建设。学位评定委员会负责做出授予学位的决定，审议、通过、授予相关学位的人员名单，在国家授权范围内审议学位授权学科的设立、调整和撤销事宜，审定有关学位与研究生教育的规章制度和办法。教学指导委员会负责学校教学工作的审议、评议、指导和咨询等事宜。教师岗位聘任委员会负责制定、审议教学科研系列职位标准等事宜。学术道德委员会负责制定学校学术道德相关的方针、政策，接受对学术道德问题的举报，对有关学术道德问题进行调查、认定。学科建设委员会负责对学校学科发展与布局进行规划。

（七）学位委员会制度

作为学校教学质量的重要把关，学位评定制度的不断完善也对学术治理体制机制不断健全起到了重要的推动作用。

1981 年 5 月 20 日，国务院批准了《中华人民共和国学位条例暂行实施办法》，制定了学士、硕士、博士三级学位的学术标准，中国学位制度从此建立，中国学位与研究生教育自此有了长足发展。

1982 年 4 月，华中师范学院成立了新中国成立以来第一届学位评定委员会。学位评定委员会主席为高原，副主席为张景龄。按照学位条例暂行实施办法的有关规定，各系建立了学位评定委员会分会。第一届学位评定委员会于 1982 年 4 月 24 日举行全体会议，根据《中华人民共和国学位条例》的规定，对应授予学位的 1981 年度毕业的本科生进行了审核，以无记名投票方式通过，授予 2191 人学士学位，因条件不合格，未授予学位的有 62 人，占 2.75%。此后，对本科毕业生合乎条件者，每年都由学位委员会投票授予学士学位。

华中师范学院首次硕士学位证书颁发大会

1984 年 11 月 30 日，学院成立了第二届学位评定委员会，由高原、张舜徽等 21 名委员组成。章开沅任主席，邓宗琦任副主席。经院领导研究决定，以系、所为单位组建的第二届学位评定委员会，均与系、所学术委员会合并。这段时期的学位评定权主要集中于校一级学位委员会，但随着毕业人数的增加，仅靠校一级难以满足学位评定需求。

2004 年，第五届学位委员会换届，学校将原有的学校一级学位评定制度改制为学校、学院二级制度，下放了学位评定权。自此，学校实行校院两级学位管理体制，保障和支持学院在学校授权范围内的学位评定自主权。同时，学校还通过优化流程、加强监控来确保学位授予质量。例如，学校颁布了《华中师范大学优秀博士、硕士学位论文评选试行办法》《华中师范大学研究生学位论文规范》《华中师范大学基本学术规范暂行条例》《华中师范大学全日制硕士专业学位研究生学位授予工作实施细则》等学位管理制度，规范和加强了学位管理。在此期间，为顺应学校研究生教育规模不断扩大的发展趋势，研究生院于 2011 年正式成立，由其统筹研究生阶段的学位评定制度，研究生院的成立，标志着华中师范大学学位与研究生教育迈入了新的里程。

2012 年，第六届学位委员会成立，学校调整了学位评定委员会的机构设置，新成立的第六届学位评定委员会包括校学位评定委员会、学位评定分委员会和学院学位评定委员会三级，共同构成了一个分工明确、层层把关、立体交叉的学位评定体系。

2014 年始，学校按一级学科和专业学位类别分别制定博士硕士学位授予标准，落实《华中师范大学基本学术规范暂行条例》，出台《华中师范大学学位论文作假行为处理办法》等文件，以建立科学道德与学术规范教育制度，加大对学术不端行为的处罚力度。学位制度的完善与发展，也是学校学术治理体制机制不断健全，走向现代化治理的一个缩影。

回顾历史，从民国时期“董事会领导下的校长负责制”到新中国成立后的“党委领导下的校长分工负责制”，再到当前“党委领导下的校长负责制”，我校学术治理体制机制的发展过程是高等教育学术治理体系历史演变的一个缩影。在学术治理体制机制不断完善的过程中，催生出了学术委员会制度、学位委员会制度等学术治理的专门制度，其发展过程既深受社会对高等教育的要求、国家政治经济发展的需要以及高校自我完善等因素的直接影响，同时也源于学术治理体制自身供求矛盾的推动，随着学术治理体制机制的不断完善，我校的学术治理也逐步走向了现代化。

参考文献

[1]《私立武昌华中大学组织大纲》，藏于华中师范大学档案馆，卷宗号为华中大学-LS12-2-002.

[2]《武昌华中大学》，《中华基督教教育季刊》，1934 年第 4 期。

[3]《修正武昌中华大学教育学会会章》，《中华周刊》，1934 年第 496 期。

[4]《中国教育年鉴》编辑部：《中国教育年鉴：1949—1981》，中国大百科全书出版社 1984 年版。

[5] 陶军主编：《中原大学校史》，华中师范大学出版社 2003 年版。

[6] 王飞：《制度突破与文化变迁　透视中国大学发展的百年历程》，云南大学出版社 2010 年版。

[7] 马敏、黄晓玫、汪文汉主编：《华中师范大学校史：1903—2013》，华中师范大学出版社 2013 年版。

[8] 陈金圣：《大学学术权力的制度化建构》，中国社会科学出版社 2014 年版。

[9] 张琼妮、张明龙等：《新中国经济与科技政策演变研究》，中国社会科学出版社 2017 年版。

[10] 张应强等：《中国教育改革 40 年　高等教育》，科学出版社 2018 年版。

[11] 赵凌云主编：《昙华林到桂子山　华中师范大学校史简明读本》，华中师范大学出版社 2021 年版。

第二章　学科队伍建设与发展壮大

教育大计，教师为本。师资队伍建设状况，对于完成培养具有创新精神和实践能力人才的中心任务，对于建设好学科、创造出高水平的研究成果，对于提高学校的知名度、扩大学校的影响力，都起着决定性作用。教师是办学的基础和关键，是学术研究的主体，是学校兴旺发达的根基。历经百余年建设与发展，华中师范大学学科队伍日趋完善。

一、学科队伍的发展与壮大

（一）文华大学

1903 年，文华大学有中国籍教师 7 人，外籍教师 4 人。1905 年，在美国耶鲁大学获得理科硕士学位的理查德和毕业于上海圣约翰大学的戴维加入文华。1906 年之后，学校进一步强化师资引进，师资力量逐渐增强。到 1911 年，文华的英语系就有 10 名新教师，包括 4 名中国籍教师和 6 名外籍教师。到 1920 年时，文华大学计有外籍教师 12 人，中国籍教师 24 人。1921 年，文华的教职员人数达到了 43 人（包括中学部教职员，部分教职员在任职上有交叉），其中文理学院 18 人，神学院 7 人，汉语言文学系 10 人①。

① 马敏、黄晓玫、汪文汉主编：《华中师范大学校史（1903—2013）》，华中师范大学出版社 2013 年版，第 15 页。

（二）华中大学

1924 年，最初成立的华中大学是以文华大学为主体，合并博文书院大学部、博学书院大学部而成，师资主要以文华大学为主，博文书院大学部仅派出一名教师。1925 年华中大学增加了几名教师。

1929 年，在华中大学的重建会议上，美国雅礼会、英国循道会、美国复初会、英国伦敦会、美国圣公会五个差会的代会代表各自的教会，联合向华中大学提供师资：美国雅礼会 6 名，英国循道会 3 名、美国复初会 4 名、英国伦敦会 2 名、美国圣公会 10 名，主要为历史、英文、教育、音乐等相关专业的师资力量。另外，雅礼会还派遣了 3 位理科教师（生物系的萧之的、物理系的陶士珍和化学系的一位王姓教师）到华中大学任教，他们的到来进一步充实了理学院的师资力量，在他们的强力支持与共同努力下，后来的华中大学理学院成为华中大学最具实力的学院。

1930 年，华中大学重建后的第二年，教职员也有一些变动。桂质廷博士受聘任物理系系主任，并负责指导理科方面的工作。毕业于文华大学的郑法五先生受聘担任化学系教师，对化学系的发展起了很大的作用。随着安德生夫妇、李清濂先生到教育系担任教职，教育系的实力有很大的加强。圣公会支薪为华中大学聘请了教经济学的陈之逵先生和教中文的周正权先生。米柳细（Mrs. E. P. Miller）也于 9 月份从美国归来，在英文系教高级文学课程。

1931 年夏，华中大学的人事有一些大的变动。历史系丁克生牧师回国，由甘施礼牧师接替其工作。中文系周正权先生离开，韦卓民先生聘请包鹭宾先生接替他的工作，包先生为中文系的发展做了很多贡献。1935 年，桂质廷博士的同学卞彭先生学成归国，到华中大学物理系任教，后接替桂质廷博士出任物理系主任。化学系聘请张资珙博士担任主任，张资珙毕业于上海沪江大学，并取得了约翰霍普金斯大学的博士学位。费施敦牧师和家人于 1931 年来到华中大学，教哲学和宗教。

1931 年 10 月 16 日，国民政府教育部令湖北省教育厅批准华中大学备案。这标志着中国政府正式认可华中大学为中国的一种特殊形式的私立大学。这一时期，学校的学科进一步完善，学科方向增多，综合实力增强。此时，华中大学仍然是文学、理学、教育学三个学院。文学院的教员有韦卓民、丁克生、安海兰、周正权、恩敦五、陈之逵、甘施礼、舒美生、黄祖度、雷美佳、薛福德，韦卓民任院长。理学院的教员有桂质廷、柯约翰、彭亚粹、郑法五、卢惠霖、萧之的，桂质廷任院长。教育学院的教员主要有薛世河、丁克生、安德生、李清濂、法乐尔、韦卓民等，院长为薛世和。

1932 年，增加的最重要的教职员是来自复初会的黄溥博士。黄溥博士是雅礼大学 1916 年的首届毕业生，毕业后在教会中学执教多年，并在美国取得研究生学位。1933 年，黄溥博士接任薛世和博士任教育学院院长。同年，陈伯康博士被任命为生物系主任，陈叔元先生被任命为社会学系主任，贺世缙先生被任命为经济学系主任。在这几位新主任的努力下，各个院系都取得了很大的进展。

1933 年，华中大学由于资金严重不足，师资越来越缺乏。1934 年，华中大学获得了国民政府 1.5 万元的专项拨款，用以聘请了 3 个必需的教员：游国恩先生，他协助包鹭宾先生在创建中文系的过程中立下汗马功劳，在抗战后离开华中大学；胡毅博士，教育学院心理学系系主任，他的聘任使心理学系成为教育学院的主干系之一，保证了教育学院的存在；万绳武博士，雅礼大学毕业生，并在美国深造，他被聘为化学系副系主任。这时一些系已开始从应届毕业生中选留成绩优秀者任教，后又于 1935 年延聘了留美博士骆传芳为心理系教师，完成了心理系的师资配置，使得教育学院得以存续。

随着学校经济情况的好转，1935 年秋教职员人数又有所增加。中文系的教师由 2 名增加到 3 名；英语系增加了循道会的何悟德先生(Richard Halewood)；历史系增加了中国史教师马奉琛。与此同时，理学院院长桂质延博士要赴美进行一年的研究工作，化学系的张资珙博士被委任为代院长。卞彭博士被委任为物理系代主任；陈叔元被委任为社会学系主任；熊子敬博士调至华中大学物理系任教授，加强了物理系的师资力量。学校安排从美国回来的谭仁义先生在经济商业系教会计学，同时担任学校的财务助理。

1937 年，华中大学的教职员没有太大的变化。化学系的张资珙博士在夏季休假，有一段时间没有人接替他的工作。1937 年 9 月，上海沪江大学的徐作和博士来到华中大学，接替了张资珙的工作。中文系聘任了林之棠先生，该系的师资力量也得到了进一步加强。1935年至1937年，华中大学教职员数量最为庞大，编制最满，该时期是华中大学稳步发展的时期，学校声望日益扩大。

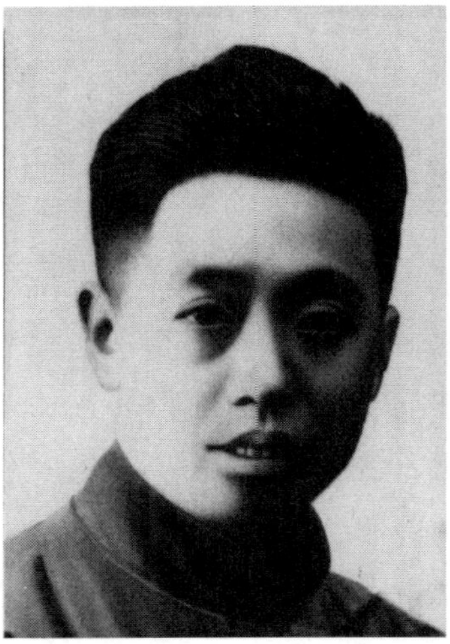

华中大学中文系系主任包鹭宾教授

抗日战争时期，游国恩、包鹭宾、桂质廷、胡毅、黄溥等知名专家学者都随华中大学西迁到喜洲。抗战结束后，1946年4月，华中大学开始迁回武汉①。学校仍设文、理、教育三个学院，但进行了系组调整，把教育学院的心理学系并入文学院，和哲学组合并为哲学心理组，文学院的宗教专业独立为宗教组。最终，文学院有教职员31人。理学院设物理系、化学系、生物系和数学组（后改为数学系），有教职员15人；教育学院有教育学系和音乐组（1947年增加了教学系和体育组），有9名教职员。

1946年夏，代理校长卞彭一直忙于充实华中大学教师队伍。生物系增加了2名资深教师，化学系增加了1名教师，中文系增加了2名教师，此时陶吉亚博士也重返华中大学教地理。当年秋，国学大师钱基博被聘为文学院教授。雷美佳小姐于1947年1月结束休假返回，安德生夫妇在稍迟的时候也回到华中大学。另外，圣公会教区联中的考克斯小姐（Miss Cox）也被调入音乐系，曾经在华中大学教过一年的一位经济学教师和另一位宗教哲学教师也重返华中大学工作。经过这次扩充，华中大学有了一支素质良好、人数众多的教职员队伍。

抗日战争与战后，华中大学与各协作差会的关系得到加强。雅礼会的傅乐敦博士和家属于1947年来到华中大学；复初会的薛世和博士于抗日战争最后一年返回华中大学，其夫人也于1947年回到华大；英国循道会委派到喜洲华中大学的人员有甘施礼夫妇、张伯伦先生和皮诺夫大夫夫妇，返回武昌后，委派的人员有甘施礼夫妇和陶吉亚夫妇；

① 《华中大学迁武昌》，《大公报（重庆）》1946年6月6日，第2版。

伦敦会委派的安德生夫妇、雷美佳小姐为华中大学作出了很大的贡献，雷美佳小姐退休后，又委派贺树德牧师来接替；美国圣公会在喜洲时委派的人员有工作了两年的米勒夫妇、工作到1944年的吴德施大夫、安务德夫妇和柯约翰夫妇，战后该差会也委派了一些新人，包括历史系的华保罗博士和夫人、经济系的范尚德博士（Van Sant）和夫人、英语系的席珍珠小姐（Sheets）和赫顿小姐（Hutton)、化学系的魏莉莲博士（Lillian Weidenhammer)、音乐系的康丽霞小姐（Cox)、执行新的神学课教学计划的郭伟牧师（Francis Gray）和司徒仁牧师（Alfred B. Starratt）及其家人。

1950年，由于中美关系的紧张，所有的西方教职员递交了离开中国的申请，1951年1月，校办公室停止西方教师上课，结束了西方教师参与中华中大学的活动。

就教职工人数而言[①]，1924—1929年，教职工人数都在30名以下，1930年后数量有所增加，但在1945年前教工的数量从未超过60人。抗战胜利后，华中大学在武昌复校，教职工人数有较快增长，但最多时也不过84人。虽然教师人数较少，但华中大学在教师的选聘上，对资历和背景都有着严格的要求。以教师最高学历为例，1931至1934年教师中有博士学位者占全部教师的19%左右；有硕士学位者的比例则变化较大，最大时如1931年是47%，最小时则在25%左右。1936年，教师中有博士学位者的比例提升到28.8%，到1937年的鼎盛时期为37.7%。1938年华中大学西迁桂林，尽管路途艰辛危险，但大多数教师仍随校迁移，教师中有博士学位者的比例仍保持在35.1 %。

从教职工组成结构来看，据吉尔曼等人所著《文华大学》记载，1924年，华中大学初建时，教师几乎是文华大学原班人马，共有中国籍教员14人，外籍教员18人，其中17人是美国人。可见，华中大学初建时教师队伍以英、美各差会人员为主，管理权也主要在外国人手中。随着1931年华中大学在中国教育部注册，华中大学的中外教师结构也发生了显著的变化。1931年，华中大学有中国教师10人，1932年

① 本节教师队伍数据参考华中师范大学近代史所章博教授博士毕业论文《近代中国社会变迁与基督教大学的发展——以华中大学为中心的研究》，华中师范大学，2006年。

增加到16人，到1934年，中国教师的数量增加到18人，1935年增加到21人，1936年27人，1937年31人。1931年，中外教师比例0.91∶1，1936年，中外教师比例达1.5∶1。1937年抗日战争爆发，外籍教师人数锐减，1938年，中外教师比例为3.63∶1。1938—1946年，华中大学西迁桂林和喜洲，外籍教师数量更是逐渐减少。韦卓民校长曾在1942—1943年的校长报告中指出：以前英国文学系只用传教士授课，但随着传教士纷纷回国，该系的授课越来越困难。1946年，二战结束，各个教会恢复了对华中大学教师的派遣，一些因战争阻隔的教员也返回武昌，因此，这一时期外籍教师数量猛增。1947—1948年，外籍教师人数达23人，中国籍教师减少至37人。中外教师比率下降的状况一直持续到1950年。1948—1949年华中大学有教师56人，其中中国教师34人，外国籍教师22人。中外教师比率为1.51∶1。1950年，随着朝鲜军事局势的严峻和中美关系的恶化，西方教师在中国的处境也变得越来越艰难，因此他们纷纷离开中国。1950—1951年度，外籍教师减少到13人，中国教师则相应增加到49人。1951年6月，外籍教师全部离开中国。

为保证学校基督教办学特色，韦卓民校长非常重视基督徒教师的作用，华中大学教职员中一直保持着较高的基督徒比例。例如，1930—1931年度，华中大学的二十多位教职员中，除一人外，其余全部为立誓的基督徒，基督徒的比例为96%。注册立案完成后，随着中国教职员数的增加，教师中基督徒的比例有所下降。1931—1932年，华中大学有教职员33人，其中29人为基督教徒，分别属于美国圣公会、英国伦敦会、英国循道会等，另外几人为非基督教徒，基督徒的比例为87%。1932—1933年，教职员数依然为33人，但基督徒已下降为24人，基督徒的比例为72%。此后，华中大学教职员中基督徒的比例一直保持在70%至80%左右。

（三）中华大学

华中师范学院成立前的另一重要分支为创办于1912年的中华大学。创办初期，中华大学师资力量薄弱，尤其是理学院。后经中华大学历史上任职时间最长的校长——陈时先生的努力下，学校聘请了很多知名学者，也留下了不少本校的优秀毕业生，终于建立了一支相对稳定、素质较高、专兼结合的教师队伍，为中华大学教师队伍的建设立下了不朽功勋。以美国哥伦比亚大学教育硕士严绂苹（严士佳）、美国西北大学博士邹昌炽等为代表的一批骨干教师，在中华大学连续服务超过20年。国学大师黄侃、教育家刘凤章、政治家和外交家刘文岛等一批名师，也先后应邀在中华大学从教。

从数量上来看，中华大学的教师数量较为充足。中华大学的教职工队伍主要由三类构成，专任教师、兼任教师、学校职员，中华大学专任教师的数量有着明显的起伏，受时代环境的影响非常大。1928年中华大学复校之后，学校励精图治，师资队伍齐整，规模稳定。1930年32人，1933年40人，1938年西迁重庆之后，学校元气大伤，教师流失严重，甚至只有15人，1940年以后才逐渐恢复到27人，1944年达到49人[①]。需要说明的是，以现在的眼光来审视当时的中华大学，可能觉得教师数量过少，但要注意的是，中华大学不仅有这些专任教师，还聘有兼职教师，兼职教师数量一般不到专任教师的一半，还有10名左右的专职职员，中华大学大学部的教师队伍规模一般都在50人以上。另一方面，当时大学的毛入学率极低，在校生不多，大学规模一般不大，根本无法与现在动辄上万人的规模相比。如果从生师比来看，中华大学的教师数量是充足的。以1933年为例，《武昌中华大学二十周年纪念特刊》刊载了附小、附中、大学部所有在校生的姓名，以及当年中华大学的教职员名录，仅以大学部专任教师数量（40名）计算，当年大学部（包括师范专修科在内共有449名学生）的生师比约为11.2，远远低于当今很多大学的生师比水平。如果按照现今的通行计算方法，把兼任教师数量乘以0.5计入教师总数，那么中华大学1933年的生师比会更低，降至10以下。对照2004年教育部印发的《普通高等学校基本办学条件指标（试行）》（教发〔2004〕2号）中的规范性要求，除艺术院校、体育院校、医学院校的生师比分别为不

---

① 《私立武昌中华大学十九年度上学期教职员一览表》《武昌中华大学二十五年教职员一览表》，原件存华中师范大学档案馆，中华大学类，卷宗号LS13-274、LS13-277；《武昌中华大学二十周年纪念特刊》，原件存华中师范大学档案馆，中华大学类，卷宗号LS12-60；周挥辉、董中锋：《中华大学在重庆》，华中师范大学出版社2020年版，第120～167页。

高于 11、11、16 外，其他本科院校的生师比均为不高于 18。由此可见，中华大学的师资队伍在人数上还是比较合理的。

通过对中华大学 1930 年至 1945 年间 10 个年份的教师数据进行分析，可知中华大学教师队伍的国际化程度较高①。绝大多数年份，海外教师的占比都稳定在 45%以上，有些年份甚至超过 50%，他们成为中华大学教师队伍中当之无愧的中坚力量。这也从侧面说明了中华大学的办学成就和对知识分子的吸引力。中华大学国际化的师资结构，既对接了世界前沿的知识，传播了新学术，也丰富了学生的学识，开拓了学生的视野，对学生的发展产生了深远影响。

中华大学的教师结构主要体现在三个方面。一是教师学缘结构较好。教师来自五湖四海，多毕业于各知名院校。本校毕业的学生留校担任大学部教职的极少，绝大多数年份占比都在 9%以下，这样有利于思想碰撞和学术交流，也减少了“近亲繁殖”问题的产生。1939 年后，本校毕业生留校人数逐步增加，1940 年开始，本校毕业教师的比例有所提高，达到 14.8%，1945 年最高达到 22.7%②。这些新进教师大多数担任助教和讲师。这一方面与抗战期间师资短缺、人员流动不畅有关，另一方面也因中华大学经过多年发展和沉淀，部分优秀学生在所学领域取得卓越成就而留校或返校任教的结果。二是高级职称教师较多。中华大学教师队伍的显著特点是高级职称教师占比较大。在有数据统计的 11 个年份中（1930 年，1933—1936 年，1938—1941 年，1943 年，1945 年），有 7 个年份教授占比都超过了 60%（1930 年，1933—1936 年，1939—1940 年），最高时达到 71.4%（1936 年）。如果在 1943 年和 1945 年的数据中计入副教授数量（前面 9 个年份均

---

① 《私立武昌中华大学十九年度上学期教职员一览表》《武昌中华大学二十五年教职员一览表》，原件存华中师范大学档案馆，中华大学类，卷宗号 LS13-274、LS13-277；《武昌中华大学二十周年纪念特刊》，原件存华中师范大学档案馆，中华大学类，卷宗号 LS12-60；周挥辉、董中锋：《中华大学在重庆》，华中师范大学出版社 2020 年版，第 120～167 页。

② 资料来源：《私立武昌中华大学十九年度上学期教职员一览表》《武昌中华大学二十五年教职员一览表》，原件存华中师范大学档案馆，中华大学类，卷宗号 LS13-274、LS13-277；《武昌中华大学二十周年纪念特刊》，原件存华中师范大学档案馆，中华大学类，卷宗号 LS12-60；周挥辉、董中锋：《中华大学在重庆》，华中师范大学出版社 2020 年版，第 120～167 页。

为教授数，原始史料中没有列入副教授），那么这两个年份高级职称的占比则分别升至 55.1%和 52.3%。三是教师年龄结构合理。年龄结构是考察学校教师队伍建设质量的重要指标，是推动学校可持续发展的重要维度。中华大学拥有一支老中青结合的教师队伍，梯队结构较为科学。1930 年至 1945 年间有年龄记录的教师名录共 4 份，4 份教师名录的年龄数据显示，中华大学占比最大的教师群体是 39 岁以下的青年教师，占到学校师资的一半左右。40 至 49 岁的中年教师群体也比较可观，一般在 30%以上。中青年教师是学校绝对的骨干力量，也使学校充满了活力和朝气。

综上所述，中华大学师资队伍呈现出“五高”的特点——高名校率、高留洋率、高学历率、高职称率、高少壮率，中华大学蔚为可观的师资队伍为学校育人和兴学奠定了良好基础。

（四）中原大学

中原大学创办于解放战争时期，是一所培养党和军队需要的军政干部的革命大学。1948 年 8 月 1 日是中原大学的建校日，到 1953 年 1 月 6 日中原大学被撤销，在这不长的办学历程中，中原大学将主要精力集中于干部培训，随着革命事业的推进，中原大学的培训重点从培养革命时代需要的军政干部，转移到培养社会经济建设需要的行政与财经干部。

到 1948 年 11 月，中原大学共编了 17 个大队，学生数达到了 2194 人，规模庞大。为了应对学校快速发展规模，各地纷纷派遣干部到校支援。1948 年 7 月 29 日，中原局派遣晋察冀南下的干部郭步云、安愚等 13 人到校工作。8 月 25 日，中原局抽调华东南下的干部朱凡等 73 人来校工作。这样，中原大学的师资队伍与干部队伍逐渐丰富起来。

文艺学院有音乐、美术、戏剧 3 个系，后设有创作组发展为创作系。音乐系系主任先后由林路、张星原担任，美术系系主任为计桂森，戏剧系系主任是崔嵬。

中原大学教育学院和财经学院成立于 1949 年 12 月 5 日。教育学院成立时，由于师资和校舍等办学资源的不足，先设置了政治系和历史系，系主任分别是陶军和方衡。1950 年，增设教育行政系和俄文系，系主任分别由常春元和陶军担任。财经学院院长为梁维直，下设工场管理、金融、贸易 3 个系，戴重远、牛永年和金畅如分别担任 3 个系的系主任。

（五）华中师范学院

1951 年中原大学教育学院与华中大学合并组建为公立华中大学；1952 年中华大学、湖北教育学院等并入后，学校改名为华中高等师范学校；1953 年定名为华中师范学院；1985 年，华中师范学院更名为华中师范大学。

学校初期的学科均为师范类，文理科分布较为均衡，中青年教师比重较高，学缘多元，教师主体来源于华中大学、中原大学教育学院、中华大学、湖北教育学院等，部分来自院系调整的中南地区其他高校。一些博学鸿儒曾就任国内知名高校，部分青年学者曾有海外就读、从教经历，许多教师早已是知名教授。

1951 年 8 月 16 日学校改制（公立），从私立中华大学调至公立华中大学的教师有：薛诚之、刘邦绂、胡雪、邹昌炽、王凌云、张国威、熊庚甫、严士佳、涂亚伯、张金光、王康英、赵子和、成序庠、王治焯、葛汝枘、马芳琳、齐永魁、饶松龄、潘志雄、夏泽芝、莫宗培、周继璋、张恕生。到秋季开学时，公立华中大学教师数量达到 103 人，其中教授 20 人、副教授 26 人、讲师 15 人、助教 29 人、实习教员 13 人。1952 年 11 月 3 日，华中高等师范学校建校委员会第一次会议确定了系、科、班负责人，具体名单前文已述，此处不再赘述。

1953 年 5 月 29 日，《教育部关于 1953 年全国高等学校院系调整的计划》获得政务院会议批准，经过与广西大学、湖北教育学院合并重组，广东省海南师范专科学校，平原师范学院、南昌大学、华南师范大学部分师生调入本校，部分系组师生调出至武汉大学、中山大学和河南大学，至 1953 年暑假后，华中高等师范学校的规模持续扩大，有在册教师 354 人，其中教授 59 人、副教授 36 人、讲师 106 人、助教 153 人。此外，还有编制外兼职教师 16 人。形成了 13 个系科，其教师的简要情况如下：教育系科教师阵容逐步扩大，暑假从北京师范大学又回来了9位接受苏联教育专家训练的教师；俄语系科有教师40人，其中苏联籍教师13人；数学系科有教师18人；物理系科主要由原华中大学物理系与湖北教育学院物理科合并而成；化学系科设有机化学、无机化学、分析化学3个教研组；生物系科：设有植物学、动物学、达尔文主义基础及人体解剖、生理学4个教研室；体育系科教师由分出去时留下的14人增加到22人，设有公共体育、体操舞蹈、田径及业务学科3个教研组；图画制图系1952年秋开办，系科下设图画、图案、艺术理论3个教研组，图案教研组仅有教师3人；音乐系科有教师31人。

1956年12月10日，中央教育部任命郭抵为华中师范学院副院长。学校中层领导班子也作了调整：任命陈翔南为人事处长；陶军为科学研究部主任；李家光为科学研究部副主任；邵达成为业余教育部副主任，兼教育系主任；黄溥为教育科学研究室主任。1957年初，教师在册人数增加到406人。其中教授54人，副教授34人，讲师84人，教员27人，助教200余人。

1962年，湖北大学被撤销，9月14日，该校的数学、物理、化学3系师生600多人，来到华中师范学院工作和学习。1962年夏，体育系建制撤销，全部教师转入学校公共体育课教研室。至1965年1月，学校实际在校教师707人，其中女教师146人，教授35人，副教授16人，讲师148人，教员23人，调外校实习人员19人，其余为助教①。

1969年10月26日，中共中央发出《关于高等院校下放问题的通知》。11月起，华中师范学院由直属中央教育部领导改为由湖北省革命委员会直接领导，教师的调配、学生的毕业分配、教学经费及基建投资，全部由湖北省统筹安排。1970年11月16日，学校开展教育革命和整编精简、下放两项工作。湖北省革委会决定全省原有29所高校保留13所，撤销省函授学院、省教师进修学院和中南民族学院，由华中师范学院接收300余名教师。1970年底到1971年初，兄弟院校共有638人调入华中师范学院，其中，中南民族学院254人，湖北省教师进修学院80人，湖北省函授学院66人，湖北大学73人，武汉测绘

① 《教师人数统计表（1至12月）》，1965年3月20日。档案号：1965-XZ12-D30-4-3，华中师范大学档案馆藏。

学院 80 人，武汉机械学院 20 人，湖北省外语专科学校 43 人，湖北省艺术学院 5 人，其他大专院校 17 人。这批因学校被撤销而调入的人员中，既有老干部，也有经验丰富的专业课教师，还有一部分后勤工作人员。他们在学校的几年中，与广大师生员工一起，在教学、科研和党政、后勤工作中做出了成绩，为桂子山的建设和发展做出了贡献。从某种程度上讲，这也充实了华师的师资。上述兄弟院校自 1977 年陆续恢复，大部分人被调回原单位工作。

1978 年初，学校共有教师 975 人（男教师 762 人，女教师 213 人），其中，教授 18 人，副教授 35 人，二者共占总数的 5.4%；讲师 478 人（包括 126 名老讲师），占总数的 49%；助教 124 人，占总数的 12.7%；其余为尚未定职称的青年教师和部分教员。

“文化大革命”结束初期及以后一段时期，学校采取了系列措施如“摘帽平反”、职称评定与加大奖励力度等措施，落实知识分子政策，有效地提高了教师工作积极性。1978 年底到 1980 年底，学校共晋升了 11 名教授、74 名副教授、478 名讲师，204 名青年教师定为助教。其中，由助教越级晋升副教授的 2 人，由讲师教员连续晋升为教授的 4 人。

从 1977 级学生起，学校实施国家教育部统一制定的四年制本科教学计划，实行正规学历教育，师资力量发展迅速，到 1980 年，全校教师由 1952 年的 251 人增加到 955 人，其中教授 23 人，副教授 82 人，讲师 500 人，教员 50 人，助教 300 人。教师队伍的整体素质得到大幅度提升①。

1980 年底，校党委讨论决定：学校确定为院长领导下的系主任分工负责制。经过反复酝酿，各系民主选举了系主任、副系主任、教研室主任等领导职务。通过民主选举，一大批有业务专长，有组织领导才能的人走上了领导岗位，充实和加强了各级领导班子的力量。在全校 10 个系主任（体育系暂未选举）中，有教授 5 人、副教授 5 人；32 个副系主任中，有教授 1 人，副教授 12 人，讲师 19 人。

① 院办公室：《关于华中师范学院基本情况统计表（1980—1981 学年度）》，1980 年 10 月 3 日。档案号：1980-XZ11-Y-4-2，华中师范大学档案馆藏。

（六）华中师范大学

1985年8月5日，国家教委下发《关于统一华中、西南两所师范学院更改校名的批复》，“华中师范学院”更名为“华中师范大学”。随着学校专业设置的日益壮大和学术学科体系的日趋完善，教师队伍的总体素质有较大提高，教师的知识结构、学历、职务、年龄、学缘结构得到进一步改善，教师的职业道德、业务素质不断得到加强，基本形成了以高级职称为主的教师队伍。

至2003年，学校有专职教师1096人，其中教授244人，副教授448人。在专职教师中有研究生学历的569人，其中博士研究生165人。经过多年的培养，学校已拥有一批有较高学术造诣、在国内外学术界有一定影响的专家和学科带头人。老一代的学科带头人有著名的历史学家章开沅教授、著名的语言学家邢福义教授、理论物理学家刘连寿教授；中青年学科带头人有马敏教授、徐勇教授等。他们的出色工作使华中师范大学在中国近现代史、现代汉语、理论物理、科学社会主义、教育学等领域获得了较大的影响和较高的知名度。学校拥有国家级有突出贡献的专家3人，国家“百千万人才工程”第一、二层次人选1人，入选教育部跨世纪优秀人才7人，享受国务院政府特殊津贴的142人，省政府专项津贴的9人，省级有突出贡献的专家21人。

2003—2013年教师队伍规模稳步扩大，教师比例显著提高。截至2012年底，学校共有教职工3800余人，其中专任教师1754人，大学部教师占教职工的比例达到53.1%。教授、副教授900余人，博士生导师200余人，人文社会科学资深教授、“长江学者”特聘教授、“国家教学名师”专兼职院士等国家级高端人才20余人。教师队伍结构进一步优化，职务结构趋于合理化，具有高级职务教师的比例为57.4%，比1978年提高了52个百分点；学历结构趋于研究生化，83.2%的专任教师具有研究生学历，与2000年相比增加了32个百分点，其中具有博士学位的教师占专任教师总数的54.6%，是2000年的5倍。教师队伍的国际化程度有了较大改善，专任教师中具有出国（境）留学、访学或合作研究经历达半年及以上的占专任教师总数的

40%。拔尖人才建设也达到历史新高，其中中国科学院院士、资深教授、“千人计划”入选者、“长江学者”特聘教授、国家“百千万人才工程”入选者、国家杰出青年科学基金获得者、国务院学科评议组成员、全国教学名师等国家级人才 90 余人次（在职）；教育部新世纪优秀人才等省部级人才近 150 人次；专职博士生导师 200 余人。“十一五”期间，学校新增“千人计划”人选 9 人（含“青年千人计划”2 人）、“长江学者”特聘教授 1 人、国家杰出青年科学基金获得者 5 人、国家教学名师 1 人、国家“百千万人才工程”3 人，荆楚社科名家 2 人，一大批中青年学术骨干脱颖而出。

建校 110 周年（2013 年）以后，学校师资队伍建设呈现出更多的鲜明特点，每年新增教师人数较多，且获得海外学位者增多，各类拔尖人才也逐年增多。2016 年共新进教师 85 人，其中获得海外学位者 30 人，新进教师中有海外攻读学位或博士后工作经历人员比例达 45%。新增国家级人才 15 人、省部级人才 8 人，其中“长江学者”特聘（讲座）教授 2 人，“长江学者”青年教授 1 人，“青年千人”2 人，“万人计划”国家教学名师 1 人，第二批国家“万人计划”领军人才 3 人，国家杰出青年科学基金获得者 1 人，国家优秀青年科学基金获得者 2 人。新聘兼职教师 32 人、特聘教授 21 人，新增进站博士后 24 人。至 2016 年底教师总数达到 1892 人，具有博士学位的比例从 49.1%提升到 63.1%。拥有“千人计划”入选者（含“青年千人”）11 名，“长江学者”6 名，国家“百千万人才工程”人选 8 名，国家杰出青年科学基金获得者 7 人，国务院学位委员会学科评议组成员 5 名，教育部新世纪优秀人才 65 人。教师主持承担的国家社科基金、教育部人文社科项目稳居全国前十位，主持承担“973 计划”、国家自然科学基金重点项目数量显著增加。

2017 年入选国家级高端人才 6 人，入选楚天学者特聘教授 1 人，入选楚天学子 13 人，2 人入围省“百人计划”青年项目答辩。新聘教师 84 人，其中高层次人才 30 人，获得海外学位者 34 人，占比为 40.5%，引进海外博士后 13 人。

2016 年、2017 年度全校设置桂子学者岗位 40 个（其中含“四青”人才岗位 13 个），桂子青年学者岗位 100 个；校内新增“四青”人才 2 人、新增湖北省楚天学者青年项目人选 7 人；先后向教育部推荐通信评审专家80余人，向湖北省教育厅推荐评审专家近40人，向国家教材委员会推荐特殊教育专家8人。

2018年全年新进教师人数达到101人，其中高层次人才41人，预聘制讲师34人，师资博士后26人；新进教师人数较2017年增长超过100%，且高层次人才占比超过40%，海外博士/博士后达28%，同年，启动实施校内人才计划，设立人才基金，开展“资深教授”“博雅学者”“桂子学者”“桂子青年学者”推荐评选工作，出台《“桂岳教授计划”实施办法》和《关于专业技术人员离岗创业与兼职兼薪的管理办法》，建立和完善人才管理新机制。加强高层次人才引进和培养力度，新增国家级人才12人，省部级人才8人。选派32名教师参加留基委全额公派访学项目、12名教师参加留基委“青年骨干计划”访学项目，支持5名教师参与国内访学研究；组织开展了教师教育信息技术能力提升培训、教师外语能力培训、教师海外研修访学、教师国际合作交流及学术会议。

2017—2019年，全职引进副高以上高层次人才80名；兼职聘用各类高层次人才112名。著名历史学家章开沅先生获得中国人文社会科学领域最高奖项——第七届吴玉章人文社会科学终身成就奖。章开沅先生、周洪宇教授同时入选改革开放40年“教育人物40名”“湖北省哲学社会科学界文化名家”；一位教授入选湖北省新闻出版界文化名家。中国史教师团队入选教育部首批“全国高校黄大年式教师团队”。此外，学校新增其他各类省部级及以上人才计划、专家项目人选63人次，其中，“千人计划”“万人计划”“长江学者”、国家杰出青年科学基金获得者、国务院政府津贴等国家级人才及专家20人次；“荆楚社科名家”“湖北文化名家”湖北省百人、楚天学者等省部级人才及专家43人次。

2019年学校继续加强高层次人才引进和培养力度，2019年新增“长江学者奖励计划”“四青人才”等国家级及省部级人才24人。马敏教授、徐勇教授受聘第二届“荆楚社科名家”荣誉称号。同年，启动实施“学者名师支持计划”，推进人文社科资深教授及博雅学者项目，首批遴选“桂子学者”34名、“桂子青年学者”74名。

2020年，2位教师（马敏、徐勇）获聘学校人文社会科学资深教授，新增国家级人才12人，其中心理学院周宗奎（特设项目）、历史文化学院魏文享（青年项目）、生命科学学院戴雄风（青年项目）入选长江学者奖励计划，经济与工商管理学院涂正革入选万人计划哲学社会科学领军人才，物理科学与技术学院庞龙刚等4人入选青年千人，生命科学学院朱曼璐等2人入选优秀青年基金获得者，外国语学院王佳宇等2人入选青年拔尖人才，此外，省级人才16人、博雅学者20人。高层次人才暑期国情研修、教师表彰、专家体检、国际青年学者论坛等人才队伍建设举措得到教师们高度认同。

到2020年，学校固定编制教师达到2300人，全校生师比达到16：1,其中具有研究生学历的教师比例达到95%，具有博士学位的比例达到70%，具有半年及以上出国访学、合作研究经历的比例达到50%。

现在，学校迈入“十四五”建设阶段，队伍水平持续提高。至2022年，学校实施了教师队伍各类专项计划，高层次人才队伍进一步扩大，新增教育部“长江学者奖励计划”特聘教授等国家级人才44人，新增湖北省百人计划等省部级人才65人；“学者名师支持计划”新遴选资深教授2人、博雅学者20人、桂子学者34人、桂子青年学者74人。与“十二五”末相比，教师队伍学历结构进一步优化，教师中具有研究生学历者占92.4%，拥有博士学位者比例由63.1%增长到73.7%，海外博士学位比例由5.9%增长到12.4%。现有教职工3600余人，专任教师1900余人，其中教授、副教授1325人，博士生导师605人；人文社科资深教授、国家级教学名师等各类国家级高层次人才80多人。

二、队伍建设举措及其成效

纵观华中师范大学120年的发展历程，师资队伍从文华大学的区区十余人到如今的数千人，并汇聚和培养了一批高层次领军人才和中青年学术骨干人才，师资队伍展现出强大的可持续发展能力。通过爬梳各个时期的队伍建设情况，从陈时校长的“请进来、派出去”，到现阶段针对不同层次的教师队伍实行分层次培养，出台一系列高端人才培育计划和“人才强校”战略的实施，一方面坚持引进来，另一方面加强自身教师队伍培养，不难发现，“外引内培，引育并举”的队伍建设思路贯穿于华中师范大学的师资队伍建设始终。在此总思路的指引下，衍生出人才引进、人才培育、人才队伍保障等一系列师资建设措施。

（一）人才引进措施

人才引进措施包含三个方面：一是引入外教，进行东西方文化交流和合作，以提高学术学科发展的国际化水平；二是引入国内外知名学者短暂讲学或演讲，将学科领域的发展前沿和最新研究成果呈现给校内师生；三是以新进教师的形式，引入青年教师充实教师队伍；四是以优惠政策引入高端人才，提升整体学术研究水平。

1. 引入外教

在华中师范大学120年的办学历程中，教师队伍中的外教人数一直占有一定比例。1903年建校之初，文华大学有外籍教师4人，中国籍教师7人。1920年，韦棣华女士建立文华公书林后，认识到图书馆事业必须有专门人才管理，于是同文华大学校长孟良佐创办文华图书科，这是中国正规的高校图书馆学教育的开端，“培养出了中国第一代图书馆学人才”①。华中大学创办时期，美国田纳西州南方大学神学院院长韦尔斯牧师（Rev. Charles L. Wells）在华中大学神学院任教，在其领导下，“学校组织了首次研讨活动，开启了后来华中大学一贯畅行的教学研讨和学术小组活动之风”②。华中大学重建后，华中大学的教职工很快组织起来推进学科建设。英国循道会委派的唯一代表S. H.丁克生牧师担任华中大学早期计划委员会委员，成功组建了历史系。英国伦敦会委派的雷美佳（Margaret Bleakley）担任英语系主任。1939年，哈佛—燕京学社委派语言学家傅懋勣至华中大学，在他的带领下，中文系成为华大实力最雄厚的系。同时，复初会派来郑恺茹（Gertrude Zenk）加入音乐系，使条件很差、音乐器材奇缺的音乐系获得新生。

---

① 马敏、黄晓玫、汪文汉主编：《华中师范大学校史（1903—2013）》，华中师范大学出版社2013年版，第14页。

② 马敏、黄晓玫、汪文汉主编：《华中师范大学校史（1903—2013）》，华中师范大学出版社2013年版，第26页。

华中师范学院成立后，学校在课程体系设置上学习苏联，不少教材选用苏联教科书。基于此，学校聘请 10 名苏联专家进行授课，并向本校教师传授苏联教学方法、教授俄语，以提高教师教学水平和业务能力。1954 年 9 月 29 日，学校报请武汉市公安局批准，聘请了 10 名苏联专家来院授课。其中，坡洛托夫、瓦赫吕舍夫是自华中高师时就在本校工作，坡洛托娃是由湖北教育学院合并到本校时转来的；伊林和聂瓦错娃是从华中工学院和中南财经学院聘请的，其余 5 人均系从牙克石及乌兰浩特聘请。他们除了给学生授课外，还负有向本校教师传授苏联教学方法和给教师开设俄语课的责任。同时，院内还采取招收在职研究生班的培养办法，集中培养和提高助教的业务能力。到 1956 年底，参加进修班学习的助教达 34 人。1979 年，学校还聘请两位新西兰专家艾伦·卡戈和伊丽莎白·卡戈夫妇到校讲学，并提供力所能及的帮助①。

1985—1990 年，学校更加重视外籍专家的聘请和管理工作，并将此作为深化改革、扩大开放、引进智力、促进教学与科研的重要措施来抓。学校长期聘任的外国专家、教师共 57 人，短期聘用外国专家 122 人、178 人次。由对方资助派到国外留学、合作科研、讲学的教师 71 人。学校教师也经常受邀到校外讲学、参加国际学术会议或其他国内外学术交流活动。

2020 年新冠肺炎疫情暴发前，每年在校工作的长聘外专外教达 60 人左右，短聘外国专家约 500 人次。疫情暴发后，学校采取校内人员线下集中，共同与国内外专家进行云端交流的方式，开展线上线下相结合的外专引智工作。

综上可见，在办学过程中，学校始终坚持聘请外国文教专家来校长期或短期任教，建设了一支高水平的国际化教师队伍，为学校学科学术发展提供了有力的智力支撑。

2. 邀请知名学者讲学

邀约国内外知名人士来校讲学或演讲，是华中师范大学的传统。

1920 年，文华大学校长孟良佐邀请蔡元培参加当年学校的学生毕

① 《外国专家工作情况汇报》，1979 年 2 月 18 日。档案号：1979-XZ11-D30-6-3，华中师范大学档案馆藏。

业典礼，并发表学术演讲，由于公务缠身，无暇分身，遂推荐了中国共产党早期的领导人陈独秀前来。1920 年 2 月 6 日，陈独秀出席了文华大学毕业典礼后，作了题为《知识青年的感情教育问题》的演讲[①]。1921 年为纪念文华书院成立 50 周年，学校邀请了许多学者和知名人士来校讲演。先后有迪威博士、罗伯逊教授、上海圣约翰大学的波特博士、尤琪加瑟博士和丁玲到校讲学。1923 年 4 月，美国驻北京公使在文华大学做了主题演讲，受到了全校师生的热烈欢迎[②]。各学者与知名人士的讲学，给文华大学的学生带来了新知，也鼓舞了学生的学术兴趣，营造了文华大学学术氛围。

中国共产党早期主要领导人陈独秀

华中大学经常邀请国内外知名学者到校讲演，活跃学校的学术气氛，就算是在西迁喜洲办学期间，与外界的学术交流也没有断绝。云南各地高校的教师常到大理为华中大学师生讲学，如云南大学校长熊庆来是华中大学的常客，西南联大的教授郑天挺、冯友兰等都曾赴华中大学讲学与交流。1938 年，张君劢受韦卓民校长邀请为学生作了题为《理智与救国》的讲演[③]。1948 年，张君劢又受邀讲演《一次大战与二次大战后美国外交政策之转变》[④]。1941 年，著名作家老舍和著名古琴家查阜西到访喜洲，除访友外，老舍还为华中大学的师生作了三个晚上的演讲，查阜西也演讲了一次。1942 年 9 月，李约瑟博士到华中大学做客，与师生展开了广泛的学术交流。1943 年，桑德斯博士和皮肯博士进行了为期一周的访问交流。由此可见，华中大学的国内外学术交流频繁，这也是该校学术氛围较好、学术成果丰硕的重要原因。

中华大学也实行开放办学的方针，广邀国内外知名学者主讲，营

---

① 《文华大学请陈独秀先生演讲》，《兴华》1920 年第 17 卷第 9 期。

② 《美公使在武昌文华大学之演讲》，《新闻报》1923 年 4 月 30 日第 15 版。

③ 张君劢：《理智与救国：在华中大学讲演》，《再生》1938 年第 4 期。

④ 张君劢：《一次大战与二次大战后美国外交政策之转变：三十七年十月十四日在武昌华中大学讲》，《再生》1948 年第 236 期。

造了极为浓厚的学术氛围，如美国教育家杜威与孟录、德国哲学家杜里舒、德国职业教育家培仑子都曾在中华大学演讲。“五四”前后，校长陈时利用自己的声望和一些社会关系，不仅聘请了黄侃、刘博平等著名学者和施洋、恽代英、黄负生等进步教师到校任教，还聘请了康有为、梁启超、章太炎、蔡元培、陶行知、张君劢、马寅初、孙洪芬、黄炎培、邹恩伦、辜鸿铭、杜威、何尔康、泰戈尔、胡适、李四光等一批中外名家到校讲学，一时间，中华大学出现了“印泰戈尔，华蔡孑民，军蒋百里、政顾维钧，杜威哲学，康梁史经，一时鸿博，靡不莅临”的盛况。在军阀统治和封建思想禁锢的武汉，中华大学因学术自由、思想活跃而成为武昌新文化运动的中心和湖北地区五四运动最早的响应者。中华大学在西迁重庆之后，陈时先生利用抗日后方的有利条件，聘请了郭沫若到中华大学教甲骨文，卢前教中国文学史，太虚法师教佛学①，张君劢教魏晋玄学，还聘请邹韬奋、邓初民、陶行知、杨杰、冯玉祥、邵力子、范长江、李公朴等社会名流到中华大学讲学，使中华大学成为一个“民主讲坛”。这些知名人士的任教和讲学推动了中华大学学术研究的进步，使得中华大学的办学历史成为我国高等教育史上光彩夺目的精彩篇章。

1954 年 12 月，德意志民主共和国柏林大学教授、中国近代史学者贝喜发博士应邀到学校做关于中国近现代史教学工作的报告，报告后还邀请了武汉大学与学校有关教师举行座谈。青年教师章开沅作为接待陪同，与贝喜发博士一起访谈了武昌首义亲历者，这次交流成为他研究辛亥革命的一个起点。1956 年 6 月 5 日，苏联生物学家谢孔来院讲学，并进行实验操作表演。6 月 7 日，苏联马列主义基础专家库兹涅佐夫来院讲学，并与有关教师座谈。1957 年 4 月 24 日，英国教育家劳威里斯教授来院讲学。

1958 年 2 月 6 日，蒙古人民共和国蒙古革命青年联盟乌兰巴托市委常委、高级党校讲师占布拉·道尔吉来访。1958 年 4 月 8 日，中共中央宣传部副部长张际春、湖北省委书记处书记许道琦、省委文教部副部长罗明等来院视察并参加省委在学校召开的“师范教育与教育学改革”座谈会。1958 年 6 月 2 日，苏联专家杨佐夫、费若门诺夫和谢

① 大圆：《武昌中华大学开讲唯识记言》，《海潮音》1924 年第 5 卷第 3 期。

诺夫分别来物理、图画两系参观访问。1958 年 7 月，湖北省委书记处书记许道琦等来院讲课。

1985—1990 年，学校也经常邀请国内外知名专家学者（如周培源、丁玲、姚雪垠、徐迟等国内学者，艾德文·布莱克斯、杰里·博恩等国外学者）来校讲学。

现在，学校更是出台了各项措施积极支持各单位邀请国内外学术大师、知名学者来校开展学术交流，为教师国际合作搭建平台。

3. 引入年轻教师

从文华大学（华中大学）、中华大学、中原大学到华中师范学院再到华中师范大学，各个时期的管理者都十分注重教师队伍的充实，除引入高端人才，聘请知名人士来校任教和讲学外，还吸纳了众多青年才俊加入到教师队伍中，他们既有本校培养的优秀毕业生，也有更多的其他院校或海外归国的年轻人。这些年轻人在学校的培养下，逐渐成长，有很多都成为相关领域的资深专家。

华中大学重建时，美国雅礼会、英国循道会、美国复初会、英国伦敦会、美国圣公会五个差会联合向华中大学提供的数十名师资都是当时各差会的年轻人，他们的到来充实了华中大学的师资，使华中大学的部分院（理学院）成为当时最具实力的院系。中华大学的陈时校长也留下了不少本校的优秀毕业生，且对学者尽显包容和敬重，经过不懈努力，建立了一支相对稳定、素质较高、专兼结合的教师队伍，为中华大学教师队伍的建设立下了不朽功勋。中华大学占比最大的教师群体是 39 岁以下的青年教师，占到学校师资的一半左右。40 至 49 岁的中年教师群体一般在 30%以上[①]。中青年教师成为中华大学绝对的骨干力量，使学校充满了活力和朝气。

华中师范学院成立以后，各院系架构基本成型，自我培养能力逐步加强，留校任教的优秀毕业生较多，他们后来大多成为各院系的中坚力量，如章开沅、马敏、涂勇等知名教授。现在各院系的很多教师

---

① 资料来源：《私立武昌中华大学十九年度上学期教职员一览表》《武昌中华大学二十五年教职员一览表》，原件存华中师范大学档案馆，中华大学类，卷宗号 LS13-274、LS13-277；《武昌中华大学二十周年纪念特刊》，原件存华中师范大学档案馆，中华大学类，卷宗号 LS12-60；周挥辉、董中锋：《中华大学在重庆》，华中师范大学出版社 2020 年版，第 120～167 页。

都是本校毕业。另外，现在学校为了吸纳更多年青人加入华中师范大学，每年以“青年学者论坛”的形式，吸引各路英才。

4. 引入高端人才

学校除了自己培养高端人才以外，还直接以优惠政策、提高待遇等措施引入高端人才，在本校形成引领和带头作用，对学科发展和学术水平提高发挥着重要作用。历史上是如此，现阶段更是如此。

为推动学校各学科的发展，华中大学校长韦卓民不仅拟定了各系科发展计划，还广泛收罗教师，聘请了许多外籍教师、留学归国学子，引入多名高端人才，有效地充实了华中大学的师资队伍。1931 年，韦卓民先生聘请包鹭宾先生接替中文系的工作。另外，还引入了张资珙、游国恩、钱基博等知名人士来校。先于 1934 年聘请了心理学教授胡毅，后又于 1935 年延聘了留美博士骆传芳为心理系教师，完成了心理系的师资配置，使得教育学院得以存续。

为了学习西方先进科学文化知识，提升学校的教学水平和学术影响，扩大学校的社会声誉，提高人才培养质量以及借鉴西方大学的办学经验和教育理念，中华大学聘请了一大批海外留学归来的学者执教。这些学者分布于文学院、商学院、理学院的各个学科，在教育学、法学、经济学、政治学、化学、数学、物理学等各专业都不乏世界名校毕业的硕士博士，这些学校包括美国哈佛大学、哥伦比亚大学、杜克大学、芝加哥大学、西北大学、纽约大学、密歇根大学、英国伦敦大学、伯明翰大学、德国柏林大学、汉堡大学、法国巴黎大学、里昂大学、日本东京大学、早稻田大学、庆应大学等。在语言和文学领域，中华大学集聚了以黄侃、鲁济恒等为代表的一批名教授。国学大师、著名语言文字学家黄侃受陈时校长之邀，于 1920 年代初在中华大学中文系任教，讲授《尚书》《尔雅》《文选》、音韵、文字等。在中国传统哲学领域，刘凤章享有盛誉。刘凤章于 1912 年中华大学成立之年就受陈宣恺和陈时的邀请，到中华大学任教，并担任“学长”，此后二十多年都以专任或兼任教师的身份长期在中华大学授课。

进入 21 世纪，人才竞争特别是高层次人才竞争的形势日益严峻。为此，学校于 2000 年制定《华中师范大学关于引进高层次优秀人才的实施办法》（华师行人字〔2000〕15 号）。该办法对引进人才的程序，特别是引进高层次人才所享受的待遇作了详细的规定。该办法的实施，对改善学科梯队结构，改变某些学科缺乏带头人和后继无人的现状起了积极作用。后又制定并采取了一系列人才引进计划和措施，引进高端人才并进行培育，取得较好的人才建设成效。2017 年以来全职引进副高以上高层次人才 80 名；兼职聘用各类高层次人才 112 名。现在，学校实施的“高端人才引智计划”持续推进，通过举办全球招募、分学科开展桂子学者青年论坛活动、网络视频招聘会等，引进了一批在国内外学术界有较大影响的领军人才，补充了一批具有良好学术背景和较大发展潜力的青年学术人才。

总之，在学校发展史上，“人才强校”战略持续实施，从机制和体制上有效地促进了高端人才的引进和培育。

（二）人才培养措施

1. 人才考核

对人才进行考核，既包括上级主管部门或相应的基金支持机构对学校整体人才质量的考核，也包括学校自身对教师队伍的考核。前者主要用来指导办学资金的拨付，后者主要是为了提高人才队伍质量。为了保证师资队伍的质量，学校不仅在人才引进时进行严格的考核，强化对科研创新能力和学术研究潜质的考察；在入校工作以后也定期进行考核，包括科研能力、教学水平、师德师风、基本技能等多个专项考核，现在更是将考核和聘任挂钩，实行评、聘结合，促进师资队伍质量的提高。

早在 20 世纪早期，教育部就派人对中华大学、华中大学进行过全面考核，当然也包括人才的考核。1933 年 10 月，美国洛克菲勒基金会的 2 名代表参观考察了华中大学理学院的三个系和实验室，随后给萧之的主持的扬子鳄研究专项课题拨付了资助基金。鉴于华中大学中文系教师在中国文化和写作方面深入研究，取得了国内外的广泛认可，哈佛—燕京学社通过考核于 1937 年 6 月开始资助华中大学，并为下一学年拨款 4000 美元。

学校对人才业务的考核，历来有之，其中最具代表性的是 20 世纪 70 年代末的一次业务考核。1977 年年初，学校对全校青年教师进行了一次业务考核。全校共有293人参加考核，考核方式主要采取闭卷笔试，外语系还增加口试，有的考核结合科研或工作进行，由教师写出论文或报告。考核成绩优良者占69%，及格以上者占94%，不及格者占6%。这次考核有效地促进了教师业务学习的积极性，据统计，1977年全校借助字典能翻译阅读专业书籍的教师，占教师总数的19%，该比例到1983年上升为36%。

1979年10月16日，教育部教职工工资升级试点工作在学院举行。学院按照“各尽所能，按劳分配”的原则对教职工进行考核，自1978年底到1980年底，共提升了11名教授、74名副教授、478名讲师，204名青年教师定为助教。其中，由助教越级晋升副教授的2人，由讲师教员连续晋升为教授的4人。20世纪90年代，学校将计算机等级考试和英语水平考试纳入教师考核范畴，成为支撑晋升的必备条件。2013年，学校进行人事制度改革，实行评聘分开，对教师的考核更加严格。

另外，学校各个职能部门也会对学校人才队伍进行相应考核，比如学校着重在“选派管回用”五个环节加强对国家公派出国留学人员的管理，确保派出绩效。2011年，学校制定《华中师范大学“教师持续发展计划”实施方案》，规定对外派教师实行协议管理，并进行“五个一”的考核：撰写一份总结报告、确定一个研究方向、联系一个长期合作导师、完成一篇高水平论文、做一次高质量学术讲座。众多国家公派出国教师回国后成为学校教学科研中坚力量。

2. 教师培训

学校在教师培养方面，主要有校内培训和学习、校外培训或访学。校内培训主要是新进教师的岗前培训，老教师对青年教师的“传、帮、带”。校外培训或访学主要是教师到国内外其他地区继续学习或深造。学校鼓励师生出国留学或进修，以拓宽师生的学术视野，增强学术水平和国际交往能力。近年来，学校对外交流人员层次显著提高，国家公派留学人员的学历层次和整体质量越来越高，并呈年轻化趋势。2016年，在《中国大学国际化水平排名》中学校“教师国际交流排名”位居第6。

中华大学的学术交流不仅有“引进来”，还重视“走出去”，中华大学的不少教师到外校讲学，交流思想。如 1934 年 3 月 7 日，时任中华大学教务长的严士佳受邀到武昌图书馆学专科学校讲演，主题为“中国的职业问题”①。而中华大学的校长陈时更是常活跃于国内外的教育社团与会议中，为中国教育发展建言献策，交流思想与经验。陈时不仅积极参加全国教育会联合会、中华教育改进社、中华职业教育社等国内教育社团的活动，还于 1923 年 6 月作为中国代表，赴美国旧金山参加了“万国教育会议”，这也开了湖北教育界走出国门、参与国际性学术会议的先河。陈时在美国期间注意学习与交流，回国后，向全校师生进行报告，进一步开阔了师生的眼界。

作为一所基督教大学，华中大学一直受到了美国、英国多个差会的资助，与国外的交流较为便利，同时，学校也重视积极与国内外同行交流合作。一方面学校聘任了许多外籍教师和留学归国学子，另一方面学校教师经常赴国内外各高校开展学术研究交流，从而促进了华中大学学术研究的进步。1931 年，生物系的教师萧之的赴燕京大学攻读研究生。1934 年 6 月校长韦卓民收到耶鲁大学和芝加哥大学的邀请，赴美讲学交流②。1935 年理学院院长桂质廷博士到美国进行为期一年的研究工作。1948 年，中文系主任傅懋勣受到英国文化委员会的资助赴英国开展为期两年的语言学研究。现在，学校每年暑期都举办高层次人才专家国情研修班，组织相关专家赴贵州、云南等地学习考察交流，学习西南联大办学精神、学校西迁大理喜洲的办学精神并开展其他多种爱国主义教育活动。

1954 年 5 月 4 日上午，华中师范学院举行了首届院行政会议。会议讨论了关于培养师资问题，提出培养师资以自力更生为原则，对老教师要考虑到如何提高，对青年教师要考虑到如何培养。具体做法是：采取“带徒弟，传手艺”和互帮互学的办法；有计划、有步骤地派青年教师到外校去进修；派青年教师到中学去教课，实地练兵。1953 年到 1955 年，先后选派到中国人民大学、北京大学、北京师范大学、东北工专、华东师范大学等校学习和进修的教师（包括少数行政干部）

---

① 《中原大学教务长严士佳先生讲演》，《武昌文化图书科季刊》1934 年第 6 卷第 1 期。

② 《基督教学校新闻：武昌华中大学》，《中华基督教教育季刊》1935 年第 11 卷第 1 期。

达 53 人。对大多数中年教师和新分配来的青年教师，学校根据各系、教研室教学计划和本人条件，确定发展方向，制定培养计划，由系、室指派专人传授教学经验；或组织辅导小组，为他们解惑答疑。到 1954 年，学校已培养任课教师 111 人，还在继续培养的有 77 人。另外，还有夜校培养。1952 年 12 月，学校成立了政治理论夜校，系统地提高教师的马列主义理论水平和教育科学水平。1954 年 10 月，经中共武汉市委批准，学校的马克思列宁主义夜校开设了马克思列宁主义基础和中国革命史两个专班，为期一年，参加学习的教师达 90%以上。截至 1956 年底，全校 282 名助教中，担任教学工作的达 83 人，担任教学辅导工作的 135 人，这批新教师成了学校的一支有生力量。

20 世纪 70 年代以来，面对新的社会形势，培养符合新需求的教师的任务重新提上日程。1977 年 10 月 20 日，学校隆重举行 1977 年群英会，会上有 19 位代表介绍了自己事业成功的经验。1979 年底，学校制定了 1980—1985 年师资培训计划。根据 5 年师资培训计划的安排，到 1983 年，学校坚持在教学和科研实践中提高师资水平的基本原则的同时，陆续选派了 428 名中青年教师到北京大学、中国人民大学、中国社会科学院等 38 所院校、科研单位进修学习。还有一部分优秀教师被学校选送出国进修，这些教师后来大多成为学校各专业的中坚力量。

2003 年以后，学校更是将“提高教师队伍的整体素质，适应创新人才培养的师资需要”提到首位，为此采取系列措施提高师资水平。首先，选送优秀青年教师在职攻读博士学位，提高教师队伍学历层次。根据高等教育发展的需要，现有教师培养要提高要求与标准，特别是要提高中青年教师的学历层次，这样学校不仅要给教师施加一定的压力，同时还制定优惠政策和措施，鼓励中青年教师尽快提高自己的学历层次。学校每年专门划拨 10 万元作为学历教育经费，制定了《关于教职工报考研究生有关问题的规定》，该规定对报考在职博士研究生的条件、经费、待遇等作了详细的规定。其次，强化教师培训，提高教师队伍业务素质。学校认真贯彻《高等学校教师培训工作规程》，实现教师培训工作重点和运行机制的两个转变：从基础性培训和学历补偿教育逐步转变为着眼于更新知识，全面提高教师素质的继续教育；从主要依靠政府行为逐步转变为政府行为、学校行为和教师个人行为相结合提升教师水平；各院、系（所）制定教师培训计划，要把加强教师培训工作的重点放在青年教师上，青年教师必须参加岗前培训，要制订具体措施，促进青年教师“过五关”，即过思想政治关、教学关、科研关、实践关、外语计算机关；坚持有组织、有计划地选派优秀中青年骨干教师出国访问、进修、学习，充分利用高级访问学者政策，鼓励他们进入国内重点大学、重点实验室的国际知名专家学者门下进修学习；学校每年举行一次计算机和外语水平培训和考核，计算机和外语水平考试成绩作为教师晋升职务的必备条件之一，积极组织教师参加全国外语水平（WSK）考试和计算机等级考试。

2016—2018 年学校共选派 226 名教师参加留基委全额公派访学项目，88 名教师参加留基委“青年骨干计划”访学项目，支持 20 名教师参与国内访学研究，组织开展了 32 次教师教育信息技术能力提升培训，27 名教师担任国内外重要期刊负责人。教师中研究生学历者占 92.4%，拥有博士学位者由 63.1%增长到 75.9%，海外博士学位比例由 5.9%增长到 12.4%。2013—2022 年，学校获得国家公派出国留学资格师生人数 939 人，因公临时出国师生 10044 人次。各种出国留学、访学、交换项目的实施，大幅提升了学校师生的专业能力和科研水平，有力推动了学校学科学术的国际化发展。

2020 年，学校推进人才引进考核评价机制改革，继续加强优秀学者对青年学者的“传帮带”，组织开展新入职教师岗前培训、校本培训，实施了青年教师预聘制、导师制和师资博士后储备计划，学校还出台了《华中师范大学博士后管理办法》，大幅提高了博士后人员薪酬待遇、福利保障。

3. 高端人才培育

进入 21 世纪以来，学校教师队伍规模稳步扩大，结构进一步优化，教师学历、学缘结构明显改善，教师国际化水平显著提升，学校紧紧围绕学科发展的目标，大力加强学科带头人和骨干教师培养。为此，学校首先制定了《华中师范大学实施“151”人才工程建设计划的暂行办法》（华师行字〔2000〕38 号），学校对入选“151”人才工程建设计划的中青年骨干教师和学科带头人，给予重点扶持和培养。其次是学校实施“特聘教授岗位制度”，即根据重点学科建设与发展的需要，设置特聘教授岗位 10 到 20 个，实行特聘教授岗位津贴，每个岗位每年 6 万元。同时在工作条件和经费方面给予重点资助，从而吸引了一批能够领导本学科达到国际先进水平的优秀中青年学科带头人，例如著名社会学家郑杭生教授、丁夏畦院士、著名学者孟大中教授、我国研究纳米的首席科学家张立德教授、著名学者徐森林教授、著名学者张先恩教授等被聘为学校特聘教授。第三，健全、完善人才引进制度。学校于 2000 年制定《华中师范大学关于引进高层次优秀人才的实施办法》（华师行人字〔2000〕15 号）。该办法对引进人才的程序，特别是对引进高层次人才所享受的待遇作了详细的规定。

2016 年，学校推动实施“教师持续发展计划”，启动实施“桂子学者青年项目”，加大高端人才和青年拔尖人才引进力度。修订出台相关政策，着重加强教师队伍分类管理和专业技术教师队伍建设。

2017 年，学校修订完善《“十三五”人才队伍建设规划》，出台了《华中师范大学引进高层次优秀人才暂行办法》，制定《华中师范大学学者名师支持计划》，加大了“四青”人才的引进力度，从而不断提高师资质量及教师队伍国际化水平。

2019 年，在“双一流”建设中期。学校实施了“学者名师支持计划”，该计划包含“人文社会科学资深教授”“博雅学者”“桂子学者”和“桂子青年学者”四个项目，设“资深教授”岗位 10 个；设“博雅学者”岗位 30 个；设“桂子学者”岗位 60 个；设“桂子青年学者”岗位 200 个。通过一系列举措的实施，学校在高层次人才引进、培养和教师队伍岗位、学历、学缘、年龄结构优化等方面取得了长足的进步。与之相配套，学校出台了“奖励性绩效工资调整办法”，形成了与“学者名师支持计划”高层次人才梯队相匹配的 A、B 岗薪酬分配体系。绩效工资调整办法体现了向一流人才和关键岗位倾斜的导向，激发了教师的潜能。

在“双一流”建设周期内，学校为建设一支高素质教师队伍，采取了一系列措施，并取得了较好成效：一是努力培养战略人才、领军人才、中青年人才，高水平创新团队。学校坚持育引并举，制定并实施了“学者名师支持计划”，选拔了一批“人文社会科学资深教授”“博雅学者”“桂子学者”和“桂子青年学者”；健全学科团队和梯队建设，启动了创新团队发展计划，组建并支持了一批以优秀中青年学者为学术带头人和骨干的教学、科研团队。2019 年进站博士后人数接近 2016 年的 3 倍。通过柔性引进方式引进了一批知名专家学者来校工作，共聘任特聘、讲座教授 89 人。同时，改革完善人才育引机制，持续推进“高端人才引智计划”，支持教师职业发展、提高教师教学能力。

2020 年，学校通过实施“师资队伍顶尖专项”，对照建设规划，各项建设任务稳步推进，汇聚和培养了一批高层次领军人才和中青年学术骨干，学校师资队伍可持续发展能力显著提升。

（三）人才队伍保障体系

1. 落实知识分子政策

在华中师范大学建校 120 周年的历史中，有两个特殊时期特别提到了要落实知识分子政策。一个时期是在华中大学、中华大学和中原大学合并为华中师范学院以后，由于历史、社会等多种因素的影响，社会运动不断，许多教师受到冲击。另一时期是“文化大革命”结束时，很多教师尤其是多个学科的学术骨干和带头人在“文化大革命”中受到打压和不公正待遇。

（1）华中师范学院初期的知识分子政策落实

职称评定与奖励：教师职称评定是对教师教学和科研能力的检验和认可。学校在 1952 年以后很长一段时间，未评定过教授、副教授。1962 年 9 月 21 日，院团委召开首届教师团代会，为提高教学质量，建立“又红又专”的师资队伍，院务委员会通过并批准 88 人晋升为讲师，其中的优秀者后来大多成为教学、科研骨干甚至学术带头人。

摘帽平反：由于历次政治运动的影响，部分干部和教师因出身等原因被划为右派。1961 年 12 月，根据中共中央、国务院关于摘掉右派分子帽子的精神，院党委决定当年摘掉一批同志的右派分子帽子。

超工作量奖金等奖励：教师实行工作量制度。1954 年 5 月 4 日上午，首届院行政会议就讨论了额定各级教师教学时数问题。规定各级教师每周教学时数：一般教师以教 12 小时为原则，系科主任以教 6 小时为原则，负责带徒弟的教师以教 6 小时为原则，青年教员、助教以教 2 至 4 小时为原则，以保证其自学和提高的时间。学校自 1955 年

1 月开始学习苏联关于实行教师工作量制度的经验[①]，并于当年下半年实施计划[②]。学校建立“教师工作日、教学工作量制度”，使教师进一步明确自己的任务，对自己提出高标准、严要求。学校给超教学工作量的教师发放了奖金。这些措施，在经过试点和实践的不断摸索、完善之后，成了学校一项衡量和检测教学工作情况的经常性制度。

（2）“文化大革命”以后的知识分子政策落实

“文革”结束初期，知识分子社会地位仍然不高。职称也已十数年未评定，许多优秀的中青年教师仍是讲师。广大教师对是否积极从事教学和科研犹豫不定，如何提高教师积极性成为迫切需要解决的问题，学校根据国家政策要求，结合实际，采取了“摘帽平反”、恢复职称评定与加大奖励等措施，学校教师终于再次昂首阔步，迈向知识分子的春天。

“摘帽平反”：1978 年 12 月 22 日，校临时党委召开全校教职工大会，公开宣布为陶军同志、岑家梧教授、张恕生教授、李琮池教授、张舜徽教授等平反昭雪，恢复名誉。此后，学校高级知识分子中一大批冤假错案陆续得到平反昭雪。1979 年 3 月 19 日，校临时党委召开各系、部、处负责人会议，部署抓紧错划右派分子的改正工作。10 月 22 日，校临时党委为梁希杰、李修睦教授恢复名誉，推倒“文化大革命”强加给他们的一切诬蔑不实之词。全校陆续有 143 人的右派问题得到重新审理和改正。校临时党委决定，由统战部会同有关单位，组成落实政策办公室，统一解决右派错划的遗留问题。

职称评定与奖励：1977 年 12 月 6 日，校临时党委给黄家元等 6 人作出提升讲师的决定，院刊发表评论员文章《恢复学衔职称，促进教育革命》。1978 年 5 月 18 日，学校提升邱永喜等 27 人为教授、副教授。1979 年 10 月 16 日，教育部教职工工资升级试点工作在学院举行。按照“各尽所能，按劳分配”的原则对教职工进行考核。

超工作量奖金等奖励：为调动教职工的积极性，促进教学、科研

---

① 《学院教职员自本星期起开始学习教师工作量制度》，《华中师院》第 85 期，1955 年 1 月 7 日，第 1 版。

② 《学院工作量制度的学习结束》，《华中师院》第 92 期，1955 年 3 月 19 日，第 2 版。

和各项工作的发展，1980 年 7 月，学校召开建立学校基金并试行奖励制度动员大会，坚持精神鼓励与物质奖励相结合的原则，按劳分配，多劳多得[①]。

2. 建立和完善教师队伍的制度建设

进入新世纪以后，学校建立和完善了一系列教师队伍建设和管理制度。首先，改革过去单一的编制管理方式，组成由固定编制教师、流动编制教师和兼职教师构成的师资队伍，建立教师资源共享机制。利用流动编制，聘任在校研究生上岗或面向校外聘任一些专家、学者承担教学和科研项目研究。其次，进一步完善和强化教师职务聘任制度。学校根据学科建设需要，对引进的高层次人才和有突出贡献的中青年教师采取特别聘任的办法，这项制度的实施，改善了教师职务中高级职务教师年龄偏大的现状，提高了青年教师工作的积极性和主动性。第三，强化聘后管理和教师履职考核，建立教师的奖惩制度。学校积极探索并制定科学、有效、可行的教师考核办法和指标体系，使教师考核工作制度化、规范化、科学化。从 2000 年起，教师的考核分二级进行，学校负责教授考核，其他教师则由各单位负责考核。教师考核的内容重点是岗位职责和工作实绩。考核每年一次，考核等次分为优秀、合格、不合格，对考核结果学校将按照国家及学校的有关政策进行奖惩。考核结果作为教师聘任、晋升、奖惩的依据。全面运用考核评估这一有效机制，触动了部分教师特别是教授中“船到码头，车到站”的思想，促进了教师全面素质的提高和工作积极性的发挥。

3. 优化学校小环境，增强学校的凝聚力和吸引力

学校着眼于事业留（引）人、感情留（引）人，积极想办法稳定和吸引人才。为此，学校对内礼贤下士，对外招贤纳士，并为他们创造民主、公平、开放、流动、良性竞争而又团结协作生动活泼的事业环境，使他们能施展身手，学有所用，从而保持良好的心态，积极努力，专心致志地从事教学和科研工作。学校的另一工作重点是关心教师的情感和精神需求，使他们真正把心留下，把根扎下。为此，学校一方面设法优化工作的小环境，另一方面努力扩大财源，为教师改善

① 胡超：《学院召开建立学院基金并试行奖励制度动员大会》，《华中师院》复刊第 236 期，1980 年 7 月 5 日，第 1 版。

工作条件、生活条件，提供住房福利，解决子女入学、就业等实际问题，切实解除教师的后顾之忧。

4. 完善教师引进培养机制

学校主要从以下几方面入手，尽力完善教师引进培育机制。

一是完善教师管理办法。学校出台并完善了教师的岗位设置与聘任办法，根据岗位设置结构要求，不断优化人员结构比例，合理配置人力资源，提高用人质量与用人效益。加强教师工作的日常管理工作，加强师德和学风建设，严格执行《华中师范大学教师职业道德规范》，通过各种途径和形式加强教师职业道德教育，在聘用、考核、评奖等工作中严格实行师德“一票否决制”。严格执行《事业单位工作人员考核暂行规定》《华中师范大学教职工请假规定》《华中师范大学因公出国（境）审批管理暂行规定》等，逐月对不在岗人员进行清理，对教师履行岗位职责进行严格管理，增强了教师的责任心和敬业意识。

二是加快理顺工作机制。坚持“党管人才”原则，在工作中注意处理好党委领导权、行政管理权和专家学术权三种权力的关系。成立了以校党委书记、校长为组长的人才工作领导小组，作为学校人才工作的最高决策机构，统筹实施人才强校战略。各教学、科研单位成立教师队伍建设工作小组，党政“一把手”任正副组长，小组成员中学科带头人和学术骨干至少占三分之二。学校注重凸显教师在办学中的主人翁地位，充分发挥校院（系）教学、学术、学位委员会和教代会等组织在教师队伍建设中的民主管理和民主监督作用。学校相关部门和单位牢固树立“以师为先”理念，实施“人才工作服务绿色通道”，建立了办事高效、运作协调、行为规范的工作机制，认真解决高层次人才工作中的相关问题。

三是建立健全培养机制。学校完善教师培养体系，深入贯彻落实《华中师范大学“中青年骨干教师培养计划”实施方案》，构建多元化教师培训体系，打造职前、职后培训网络。通过实施“桂子学者特聘教授聘任办法”“优秀青年教师支持计划”“教师国内进修和培训计划”“博士化工程”、初任教师导师制、学科带头人返聘制度、创新团队建设计划、教学团队建设计划、出国外语培训计划等，促进老中青三代教师队伍建设、团队建设，全面提升教师队伍的能力和素质。学校创新人才评价机制，鼓励各教学科研单位根据学科的不同特点和不同的岗位职责健全评价体系，创新评价方法，坚持分类评价、分类考核。学校实行灵活的年度履职考核制度，对学术造诣高深、被同行专家广泛认可，社会影响力大的专家实行无固定期限聘任制，其年度履职考核由所在单位按照学校相关规定直接认定考核等次；对创新团队受聘教师，其年度履职考核标准和办法由团队自行制订并组织实施。学校还加强教师聘期考核，根据岗位职责和聘任（用）合同，依法加强聘期管理工作，对于聘任制教师，聘期考核不合格者予以低聘、转聘或待岗；对于聘用制教师，加强试用期和聘期考核，对考核不合格者直接予以解聘。

四是完善教师补充机制。学校修订出台了《华中师范大学引进高层次人才暂行办法》（华师行字〔2011〕549 号），调整各类引进人才的待遇，增强了学校对人才的吸引力；规范了引进人才程序，强化了院系教授委员会（学术委员会）在选人、用人上的主体作用；强化了对引进人才的管理和考核，避免重引进、轻管理；加大了对人才工作的奖励和约束力度，通过编制、岗位、评优比例、现金奖励等多种方式对单位和个人予以激励和约束；不断拓宽引进人才渠道，鼓励引进高层次拔尖人才，大力引进优秀留学人才，积极从海外全职引进学校急需的学术带头人，积极从海外名校和科研机构聘请高级专业技术人才作为学校专、兼职教师；加强博士后流动站建设，2012 年学校再次新增 3 个博士后流动站，学校博士后流动站总数达到 13 个；注重发挥博士后流动站人才“蓄水池”作用，使优秀博士后研究人员成为学校教师补充的重要来源，博士后招收数量和培养质量都进一步得到提高。

5. 深化院系管理体制改革

除了学校层面的人才队伍保障制度以外，学校还加强了院系层面对人才使用和管理的体制改革。

一是深化校内管理体制改革。学校出台《华中师范大学行政管理机构改革方案》（华师党政字〔2012〕3 号），通过改革转变职能、转变机制、转变作风、提高效率，实现重心下移，理顺行政管理机构与教学科研单位的关系，推动行政管理机构更好地为教学科研服务。通过《华中师范大学教学科研机构改革和专业调整方案》（华师党政字

〔2012〕3 号），学校进一步调整专业结构，原则上坚持以一级学科专业名称为主体来设置学院。学校统筹人才培养、学科建设以及本科教育和研究生教育，结合学校教师队伍和专业建设发展的实际，兼顾传统学科与新兴学科的共同发展，突出学科专业发展优势，带动和促进新兴学科发展。

二是强化校院两级分层管理。学校以目标管理制度的实施为基础，通过人、财、物权的进一步下放，加大校院两级管理体制改革力度。学校赋予学院在教师聘用，考核、奖惩等方面更大的自主权和自由度，建立贵、权、利对等的管理机制，实现人事管理由学校用人向单位用人转变。学校改革职称评审制度，教师的聘用以学院为主，对副教授以下岗位的聘用充分放权，教授以上岗位的聘用由单位提出聘任意见，学校进行审批。学校对教师实行分类管理，学校、学院与受聘教师在平等自愿、协商一致的基础上签订聘用合同，明确各方的权利和义务，并按照岗位职责和任务由学院进行管理。

三是完善校内收入分配制度，包括以下几方面：坚持按劳分配，多劳多得；强化岗位，淡化身份，以岗定酬，岗变酬变；突出重点，支持创新，鼓励冒尖；效率优先，兼顾公平，优劳优酬；根据培养学生人数核定学生经费；根据课堂教学工作量、实践教学工作量、教学研究与课程建设工作量按系数折算成标准课时工作量核定院系课时经费；根据到账科研经费配套科研任务经费；对科研项目设置科研关键岗津贴，对重大、重点科研项目设置特聘关键岗津贴；对教学、科研和管理成果设置奖励津贴；设置校聘关键岗津贴。收入分配制度改革为教学、科研和人才队伍建设提供了政策支持，保证了教师队伍建设的稳定和发展。

6. 大力实施“人才强校”战略

人才是办学之本。学校从建校初期到 21 世纪“十三五”建设、“十四五”建设规划、“双一流”建设时期，均把“人才强校”置于学校建设的重中之重，只是各个时期的提法不同而已。学校在各个时期都积极创新思路，推进师资队伍建设，实施人才强校战略，大力引进各类人才，为各类人才精准制定发展规划，做到不仅以待遇、环境留人，更以感情留人，希望留人，平台留人。

2003年以来，学校全面贯彻党的教育方针，不断创新人才工作机制，努力营造事业引人、待遇留人、情感暖人、环境育人和进得来、留得住、干得好的用人环境，激发广大教师的创造活力和创业热情，形成了人才辈出、人尽其才的良好局面。学校加强师资队伍建设的主要措施有：

一、把教师队伍建设作为立校之本。学校各级领导始终把建设一流的教师队伍作为办学的第一要务和提高办学水平的关键，在谋划发展时考虑人才保证，在制定规划时考虑人才需求，在研究政策时考虑人才导向，在部署工作时考虑人才措施，真正做到尊重人才、关心人才、爱护人才。学校在第十次党代会上提出实施学术立校、人才强校战略，一方面“抓高端”通过实施学者名师工程，培育和引进更多在社会上和同行业内公认的、有重要影响力的名师、名家；另一方面通过“强基础”积极扶持中青年教师的发展，引进和培养一大批具有较强创新能力和发展潜力的中青年后备人才。学校每年定期召开人事人才工作部署会、总结会，多次专门组织召开了全校性专题“人才工作会议”，出台了《华中师范大学关于进一步加强教师队伍建设的实施意见》，并印发了与之配套的系列实施细则，全面推进学校人才工作走向制度化、科学化、规范化。

二、科学制定人才队伍规划。学校制定了《华中师范大学“十一五”教师队伍建设规划》《华中师范大学“十二五”教师队伍建设规划》。“十一五”期间，学校通过推动八项重点工作即创新团队建设、学科带头人培养、高层次人才引进、中青年教师国际化、中青年教师博士化、中青年教师外语培训、中青年教师国内进修、初任教师导师制等极大地提高了教师队伍整体素质。以此为基础，“十二五”期间学校通过实施“高端人才引智计划”“创新团队建设计划”“知名学者支持计划”“创新人才培养计划”“教师国际拓展计划”“教师持续发展计划”“人才特区建设计划”“专职科研队伍建设计划”，力争引进和培养一大批中青年学术骨干，为学校的长远发展打好人才基础。此外，作为“211工程”重点建设高校，学校制定了“211工程”三期队伍建设计划并已顺利通过验收，“211工程”四期建设计划也即将启动。

三、实施教师队伍目标管理。学校人事人才管理每年都有确定的年度工作任务并形成工作要点，年度工作任务向上衔接学校教师队伍规划、学校年度工作要点；同时，结合目标管理制度的实施，学校将年度人事人才工作任务层层分解到职能部门和院系，并以目标任务书的形式予以明确、下发，年初布置任务，年终进行考核，对任务完成优秀和合格的单位可获得目标考核教师队伍建设的单项奖励，任务未完成的单位给予相应处罚。

在"十三五"建设期间，学校的"人才强校"战略总的指导思想为：坚持以改革创新为动力，以制度建设为抓手，以学科建设、人才培养、平台建设的需求为导向，以引进、培养、使用、稳定优秀人才为重点，建设一支规模适度、结构优化、布局合理、素质优良、充满活力的高水平人才队伍。具体内容如下：一是形成高水平人才梯队，实施高端外专创新引领计划，依托学校战略合作伙伴及学院战略合作伙伴网络，积极竞争国家及湖北省各类外专人才计划，成建制、成批次、有目的、有效益地延揽一批高水平外国专家，发挥其引领学科、引进优秀海外人才以及促进学校师资队伍建设的作用；实施知名学者支持计划，遴选 30 名左右专家进入"博雅学者"计划，遴选 50 名左右教授进入"桂子学者"计划，支持他们争取入选各类国家级人才计划；实施"桂子学者"青年人才计划，通过遴选、引进方式纳入 200 名年轻教师，着眼于培养未来的学科带头人。二是优化师资队伍结构，扩大师资队伍规模，加快专职科研队伍建设；提升教师学历学术水平，以引进和深造相结合，增强教师队伍的学历水平和国际化水平；进一步健全辅导员工作队伍成长机制，推动实现队伍职业化、专业化、专家化；优化职员队伍的结构，多渠道加强职员培养培训；完善其他专业技术人员岗位设置，加强其他专技人员的培养；控制工勤人员总量，加强工勤人员的培养培训。三是完善人事分配制度，基于岗位设置、任务和考核，构建以绩效年薪制（基础年薪＋业绩年薪）为主体，协议工资、项目工资等并存的多元收入分配体系，建立吸引、稳定、激励人才的机制和调动教职工积极性、主动性、创造性的制度环境；对在引进、培养、使用和稳定高层次人才、优秀骨干教师方面业绩显著的单位和个人，加大表彰和奖励力度。四是不断提升教师素养，加强对教师职业理想和职业道德教育，注重教师考核环节的师德考核，增强教师的敬业精神和教书育人的使命感与责任感，不断提升教师人格魅力与职业声誉；注重学术氛围的建设，营造教师重教、重学、重研的良好氛围。

（四）师德师风建设

在师资队伍建设中，除注重教师的学术水平及科研能力外，师德师风建设同样重要。学校一直非常重视师德师风的建设，相继研究制订了《华中师范大学关于进一步加强和改进师德建设的实施办法》《华中师范大学教师职业道德行为准则》，将具体内容逐一细化为行为准则，明确师德禁区，依法依规及时处理各类师德失范行为；加强对广大教师的师德师风宣传教育，继续开展师德典型评选工作，树立和宣传师德榜样。2019 年，学校有一人获“全国优秀教育工作者”荣誉称号，一人获“楚天园丁奖”荣誉称号。心理学院党委入选湖北省抗击新冠肺炎疫情先进集体、物理科学与技术学院党委荣获“全国先进基层党组织”称号。

在“双一流”建设期间，学校采取系列措施开展师德师风建设：一是对标十项准则，完善师德师风政策体系，制定《华中师范大学教师师德失范行为负面清单及处理办法（试行）》《华中师范大学关于加强和改进新时代师德师风建设的实施办法》《华中师范大学教职工处分规定（试行）》，制定了师德失范的负面清单、处理程序和条款。二是强化师德师风教育，召开师德师风警示大会，开展师德师风建设专项自查自纠工作，通过集中培训、选派参加各类培训班、线上培训和线下培训相结合、组织新教师宣誓等形式多样的活动，提升教师师德师风素养。三是完善师德考评监督体系，严把教师入口师德关，将教师思想政治素质和师德师风作为聘用或引进教师考评的重要内容，将师德考核纳入岗位聘用、专家推荐、导师遴选、履职考核、聘期考核和评优奖励等与教师有关的各项工作中。

（五）学校加强师资队伍建设的基本经验

回顾学校教师队伍建设工作，一些基本经验值得我们在今后的工作中继续坚持和发扬。

一是学校各级领导的高度重视是教师队伍建设的重要前提。教师队伍建设是一个系统工程、复杂工程、长期工程，没有各级领导的重视，教师队伍的主体地位就难以体现，促进教师发展的政策就难以落实，关心和爱护教师的氛围就难以形成。正是因为各级领导的重视，才有了学校教师队伍建设的长足发展。

二是学校的各项政策措施是教师队伍建设的重要保证。近几年来，学校为了加快汇聚一批高层次优秀人才，制定了一系列文件及配套实施细则，建立了一套激励约束机制，在用人制度上实行聘用制，打破了职务终身制，增强了教师的岗位意识；在收入分配制度上打破了平均主义“大锅饭”，重点向教师倾斜，重业绩、重贡献；在管理制度上重心进一步下移，扩大院系自主权，把教师队伍建设纳入单位年度目标考核内容。这些政策措施使学院有奔头、教师有前途，极大地调动了教师的积极性，从而成为促进教师队伍建设的重要保证。

三是良好的事业环境是教师队伍建设的重要条件。教师的成长和发展离不开良好的学术氛围和事业环境。近几年来，学校坚持贯彻落实科学发展观，坚持以师为先，紧紧依靠教职工办学，在各项工作中注重凸显教师主体地位，大力营造公平竞争的环境和尊师重教的氛围，如在教师职务评聘中充分发挥学术委员会的作用，建立教师申诉机制，坚持政策公开、程序公开、过程公开、结果公开，实行老教授延聘、返聘、优秀教师破格聘任等，从而为广大教师搭建了“能干事、干成事、成大事”的宽阔舞台。教师队伍建设的成就充分表明，学校的良好发展态势和事业氛围既紧紧凝聚着校内的教师，又深深吸引着校外的有志之士。这也说明，为了稳定和吸引人才，我们必须继续保持学校又好又快的发展势头，必须继续坚持以人为本，发挥教师在学校事业发展中的重要作用。

三、学术团队

在华中师范大学学术队伍建设过程中，众多学者团结协作，精耕细作，在诸多学术研究领域中颇有建树，形成了一系列具有较强研究实力和在专业领域成绩显著的学术团队。

1977 年，化学系农药研究室（农药化学研究所前身）建立。1978 年，学校成立了辛亥革命史研究所（中国近代史研究所前身），政治系科学社会主义研究室（科学社会主义研究所前身），教育科学研究所，历史文献研究室（历史文献所前身）。1979 年，刘连寿、李家荣在物理系创建基本粒子理论研究室（粒子物理研究所前身）。学校恢复和新建的研究所、研究室还有：哲学研究室、普通语言学研究室、现代文学研究室、逻辑句法研究室、训诂学研究室和《汉语大字典》编写组、《英语短语词典》编写组、《俄语成语词典》编写组等。在自然科学方面，有应用物理研究所、昆虫病毒研究所、农业自然与区划研究室、计算机及其应用研究室、引力理论及其天体物理研究室、运筹学与控制论研究室等。

1988 年，学校评出 11 个重点学科，即中国近现代史、历史文献学、科学社会主义、理论物理、有机化学、教育基本理论、经济地理、现代汉语、运筹学与控制论、中国现当代文学、昆虫病毒学。在重点学科的建设中，学校采取措施，在人、财、物方面给予优先支持，并取得突出成果。如刘连寿教授领导的粒子物理学科、张景龄教授领导的有机化学学科、张舜徽教授领导的历史文献学科均在该学科领域内保持国内领先地位。此外，章开沅教授领导的中国近现代史学科，于 1988 年 7 月率先跻身国家重点学科队伍。

2003—2013 学年，由“千人计划”入选者王新年领衔申报的高能核物理创新团队入选国家级创新群体，实现了学校在国家级团队方面“零”的突破。这个时期，学校入选教育部“长江学者奖励计划”创新团队 2 个、湖北省创新群体 6 个，新增一批国家级及省部级重点实验室；9 名“千人计划”人选分布在物理、心理、计算机、数学、化学学科，极大地促进了学校所在学科的发展并带动与之相关的一大批学科的深度融合与发展。

截至目前，学校拥有国家“双一流”建设学科 3 个，国家重点学科 9 个（含培育学科 1 个），湖北省优势特色学科（群）5 个，湖北省一级重点学科 22 个。学校现有各类科研机构、实验室、研究院（所、中心）67 个，其中包括国家工程研究中心 1 个，国家工程技术研究中心 1 个，教育部人文社会科学重点研究基地 3 个，国家教材建设重点研究基地 1 个，国家级国际联合研究中心 2 个，全国科普教育基地 1 个，省部共建协同创新中心 1 个，其他省部级人文社科重点研究基地 38 个，其他省部级重点实验室及重点研究基地 20 个。

（一）教育学原理研究团队

1. 历史沿革与现状概述

1952 年华中师范学院组建时，由华中大学、中华大学、国立湖北教育学院、中原大学等院校的教育系合并成立了教育学系，设立了教育学教研室。学校编著的《教育学》教材流传国内，颇有影响。1978 年王道俊、杨葆焜教授领衔招收教育学原理专业硕士研究生，1981 年学校首批获得硕士学位授予权，1996 年学校获得教育学原理专业博士学位授予权，成为中南地区的第一个教育学博士学位授权点。1997 年经专家评审、教育部批准，该学科按“211 工程”重点学科要求立项建设，1998 年和 2003 年两次被评为湖北省重点学科。

2. 主要研究方向

（1）教育基本理论。“教育基本理论”是教育学原理学科的基本研究方向。经过长期的建设和发展，该研究方向已形成比较鲜明的研究特色：特色之一是重视教育基本理论问题的研究，构建了主体教育理论；特色之二是关注教育实践，重视教育实验，本方向教师在探索教育理论的过程中，还密切关注教育实践问题；特色之三是重视教育学科的基础建设。主要表现在两个方面：一是重视教育学的教材建设。王道俊教授主编的《教育学》（人民教育出版社 1978 年版）和《教育学（新编本）》（人民教育出版社 1989 年版）多次再版，发行 400 多万册，成为我国发行量最大、影响最广的教育学教材。二是重视元教育学研究。

（2）德育原理和教育社会学。该方向的特色之一是重视德育理论和实践问题的研究。具体表现在两个方面：一是制度德育的研究，二是德育实效性研究。特色之二是深化教育社会学研究。董泽芳教授早在 20 世纪 90 年代初就出版了专著《教育社会学》，该书出版后多次印刷，影响广泛。该研究方向包括“德育原理”与“教育社会学”两个小方向。

（3）教育政策研究。该方向的特色之一是重视义务教育，特别是“流动儿童”和“留守儿童”义务教育研究。特色之二是重视基础教育财政研究。

3. 团队建设与人才培养

该学科点现有教学科研人员 18 人。从职称看，有教授 10 人（其中博士生导师 9 人），副教授 5 人，讲师 3 人；从年龄看，56～60 岁 1 人，46～55 岁 6 人，36～45 岁 7 人，35 岁以下 4 人；从学位看，具有博士学位的 15 人，具有硕士学位的 3 人；从学缘看，有 8 位博士毕业于华东师范大学、南京师范大学、香港中文大学和莫斯科师范大学。此外，周洪宇等 3 人享受国务院颁发的政府特殊津贴，涂艳国等 4 人为全国教育科学规划项目评审组成员，范先佐教授入选教育部首届人文社会科学跨世纪人才培养计划，王坤庆等 6 人入选湖北省跨世纪人才培养计划。

该学科点在保证人才培养质量方面采取了一系列措施并取得较好成效：(1) 坚持办好"教育学"本科专业，为研究生教育培养优质后备人才。近些年，有些重点师范大学因办学层次的上移而停办了"教育学"本科专业，学校则坚持招收"教育学"专业的本科生，并对这个专业的培养目标加以调整，主要为研究生教育培养后备人才。(2) 加强教师队伍建设，提高教师队伍素质。(3) 加强教学研究，深化教学改革。(4) 强化学生的研究意识和创新精神，提高学生的科研能力。

该学科点从 1997 年开始招收博士研究生，至 2006 年共招收博士研究生 10 届 101 人（其中留学生 12 人），已获得博士学位的 53 人（其中留学生 2 人）。他们之中有不少人已经成为所在单位的学术骨干和业务领导。

4. 主要学术成果

该学科点坚持为繁荣和发展教育科学服务，为教育的改革和发展服务，积极开展科学研究工作；2001 年以来，共承担省部级以上科研课题 20 项，地方有关部门委托课题 15 项，获得科研经费 500 余万元。在课题研究的基础上，该学科点自 2001 年以来共出版学术著作及教材 33 部，发表论文 300 余篇，获全国教育科学研究优秀成果、中国高校人文社会科学研究优秀成果等省部级以上科研奖励 15 项；在教育学的基础研究、主体教育理论研究、义务教育政策研究等方面形成了鲜明的特色，在该学科领域有较大的学术影响。

5. 学术交流

据不完全统计，该学科点教师共有 200 余人次参加国内的各种学术会议，同期还主办了多次全国性学术会议。此外，每年大约有10名国内教育学专家应邀来学校讲学，该学科点也有不少教师应邀前往兄弟院校进行学术交流。

该学科点近几年多人多次出国出境进行学术访问或参加国际会议，涂艳国、杜时忠、周洪宇、范先佐、雷万鹏等教授还在国际会议上做特邀报告或大会发言。每年大约有5位国外教育学专家来校进行学术访问或专题讲座。

（二）中国近现代史研究团队

1. 历史沿革与现状概述

华中师范大学中国近现代史学科发展于20世纪50年代初期。中国近现代史学科学术带头人章开沅先生从1961年起即潜心研究辛亥革命，20世纪80年代推出和林增平主编的3卷本《辛亥革命史》，推动了辛亥革命史乃至中国近代史的研究，在国内外史学界产生重大影响。1981年学校中国近现代史学科获得全国首批博士学位授予权，1984年经教育部批准，建立了有专职科研编制的中国近代史研究所。在该学科点的影响和带动下，1995年学校历史学科成为国家文科基础学科人才培养和科学研究基地；1997年该学科点被教育部批准按照“211工程”重点学科要求立项建设；2000年经过教育部专家组评审，学校中国近代史研究所被评为教育部人文社会科学重点研究基地。该学科1988年、2002年、2007年连续被批准为国家重点学科。

2. 主要研究方向

（1）中国近代政治史。该方向着重致力于辛亥革命史研究，曾开展了对革命与改良的关系、近现代政治制度变迁、中外早期政治现代化比较等相关专题的研究。近期推出的“辛亥革命研究系列”中的五部学术专著，不仅对晚清改革在中国现代化发展中的地位与作用进行了新的探讨，而且就辛亥革命对近代中国社会的影响也进行了科学的评估，进而剖析了近代中国政治变革与经济转型的关系。特别是对“南京大屠杀”新史料的发现、整理和研究，有着深刻的社会影响和积极的现实政治意义。先后出版《南京大屠杀的历史见证》、中英文版《天理难容——美国传教士眼中的南京大屠杀》《从耶鲁到东京：为南京大屠杀取证》。

(2) 中国近代社会经济史。该方向在国内学术界率先开辟近代中国商会及其他商人组织这一新领域的研究，同时还开展了对近代资产阶级、经济制度与经济政策的发展演变、经济习俗、中国近代手工业史等专题研究。除继续深化拓宽了具有特色和优势的商会史研究外，又开展了对民国时期律师、医师、会计师、工程师等专业群体的研究。

(3) 中国近代思想文化史。借助社会学、文化学和传播学的研究方法，对近代长江流域的学术与文化转型进行深入探讨，阐明近代长江流域文化的个性特色，取得了一批重要成果；对近代中国宗教文化，特别是中国近代基督教史和教会大学史的研究，是该方向开拓的新研究领域；并成立了东西方文化交流研究中心。

3. 团队建设与人才培养

该学科点经过多年建设，现已具有一个研究人员充足、学术水平高、年龄和学历结构合理的精干学术团队。该学科点现有研究人员教授 10 人，副教授 7 人，具有博士学位的有 13 人。该学科点的学科带头人章开沅教授是国内外享有广泛学术影响的著名历史学家，马敏教授和朱英教授为中年学术带头人。尤为突出的是，该学科点已拥有一批 30 岁左右、在学术界崭露头角的青年学术骨干。

该学科点素以培养高水平专业人才而受到海内外近代史学界称赞，毕业于该学科的不少研究生现已成为近代史学界相当知名的学者。如桑兵、虞和平、马敏、朱英、王奇生等。近五年来，该学科点秉承传统的优良学风，采取各种丰富多样的方式，在人才培养方面又取得了新的成效。有 7 篇学位论文入选湖北省优秀博士学位论文。

在研究生培养上，该学科点不仅根据需要及时修订研究生培养方案和计划，完善培养制度，而且注重结合新的研究领域开设新的课程，及时传授近代史学发展的新动态，优化研究生的知识结构；同时还通过奖励、评先等方式激励研究生在科学研究中多出成果出好成果。该学科点定期举办研究生论坛，拓宽师生之间学术交流的渠道。

4. 主要学术成果

“十五”期间是该学科点在科学研究方面取得突出成就的重要时期。主要体现在以下几个方面：

首先，该学科点取得的各类科研项目大大超过了以往任何一个五年。在此期间已完成科研项目 17 项，其中国家社科基金和教育部重点研究基地重大项目 4 项，教育部规划项目 3 项，湖北省社科规划项目 5 项，国际和国内合作项目 5 项。这五年各类在研项目 38 项，其中国家社科基金项目 10 项，教育部重大攻关项目 1 项，教育部重点研究基地重大项目 7 项，教育部其他项目 4 项，国家清史纂修工程项目 6 项，国际国内合作项目 10 项。已完成和在研项目合计 50 余项，批准经费总共约 750 万元。

其次，该学科点取得的科研成果数量之多，达到前所未有的程度。近五年共出版各类学术著作（含主编）40 余部、发表论文 300 余篇，其中在 CSSCI 收录的学术刊物上发表论文 186 篇。

再次，该学科点的科研成果产生了重要的学术影响，取得多项省部级奖励。在此期间，已发表的论文被《新华文摘》《中国社会科学文摘》转载 12 篇（次），被《高等学校学术文摘》、人大复印资料转载 60 余篇（次）；先后 12 次获得省部级优秀成果奖励。

5. 国内外学术交流情况

该学科点举办学术研讨会多次。此外，还设立专门的学术基金提高学术交流的层次。2001 年底，在海内外学者和学校各相关部门的大力支持下，该学科点成立了“章开沅东西方文化交流研究中心”和“章开沅东西方文化交流基金”；共邀请海内外学者举行学术讲座 48 人（次），该学科点人员出席海内外学术研讨会和出国境访问讲学 178 人（次），其中较为重要的学术研讨会有 86 人（次），提交论文百余篇。

（三）农药学研究团队

1. 历史沿革与现状概述

20 世纪 60 年代初，在著名农药化学家张景龄教授的倡导下，学校开始新农药研制与开发的研究。1982 年农药化学研究所建立，由张景龄教授担任首任所长。1978 年全国首批有机化学硕士学位授权点建立；该学科 1993 年获农药学硕士学位授权点；1998 年获农药学博士学位授权点，并被评为湖北省重点学科；1999 年被教育部批准设置农药学“长江学者”特聘教授岗位；2003 年批准建设“农药与化学生物学教育部重点实验室”和“湖北省农药工程技术研究中心”；2004 年获得农业推广（植保）专业硕士学位授予权；2005 年，批准设立“湖北省中小企业农药共性技术推广中心”，招收项目博士后，同时被列入国家“211 工程”重点建设学科。

2. 主要研究方向

（1）基于靶标结构的农药合理设计、合成及构效关系研究。该方向通过综合运用现代分子生物学技术、有机合成技术和分子模拟技术，从小分子与靶标的相互作用的角度出发，利用计算机辅助手段开展农药分子设计，有效克服了传统随机筛选的盲目性，提高了分子设计的效率。

（2）农药活性杂环化合物的合成方法学研究。该方向发展了基于官能化膦亚胺氮杂 Wittig 反应的杂环化合物合成新方法研究，发展了一种自分类串联多组分反应策略，应用有机催化合成光学活性农药活性化合物，为构建结构多样性杂环化合物库奠定了良好的技术平台。

（3）手性农药的不对称合成及化学生物学研究。该方向发展了多种高效不对称合成技术（包括有机金属催化和小分子有机催化等），将其应用于三唑类杀菌剂的不对称合成、具有除草活性的 α-羟基烃基磷酸酯的不对称合成，并建立了一套有效的研究手性农药立体异构体与生物活性之间的关系以及手性农药生物活性差异的分子机制的策略。

（4）农药残留分析及污染控制技术的基础研究。该方向将现代绿色化学技术和生物技术有机结合，发展高灵敏度农药残留检测技术和高效农药污染物控制和降解技术，尤其是在农药的光催化降解以及分离筛选有机磷农药生物降解菌方面取得了阶段性成果。

（5）农药生物化学与农药作用的分子机制。该方向将现代分子生物学技术（PCR 技术、点突变技术）和生物物理技术（如核磁共振技术、激光共聚焦、表面等离子共振技术等）应用于农药活性小分子与作用靶酶之间的选择性相互作用研究，从而揭示农药作用的分子机制以及抗性的分子机制。

3. 团队建设与人才培养

该学科点现有教授 15 人、副教授 9 人、讲师 8 人。其中，教育部科学技术委员会化学化工学部委员 1 人，国家自然科学基金海外青年合作研究项目（杰出B类）资助获得者1人，教育部跨（新）世纪优秀人才4人，4人享受国务院政府特殊津贴，6人享受湖北省政府特殊津贴或被授予湖北省有突出贡献中青年专家荣誉称号，3人分别入选湖北省新世纪高层次人才工程第一、二层次，1个湖北省创新群体，5人获得湖北省杰出青年人才基金资助。

为确保人才培养质量，该学科点多次修订研究生培养方案，及时更新教学内容，注意吸纳农药学及相关学科的最新研究成果，把研究生的科研思维能力、实验技能、学术表达能力作为培养重点。2001年以来，该学科点博士和硕士研究生以第一作者发表SCI收录论文218篇，有3篇博士学位论文和5篇硕士学位论文被评为湖北省优秀博士学位论文和优秀硕士学位论文，有1名博士研究生在读期间获得湖北省自然科学三等奖（第一完成人）。

4. 主要学术成果

从“六五”开始，在国家重点科技攻关计划、国家“973计划”、国家自然科学基金等重大科技计划的持续支持下，该学科点围绕“绿色化学农药创制的化学及生物学基础”这一总体目标，集中开展了五个方向的研究。该学科点在2001年至2006年期间，获得各类科研项目78项，总经费4260.6万元，其中获得国家和地方政府的纵向项目经费3501万元。发表SCI收录论文289篇（其中影响因子大于2的论文100篇），申请中国发明专利36项（获得授权16项）、国际PCT专利2项。自主创制的新型除草剂氯酰草膦（试验代号HW02）获得农药临时登记，候选杀菌剂苯噻菌酯（试验代号Y5247）已经完成两年田间药效试验和第一、二阶段毒性试验、小试合成工艺研究，高活性化合物Y4318和HWS进入田间药效试验阶段。获得教育部自然科学一等奖1项、湖北省自然科学一等奖1项、湖北省自然科学二等奖3项、湖北省科技进步二等奖1项、湖北省自然科学三等奖1项以及湖北图书奖1项。

5. 学术交流

近几年，该学科点先后承办了5次全国性学术会议，先后有14人次应邀出席国际学术会议，并作邀请报告。每年到校讲学的国内专家均保持在30人次以上，李正名院士、沈演初院士以及农药学资深学者陈万义教授等一大批著名科学家都先后应邀来校讲学。该学科点还先后邀请了多位国际著名学者来校讲学，包括英国先正达公司 Strobilurin 杀菌剂发明人 John Clough 博士、加拿大科学院院长、院士 Howard Alper 教授等。该学科与英国先正达公司、德国拜耳公司、美国陶氏益农公司以及美国肯塔基大学药学院、日本京都大学、英国 St. Andrew 大学等国际著名研究机构建立了良好的合作关系。

（四）汉语言文字学研究团队

1. 历史沿革与现状概述

华中师范大学的汉语言文字学学科发展于 20 世纪 50 年代，当时的中文系设语言教研室，1988 年，学校成立语言学研究所，邢福义教授出任所长。1996 年，该学科点正式取得博士学位授权。1999 年组建汉语言华中师范大学语言与语言教育研究中心，同年经教育部批准建立语言学系。2000 年 11 月，通过教育部专家组评审被批准为“教育部百所人文社会科学重点研究基地”，同年该学科点被教育部批准按“211 工程”重点学科的要求立项建设。2000 年 12 月，以该学科为主要支点，中国语言文学获得博士硕士学位授权一级学科。2001 年 3 月，该学科点经批准中国语言文学设立博士后科研流动站。2002 年被批准为国家级重点学科，2007 年通过考核评估，再次被批准为国家级重点学科。

2. 主要研究方向

该学科立项建设时，设立了现代汉语、汉语史和汉语应用 3 个研究方向。3 个方向“本”“用”结合，相辅相成。

（1）现代汉语。该方向是该学科点的建设重点，实力雄厚，优势明显，特别是在共同语语法和句法逻辑的研究上，多年来以复句、小句为研究“据点”，不断拓宽研究领域，提出了“小句中枢和小句三律”“动词核心和名词赋格”“句法结构的兼容性和趋简性”“复句格式对语义关系的反制约”等一系列重要的学术观点，形成了“两个三角”“三个充分”的研究思路和方法。在汉语方言特别是方言语法的研究上，由“点”及“面”，在单点考察的基础上进行多点方言的比较研究，并纵观历史，揭示有关现象的发展轨迹及演变规律，取得了颇有影响的成果。

(2) 汉语史。该方向在历史词汇学（含训诂学）研究方面，“实”“论”并重，将微观的个案考察和宏观的理论思考结合起来，并深入揭示汉语词汇与古代文化的互动共变关系，展现出立体多维的研究风格。在汉字学领域，重视简书帛书的研究，并在字义考释的同时，注重文化阐释；特别是在楚、秦、汉简帛的资料搜集与研究上，成果突出，得到国内和国际汉学界的充分肯定。

(3) 汉语应用。该方向是将汉语本体研究的成果应用于语言信息处理和语言教育，主要跟中国科学院声学研究所知识创新基地合作，进行“基于 HNC 的自然语言理解与处理”方面的研究。该研究属于国家“973”科技攻关重点项目，现已取得部分成果，有的成果（如句类分析技术）达到国际领先水平（中国信息产业部专家组鉴定意见）。该学科点一向重视语言教育研究，特别是在汉语母语习得的研究，将个案研究和群案研究结合，事实描写和理论概括结合，勾画了汉族儿童习得母语的大致过程，揭示了儿童语言发展的一些重要规律，并将语言习得的研究成果逐步向第二语言的学习迁移。

3. 团队建设与人才培育

学科的建设，核心在学术团队的建设。该学科一向重视“以人为本”，历来主张队伍建设要做一种前瞻性的筹谋，始终把团队建设作为学科建设的龙头来抓，力求组建一支生机勃发、上传下承，能够适应现代社会和学科发展要求的研究梯队。

“外引内培”是该学科团队建设的基本方针。“外引”是从国内和国外引进高层次的优秀人才。比如，2002 年引进了 36 岁的博士生导师储泽祥教授，2003 年引进了美国博士、新加坡国立大学 41 岁的徐杰教授，他们都是在学界有相当影响的青年学者。“内培”是自己培养留用博士和博士后，或通过不同方式培养青年教师。该学科先后选留了多位硕士、博士和博士后，充实到不同的学科领域。

通过“外引内培”，该学科的队伍状况得到了较大改善。现有教研人员 29 人，包括教授 14 人（其中博导 12 人），副教授 8 人，讲师 7 人；博士 22 人，在读博士生 4 人，硕士 1 人。从年龄上看，60 岁以上的 2 人，56～60 岁的 1 人，46～55 岁的 7 人，36～45 岁的 9 人，35

岁以下的10人。以知名学者为上端，以拔尖中年学者为中坚，再以前景看好的青年学者为后续，形成了一支学历层次高、年龄和职称结构合理，既有高度凝聚力又有连锁递进性的“老中青”金字塔式的学术团队，能够保证学科的可持续发展。

“文理工交叉”是该学科点团队建设的发展战略。为了适应现代社会对语言研究的要求，加强语言的应用研究，促进学科的交叉融合，该学科点还注意集结各方面人才，吸收相关学科的中青年学者充实队伍，组建一支文理工交叉的研究团队。

该学科点一向十分重视人才的培养，曾培养出李宇明、萧国政、徐杰、蒋平、储泽祥、李向农、吴振国、汪国胜等一批知名的中青年学者，得到学术界的赞誉。

在人才培养上，积极探索人才培养的有效思路。该学科点特别重视学生素质的培养，在多年的实践中形成了自己的一套培养思路：突出两条“教学链”—“学习链”（课程学习—研究实践—学位论文）和“指导链”（学习指导—研究指导—合作研究）；强调三个“着眼点”——进攻意识、研究能力、优良学风。

该学科十分注重培养适应社会和学科发展需要的复合型人才。社会和学科的发展，需要学科的交叉与融合，需要能够融通不同学科知识、进行跨学科研究的复合型人才。为了培养复合型和应用型人才，该学科先后增设了“中外语言对比”和“中文信息处理”两个专业方向。

4. 主要学术成果

通过项目研究，产出重大成果，形成学术特色，是该学科点科学研究的基本思路。

（1）科研项目。根据学科优势和发展定位，统筹规划，精心组织，积极争取各类科研项目。该学科点共主持研究项目35项。其中，国家重点项目1项，一般项目3项，青年项目4项；教育部重大项目7项，一般项目4项；国家语委项目7项，湖北省项目2项，“211工程”项目1项，横向项目6项。项目经费总计453万元，其中纵向经费308.5万元，年平均经费90.6万元。

（2）科研成果。该学科点在商务印书馆、中华书局、三联书店等出版社出版著作 32 部，在《中国语文》《方言》《当代语言学》《语言文字应用》《语言研究》《世界汉语教学》《古汉语研究》等刊物发表论文 260 余篇，其中《中国语文》7 篇，CSSCI 论文 110 余篇。

5. 学术交流

该学科点的学术交流活动相当活跃，成为学科发展的重要推力。举办和联办了多场学术会议。该学科点举办的学术会议，特别是汉语语法专题系列国际会议，体现专题化、系列化、讲求实效的特点，国内外与会学者给予了高度评价。数十位学者到该学科点访问讲学，该学科点人员参加国际和国内重要学术会议 100 多人次，赴新加坡、泰国、中国香港等地讲学和参加合作研究 20 多人次。为了加强研究成果的交流，该学科点开辟了《汉语学报》和“华中语学论库”两个学术阵地。

（五）中外政治制度研究团队

1. 历史沿革与现状概述

中外政治制度是学校长期发展和重点建设的学科之一。1984 年，学校成立科学社会主义研究所，1985 年，该学科点获得政治学理论专业硕士学位授予权，1993 年，开始招收行政学专业中外政治制度研究方向硕士研究生。1997 年，按照教育部“211 工程”重点学科要求立项建设“科学社会主义”重点学科，“中外政治制度与基层政权”是其中的研究方向之一。1998 年，中外政治制度成为学校重点学科建设立项的学科。2000 年，中外政治制度学科点成为全国首批本专业博士点。2003 年被批准为湖北省重点学科。2005 年，依托该学科点设立的“湖北省城市社区建设研究中心”被批准为湖北省人文社会科学重点研究基地。

2. 主要研究方向

(1) 民主制度与基层治理研究方向。此方向将民主理论与中国实际相结合，注重社会调查，形成了实证、实践和实验的研究风格；同时，以实际问题为导向，注重对策研究，在调查实验基础上，提出从“基本理论、基本方法、基本范式”等方面加强研究深度，进行理论创新。本方向在全国率先开设地方政府学，出版第一部高等教育“十五”

国家级规划教材《地方政府学》，这也是致力于中外地方和基层政权和政治的系统研究并进行的理论概括和解释。

（2）比较政治制度研究方向。此方向注重运用比较研究方法，着重研究中国和其他国家政治制度的比较、当代中国政府与政治和宪政制度。本方向在相关研究中追寻国内外比较研究方法的历史发展和变化，结合中国的政治实践和学术实践，探索构建新的范式和分析框架。这种创新尝试在徐育苗教授主编的“中外政治制度比较”丛书和《中外政治制度比较》专著中得到了充分体现，上述成果也是国内较早对中外政治制度进行比较全面和系统分析的系列丛书。

（3）行政制度与公共政策研究方向。该方向始终坚持唯物辩证法的方法论原则，注重“五个结合”——制度分析与经验分析相结合、政治分析与生态分析相结合、综合分析与典型分析相结合、现实分析与历史分析相结合、定性分析与定量分析相结合，致力于对当前我国行政管理与公共政策中面临的重大体制和政策问题进行专题研究，并强调应用性，主动面向国家建设和发展的需要，开展对现实问题的对策性研究，本方向以行政制度的比较研究，系统研究和公共政策的量化分析见长。

3. 团队建设与人才培养

该学科学术团队梯队结构合理，专业研究能力强。目前从事该学科研究的专业人员有 28 人，其中教授 12 人，副教授 9 人。1 人为国务院学位委员会学科评议组成员，1 人被遴选为教育部社会科学委员会委员，1 人被评为教育部文科首批“长江学者”奖励计划特聘教授，1 人入选教育部新世纪优秀人才支持计划，4 人成为省级专家。中青年教师大多具有博士学位。

该学科点研究生和博士后数量迅速增加，从 2001 年招收硕士研究生 28 名、博士研究生 6 名，到 2006 年招收硕士研究生 77 名，博士研究生 19 名，博士后 3 名。在研究生招生规模扩大的情况下，该学科点通过采取打基础、下基层、社会实践中锻炼、建基地、设基金等一系列措施提高研究生培养质量，取得了喜人的成绩：1 篇博士学位论文获得湖北省优秀博士学位论文。研究生在校期间在 CSSCI 刊物发表学术论文 69 篇，出版专著 3 部。1 名博士后获得全国第 38 批博士后基金资助。1 篇论文获全国百篇优秀博士学位论文提名奖，1 篇论文被评为全国百篇优秀博士学位论文。

4. 主要学术成果

该学科点曾经连续承担国家社会科学基金“七五”“八五”“九五”规划重点项目。2001 年至 2006 年，承担和完成的国家社会科学基金项目 6 项，国务院各部门和中央各部委项目 19 项，省和地方政府项目 21 项，企事业单位委托项目 13 项，国际合作项目 4 项，其他项目 12 项，总计科研经费 615.24 万元。出版著作 30 部，在 CSSCI 刊物发表论文 204 篇，向党政部门提交调研和咨询报告 47 篇，被采纳 24 篇。完成重点立项的有“中外政治制度比较丛书”“地方政府与基层治理研究系列丛书”。科研成果获得省级以上奖励 14 项，其中中国高校人文社会科学研究优秀成果二等奖 1 项，湖北省社会科学优秀成果奖 9 项，武汉市社会科学优秀成果奖 4 项。

5. 学术交流

该学科点多次举办全国性学术会议和国际性学术会议，多次邀请澳大利亚迪肯大学、美国斯坦福大学、韩国仁济大学等校知名教授和国内知名学者讲学，出国（境）参加学术会议或进行访问的人次不断增多，多次接收国内外访问学者。该学科点人员还承担了福特基金会“参与式财政与改善农村治理研究”、中—欧村务管理项目组“选举后的村务管理研究”、福特基金会“中国城市社区治理”、乔治·华盛顿大学“农村法律援助大学生志愿者”等国际交流合作项目。

（六）科学社会主义与国际共产主义运动研究团队

1. 历史沿革与现状概述

科学社会主义与国际共产主义运动是学校长期重点建设的学科之一。1978 年，学校成立了科学社会主义研究室。在老一辈学者高原、李会滨等教授的带领下，一批教师长期从事该专业研究。该学科点是科学社会主义专业全国第一批硕士点，第二批博士点。1984 年，学校成立了科学社会主义研究所。2000 年，以该学科点为主要支撑建立的华中师范大学中国农村问题研究中心成为教育部人文社会科学重点研究基地。2002 年，该学科点被批准为国家重点学科。2007 年顺利通过考核评估，再次被批准为国家重点学科。

2. 主要研究方向

（1）科学社会主义理论研究。该学科点发挥长期积累的基本理论研究的优势，对社会主义发展的历史进程进行深入系统的研究，科学总结社会主义的历史经验和教训，以深化对社会主义建设规律的认识。“十五”期间，该学科点承担了“马克思主义理论创新与社会主义历史命运”“社会主义发展的历史进程研究”等国家社会科学基金项目，紧紧围绕社会主义发展进程这一主题展开研究。

（2）当代世界社会主义研究。该学科点发挥对原苏联东欧社会主义国家研究的优势，跟踪研究世界社会主义的进程，积极开拓新的研究领域。“十五”期间，该学科点承担了“苏东剧变后的世界社会主义运动与两制关系研究”“原苏东国家工人阶级政党执政历史研究”等国家社会科学基金和教育部重点研究基地重大项目，对苏联东欧国家剧变后世界社会主义运动出现的新变化、新情况和新问题进行研究，同时对原苏东国家工人阶级政党执政历史进行专门系统研究。该学科点还将当代资本主义国家共产党研究这一领域作为“十五”期间的研究重点。

（3）社会主义现实问题研究。该学科点发挥理论与实践相结合的优良传统，积极探索和研究中国特色社会主义建设中的实际问题，以扎实的调查和研究成果为中国特色社会主义建设服务。“三农”问题是中国特色社会主义建设中的重大现实问题。“十五”期间，该学科点利用获得教育部人文社会科学重点研究基地的条件，进一步拓展了“三农”问题的研究领域，承担了教育部首批哲学社会科学研究重大课题攻关项目“我国农村和农民问题研究”。特别是为中央和地方决策部门提供了多份有价值的调研和咨询报告，并得到高度重视。中共中央政治局委员、中共湖北省委书记俞正声专门批示肯定有关报告。本方向的学术带头人还就“我国的社会主义基层民主政治建设”专题为中共中央政治局集体学习进行了讲解。另外，该学科点在研究中国特色社会主义建设中的民族问题、城市社区建设、文化和道德建设问题方面也取得了突出的进展。

3. 团队建设与人才培养

目前，主要从事该学科研究的专业人员有 31 人，其中教授 16 人。

55 岁以下的中青年教师已成为主要学术力量，占该学科点专业人员的 90％以上。中青年教师基本上具有博士学位。该学科点有 1 人被评为教育部首批文科“长江学者”奖励计划特聘教授，1 人入选教育部新世纪优秀人才支持计划，1 人为国务院学位委员会学科评议组成员，1 人遴选为教育部社会科学委员会委员，3 人遴选为省级有突出贡献的专家。

毕业于该学科点的研究生中有不少成为该学科有影响的学者。该学科共有 3 篇博士学位论文获得全国百篇优秀博士学位论文，1 篇获提名奖，9 篇博士学位论文获湖北省优秀博士学位论文。研究生在学期间在 CSSCI 刊物发表学术论文 126 篇，有的被《新华文摘》所转载；出版专著 4 部。

在研究生培养过程中，该学科点重视思想政治教育与专业学习相结合，保证学生有坚定的马克思主义政治立场；重视书本学习与社会实践相结合，使学生在伟大的中国特色社会主义实践中加深对科学社会主义的认识；重视导师集体培养与导师个人指导相结合，以保证学生有广博的基础知识和精深的专业修养。为了培养研究生的创新能力，该学科点在全国设立了 22 个调研和社会实践基地，鼓励研究生深入社会实践，在实践中加深对理论的理解，在实践中发现问题，并带着问题开展进一步的理论研究。

4. 主要学术成果

该学科点曾经连续承担国家社会科学基金“七五”“八五”“九五”规划重点项目。“十五”期间，该学科点共获得国家社会科学基金项目 10 项，教育部各类社会科学基金项目 13 项，省（市）级项目 9 项，横向和其他类型项目 37 项，总计到账经费 572.21 万元。出版著作 34 部，在 CSSCI 刊物发表论文 241 篇，7 篇论文被《新华文摘》转载，8 篇论文被《中国社会科学文摘》和《高校学校文科学术文摘》转载，向党政部门提交调研和咨询报告 47 篇，被党政司局级以上部门所直接采纳的报告有 27 篇。获得省级以上奖励共 27 项。共获得中共中央宣传部“五个一工程”“一本好书”奖 3 项，中国高校人文社会科学研究优秀成果奖 2 项，“中国图书奖” 1 项，湖北省社会科学优秀成果奖 18 项，武汉市社会科学优秀成果奖 5 项。

5. 学术交流

该学科点“九五”期间召开的两次有关社会主义的国际学术研讨会产生了较大影响。“十五”期间，该学科点举办国际学术会议 2 次，全国性学术会议 5 次，特别是围绕“三农”问题召开的国际和全国性学术研讨会产生了广泛的影响。邀请多名国内外著名学者到该学科点讲学，如德国的著名马克思主义研究学者贝克曼教授、法国的马克思主义研究学者托尼·安德列阿尼教授等。该学科点教师多次出国（境）参加学术会议或进行学术访问，参加国际学术研讨会的学者均做了会议主题发言。

另外，该学科点适应网络信息社会的要求，创办大型学术网站。以科学社会主义与国际共运为主要内容的“中国政治学网”，现访问量已达 45 万人次。以中国农村和农民问题研究方向为主要支撑的“中国农村研究网”，访问量达 686 万人次，被评为教育部十大学术网站。以社区建设研究为主要支撑的“中国城市社区网”，访问量达到 26 万人次。

（七）马克思主义基本原理研究团队

1. 历史沿革与现状概述

自新中国诞生以后，学校即成为中南地区马克思主义研究、宣传、教育的中心，政治教育系从 1953 年起即培养本科生，为高校输送了大批马克思主义理论人才，在马克思主义哲学、马克思主义政治经济学、科学社会主义三个方面的研究上都具有雄厚的基础。学校马克思主义哲学、马克思主义政治经济学、科学社会主义三个学科是全国首批获得硕士学位授予权的学科，科学社会主义、马克思主义哲学学科具有博士学位授予权。自 20 世纪 90 年代以来，学校的马克思主义理论与思想政治教育学科就形成了自己的特色，并受到全国高校的关注。学校的马克思主义基本原理学科作为先前的马克思主义理论与思想政治教育学科的重要组成部分，建设起步相对较早，20 世纪末开始招收马克思主义理论教育方向的硕士研究生，2002 年开始招收马克思主义世界观、价值观与人生观方向的博士生。华中师范大学是全国首批设置思想政治教育专业的高校，是全国首批获得马克思主义理论与思想政治教育专业硕士点、博士点的单位，也是全国首批获得马克思主义理论一级学科博士点的单位。

2. 主要研究方向

（1）马克思主义经典著作与基本原理研究。该研究方向通过对马克思主义经典著作文本的解读，从总体上把握马克思主义基本原理。①注重马克思主义经典作家的经典文本的研究与解读。在经典文本的研究上，一是注重经典文本产生的背景研究，二是注重经典文本的比较研究，三是注重经典文本研究方法与视野的创新。②注重马克思主义基本原理的研究。本学科点重点加强了马克思主义关于人的自由与人的发展思想、人性与人的本质观、社会规律观、价值观、社会发展观、劳动价值论、分配理论、公平观、社会主义本质观研究等。③加强马克思主义经典文本的教学，促进人才培养。在教学中，力图达到马克思主义经典文本讲授的原汁原味性，并通过原著研读深化对基本原理的理解。

（2）马克思主义基本范畴及科学体系研究。该研究方向通过范畴研究和体系研究，丰富和深化马克思主义理论宝库，揭示马克思主义理论的逻辑构架、变革奥秘和理论创新。①以范畴为基点，透析理论的逻辑构建。从微观上清晰地洞见马克思主义理论得以构建的逻辑理路；结合社会关系的变革或变迁，通过对个别重要范畴的意义和地位的重新解读，探析马克思主义理论的整个范畴体系结构的变化。②以体系为突破口，展示理论更新的深层奥秘。③以范畴与体系研究的有机结合，推进理论的不断创新与发展。多年来，本方向的学术团队极为重视马克思主义哲学、政治经济学和科学社会主义内在逻辑联系的研究。尤其重视对马克思主义历史观的研究，在国内外原创性地提出了有关历史唯物主义逻辑结构的双层结构理论。

（3）马克思主义理论教育规律与方法研究。对马克思主义理论教育的理论和实践的研究是该学科点极具特色的研究方向，包括：①系统研究马克思、恩格斯、列宁、斯大林的理论教育、政治教育理论。该学科点对马克思主义经典作家的思想政治教育论述和中共中央有关思想政治教育的重要文献开展研究早，对党的思想政治工作的优良传统也率先作出了归纳、总结和论证。②重视开展坚持和巩固马克思主义在意识形态领域指导地位的研究。③既研究马克思主义基本原理，又研究理论教育、日常思想政治教育的规律。该学科点以马克思主义理论为指导研究知识分子问题，曾连续三次获得国家级课题，已结项两个项目，其成果获得较高社会评价，在推动高校教师思想政治工作中起了带头作用。该学科点在坚持马克思主义整体性原则，推动马克思主义理论学科建设和高校思想政治理论课的教学改革方面的研究成果，在国内同行中也产生了较大的影响。

3. 团队建设与人才培养

该学科研究人员整齐，学术梯队合理，现有专业研究人员 33 人，其中教授 12 人，副教授 14 人，讲师 7 人，具有博士学位的人员有 19 人。在研究人员的年龄结构上形成老、中、青梯次配备，其中，61 岁以上者 1 人（延聘），46～55 岁之间的 12 人，36～45 岁的 13 人，35 岁以下的 6 人。

本学科点 2001 年开始招收马克思主义理论方向的博士研究生（2006 年 1 月获得马克思主义理论一级学科博士授予权，开始招收马克思主义基本原理博士研究生），已招生 6 届，共 28 人，已获博士学位的 7 人。该学科点在读硕士研究生 32 名，博士研究生 26 名。已获博士学位的 7 人都已成为学有专长、治学严谨、勤奋务实的专业人才，他们均在该学科领域取得了一系列质量较高的学术成果，并成为各单位的学术骨干。该学科点在保证人才培养质量方面采取的主要措施有：第一，夯实基础，形成完整的马克思主义基本原理博士生培养体系；第二，拓宽视野，强调博大与专精相结合的治学精神，引导学生养成严谨踏实的治学态度；第三，强调从问题研究入手，坚持理论联系实际，运用马克思主义理论和方法指导对问题的研究和探索。对于学位论文，要求注重对经典著作的引用和深入解读，论述之中注重逻辑性和创新性。第四，要求学生在撰写毕业论文时所引用的文献具有权威性，同时必须核对原著，一丝不苟。

4. 主要学术成果

该学科点自 2001 年至 2006 年期间出版学术著作 21 部，发表学术论文 213 篇，已完成各级各类项目 21 项，在研项目 58 项、经费 312.7 万元，获奖 12 项，其中省部级二等奖 4 项、三等奖 5 项，武汉市二等奖 3 项。

5. 学术交流

近几年，该学科点举办了多次全国性学术会议，多次参加在全国各地召开的马克思主义一级学科学术研讨会，还参加澳大利亚、瑞典、韩国、美国等国的相关学术研讨会或在国外大学讲学。经常邀请国内外知名专家学者来该学科点进行访问与交流。该学科点同英国对外文化委员会、美国基督教高等教育联合董事会、日本东北大学、美国环太平洋教育基金会之间有一些国际交流合作项目。

（八）理论物理研究团队

1. 历史沿革与现状概述

该学科点是在改革开放后迅速发展起来的。该学科点把握住重大学科（重离子碰撞和夸克物质理论）兴起的大好时期，充分发挥夸克物质研究具有理论与实验相结合以及与量子色动力学、统计物理、宇宙学和天体物理相交叉的特点，从而在开放性、前瞻性和开拓性理念推动下，形成了在国内有鲜明特色并活跃在国际学术前沿的理论物理研究群体。1979 年，学校组建粒子物理研究室。1981 年该学科点成为首批获理论物理硕士学位授予权的单位之一。1986 年获理论物理博士学位授予权，建立粒子物理研究所。1994 年获准设立物理学博士后流动站。1996 年被批准为湖北省重点学科，同年获批设立了“国家理科（物理学）基础科学研究和教学人才培养基地”。1999 年经教育部批准作为“211 工程”重点学科立项建设。2003 年获物理学一级学科博士学位授予权。

2. 主要研究方向

（1）量子色动力学与高能核核碰撞理论。本研究方向基于量子色动力学，抓住密切结合高能核核碰撞实验发展需要的重要课题作出创新成果。主要优势是在研究喷注穿过夸克物质时的能量损失（喷注淬火）的硬探针信号理论研究方面取得了得到实验证实的系列成果。相关文章成为国际同行用来证实在 RHIC 上发现强耦合的夸克胶子物质的一种重要证据的基本文献。

（2）高能碰撞多粒子产生唯象学。本研究方向注重从唯象学上抓住高能多粒子产生的动力学特征，不断做出有国际影响的成果。本学科点继早期和柏林自由大学孟大中合作，提出了强子—强子碰撞的三火球模型后，又创造性地提出高能碰撞是各向异性的自仿射分形，并发现电荷平衡函数纵向洛仑兹变换的平移不变性。研究成果引起国际同行的高度关注。

（3）相变动力学。本研究方向从两个不同的前沿研究领域研究相变动力学：夸克物质向普通核物质转化的强子化过程和复杂系统中的自组织临界行为。关于前者，该学科点提出了强子化的夸克重组合新机制；关于后者，该学科点取得了不同复杂系统在自身动力学驱动下到达临界状态与临界点附近行为的系列成果。

（4）有限温度量子场论。本研究方向是基于有限温度规范场论研究 QGP 在平衡态和非平衡态下的性质，特别关注从理论内在联系或实验上提出深层次的基本理论和方法问题。优势是努力在 QGP 的基本理论或本质属性上取得创新成果。该学科点早期致力于退禁闭相变和手征相变以及 QGP 的非线性非阿贝尔非平衡性质研究，近期正转向色超导和强耦合 QGP 特性的理论研究。

（5）光与物质相互作用的理论。我校是国内较早从事光与物质相互作用的量子理论研究的单位之一，早期成果“原子的共振荧光与超荧光拍”获 1988 年度国家教委科技进步二等奖，近期又对原子和量子阱辐射性质的控制以及如何制备抗环境干扰的稳定的量子纠缠态等课题进行了系统的研究，取得了创新成果。

（6）非平衡统计物理。该学科点首次将白噪声有色关联的思想以及场论中对称性破缺恢复思想引入非线性随机系统，从而在噪声关联诱导相变、诱导输运方面取得了国际领先的成果；成功地将随机动力学理论运用于激光物理和生物物理系统，首次提出了一种描述基因表达调控过程中的随机动力学方法。

3. 团队建设与人才培养

该学科点有教授 21 人，副教授 9 人，讲师 5 人，其中博士生导师 16 人，具有博士学位者 32 人，构成了一支以年轻学术带头人和研究骨干为主体的老中青相结合的研究队伍。其中有教育部创新团队 1 个，国家级教学名师 1 人，国家级突出贡献专家 1 人，全国优秀教师 1 人，享受国务院政府特殊津贴 8 人，国家自然科学基金海外青年合作项目

（杰出 B 类）1 人，教育部跨（新）世纪人才 5 人，德国洪堡研究奖学金获得者 9 人。

在人才培养方面，该学科点一直注重走国际化道路，参与国际合作，和国际上一线学者联合培养博士生，使在读的研究生有机会接受一流科研工作的熏陶与训练，以便选择最具前沿性的课题，完成高水平的成果，从而尽早进入国际学术前沿。2001 年以来，有 22 名博士生经历了联合培养或参加了具体的国际合作，收到了明显效果。2001 年以前获得博士学位者 36 人中多数成为了学术带头人和骨干。2001 年后获博士学位者 29 人，在读博士 57 人。有 1 篇博士学位论文入选全国百篇优秀博士学位论文，另有两篇博士学位论文获全国百篇优秀博士学位论文提名，有 5 篇被评为湖北省优秀博士学位论文。

4. 主要学术成果

该学科点承担国家级科研项目 45 项，部委项目 25 项，总经费达 2015 万元。发表 SCI 论文 270 篇，其中在物理学顶尖刊物 *Physical Review Letters* 上发表研究论文 13 篇。科研成果先后获得教育部自然科学一等奖 1 项、湖北省自然科学一等奖 1 项，湖北省自然科学二等奖 5 项。

5. 学术交流

该学科点建立了多元的国际合作交流关系，研究成员曾先后赴德国柏林自由大学、雷根斯堡大学、法兰克福大学等校进行合作研究。与国际上近二十所著名大学和研究机构签订了合作研究协议，是六个大型国际实验合作组（BNL/E815-E863、CERN/EMU01-EMU12、CERN/SPS/NA22、CERN/SPS/NA49、BNL/RHIC/STAR、CERN/LHC/ALICE）的正式成员。该学科点多次举办有国内外学者参加的关于有限温度 QCD、夸克胶子输运理论、相对论核-核碰撞和夸克物质、QCD 理论及 RHIC 物理系列国际学术研讨。

四、知名教授

在华中师范大学 120 年的组建、发展过程中，学者们发挥着极大影响力，一批著名学者在学科建设、学术研究和人才培育等方面起着关键性作用，早期的代表人物有沈祖荣、钱基博、黄侃、包鹭宾、游国恩、傅懋勣、桂质廷、张资珙、卞彭等。新中国成立以后，学校涌现出杨东莼、韦卓民、詹剑峰、张舜徽、陶军、高原、高庆赐、张景龄、章开沅、邢福义、刘连寿等一批学术巨匠。

由于篇幅有限，仅摘取部分著名教授进行介绍。

（一）沈祖荣

沈祖荣（1883—1977），字绍期，湖北宜昌人。中国图书馆学家、华中大学图书馆学系主任、中国图书馆学教育之父，为我国的图书馆事业作出了不可磨灭的贡献。

沈祖荣先生1905年毕业于武昌文华书院，留校任图书馆员。1907年，在完成了中学学业后被学校推荐到文华大学学习。1911年获得文华大学学士学位，并在韦棣华小姐创办的“文华公书林”任职。1914年，受韦棣华小姐的资助赴美国纽约公共图书馆学校学习。1916年获得哥伦比亚大学理学学士学位，是中国获得图书馆学专业学位的第一人，毕业后回国继续在“文华公书林”工作。1917年，沈祖荣先生发起了席卷全国的“新图书馆运动”，这是一个推广、普及近代图书馆的运动，对于在国内初步建立近代图书馆体系、实现图书馆读者对象普遍化、图书馆藏书合理化、图书馆管理科学化等都产生了重大和深远的影响。1920年，韦棣华小姐商同文华大学校长孟良佐创办文华图书科，沈祖荣与韦棣华、胡庆生一道，除了图书馆的工作外，还兼任教学工作。1925年，沈祖荣参与发起中华图书馆协会，并长期担任协会主要职务。1929年，他作为中国唯一的代表参加在意大利召开的国际图书馆协会联合会第一次大会。同年起，任武昌文华图书馆专科学校校长。1941年，他在文华图书馆专科学校创办档案管理科，此举开中国档案学教育之先河。

除了图书馆学教育之外，沈祖荣先生还与胡庆生先生合编了《仿杜威书目十类法》。这一分类法在学习新技术编制图书分类法方面具有划时代的贡献。

（二）成序庠

成序庠（1886—1969），江苏宝应人，化学教育家。美国密西根大学毕业，曾任交通大学、重庆大学教授，东吴大学化学系主任。1936年任中华大学理学院院长、化学系系主任、教授。

成序庠先生曾在汉阳兵工厂工作，发明成氏制醚法，得到国民政府军政部奖金八百元。他的活性炭研究成果曾直接用于制造防毒面具，为抗战做出了特殊贡献。

（三）黄侃

黄侃（1886—1935），初名乔鼐，后更名乔馨，最后改为侃，字季刚，又字季子，晚年自号量守居士，湖北蕲春人。中国近代著名语言文字学家、音韵训诂学家、国学大师。1916年应邀到中华大学讲学一学期，并曾任乃师章太炎来中华大学讲国故时“方言古字”的特邀“翻译”。这以后成为讲学史上的一段佳话。

黄侃先生主张“为学务精”“宏通严谨”。其所治文字、声韵、训诂之学，远绍汉唐，近承乾嘉，自成一家，多有创见。对于传统语言文字学的研究，黄侃主张根据《说文》和古音研究来研读《尔雅》。黄侃治学重视系统和条理，建立黄氏古声学体系，用古声学理论研究文字训诂。强调从形、音、义三者的关系研究中国语言文字学，以音韵贯穿文字和训诂。他对于上古声韵系统研究的主要成果是：古声十九纽说；古韵二十八部说；古音仅有平入二声说等。黄侃在《文心雕龙》、礼学、汉唐玄学等方面也都有独到的见解。学术之外，尤精古文诗词，文尚澹雅，上法晋宋。黄侃为学务精习，对于四史、群经义疏及小学基本著作都研读达十几遍、几十遍，对《说文》《广韵》尤为精熟，多有批注。

黄侃先生的重要著述有《音略》《说文略说》《声韵略说》《尔雅略说》《集韵声类表》《文心雕龙札记》《日知录校记》《黄侃论学杂著》《汉唐玄学论》等数十种。治学之余，藏书丰富，目录学家汪国垣记其“唐以前类书和丛书较多，至集部则选择颇严”。1947年其夫人黄菊英将藏书5000册捐给湖北省图书馆，其中黄侃批校本有60余册，珍本百余册。

（四）钱基博

钱基博（1887—1957），字子泉，又字哑泉，别号潜庐，江苏无锡人。杰出的教育家、国学大师。

钱基博出身世儒，熟读《易》《诗》《书》《周礼》《礼记》《资治通鉴》等。16 岁作四万言《中国舆地大势论》，分四期连载在梁启超主编的《新民丛报》上。早年参加辛亥革命，历任吴江丽则女子中学国文教员、江苏省立第三师范学校教务长、圣约翰大学教授、光华大学中国文学系主任兼文学院院长、清华大学国文系教授、第四中山大学图文系主任、无锡国学专修学校教授兼教务主任、浙江大学中文系教授、国立师范学院国文系主任。1946 年，来到武汉，任华中大学中国文学系教授；1953 年起任华中师范学院历史系教授。

钱基博先生是一位学贯古今、文史兼治的通儒，他学识渊博，著作等身，对经书、诸子、古史地学、古典文学理论等无不精通，造诣颇深；对文字学、版本学、兵学、教育学、考古学等均有研究。著作经整理，主要有《中国文学史》《现代中国文学史》《经学论稿》《孙子章句训义》《国学必读》《集部论稿初编》《文范四种》《江苏学风 近百年湖南学风》《文物通论》等。华中师范大学出版社出版的《钱基博集》是国内收录最为齐备的钱基博先生文集，共约五辑 25 册。1950 年，钱基博先生将其购置的五万余册藏书捐赠给华中大学。1952 年，钱基博先生又将平生收藏的殷周至明清的 212 件文物捐赠给华中师范学院，以筹建学校历史博物馆。钱基博先生捐赠的图书、文物经济价值巨大，也是华师人宝贵的精神财富，值得每位华师人铭记。

（五）韦卓民

韦卓民（1888—1976），原名韦钜，字勋奥，广东香山县（今属珠海市）人，著名教育家、西方哲学研究专家。

1911 年，韦卓民先生以最高荣誉生毕业于文华大学，被破格聘为该大学的国文教员，讲授数学、逻辑学、西洋哲学史及国文等课程。同时，兼攻文学硕士学位。1915 年，韦卓民修满文学硕士所需学分，获文学硕士学位，其学位论文《孟子之政治思想》1916 年在上海出版，产生强烈反响。1918 年 9 月，韦卓民被推荐留学哈佛大学，主要从事西方哲学史的研究，师从著名哲学家霍金（William E. Hocking）教授。

1924年秋，武昌文华大学、武昌博文书院大学部、汉口博学书院大学部合并组成华中大学，韦卓民出任文理学院院长，兼副校长，并代文学系系主任。1929年，韦卓民当选华中大学校长，直到1951年卸任。作为华中大学校长的韦卓民，为了华中大学的生存和发展，殚思竭虑，呕心沥血。他极力主张将华中大学由过去向美国立案改为向当时的中国教育部立案注册。在他的努力下，中国教育部于1931年12月批准了华中大学申请注册的呈文。为谋求华中大学发展，韦卓民校长奔波于国内外募集资金，招贤纳士，网罗人才。在他的奔走下，华中大学的规模不断得到扩大。抗战爆发后，他领导全校西迁，长途跋涉，颠沛流离，经桂林、昆明而复课于云南大理喜洲镇。在他的领导下，华中大学由不为人知发展为一所有特色、有名气的教会大学。

韦卓民是一位精明能干的大学校长，又是一位学贯中西的大学者。他精通英、德、法、意、俄、拉丁、古希腊等外语。他在中国传统文化、西方哲学、逻辑学、宗教学、教育学等领域均有良好素养，尤以宗教神学研究最为精湛，素有“北赵南韦”之称，被聘为哈佛大学、耶鲁大学等名校的客座教授，在沟通中西文化、促进中西文化融合、对外传播中国文化方面，贡献良多。据统计，韦卓民先生的著作译作达一百多种，计七八百万字，特别是对康德哲学的翻译与研究著作，至今仍是学术界公认的经典。2016年，经过华中师范大学几代学人历时20余年的收集整理，11卷本，720万字的《韦卓民全集》在华中师范大学出版社出版。

（六）陈时

陈时（1891—1953），字叔澄，湖北黄陂陈家中湾人。中华大学校长，教育家。

1907年，陈时先生留学日本，1909年加入中国同盟会。先后在日本东京宏文书院、中央大学、早稻田大学、庆应大学学习，获法学士学位，1911年春回国，辛亥革命后任湖北军政府财政司秘书。次年5月支持其父——晚清进士陈宣恺创办中国第一所私立大学——武昌中华大学，父任校长。1917年，陈宣恺去世，陈时继任校长，1923年，出席在美国旧金山举行的世界教育会议。1924年，被派为第八届柏林奥运会中国政府代表、第三届全国运动会筹备委员会委员长及副会长。武汉解放前夕，参加湖北和平运动。民国时期曾担任教育部特种教育委员、世界教育会议委员、中国教育学会理事、湖北省议会议员、国民参政员、国大代表。建国后加入民革，任湖北省政治协商委员和土改委员会委员，并被选为省人民政府委员。

陈时先生一贯主张“尊师重道，教授治校，唯才是举，宁缺毋滥”，并确定了“成德、达材、独立、进取”的八字校训。中华大学的规模虽然不大，但他根据“兼容并蓄，发展个性，崇尚自然”的教育思想，采取专职和兼职教师相结合的方式，建立了一支实力雄厚的师资队伍。他支持恽代英宣传新思想、新学说，资助恽代英创办进步书店——利群书社，而且还亲自参加书社的活动。陈时先生非常尊重教师，是一位教育救国的实践者、脚踏实地的教育家。他没有固守殷实的家业坐享清福，而是倾家兴学，备尝艰辛。

新中国成立后，陈时先生将自己苦心经营 40 年的中华大学毫不犹豫地交给了人民政府，表现了一个知识分子的高尚品格和爱国精神。遗著有《政党论》《南洋游记》等。

（七）潘梓年

潘梓年（1893—1972），又名宰木、定思、弱水、任庵，江苏宜兴人，中国近代著名的哲学家和杰出的新闻斗士，潘汉年堂兄。

潘梓年先生创办了《新华日报》《群众周刊》，并被毛泽东任命为第一任社长，因此被称为“中共第一报人”。1948 年辗转于郑州、开封、武汉筹办中原大学，并任副校长、校长和党委书记。在中原大学工作期间，他还挤出时间为校内的干部和教师系统讲授哲学课，并编发讲义。1951 年，中原大学教育学院与私立华中大学合并，成立公立华中大学，潘梓年先生任改制委员会主任委员。后成立华中高等师范学校时，潘梓年先生又任建校委员会主任委员。1954 年调中国科学院筹建社会科学部和哲学研究所，任中国科学院哲学社会科学部副主任，兼哲学研究所所长，筹备出版《哲学研究》。潘梓年先生创办了《自然辩证法研究通讯》，推动了全国的哲学研究。

潘梓年先生的学术地位是大师级的。凭着崇高的学术影响力和丰富的领导经验，他实际负责创立了中国科学院哲学社会科学部（中国社会科学院的前身），创办了新中国最高哲学研究机构（哲学研究所）和新中国哲学最高权威刊物《哲学研究》，还开创了中国哲学副博士学位研究生的培养工作。他的《逻辑与逻辑学》提出逻辑的体系可分为方法论和技术论两部分。方法论的基本内容是辩证法，即辩证逻辑；技术论的内容是形式逻辑，即逻辑术。此论见解独特，影响广泛。此外，他还撰写了《物质与精神的关系》《大家来学点哲学》《逻辑与逻辑学》《文学概论》《辩证法是哲学的核心》等著作，翻译了乌德窝斯的《动的心理学》、杜威的《教育学》、柏格森的《时间与意志自由》等西方名著；在报刊上发表了大量的文章。

（八）严士佳

严士佳（1894—1962），字绂苹，湖北新洲人，著名教育家。

1919 年，严士佳先生从清华学校毕业后赴美留学，先后就读于美国密西根大学、哥伦比亚大学并先后获得教育学学士、教育学硕士学位。1922—1923 年先后在普渡大学、哥伦比亚大学从事职业教育研究。1923 年回国后，在中华大学教育哲学系任教。1926 年，任中华大学教授兼教务长。1946 年，任国立湖北师范学院教务主任。1948—1952 年先后任中华大学代理校长、副校长。1952 年，任华中师范学院教育系教授、民盟华师分部副主委，并任湖北省政协委员。

严士佳教授是陈时校长办学时的教务长，崇尚蔡元培的民主教育思想，并把它运用到教育管理、学生培养甚至为人处世之中，形成了他自己的一套管理方法和管理理念，不仅取得了很好的效果，而且还广受教育界推崇。他协助陈时校长广延名师，广招生员，并拟订“成德、达材、独立、进取”的八字校训，鼓励学生刻苦攻读，造福社会，一时教学相长，学风鼎盛。

在教学上，严士佳先生对教育学的材料非常熟悉，对古代、近代和现代教育家的教育思想烂熟于心。他讲授过教育哲学、中国教育史、民办教育史等课程，讲课内容丰富，语言生动，深入浅出，深受好评。教学之余，他还挤出时间进行学术研究，撰写了《中国职业教育》《中国农业职业教育》《陶行知的教育思想》《中国荀子教育哲学思想》等著作，翻译了《欧洲国家主义与教育》等书。

（九）桂质廷

桂质廷（1895—1961），出生于湖北江陵沙市镇，是我国地磁与电离层研究领域的奠基人之一，曾与美国科学家分别在两半球，几乎同时观测、记录并报道了“扩展F层”这一现象，受到国际地球物理学术界的重视，是中国空间物理学的先驱。

桂质廷先生为祖国的高等教育事业和高空大气物理的研究献出了毕生的精力。1925年桂质廷学成回国后，在多所高等学校工作了37年，32岁受聘为教授，33岁担任物理系主任，20世纪40年代初期成为部聘教授，连续主持华中大学和武汉大学物理系与理学院多年，为建设武汉大学物理系和创建武汉大学电离层研究实验室做出了贡献。1956年加入九三学社，任湖北分会副主席，同年当选为武汉市第二届人民代表大会代表，连任第三、四届代表。1957年被中国科学院聘任为国际地球物理年中国国家物理研究所学术委员会委员，并受聘为国际学术期刊*Journal of Geophysical Research*的编辑，著作有《地磁及电离层电波传播》《电磁极光及电离层》等。

（十）黄溥

黄溥（1896—1982），字秋浦，湖南宁乡人，爱国基督教徒、教育家。

1932年，黄溥先生应韦卓民校长的聘请到华中大学任终身教授、教育学院院长。在韦卓民校长出国筹资、讲学和生病期间，他多次代理校长职务。1951年，他被选为华中大学副校长和华中大学改制委员会委员。1952年，华中大学与中华大学、中原大学教育学院合并组成华中高等师范学校，他任教育系主任。1956年，调任华中师范学院教育研究室主任，加入民主促进会。1957年当选为第一届武汉市民进委员、常委、副主任委员。

黄溥先生坚持基督徒仁爱、牺牲和奉献精神，抱着“教育救国”的思想，在教育理论和教育实践上作出了卓越的成绩，为华中大学及华中师范大学的教育学立下汗马功劳。在基督教教育方面，他主张基督教教育必须中国化、专业化和世俗化，并以坚定的爱国立场付诸实践；在战时教育方面，他强调战时教育应为抗战提供精神动力和智力支持；在高等教育方面，他坚持教会大学办教育学院，两次拯救华中大学教育学院，为“华中大学”避免降级为“华中学院”发挥了关键性的作用；在中等教育方面，他强调办好中等教育的重要性和改革中等教育的必要性，并在实践中创立了“七部课程设置理论”；在比较教育方面，他对20世纪二三十年代欧美和日本的中等教育改造进行了评介，为我国中等教育的发展提供了参考；在教育科学研究方面，他重视教育调查研究，强调调查研究与理论相结合；在地方教育、乡村教育方面，他阐述了我国地方教育存在的问题以及解决问题的办法，提出了乡村教育的三个基本信条。他曾翻译《近代欧洲教育家及其事业》，出版的《教育行政学》是我国最早的教育行政学专著。此外，还有《教育学概论》《中国古代教育史稿》《新民主义教育》等著作的打印稿及手稿在十年浩劫中遗失损毁。

（十一）林之棠

林之棠（1896—1964），字召伯，又字乐民。福建福安人。古典文学教育家、华中大学为数极少的部聘教授、华中高师中文系系主任。

1937年林之棠先生应武昌华中大学之聘，任中国文学系讲师。1938年加入中华全国文艺界抗敌协会，不久随华中大学内迁云南大理。1939年升为副教授，1942年升教授，1945年升部聘教授。1946年随校回武昌，任中文系教授兼系主任。

林之棠先生国学造诣深厚。他潜心研究文字、音韵、训诂和历代韵文，尤其于《诗经》下过苦功。1934年，商务印书馆出版他的《诗经音释》（上、中、下三册）；北平华盛书局先后出版他的《中国文学史》（三册）、《国学概论》和《学术文》等著作。他还在《国学月报》《晨报》《黄报》等报刊上发表许多论文、小说、散文和诗词。遗著有《诗经音释》《中国文学史》《国学概论》《词释》《二千年来诗经异说总闻》《诗经虚字释例》《锦屏楼诗词草》《世界名诗选译》（与戴惠琼合译）《杜甫诗选集注》等。悉心研究元曲，在所撰《务头论》中提出“务头者，曲中之强调回应律也”的独特学说，成一家之言。

（十二）游国恩

游国恩（1899—1978），字泽承，江西临川湖南乡洪塘游家村人，著名的文学史家、楚辞学专家、北京大学一级教授。

1931 年，游国恩先生到山东大学（前身为青岛大学）任讲师、教授，后任华中大学中文系教授兼系主任。由于时局的变化，随校辗转到桂林、大理等地。在教学之余，还考察研究西南少数民族的历史、地理和风俗民情，撰写了 10 余篇论文。

游国恩先生毕生从事教学和学术研究，对中国古代文学，特别是对《楚辞》的研究做出了重大贡献，成名作是 1926 年北新书局出版的《楚辞概论》，1928 年该书被商务印书馆收入《万有文库》及《国学小丛书》。游先生有关楚辞研究的论文，生前有两次结集，一次为 1937 年商务印书馆出版的《读骚论微初集》，一次为 1955 年上海文艺联合出版社（后改为古典文学出版社）出版的《楚辞论文集》。

游国恩先生对中国文学史学科建设作出了重要贡献。中国文学史作为一个学科，是随着西方教育制度的引进而出现的。游先生自 1931 年开始任大学教职以后，即与中国文学史这一学科有了关系，随即有了第一部文学史著作《先秦文学》，该书于 1933 年在青岛写成，由商务印书馆出版，收入《万有文库》中。

（十三）包鹭宾

包鹭宾（1899—1944），生于江西南城，是一名魂系华大的国学名家。

1931 年 9 月，包鹭宾先生应聘到华中大学，执教 13 载，历任国学讲师、副教授、教授并长期兼任中国文学系主任。

在华中大学任教期间，包鹭宾教授主要讲授高年级的“诸子研究”“《尚书》研究”等专业课，也为低年级开设“《文心雕龙》”“中国古代文艺论”等文学理论课。包鹭宾教授对华中大学中文系的发展作出了很多贡献，任系主任期间，聘请了游国恩、林之棠、傅懋勣、阴法鲁、李何林、孙昌熙等名师任教，使中文系的师资力量和办学实力大大提高。中文系不仅发展成为华中大学主要的系，而且在武汉地区高校中有着很大的影响。抗战期间，包鹭宾先生随华中大学迁往喜洲镇，并与美国哈佛燕京学社进行了卓有成效的学术合作。

包鹭宾先生在中国传统的经学及文学方面造诣颇深，著有《经学通义（初稿）》《〈文心雕龙〉讲疏》《韩昌黎年谱》《老子述义》《读韩三考（韩退之籍贯考、韩退之生月考、韩退之子女考）》等。此外，包鹭宾先生结合僻处西南边疆的实际，开展了对西南边疆少数民族文化的研究，著有《民家非白国后裔考》《蒙氏灭南诏说》《云南土族之种类及其分布》《说“白人”坟》等。2005 年 8 月，《包鹭宾学术论著选》由华中师范大学出版社出版。

（十四）朱希亮

朱希亮（1900—1978），江西临川县人。现代著名心理学家、完形心理学在中国的代表。

1924 年，朱希亮先生毕业于燕京大学心理学系，1926 年留学威斯康辛大学，导师是从德国移居美国的格式塔学派的代表人物考夫卡（Kurt Koffka），1928 年获得硕士学位后，到耶鲁大学学习实验心理学，并于 1930 年获得科学硕士学位。回国后，先后担任北京大学、清华大学、南昌中正大学、浙江大学等学校的心理学和统计学教授。1950 年进入华北人民革命大学学习，接受思想改造。1951 年被分配到湖北省教育学院任教，1952 年来华中高等师范学校（1953 年改名为华中师范学院）教育系任心理学教授。曾任中国心理学会理事、中国心理学会武汉分会理事长。

朱希亮先生致力于完形心理学的实验和理论研究，是最早向中国介绍完形心理学的主要人物之一。他的主要成果有：《完形心理学研究》《逆联想联系学习之量的研究》《完形心理学及约制反应》《完形心理学批判》等，合译美国伍德沃斯的《实验心理学》。

为了扩大心理学研究队伍，更好地开展学术活动，朱希亮先生和一些心理学家一道于 1936 年正式发起成立了中国心理学会。此后，他积极参加全国和省级心理学会的工作，为心理学的学术交流和中国心理学会的建设做出了积极的贡献。此外，他还积极参加国际学术活动，与国际心理学界取得了广泛的联系。

（十五）杨东莼

杨东莼（1900—1979），湖南醴陵人，马克思主义理论家、历史学家、翻译家、教育家、社会活动家。

杨东莼先生年轻时赴香港，从事救国会的工作，以后又到重庆进行革命活动。抗战胜利前后曾任武汉大学、四川大学、华西大学、厦门大学等校教授，香港达德学院代理院长、香港大公报社顾问等职。中华人民共和国成立后，杨东莼先生由香港赴北京，接受周恩来总理对他的工作安排，历任广西大学校长、华中师范学院院长、国务院副秘书长、中央文史研究馆馆长、全国政协文史委员会副主任，是第一至第四届全国人大代表，第四、五届全国人大常委会委员，第三、四、五届全国政协常委。曾任中南军政委员会委员、中南行政委员会委员，曾任中央文史研究馆馆长。1953 年参加中国民主促进会，任民进第四届中央常委兼秘书长、第五届中央副主席，在高级知识分子中间做了大量卓有成效的工作。

杨东莼先生学贯中西，博古通今，熟谙德、英、日三种语言，早年在日本时便开始了翻译工作。他的译著主要有：美国学者摩尔根的名著《古代社会》、狄慈根的《狄慈根哲学著作选集》、德波林的《斯宾诺莎与辩证唯物主义》、恩格斯的《费尔巴哈论》。在著述方面，他出版了《本国文化史大纲》《中国学术史讲话》《高中本国史》《世界之现状》《中国历史讲话》《杨东莼报告集》等专著。组织编辑出版了《文史资料选辑》《辛亥革命回忆录》等作品。“文化大革命”中，他不惧风险，和胡愈之等一道向党中央建议，保护知识分子专家，抓紧工农业生产。在全国政协座谈会上，他引用马列主义经典理论，联系实际批判对“唯生产力论”的围攻，表现了马克思主义者的良知和战斗性。

（十六）卞彭

卞彭（1901—1990），曾用名卞彭年，号蠡洲，祖籍江苏仪征，李鸿章曾外孙，美国白朗大学哲学学士、美国麻省理工学院物理系研究生、科学博士。

1930 年，卞彭的好友桂质廷到武昌开展恢复华中大学工作，卞彭于 1931 年在桂质廷的介绍下来到华中大学，并在一年后在雅礼会的资助下再次出国。1935 年，学成归国的卞彭重新回到华中大学，任物理系副教授（一年后升为教授），并任代理系主任，接到了华中大学的终身聘约。1940 年卞彭升任动荡中的华中大学理学院院长，但学校在喜洲安定下来不久，卞彭却不得不因为内部矛盾主动辞去了院长一职。1945 年，由于原华中大学校长韦卓民去美国为华中大学募捐，卞彭出任代理校长。1946 年华中大学回迁至武昌，韦校长回国后卞彭卸任。

身为教育家的卞彭积极探索着新的教育模式。他主张在华中大学要实行中西文化综合的教育，为实践这种教育模式，一向西化的他带头利用空余时间重读《论语》《孟子》，作诗，练书法。同时，他还尽可能地送学生出国，并希望学生学成归国后回到华中大学，逐步在学校里创造出良好的科研环境，使华中大学成为固体金属物理热电放射、光电放射、电子衍射等技术的权威机构。

身为科学家，卞彭的科学研究也从不停息，在研究设备缺乏的情况下，他以自制的仪器设备，先后与杨约翰、应崇福合作从事氧化物阴极研究，经过多次实验检测，终于在 1948 最早确定了氧化物阴极的脉冲发射和直流发射的一致性。

新中国后，卞彭的科学家身份在新中国得到了肯定，他先后担任过中国科学院中南物理研究所研究员、中国物理学会理事及武汉分会副理事长、中国电子学会理事及武汉分会副会长、一级研究员和《电子学学刊》主编，是湖北省第二、三届人大代表、武汉市政协常委，并于 1956 年加入九三学社，任武汉分社委员。1964 年，卞彭调到南京电子真空研究所任研究员，1965 年调入中国科学院电子研究所。

（十七）王霞宙

王霞宙（1902—1976），自号怀约室主，湖北枣阳人，美术教育家、国画大师。

1924 年，王霞宙先生毕业于南京美术专科学校。曾任教于武昌艺术专科学校，历任华中师范学院、湖北艺术学院副教授，中国美术家协会武汉分会副主席，湖北省文联委员、第三届湖北省政协委员。与张肇铭、张振铎并称为湖北“三老”画家。

王霞宙长期从事艺术教育，是湖北艺术学院国画学科的奠基人之一，为花鸟画界培养了不少接班人。他对于教材的选定有严密的系统性，主张博采众家之长，从工笔到写意，由易入难，循序渐进，强调牢固基础，确立正确道路。对于教学方法的运用，主张临摹、写生、创作三者互相补充，互相渗透。教学要求严格，强调“笔勿妄下”，不仅对于一幅画的全部构思、章法、笔墨一一从严推敲，即使是题字书法、钤印位置等，都十分讲究，学生稍有疏忽，便立即指正。1980 年中国美术家协会武汉分会曾举办“王霞宙国画遗作展览”。湖北人民美术出版社出版有《王霞宙画集》。

（十八）詹剑峰

詹剑峰（1902—1982），出生于江西婺源浙源乡，哲学史家，逻辑学家，哲学家。

詹剑锋先生自幼酷爱读书，1926 年赴法国留学，在巴黎大学攻读哲学史。1932 年回国后，历任培元小学校长、徽州中学教员兼总务主任、安徽大学教授、苏皖临时政治学院教授、江苏学院教授兼教务主任、国立安徽大学教授，从 1952 年起一直担任华中师范学院教授。曾任湖北省哲学史名誉会长、中国逻辑学会理事、中国逻辑史学会顾问、湖北省哲学学会副会长，当选过全国人大代表、湖北人大代表和武汉市政协常委。

詹剑峰先生一直从事哲学、哲学史、逻辑学研究和教学工作，曾先后讲授哲学概论、伦理学、逻辑、逻辑与科学方法、西洋古代哲学史、西洋近代哲学简史、法语、西洋政治思想史、西洋文化史、社会学、教育哲学、西洋教育思想史、社会教育学、西洋断代史、康德哲学、古汉语、老子哲学等 17 门课程。在先秦哲学方面，尤其是对墨子和老子的突破性研究成果享誉学术界。《墨家的形式逻辑》一书独创了墨家形式逻辑体系学说。该书出版后，引起国内外学术界的重视，几次再版，行销德国、美国、新加坡、日本等国家及香港地区，1980 年被推荐到全国首次书市展销。历经十年（1956—1966）写成

《老子其人其书及其道论》三稿，该著对我国哲学史有深入研究，是一部十分珍贵的思想财富，获首届高校社会科学优秀成果奖。著作有《哲学概论》《逻辑》《伦理学》《西洋古代哲学史》《西洋近代哲学史简史》《西洋政治思想史》《西洋文化史》《逻辑与科学方法》《社会学》《墨家的形式逻辑》《逻辑纲要》《墨子的哲学与科学》《老子其人其书及其道论》等，还发表了学术论文十余篇，提出了一些创造性的见解。

（十九）梁希杰

梁希杰（1905—2003），字宇人，号星甫，湖南涟源人，曾任中国地理学会理事、中国农工民主党中央咨监委常委、中国农工民主党湖北省委名誉主委、湖北省政协副主席等职。

梁希杰先生先后创办了两个高等师范学院的地理系。1953 年全国各学校合并时，他从湖南大学调到开封师范学院，经过几年的努力，出色完成了创建地理系的任务。1958 年，已经 53 岁的梁希杰先生调至华中师范学院，承担了第二次创办地理系的任务。他采取一系列果断措施，解决师资、教材和教学设备问题，加强教研室、实验室建设，主持建立了以附中为主体的中学地理教育实习基地和以南京、庐山、宜昌、武汉为主的四个野外实习基地。由于举措得力，华中师范学院地理系不仅创办成功而且成为全国有影响的高等师范学院地理系。

在几十年的教育生涯中，梁希杰先生除了把很多精力用于管理、创办地理系，还投入相当多的精力从事教学和科研工作。在教学上，他认真负责，主讲过经济地理导论、外国经济地理等课程，承担了教师日语教学及经济地理硕士生的教学工作。他白手起家自编的《经济地理导论》教材，吸收了以苏联著名经济地理学家萨乌斯金为代表的学术观点，结合实际正确分析与评价了自然地理环境对经济发展与生产力配置的影响。此外，他主编的《湖北地名志》《湖北地理志》《湖北省地名辞典》《湖北省地理志》等书，既有继承，又有创新，深受好评。

（二十）李何林

李何林（1904—1988），又名李延寿，曾用名李昨非、李竹年、李静秋、李振发，安徽霍邱人，中国现代文学研究的开拓者、奠基人，著名的鲁迅研究专家。

李何林先生先后就读于安徽省立第三师范学校、国立东南大学农学院生物系。参加“八一”南昌起义，起义失败后，在鲁迅扶持的未名社投身革命文艺运动。1930 年，他编辑出版《中国文艺论战》《鲁迅论》。1940 年，受老舍先生推荐到华中大学中文系任教，他的中国现代文学课非常受欢迎。除教学之外，他还帮助中文系的同学成立沧海文艺社。并每月出版一期墙报。1946 年，李何林先生到台北，之后便到台湾大学中文系任教。1948 年，他出任新成立的华北大学国文系系主任，讲授中国现代文学和鲁迅研究课程，成为全国高等院校开设鲁迅研究课程的先行者。1975 年，他调任鲁迅博物馆馆长兼鲁迅研究室主任，创办了我国第一所鲁迅研究机构。

李何林先生毕生致力于教学与科研，留下了丰硕成果。主要著作有《近二十年中国文艺思潮论》《关于中国现代文学》《鲁迅的生平和杂文》《鲁迅〈野草〉注解》《〈阿 Q 正传〉的历史意义和现实意义》等，他还领导和主编了《鲁迅手稿全集》《鲁迅年谱》《鲁迅研究资料》《鲁迅研究动态》《鲁迅大辞典》等，为中国现代文学研究和鲁迅研究作出了巨大的贡献。

（二十一）骆传芳

骆传芳（1904—1969），江西九江人，心理学家。

1924 年，骆传芳先生毕业于武昌文华大学（华中大学前身），1926—1929 年在燕京大学念研究生，1930 年留学美国，1935 获芝加哥大学心理学哲学博士学位（导师为著名心理测量学家 L. L. Thurstone），同年 8 月回武昌任华中大学心理学教授，1944—1950 年兼任文学院院长，1950 年 5 月参与创建中国心理学会武汉分会（湖北省暨武汉市心理学会前身）并任副理事长，1951—1952 年任公立华中大学外文系主任，1952—1953 年任华中高等师范学校外文系主任，

1953 年后任中山大学西语系教授。

主要著作有：*The Affective Values of Color Combinations*（博士论文，1936），以及《心理卫生》（1937）、《基督教与民族心理建设》（1937）、《姓名记忆测验》（1948）、《华尔夫假设（Whorf Hypothesis）评论》（1964）等论文。

（二十二）胡毅

胡毅，生于 1904 年，湖南长沙人，心理学研究专家。

胡毅先生 12 岁入清华学堂，1924—1929 年留学美国威斯康辛大学、芝加哥大学和哥伦比亚大学，先后获学士、硕士和哲学博士学位，1934 年 8 月在华中大学任心理学教授并参与创建心理学系，担任心理学系系主任，在此工作至 1941 年 7 月。1941—1946 年在西南联合大学任教授。1950 年后，先后担任中宣部《毛泽东选集》英译委员会委员、河北师范学院院长、河北省教育厅副厅长、河北大学副校长、河北省政协副主席、河北省人大常委会副主任、第五届全国政协委员、中国民主同盟中央委员、民盟河北省委员会主任、中国心理学会常务理事等职。

主要著作及译著有《中学教学法原理》《习惯论》《教育统计学初步》《教育论》《斯宾塞论教育》以及桑代克《人类的学习》、武德沃斯《实验心理学》（与曹日昌等合译）等。

（二十三）张资珙

张资珙（1904—1968），广东梅县人，我国分析化学理论体系的开创者。

1931 年，张资珙先生应华中大学韦卓民校长邀请任华中大学化学系主任、教授，执掌刚刚组建的华中大学化学系。这位上任时只有 27 岁的年青学者一到任就进行了一系列大刀阔斧的改革。经过数年的努力，华中大学化学系建立了一整套严格的规章制度和教学秩序，教学质量得到了很大的提高，在国内声名鹊起。

张资珙先生是我国分析化学理论体系的开创者，是我国的普通化学、理论化学、分析化学、化学文献、化学史等诸多领域的研究和教学方面奠基人之一。他学识渊博，通晓英、德、法、俄、日等多国语言，在化学史、中国科学技术史等方面均有很深的造诣，曾从事钾的定量分析测定方面的研究，卓有成就。他对中国古代炼丹术在化学发展中的重要作用有深入研究和独到见解，受到国际学术界的高度重视。他用翔实的资料证明，世界上最早炼出镍的国家是中国，并认为宋代瓷器是当时世界上水平最高的，中国古代科学技术在很多方面是世界第一。1957 年，他发表的《略论中国的镍质白铜和它在历史上与欧亚各国的关系》一文，探讨了中国古代白银的种类、名称和冶炼技术起源，并首次就中国白铜西传欧洲的历史进行了介绍和讨论。他的主要译作有《化学之创造》(1927 年)、《化学元素发见史》(1952 年)，编有《英汉化学专业常用词汇》等。

（二十四）薛诚之

薛诚之（1907—1988），湖北江陵人，曾用名薛何为，世界语名 Sicencz，华中师范大学英语系教授。

薛诚之先生曾先后担任原华中师范学院外语系主任、中华世界语协会理事、湖北省世界语协会理事长、中国外国文学学会理事、湖北省外国文学学会顾问、民盟湖北省委常委、湖北省政协委员、湖北省语文学会副会长等职。1952 年以后任华中师范学院外语系系主任，院学术委员会委员，湖北省第一、二届人大代表，湖北省社联顾问。

薛诚之先生 1928 年在宜昌向一位德国女教师学习世界语，后加入上海世界语学会。1929 年同乐嘉煊、方善境创建汉口世界语同志会，出版《希望》杂志。1979 年任湖北省世界语协会理事长。1982 年与方善境创办新华世界语函授学校，并任校长。他也是中国世界语之友会会员、中华全国世界语协会理事。

（二十五）张振铎

张振铎（1908—1989），浙江浦江人，原名道域，名鼎生，字闻天，国画大师。在中国画坛，张振铎的“鸡”与齐白石的“虾”、徐悲鸿的“马”、黄胄的“驴”并称为国画四绝。除了国画以外，张振铎还培养出了吴冠中、汤文选、冯今松、陈立言等一批享誉海内外的美术大家。因此，有人称他为“培育大师的大师”。

1947 年，张振铎先生任武昌艺术专科学校国画教授。1949 年任武汉市人民教育馆干事，同年调入中南文联，任中南文联筹委会委员、武汉市美协副主席和《长江日报》画刊编辑。1954 年任华中师范学院图画系中国画教授。曾任中国美术家协会湖北分会副主席、顾问，全民文联委员，第四、五届中国民主促进会中央委员及中央参议员，第三、四届湖北省人大代表，第四、五、六届湖北省政协常委。

张振铎先生的艺术成就主要表现在花鸟画上。他的作品题材广泛，立意新颖，构图严谨，色彩明快，笔墨酣畅，直抒胸臆，大气磅礴，既粗犷简逸，又含蓄隽永。他的花鸟画，具有浓郁的生活气息，渗透着鲜活的生命内涵和高贵的人文品格。

在华中师范学院任教期间，张振铎先生除教学外，还参加了中国民主促进会，出席了武汉市第三届文学艺术代表大会，创作了《大地回春》《乌山》《和平颂》《庐山风光》《哺》《鹰》等作品，与关山月、黎雄才、张肇明合编出版了《中南国画创作选集》。

（二十六）李琮池

李琮池（1908—2003），湖南邵阳人，生物学家。

1933 年，李琮池先生毕业于东吴大学生物系，1936 年该校研究生毕业。1938 年获美国康奈尔大学研究院昆虫学博士学位。回国后，曾任厦门大学、东吴大学、湖南师范学院教授、生物系主任。新中国成立后，历任华中师范学院、华中师范大学教授、生物系主任，担任湖北省人大代表、湖北省政协委员、中国昆虫学会理事、武汉市科协副主席、湖北省昆虫学会名誉理事长、湖北省暨武汉市动物学会副理事长、中国海洋湖沼学会理事等。

李琮池先生长期从事昆虫学与昆虫病毒学的教学与研究。从棉铃虫死虫中分离筛选出毒力较强的棉铃虫病毒株，为大面积病毒治虫打下了基础；建立昆虫病毒研究室，促进了我国病毒学科的发展。曾获湖北省科研成果二等奖、国家科技进步二等奖以及湖北省高等学校科研奖、国家科委科技成果奖等，享受国务院政府特殊津贴。主编《无脊椎动物学》《昆虫病毒研究》《昆虫病理学》《动物学》等图书，编译

《昆虫与病毒》《昆虫病原病毒作为虫剂的潜力》等研究资料。李琮池先生为我国昆虫病毒学的建立和发展作出了积极的贡献，他的精神和业绩将永载史册。

（二十七）许烺光

许烺光（1909—1999），辽宁庄河人，著名的社会学家、行为科学家，心理人类学的开创者之一。

1933年，许烺光先生毕业于上海沪江大学社会学系，曾在上海从事国际救援活动。1933—1936年在北京协和医院做社会工作。1937年考取庚子赔款公费留学生，就读于英国伦敦大学文化人类学系，师从马林诺夫斯基。1940年取得博士学位后回国，在华中大学和云南大学任教，并在西北、西南地区从事文化人类学考察活动。1944年，应邀在美国哥伦比亚大学任教，并随林顿研究心理人类学。之后又在美国康乃尔大学、西北大学任教。

作为行为科学家、心理人类学家，许烺光先生不仅首先提出了“心理人类学”的概念，而且著述甚丰，主要著作有《中国南部家庭的功能》《文化人类学新论》《中国人和美国人：两种生活方式的比较》《美国人和中国人：伟大文明的目标和实现》《文化与自我：东西方人的透视》《宗族·种姓·俱乐部》《驱逐捣蛋者——魔法·科学与文化》《美国梦的挑战——在美国的华人》《家元——日本的真髓》《粗犷的个人主义之省思——心理人类学论文集》《边缘人》，主编《心理人类学》《亲属关系与文化》等。许烺光先生在学界有着崇高的威望，他的学术研究在学术界有很大的影响。

（二十八）方步瀛

方步瀛（1909—1967），字晓亭，江西余干人，著名的中国古典文学专家，元明清文学专家。

1953年，方步瀛先生随原广西大学校长杨东莼调至华中师范学院中文系工作，任华中师范学院中文系教授，院学术委员，中文系主任兼古典文学教研室主任，中国民主促进会武汉市人民代表。

方步瀛先生学养丰厚，学术造诣深湛，以博学多才、治学严谨著称，他具有版本学、目录学、校勘学的功底，并对文字学、训诂学深有研究。他精通文史，记忆力特强，能背诵先秦诸子论著、唐诗宋词代表作。他讲授过魏晋南北朝史、隋唐五代史、中国古典文学史、元清明文学史，等等；参与执笔起草了“元明清文学教学大纲”，并编写了《元明清文学史》《元明清文学作品选》内部使用教材，填补了中国文学史的空白；为古典文学教研组的建设做出了贡献，培养了一大批青年教师和学生。

（二十九）严学宭

严学宭（1910—1992），号子君，江西分宜人，当代著名语言学家。

严学宭先生历任中正大学文史系讲师、中山大学师范学院中文系教授、中山大学文学院语言学系教授、华中师范学院中文系教授兼系主任、《汉语大字典》副主编兼华中工学院顾问及该院中国语言研究所所长、《语言研究》杂志主编、国家民族事务委员会学术委员会委员、全国民族院校双语教学研究会名誉理事长、中国语言学会副会长、中国民族语言学会常务理事、中国音韵学研究会会长、全国民族院校汉语教学研究会名誉理事长、湖北省语言学会理事长等。

严学宭先生从事语言文字研究与教学40多年，涉及音韵学、训诂学、汉语方言和少数民族语言研究等领域，突出贡献主要体现在古代汉语的音韵研究方面。著有《记分宜方音》《大徐本说文反切的音系》《小徐本说文反切之音系》《汉语声调的产生和发展》《“转注”与“假借”为义训之本说》《释汉儒音读用本字例》《试论汉藏语音变现象的类型》《释琉璃》《谈汉藏语系同源词和借词》《论汉语同族词内部屈折的变换模式》《汉语中的训读研究》《黎语构词规律和创立新词术语的原则》《关于划分黎语方言和创制黎文的意见》《黎文创制的经过》《怎样注音、订音和正音》《我国传统语言学的研究与继承》《关于审音工作的几个问题》《循义定音，循音统形——释字要则》《论古越族在现代汉语闽南方言中的投影》《中国民族语文政策和教育》《周秦古音结构体系（稿）》《汉语鼻-塞复辅音声母的模式及其流变》《中国的双语现象》《中国对比语言学浅说》《广韵导读》等论著，并主编了《海南黎族情况调查》《海南苗族情况调查》《黎族调查报告》等。

（三十）李修睦

李修睦（1910—1991），安徽和县人，主要从事图论、数学教育工作，华中师范大学数学系的创办人，我国图论学科的开拓者和奠基人。

李修睦先生于1933年毕业于国立中央大学数学系。中华人民共和国成立前，先后在湖南国立蓝田师范学院、兰州大学、华中大学等校任教授。新中国成立后任华中师范学院数学系教授兼系主任，后为名誉系主任。曾任中国数学会理事及湖北省暨武汉市数学会副理事长，中国图论研究会理事长，中美图论研究会理事，还任《数学通讯》主编多年。

1960年，他从中国科学院数学研究所回到华中师范学院数学系后，担任教学和系主任工作，利用业余时间将法国巴黎大学教授、法国图论学派的领袖人物贝尔热的法文名著《图的理论及其应用》译成中文本，由上海科学技术出版社出版。后又在多年思索的基础上，形成了他自己的专著《图论导引》。

（三十一）高庆赐

高庆赐（1910—1978），河北遵化人，汉语言文字学家。

1946年起，高庆赐先生先后在北平私立燕京大学国文系、西安西北大学中文系、武昌私立华中大学任教，讲授“读书指导”“声韵学概要”“语言学”“国文”“比较语言学”“古音研究”等课程。1948年，曾加入海啸社、野火社、沧海社等进步文艺社团，并在《益世报》上发表《论民心的向背》一文，表明其追求光明的心迹。1949年加入了党领导的外围进步组织“新民主主义教育协会”，从事进步的文化教育活动，任“武汉高教联”副主席，私立华中大学校工会主席。1951年7月出任公立华中大学副教务长兼中文系教授。曾出席武汉市人民代表会议，任政协委员，兼任武汉市“中国文字改革协会”主任。1952年任华中师范学院副教务长兼中文系教授。

高庆赐先生治学态度严谨，知识渊博，学贯古今，一生著述不倦。自上世纪50年代始，先后出版了《同义词与反义词》《现代汉语语法知识》（与邢福义合著）、《现代汉语词汇知识》《现代汉语词义辨析》《古代汉语知识六讲》（其中五、六讲由邢福义整理）、《中学语文词义辨析手册》（与吴永德合著）等著作。

（三十二）傅懋勣

傅懋勣（1911—1988），字兹嘉，山东聊城人，民族语言学家，是研究中国少数民族语言文字的著名学者。

1939 年，傅懋勣先生到当时迁往云南的华中大学中文系讲授语音学、语言学、音韵学和汉语语法等课程。1941 年在华西协和大学任副教授。1943 年回华中大学中文系任教，1944 年兼任系主任。1946 年随华中大学迁回武昌。1948 年赴英国剑桥大学攻读语言学博士学位。1950 年获剑桥大学博士学位，同年底回国，仍任华中大学中文系教授兼系主任。1951 年调到中国科学院语言研究所（后改为中国社会科学院语育研究所）工作，先后担任语言研究所研究员、少数民族语言研究所民族研究所副所长、《民族语文》杂志主编、中国民族语言学会会长、中国民族古文字研究会会长、全国政协委员等职。

在 20 世纪的中国语言学界，傅懋勣先生理所当然地属于大师级的学者。傅懋勣先生主要从事中国少数民族语言的研究，他在新中国成立前就出版了两部学术专著，一是《维西么些语研究》，一是《丽江么些象形文〈古事记〉研究》。后来又完成了《纳西族图画文字〈白蝙蝠取经记〉研究》等著作。傅懋勣先生为纳西族的语言、文化历史、民间文化以及一般文学发展史和古文字解读提供了可贵的资料，还就羌语、纳西语、傣语、维吾尔语和汉语的语音、语法、文字改革以及少数民族语文工作、社会语言学等方面的问题进行研究，发表了一系列有影响的学术论文。到了晚年，他的 29 篇系列文章在 1983 年第 4 期到 1988 年第 2 期的《民族语文》上连载，后结集为《论民族语言调查研究》，被称为“民族语言调查研究者的圣经宝典”。除了语言学研究的巨大成就之外，他还在培养语言学人才和组织、领导中国少数民族语言调查研究以及创制、改革民族文字方面作出了诸多的贡献。

（三十三）张舜徽

张舜徽（1911—1992），湖南沅江人。中国现代著名历史学家、文献学家。

张舜徽先生出身于书香世家，自幼由父亲亲自授业，后又转益多师，从小到大，走的是自学之路。1950 年起任教于中原大学教育学院、华中师范学院、华中师范大学，执教 40 年之久，曾担任历史文献研究所所长，中国训诂学会顾问等，是中国第一位历史文献学博士生导师。

张舜徽先生主张走博通之路，赞赏通人治学，他在小学（文字学、声韵学、训诂学）、史学、哲学、文献学等方面均卓有成就。一生笔耕不辍，完成学术著作 24 部共计八百万字，出版著作四十多种，代表作有《说文解字约注》《清人文集别录》《广校雠略》《周秦道论发微》等，其学术著作全部用毛笔撰写完成。所著《中国文献学》是我国历史文献领域的一部重要专著，也是我国建立近代科学文献学的奠基之作，曾荣获 1984 年湖北省社会科学论著一等奖。

（三十四）陆华柏

陆华柏（1914—1994），出生于湖北荆门，祖籍江苏武进，作曲家、音乐教育家。

1934 年，陆华柏先生毕业于武昌艺术专科学校师范科。1941 年在桂林欧阳予倩主持的广西艺术馆音乐部任主任兼合唱团、管弦乐队指挥。1943 年起历任福建音专、湖南音专等校教授。中华人民共和国成立后，先后在解放军四十六文工团任教员，在中央戏剧学院、华中师范学院、湖北艺术学院任作曲教授。

陆华柏先生教学之余潜心创作、科研，主要作品有《故乡》《勇士骨》、清唱剧《汨罗江边》等，出版《鉴河之歌·东兰铜鼓舞》钢琴曲、《风和月亮——陆华柏歌曲选》《陆华柏二十五首钢琴小品辑》《广西多声部民歌论文集》以及译著《和声与对位》等。1937 年创作的艺术歌曲《故乡》于 1992 年被中国中华民族文化促进会评为“二十世纪海内外华人百部经典音乐作品”。创作的管弦乐《康藏组曲》1958 年入选莫斯科音乐出版社出版的《中国作曲家管弦乐作品集》。

陆华柏的合唱作品旋律斗志饱满，具有地方民族音乐特色。根据形式和内容不同，采用了主调、复调等不同写作手法和多种演唱形式。

他注重将西方和声与中国传统音乐特点相结合，探索“民族风格和声”之路。

（三十五）阴法鲁

阴法鲁（1915—2002），字少曾，出生于山东肥城红庙村。著名的古文献学家、音乐舞蹈史家、国务院古籍整理出版规划小组顾问。

1935 年，阴法鲁先生考入北京大学中文系，后就读于西南联合大学。1939 年，他完成大学毕业论文《先汉乐律初探》，随即考取北京大学文科研究所研究生。1942 年，在导师罗庸先生指导下完成毕业论文《词与唐宋大曲之关系》，并留研究所任教。当年秋，阴法鲁先生即赴大理喜洲镇任华中大学教师，接替在中文系任教的游国恩先生，先后讲授“大一国文”（大学一年级汉语）、“大二国文”“中国文学史”等课程，还兼任哈佛燕京学社文学研究员。1946 年，阴法鲁先生回北平，任教于北京大学中文系。1954 年调到中国科学院历史研究所研究隋唐史，侧重文化史的研究。1960 年调回北京大学中文系，后一直从事古典文献学和中国古代文化史的教学与研究。

阴法鲁先生一生从事古代文化史、音乐史方面的研究，撰写了大量研究论文，除毕业论文《先汉乐律初探》《词与唐宋大曲之关系》外，还有《从敦煌壁画论唐氏的音乐和舞蹈》《汉乐府与清商乐》《中国古代音乐发展规律试探》等。论著《唐宋大曲之来源及其组织》《宋姜白石创作歌曲研究》等填补了我国古代音乐研究的一些空白。

（三十六）陶军

陶军（1917—1987），原名陈晶然，安徽贵池人，著名教育家、哲学家、演说家。

1948 年，陶军南下中原解放区，先后任中原大学辅导员，政治系、俄文系系主任。1951 年以后在华中高等师范专科学校、华中师范学院（今华中师范大学）工作，历任副教务长、科研部主任、统战部长、教务长、副院长、顾问等职，其间于 1981 年至 1983 年担任中国驻联合国教科文组织副代表，1985 年兼任华中师范大学出版社总编辑。曾任湖北省世界语协会名誉会长、湖北省哲学学会会长、湖北省伦理学会顾问等职。

陶军先生一直承担哲学、国际政治、国际关系等方面的教学与研究工作。著有《马克思主义辩证法》《辩证唯物论简明教程》《学习唯物主义 批判唯心主义》《马克思主义哲学与怎样学习马克思主义哲学》《国际三十三年》《陶军诗语选》等论著。主编《当代国际政治与国际关系》《中原大学校史》，合译《印度社会》《东南亚史》《国际联盟裁军文件》《阿拉伯-以色列冲突的背景与前途》等。作为演说家，陶军先生口才极佳，演讲无数，听他做报告，是一种享受。除了长期给校内师生作报告外，他还给校外三十多个单位做过报告，有讲稿留下的就达一百二十余次。

（三十七）应崇福

应崇福（1918—2011），浙江宁波人，中国超声学研究的奠基人。

1940 年，应崇福先生毕业于华中大学物理系。1944 年获得清华大学物理系硕士学位。曾于 1940—1941 年，1943—1948 年两度在华中大学物理系任教。1948 年，赴美国布朗大学物理系学习。1951—1955 年在布朗大学应用数学系做研究工作。1955 年回国后在中国科学院工作，先后在应用物理所、电子所、声学所、物理所任研究员，曾任研究室主任和副所长。担任过中国声学学会理事长、名誉理事长和中国机械工程学会副理事长、《应用声学》主编、美国《波动》及英国《超声学》的国际编委。1993 年当选为中国科学院院士（学部委员）。

应崇福先生研究领域广泛，在医学超声学、激光超声学、功率超声学、压电材料内部和表面上声波的产生和传播、油井中声波的传播等方面都有研究成果，发表论文近百篇。他主持完成了数项超声检测方面的国家重大任务。出版《超声和它的众多应用》《应崇福论文选集》《应崇福论文选集续集》《固体中的超声散射》《我们身边的超声世界》等著作，主编《超声学》《大学物理——当代物理前沿专题部分》等图书。先后获得四项国家奖，为我国超声学的普及和推广起到了自己独特的作用。

（三十八）邱永喜

邱永喜（1918——1980），生于湖北大冶，江苏南京人，物理学家。

1949 年，邱永喜教授获得剑桥大学硕士学位后回国，担任武昌博文中学代理校长兼任华中大学物理系量子力学、化学系物理化学课程的教学工作。1951 年任华中大学物理系副教授兼物理学系科主任，1953 年任华中师范学院物理系主任，后一直在华中师范学院任教。1960 年被评为湖北省劳动模范、湖北省文教战线先进工作者，受到毛泽东主席的接见。曾任华中师范学院院务委员会委员，九三学社武汉分社第二届委员会委员，第三届常委，湖北省第二届政协委员，湖北省暨武汉市物理学会副理事长、固体物理专业委员会主任委员。

作为固体物理学家，邱永喜先生在 20 世纪 50 年代就开始半导体光电池的研究。1960 年，他指导中南地区半导体大会战，研制 Ge 隧道二极管，达到当时国际先进水平。他还指导建立华中师范学院物理系半导体材料和器件研究室，先后研制并生产了较高水平的 Ge 隧道二极管、三极管，3CT 大功率硅可控整流器，半导体光电池等器件。此外，他还指导建成武汉半导体二厂和沙市晶体管厂，为发展湖北省的半导体工业奠定了基础。

在 30 多年的教学生涯中，邱永喜先生先后讲授了“普通物理”“热力学统计物理”“量子力学”“固体物理”“半导体物理”“物理专业外语”等数门课程。1978 年，他主持翻译美国 20 世纪 70 年代有重要影响的《中学物理教程》，在国内最先介绍美国中学物理教学改革情况，对全国中学物理教学起到了积极作用。

（三十九）涂厚善

涂厚善（1919—2007），字瀚池，生于湖北武汉，世界史研究专家。

1943 年，涂厚善先生毕业于西南联合大学历史系。1949 年考入中原大学，结业后留校于教育学院（不久与华中大学合并为华中师范学院）任教。曾先后当选中国古代世界史研究会理事、中国南亚学会常务理事和副秘书长、湖北省世界史学会副理事长，并曾受聘为《南亚研究》编委会委员。

主要著作有《古代两河流域的文化》以及《论古代东方的社会性

质问题》《浅谈古代印度史的分期问题》《早期中印关系的特点》等多篇力作。同时，还合编了《马恩列斯论印度》，合撰《简明印度史》，合译《挪威简史》《丹麦王国史》《印度社会》，领导研究室合译了《高级印度史》和《印度文化史》等重要著作，编译发行了《印度史研究资料》，共计 17 期。

（四十）高原

高原（1920—1986），原名高清政，辽宁义县人，我国著名的马克思主义理论家、教育家、改革开放后科学社会主义学科的创始人之一、华中师范大学科学社会主义学科和政治学科创始人。

高原先生曾参与中原大学搬迁和华中师范学院组建工作，和老一辈华师人共同锻造出“忠诚博雅、朴实刚毅”的华师精神，至今鼓舞一代又一代华师学子开拓创新、砥砺前行。1952 年为筹办华中高等师范学校，高原先生南下任华中师范学院政治系主任，之后任学校党委宣传部部长、党委常委、党委办公室主任、副院长等职，1984 年任华中师范学院党委书记。曾任国务院第一届学位评定委员会法学组成员，湖北省政治学会会长、湖北省科学社会主义学会会长、全国政治学会常务理事、全国科学社会主义学会常务理事等职务。

高原先生在从事校领导工作的同时，始终没有脱离教学与研究第一线，他长期从事马列主义特别是科学社会主义研究工作，是科学社会主义研究领域的一代宗师、学术泰斗，是科学社会主义理论家和教育家。他既教书又育人，积极做教师和学生的思想政治工作，并通过讲演和著书立说，进行了大量的、卓有成效的理论研究和理论宣传活动，撰写和主编教科书、专著 4 部，发表论文 70 余篇。

（四十一）杨葆焜

杨葆焜（1924—1997），白族，云南剑川人，教育学家、社会活动家。

1949 年，杨葆焜先生毕业于武昌华中大学教育系，6 月入中原大学学习。1951 年起在华中师范学院任教，并先后在北京师范大学高等教师进修班、中央教育行政学院进修。历任华中师范学院助教、讲师、副教授、教授及教育系教育学教研室主任、教育科学研究所所长。同时，兼任中国教育学会理事、会长，中国教育经济学研究会理事长，中国陶行知研究会理事，《中国教育大辞典》编委，全国教育科学规划领导小组教育专业组成员，湖北省教育学会理事兼学术委员会副主任，湖北省教育经济学会顾问，湖北省社会科学联合会学术委员会委员，湖北省高等学校教师职称评审委员会委员兼教育学科组组长。

杨葆焜先生长期从事教育基本理论和教育经济学的教学和研究工作。著有高等师范院校教育系用的《教育学》教材，主编全国第一部《陶行知全集》，发表多篇有关教育理论方面的文章。20 世纪 80 年代初，转向教育经济学的研究，开辟教育科学研究新领域；较早地在国内教育理论刊物《教育研究》上撰文，对构成西方教育经济学理论基石的“人力资本”理论进行详细的介绍和评述，为成功地引进国外教育经济学的研究成果作出有益的尝试；主持编写《教育经济学概论》。受国家教委委托，主编出版了近 40 万字的高校文科教材《教育经济学》；与范先佐先生合著《教育经济学新论》；协同有关方面积极筹备并公开出版学术期刊《教育与经济》，曾任主编。

（四十二）杨宏禹

杨宏禹，1924 年出生，河南内乡人，马克思主义理论家。

1948 年，杨宏禹先生毕业于西北大学法律系，1949 年作为中原大学世界政治专业研究生随军南下武汉，在中原大学教育学院政治系从事比较政治学的教学工作。1951 年冬在中原大学教育学院与华中大学合并组成的华中高等师范学校任教，后一直在华中师范学院、华中师范大学任教。1978 年在高原先生的倡议和领导下，作为主要负责人之一组建了“科学社会主义研究室”。科学社会主义研究室是全国第一个科学社会主义的教学和研究机构，培养了本专业第一批硕士生和博士生，出版了全国知名的《科学社会主义》教材，举办了全国第一个本专业的学术期刊，是本学科的开拓者。1986 年被评为华中师范大学科学社会主义研究所博士生导师。曾任全国社会主义思想史研究会副会长，中国科学社会主义学会理事，湖北省科学社会主义学会会长、顾问，湖北省社会学会理事。

杨宏禹学术研究的主攻方向是科学社会主义和社会主义思想史，在学术界享有盛誉。其代表性学术著作有《科学社会主义》《社会主义——理论、实践、历史命运》《空想社会主义学说史》《民主社会主义透视》《国际关系基础理论》等 10 多部；主持、完成了“八五”社会科学重点项目“科学社会主义理论与社会主义的历史命运”等国家和省的社会科学科研项目多项，发表《论一个国家、两种制度》等多篇论文。

（四十三）任钟印

任钟印，生于 1926 年，湖南岳阳人，我国学贯中西的著名教育史学家和教育著作翻译家，华中师范大学教育科学学院资深教授。

任钟印先生曾任教育系学术委员会主席，校学术委员会委员，教研室主任，全国教育史研究会常务理事，杨贤江教育思想研究会理事、湖北省教育史研究会第一、二、三届理事会理事长。其重要学术贡献是：结合现实，对一些马克思主义教育观点做了诠释、解读，力求回归原貌；对史前教育做了新的探索；对古代东方教育及中西教育史做了深入探讨，力求破除西方中心论；揭示中西文化教育体系差异的历史渊源及各自优点，提倡在求异的同时努力求同。主要成果有：主编《外国教育家评传》（第一卷）、《外国教育通史》（第三卷）、《中外教育比较史纲》（古代卷）、《世界教育名著通览》《夸美纽斯教育论著选》《外国教育思想通史》（共十卷，总主编之一，第一卷主编，第 5 卷参编）、《杨贤江全集》（共 6 卷）、《教育大辞典》第 11 卷（副主编之一）。译著有：《昆体良教育论著选》《外国教育史料》（主译）、《学校与社会》《明日之学校》（合译）。参编著作有：《外国教育通史》（第一卷）、《教育名著评介》（外国卷）、《外国教育史教程》。此外，在全国 10 余种刊物上发表中外教育史论文、译文、书评共 40 余篇及诗词若干首。

（四十四）王道俊

王道俊（1926—2017），湖北大悟人，教育学家，华中师范大学教育学院资深教授。

1953 年，王道俊先生从北京师范大学教育系研究生毕业，随后任教于华中师范学院（现华中师范大学）。曾任华中师范大学教育系主任、中国教育学会学术委员、中国教育学会教育学研究会理事、常务理事、中国教育学会教育学研究会教育基本理论专业委员会主任委员、湖北省教育学会副会长、学术委员会主任委员。

王道俊先生十分重视教育学的基本建设——教材建设。“文化大革命”结束以后不久，他率先组织包括当时的华中师范学院在内的五所院校的教育学教师编写了一本《教育学》教材，于 1980 年由人民教育出版社出版，至 1989 年共印刷 18 次，累计发行 246 万多册。1988 年，他主编的《教育学（新编本）》问世，至今已印刷 20 次，发行 60 多万册。在教育基本理论问题的探索上，王道俊教授率先在全国提出并研究了主体教育论。发表了《让学生真正成为教育的主体》《试论教育的主体性》《关于主体教育思想的思考》《关于教育的主体性问题》等系列论文，主编了体现主体教育思想的专著《教育学原理》。王道俊先生的主体教育论对我国的教育理论和实践产生了重要的影响。

（四十五）章开沅

章开沅（1926—2021），浙江吴兴人，著名历史学家。

1946 年，章开沅先生进入南京金陵大学历史系学习，1951 年到华中师院历史系任教，1985 年任华中师范大学校长，2012 年任华中师范大学国学院名誉院长，曾被授予“国家级有突出贡献的中青年专家”“全国先进教育工作者”“荆楚社科名家”等荣誉称号。2014 年 88 岁的章先生主动请辞“资深教授”的称号和所有待遇，成为打破学术头衔终身制，不再享受等同两院院士待遇第一人。2018 年 12 月，获得第七届吴玉章人文社会科学终身成就奖。

章开沅先生学术方面的成就举世瞩目，在国内外学术界声名斐然。主要著作《辛亥革命史》是世界上第一部研究辛亥革命的通史性、综合性的大型专著，被史学界称为“最能体现目前中国辛亥革命研究的观点、方法、水平”的权威性著作；后又出版了《开拓者的足迹——张謇传稿》等专著，在美、日等国被争相译载。章先生先后被载入美国国际名人传记中心出版的《世界名人传》、英国剑桥国际传略中心出版的《首届世界五百名人传》等。1989 年被推举为国际中国哲学会学术顾问，同年被聘任为美国国际传记中心顾问、菲律宾中国研究协会荣誉会员。

章先生不仅学术成就斐然，且师德高尚，深得同行及学生的敬佩和尊崇。2014 年被全校师生推为中国国际文化交流基金会“明德教师奖”获得者。章先生治学严谨、诲人不倦，以“甘当铺路石子”的精神培养出了一批杰出的中国近现代史学者。

（四十六）张景龄

张景龄（1927—1993），湖北武汉人，有机磷化学家、教育家。

张景龄先生 1951 年毕业于华中大学化学系，1951 年 7 月至 1951 年 9 月任中原大学教育学院秘书室主任秘书。1951 年 9 月至 1951 年 11 月任国立华中大学秘书室秘书。1952 年至 1956 年任华中师范学院化学系助教、讲师。1962 年获苏联喀山化工学院副博士学位，学成归国以后历任华中师范学院、华中师范大学副教授、教授、副院长、农药化学研究所所长。

张景龄先生毕生致力于师范教育和科学研究事业，培养了几代科技人才，创办了华中师范大学农药化学研究所。长期从事磷有机化学研究，对含不对称磷原子的有机磷，提出了硫代磷酰胺烷基水杨酸酯基酯类化合物的分子结构与生物活性关系；研制水胺硫磷取得成果；在国内首先开发成功“乙基异柳磷”“百草枯”“强本赛”“地虫磷”等 10 个农药新品种，并开发了“两段升温硫酸催化合成水杨酸异丙酯”“相转移催化合成水胺硫磷、甲基异柳磷”等新工艺，均为工业生产所采用；甲基异柳磷的研究 1985 年获国家科技进步奖二等奖；在国内外发表了百余篇论文，著有《周环反应》等著作，对我国近代磷有机化学和农药化学的教育和研究中均作出了贡献。由于他在磷有机化学研究方面的成果卓著，在第十届国际磷化学学术讨论会上他还担任了助理主席，为我国对外交流、扩大我国在世界学术界的影响作出了应有的贡献。

张景龄先生的应用研究和理论研究为国家创造了巨大的经济效益和社会效益，共获得国家级奖 4 项，部、省级奖 7 项，1988 年被湖北省政府授予“湖北省劳动模范”，1989年被国务院授予“全国先进工作者”，1992年被湖北省科协授予“优秀科技工作者”的光荣称号，享受国务院颁发的政府特殊津贴。

（四十七）董宝良

董宝良（1928—2021），辽宁铁岭人，教育史学家，华中师范大学教育学院资深教授。

1954年，董宝良先生研究生毕业于东北师范大学教育系。在华中师范学院教育系、华中师范大学教科院从事教学科研工作40余年，历任华中师范学院教育系副主任、教科所副所长，曾兼任中国教育学会理事、全国教育学研究会常务理事、全国教育史专业委员会理事、湖北省教育学会副会长兼秘书长、中国陶行知研究会常务理事、湖北省陶行知研究会副会长、湖北省社科联学术委员会委员、湖北省教育学会常务理事、教育史专业委员会理事长、华中师范大学老年协会会长等职。

董宝良先生长期从事教育史学及陶行知教育学说方面的教学与研究工作，先后主持“中国近现代教育思潮与流派研究”（教育部社科司“八五”重点课题）、“中国近现代高等教育史研究”（全国教育科学规划“九五”重点课题）等课题研究。出版论著有《中国教育史纲》（近代史部分）、《陶行知全集》（副主编）、《陶行知教育论著选》（主编）、《陶行知教育学说》（主编）、《中国近现代教育思潮与流派》（与周洪宇教授共同主编）、《从湖北看中国教育近代化》（与熊贤君教授共同主编）、《中国教育思想通史》（第七卷，与陈桂生、熊贤君教授共同主编）等。其中，《陶行知教育学说》《中国近现代教育思潮与流派》1995年和1998年分获教育部首届和第二届高校人文社会科学优秀成果一等奖和二等奖；《从湖北看中国教育近代化》2000年获全国教育科学优秀成果二等奖；《论陶行知的中西教育观》2001年获湖北省人民政府首届社会科学优秀成果荣誉奖。

（四十八）吴量恺

吴量恺，1929年12月生，吉林省吉林市人，历史学家，曾任中国明史学会顾问，湖北省中国史学会副理事长。

吴量恺教授长期从事历史教学工作，并致力于研究明清时期的经济，着重探讨了封建社会晚期全国与湖北的农业经济与商品经济；率先运用档案资料研究我国农业社会中资本主义萌芽等问题；还研究了历史变异时期的改革人物、中国国内的民族关系与古代社会等问题。

吴量恺教授多次参加国际学术会议，承担多项国家、教委、省社科基金、规划项目，出版有影响的论著多部，代表性专著有《清代经济史研究》《清代湖北农业经济》《中国古代史》《中国历史文化名城随州》《四书辞典》等；并合编、参编《中外历史新编》《南国名都江陵》《清代地租剥削形态》等书。发表《清乾隆时期农业经济关系的演变和发展》《明清时期“农民非农化”现象的发展与农业结构的异变》等60余篇论文。

（四十九）刘连寿

刘连寿（1932—2009），湖北武汉人，物理学家。

1948年，刘连寿先生中学毕业后，按照地下党领导人的意见考入华中大学。1949年春，按照上级安排回家，负责收录延安广播、油印有关党中央文件，交给地下党领导，准备迎接武汉解放。解放后回到华中大学，1952年在华中大学物理系毕业。1955年考取留苏预备生，1956年底赴苏联，师从国际著名物理学家伊·米·栗弗席兹。20世纪60年代中期，考入北京大学物理系攻读在职研究生，师从我国理论物理奠基人之一胡宁教授，1968年研究生毕业。1978年，为学校争得了全国第一批“理论物理”硕士点，并组建了华中师范学院基本粒子理论研究室。1986年获得“理论物理”博士点，成立华中师范大学粒子物理研究所并任所长。1994年建立博士后流动站。曾任国家教委首届高等学校理科学科教学指导委员会委员，中国高能物理学会名誉理事，湖北省物理学会会长，第21届多粒子动力学国际会议主席，第19、20、30、32届多粒子动力学国际会议和1993年夸克物质国际会议的国际顾问。曾三次获得省部级科研成果二等奖，国家级教学成果二等奖。被授予国家级有突出贡献专家、全国高等学校先进科技工作者、第一届高等学校教学名师等称号，享受国务院政府特殊津贴。

刘连寿先生长期从事科学研究，成就斐然。1982 年，他赴德国访问期间，在柏林自由大学与孟大中教授合作，提出了著名的“三火球模型”，成功地解释了西欧核子中心当时发现的复杂现象，被国内外同行广泛引用，称为“刘-孟”模型。从强子-强子碰撞的“三火球模型”、核-核碰撞的“多源模型”，到高能碰撞中非线性动力学的自仿射分形，以及夸克喷注和胶子喷注性质的研究，取得了一系列创新性成果；从最初创建高能核乳胶实验室，加入 EMU01 国际实验协作组，到参加 RHIC-STAR 实验协作组和 LHC-ALICE 实验协作组，使粒子物理研究所不失时机地加入国际实验物理研究的主流，形成了可持续发展的格局；他还提出层子模型的协变场论计算方法和“平移不变的口袋模型”。著有《数学物理方法》《理论物理基础教程》《高等量子力学》《物理学中的张量分析》等专著和教材，译有《规范场的量子理论导引》等著作。

（五十）熊铁基

熊铁基，生于 1933 年 4 月，湖南常德人。著名的历史学家、道家道教文化研究专家。

1956 年，熊铁基先生毕业于华中师范学院，1958 年华东师范大学研究生班毕业后到华中师范大学任教。曾任中国秦汉史研究会副会长、华中师范大学道家道教研究中心主任，享受国务院特殊津贴。

熊铁基先生长期从事中国古代史的教学与研究工作。秦汉制度史研究，是熊铁基先生较早关注的领域；秦汉思想文化史研究，是熊先生用力最深的领域；道家道教文化研究，是熊先生最近的学术领域。无论哪个领域，熊先生都取得了丰硕的研究成果。他先后出版学术著作十余部，发表论文数十篇，主编《中华道藏》《道家道教文化书系》等图书。他所提出来的“秦汉新道家”受到学术界的关注，从事的老庄学研究在道家文化领域中亦有填补空白的意义。其《秦汉新道家略论稿》对秦汉新道家的代表人物、思想特点进行了专题讨论，因“立论有据，自成一说，见解新颖，引起了颇多同行注意”，被称为“秦汉思想史研究新成果”；《秦汉官制史稿》的出版在“中国官制史研究的漫长进程中树立又一块新的里程碑”；《中国老学史》作为我国研究老学发展的第一部系统专门之作，在道家学术领域的开拓以及奠定老学研究的基本方法与范式方面都有重要贡献。

（五十一）李会滨

李会滨（1934—2006），江西都昌人，知名的科学社会主义研究专家。

李会滨先生先后就读于九江师范学校、华中师范学院政治系，1956年大学毕业后留校任教，担任过华中师范大学学术委员会副主任、邓小平理论研究中心主任、科学社会主义研究所所长和名誉所长。曾任中国科学社会主义学会常务理事、全国哲学社会科学规划学科组成员、湖北省科学社会主义学会常务副会长和名誉会长、湖北省学位委员会委员，被评为全国优秀教师。

李会滨先生先后从事马列主义基础、马克思主义哲学、马克思主义政治学、国际共产主义运动史的教学和研究，1978年以后主要从事科学社会主义的教学和研究，为我国科学社会主义学科建设和理论研究作出了重要贡献。主要论文有《科学社会主义的研究对象及有关问题》《对科学社会主义研究对象的再思考》《论普遍贫穷的假社会主义的欺骗性和反动性》《我所理解的马克思关于共产主义社会的设想》《用科学的态度看待革命理论》《工人阶级执政党建设的历史经验》《二十世纪社会主义的基本经验》《二十一世纪社会主义前景瞻望》等。随着中国特色社会主义的发展，李会滨先生把科学社会主义与中国特色社会主义联系起来研究，主编和撰写了《科学社会主义》《论有中国特色的社会主义》《中国社会主义建设》《中国政治体制改革的理论与实践》《中国社会主义初级阶段的政治》《中国社会主义10论》等著作，主持完成了国家社会科学“九五”重点规划项目的最终成果《社会主义：20世纪的回顾与前瞻》一书。该书出版后，受到同行专家和广大读者的好评，获得中宣部“五个一工程”奖。

（五十二）邢福义

邢福义（1935—2023），海南乐东人，著名语言学家，资深教授。1956年，邢福义先生毕业于华中师范学院后留校任教。2000年起，任华中师范大学语言与语言教育研究中心主任。2001 年，担任新加坡教育部华文教材顾问。2004 年，任教育部社会科学委员会委员、《汉语学报》主编等。2002 年，湖北省政府授予邢福义先生“湖北省杰出专业技术人才”称号。2010 年 11 月 16 日，入选湖北省首批“荆楚社科名家”。

邢福义先生在汉语教学和汉语语言学研究方面取得了开拓性成果，先后主持国家和教育部研究课题 15 项，出版著作 50 多部，发表文章 470 余篇。他的《汉语语法学》以“小句中枢”为理论基础建立起一个现代汉语语法系统的专著；《汉语复句研究》是“标志着当前我国复句研究的最高水平”的集大成之作。曾三次获得湖北省社会科学优秀成果一等奖、国家级教学成果奖、中国图书奖等诸多奖项。他被季羡林先生认定为 20 世纪现代汉语语法“八大家”之一。俄罗斯国际刊物《语言研究问题》称他为“汉语逻辑语法学派奠基人”。

（五十三）黄曼君

黄曼君（1935—2010），笔名黄毅军，湖南株洲人，中国现当代文学学科带头人、著名学者和诗人。

1956 年，黄曼君先生毕业于华中师范学院中文系。1993 年被国务院学位委员会批准为博士生导师，为华中师范大学文学院第一个博士点的创始人。历任教研室主任、中文系主任、华中师范大学文学研究所所长和名誉所长、华中师范大学学术委员会委员、国家级精品课程负责人等。曾先后担任中国当代文学学会副会长，中国现代文学学会常务理事、名誉理事，中国曹禺研究学会副会长，中国闻一多研究学会副会长、名誉理事、顾问，中国闻一多基金会理事，中国鲁迅学会理事，中国郭沫若研究学会理事，湖北省文学学会副会长、顾问，湖北省现代文学学会会长，湖北省文艺理论家协会顾问，湖北省毛泽东诗词研究会顾问等；此外，亦曾担任湖北省社会科学联合会委员、湖北省社会科学院特约研究员等。

黄曼君先生学术研究的主攻方向为中国现当代文学和中国 20 世纪文学理论批评史，代表著作《论沙汀的现实主义创作》《中国现代文坛的“双子星座”——鲁迅、郭沫若与新文学主潮》《新文学传统与经典阐释》。专著有《郭沫若作品欣赏》《郭沫若》；诗集有《战地上的一束芙蓉花》，散文集《金色的长江》《春满长江》《三峡画廊》《大江源记》；主编《中国近百年文学理论批评史》《中国 20 世纪文学理论批评史》《长江三峡的沿革及传闻》《屈原、端午、龙舟》《中国现代文学史》《中国现代文学流派》等；论文有《现代化视野中的中国二十世纪文学》等。

专著《论沙汀的现实主义创作》、论文集《中国现代文坛的“双子星座”——鲁迅、郭沫若及新文学主潮》均获湖北省社科优秀奖二等奖，《中国近百年文学理论批评史》获 1998 年国家教委社科成果三等奖，音乐片《葛洲坝交响音画》（作词）获中国琴台音乐会优秀创作奖，散文《葛洲坝赋》获湖北省第一届产业系统文艺创作楚天杯优秀创作奖，其作品还获首届普通高校教学成果国家级优秀奖、1997 年湖北省优秀社科成果二等奖等。

（五十四）刘守华

刘守华，1935 年 8 月出生，湖北仙桃人，民间文艺学家。

1953 年，刘守华先生于沔阳师范学校毕业保送进入华中师范学院（今华中师范大学）中文系就读，1957 年毕业后留校从事民间文学教学至今。历任华中师范大学民间文化研究中心主任，兼任湖北省民间文艺家协会名誉主席、中国故事学会副主席、《中国民间文艺学年鉴》主编、亚洲民间叙事文学学会理事、湖北省道教学术研究会副会长等职。

作为民间文学学科带头人，刘守华先生 60 多年一直坚持学术研究服务于中国社会的基本宗旨，坚持以中国本土材料为学术对象，坚持深入中国乡村社会和普通民众中展开扎实的田野调查，坚持探索中国传统治学方法的现代转型与理论发展，始终如一地投身于中国非物质文化遗产的保护与研究之中，为创建中国故事学理论体系做出了奠基性、开拓性的卓越贡献。他不断探索以中国学术话语和中国理论方法为基础的中国民间文艺学学科构建，厚积薄发，费数十年工夫完成了 50 余万字的学术代表作《中国民间故事史》，出版了 450 余万字的十卷本《刘守华故事学文集》。另外，刘守华先生为湖北省发现、研究和成功申报“三家三村”非物质文化遗产代表性传承人和项目做出了重要贡献；他为国家培养了一支被学界誉为中国故事学“刘家军”的非物质文化遗产研究队伍。因其成就卓著，湖北省文联授予刘守华先生“湖北省首届十佳民间文化守望者”荣誉称号，2022年获得中国文联“终身成就民间文艺家”的崇高荣誉。

刘守华先生1956年开始投身于民间文学（以民间故事研究为主）研究，迄今在海内外发表论文300余篇，出版学术论著10余种，其中4种属教育部和国家社科基金课题，8种在省级以上社科优秀成果评奖中获奖。《中国民间童话概说》《比较故事学》《中国民间故事史》《中国民间故事类型研究》等4种分别获教育部全国高校人文社科优秀成果二、三等奖；主编《文化学通论》《民间文学导论》《民间文学教程》，另有《故事学纲要》《口头文学与民间文化》《民间文学：魅力与价值》《民间故事的艺术世界》《张天师传说汇考》；在台北出版《道教和中国民间文学》，在日本出版合编的论文集《日中昔话传承之现状》及《中国韩国日本民间故事集》。主编的《民间文学导论》于1995年获全国高校优秀教材一等奖。《比较故事学》于1998年获全国高校第二届人文社科研究优秀成果三等奖，2001年获中国民间文艺学最高奖项“山花奖”一等奖。《中国民间故事史》以其原创性与宏大规模获得海内外学人一致好评，获全国高校第三届人文社科研究优秀成果二等奖。

（五十五）王先霈

王先霈，1939年生，江西湖口人，文艺理论家。

1960年，王先霈先生毕业于华中师范学院中文系，1964年毕业于中国人民大学文学进修班，之后一直在华中师范大学任教。曾任华中师范大学中文系副主任、文学院院长、华中师范大学出版社总编辑、华中师范大学文学批评学研究中心主任和编辑学研究中心主任，曾兼任湖北省作家协会主席、湖北省出版工作者协会副主席、中国出版工作者协会理事。

王先霈先生的主要研究方向为文艺学中的文学批评学、中国古代文论。主要成果有《小说技巧探赏》《文学评论教程》（与范明华合著)、《明清小说理论批评史》(与周伟民合著)、《文学心理学概论》《圆形批评论》《佛语哲思》《文学美》《圆形批评和圆形思维》等著作;代表性论文有《中国文学批评中的解码方式》《创造性思维中“有意义的空白”》《兴论新释》《孔子艺术心理学思想新释》《中国文化与中国艺术心理》。

(五十六)马敏

马敏,生于1955年,四川雅安人,历史学家。

1988年,马敏先生在华中师范大学获历史学博士学位,1989年至1992年在美国普林斯顿大学和耶鲁大学担任客座研究员、访问学者;1996年任华中师范大学历史文化学院首任院长;1997年在英国牛津大学担任客座研究员;2003年任华中师范大学校长。2011年任校党委书记;兼任中央马克思主义理论研究和建设工程教材编写组主要专家,教育部历史教学指导委员会主任委员,中国历史学会副会长等。

马敏先生长期从事中国近现代史方面的研究,先后出版学术著作7部,发表中英文学术论文100余篇。其中《官商之间:社会巨变中的近代绅商》被权威刊物评论为“构筑了一个比较完整的绅商研究理论体系”,外国学者誉之为商会史研究中“最具代表性的著作之一”。《商人精神的嬗变——近代中国商人观念研究》首次比较系统地研究了近代中国商人包括心理结构、政治法律意识、经营理念等多维精神世界,被认为“是一部探求近代中国商人精神的力作”。他也是中国博览会史领域最早的研究者之一,被国际学术界公认为最权威的中国近代博览会史研究专家。1985年,他发表的《清末第一次南洋劝业会述评》被认为是“国内最早的博览会史的专题研究论文”。

(五十七)徐勇

徐勇,生于1955年,湖北宜昌人,田野政治学家。

1978年,徐勇先生就读于华中师范学院政治系,1982年毕业后留校工作,1998年任华中师范大学科学社会主义研究所所长,2000年任教育部人文社会科学重点研究基地中国农村问题研究中心主任,2004年任华中师范大学政治学研究院院长,2005年受聘为国家人文社会科学领域首批“长江学者”特聘教授，2011 年任华中师范大学中国农村研究院院长。先后获湖北省优秀教师、教育部跨世纪优秀人才等荣誉称号；曾获首届全国优秀博士学位论文奖，教育部霍英东教育基金奖、中宣部“五个一工程”奖等多种奖励。

徐勇教授被同行誉为“中国村民自治研究第一人”，深耕农村问题和中国政治领域，常年扎根田野，教书育人。他始终坚守“做学问绝不可说第一，但一定要追求唯一”的治学理念，率先将实证研究方法引入国内政治学领域，积极倡导并推动构建田野政治学；先后提出了“农民理性”“家户制”“国家化”等一系列原创性概念和理论，为推动具有中国特色、中国风格、中国气派的中国政治学做出了杰出贡献。早在 21 世纪初，徐勇教授在从事基层政权研究的基础上进入到当时很少人关注的村民自治领域，并逐步扩展到农村问题研究领域，引领了学术研究的热潮，促使农村研究成为当时的“显学”，至此徐勇教授接过以陶军、高原、张厚安等为代表的学科接力棒，创建了华中师范大学农村问题研究中心并获批教育部人文社会科学百所重点研究基地、获批全国首批政治学一级学科博士授予点、全国首批政治学一级学科博士后流动站，由此确立了华中师范大学政治学在整个中国政治学研究领域的优势地位。

基于长期的田野调查和学术积累，2006 年 11 月 30 日，徐勇教授走进中南海为中央政治局第 36 期集体学习“我国社会主义民主政治建设研究”作了专题讲解。2006 年，徐勇教授启动“百村十年观察计划”，为中央和相关部委提供了大量的基于第一手数据的咨询报告，为农村相关政策的出台等提供重要的决策参考；后续又建立“中国农村数据库”，打造具有国际一流水平的农村数据资料库，并在此基础上整理出版 33 卷《中国农村调查》，约 3300 万字，为中国农村研究和农耕文明的历史传承做出了重要的贡献，同时还启动了“日本满铁调查资料和翻译”“俄国和英国农村调查资料翻译”“海外农村调查”等大型翻译或调查。先后出版了《非均衡的中国政治：城市与乡村比较》《地方政府学》等著作，其中《中国农村村民自治》是我国第一部系统研究村民自治的专著，被视为研究村民自治的权威性著作。

第三章　人才培养与教学建设

学科是大学发展的基础，可以反映出大学的整体水平、学术地位及综合竞争力。学科建设是大学一项根本性、基础性和战略性建设，是科研、实践、教学工作的有机结合，是大学功能发挥和办学发展的关键所在。提高人才培养水平和质量，是学科建设中的一项主要任务。学科建设与大学人才培养关系密切，学科建设与本科教育、研究生教育等具有内在的联系。学科结构奠定了大学人才培养的基础。“学科结构提供了一种条件，培养什么样的人取决于大学选择什么样的课程和教育活动组织方式。”①

回顾历史，在学校 120 年的办学历程中，无论是学校前身文华大学、华中大学、中华大学、中原大学，还是新中国成立后组建的华中师范学院、华中师范大学都始终坚守人才培养的主阵地，全心致力于开展有特色、高水平的教学建设，在承担为国家、民族、时代培养高质量人才的主任务中协力推进学校办学的发展，实现学科的传承和建设，形成了具有浓郁办学特色的教育教学文化。

一、人才培养理念的形成与发展

在 120 年的办学历程中，文华大学、华中大学、中华大学、中原大学、华中师范学院、华中师范大学等都顺应时代的脉搏，呼应民族、时代、社会的召唤，遵循教育教学的基本规律，基于自身的办学实际和学科发展实际，提出了自己的办学理念，形成自己的办学风格和人才培养品质。

---

① 别敦荣：《学科建设与人才培养》，《大学与学科》，2020 年第 1 期。

（一）广教育，治人才

1903 年，文华书院成立大学部。文华大学引进欧美先进教育制度，主张中学为体，西学为用，追求全面培育学生智力水平和知识水平的人本主义教育。文华大学早期人才培养的理念带有浓厚的基督教色彩。1871 年，文华书院成立，当时其教学宗旨并不是单纯地传授宗教知识，而是要进而给学生以智慧和道德的训练，使其成为教会中乃至社会上有势力的人物，成为普通民众的导师和领袖。至 1903 年文华大学成立时，其办学的一个主要目的是通过宗教教育来为教会培养高层次人才，再由这些人才进一步传播宗教福音到中国的广袤大地。

文华的办学思想比较强调“荟萃中西”，注重中西教育，兼顾中国固有的国粹，而借基督教主义增进人格。当时的办学者认识到，文华大学作为典型的教会学校，“在中国各时代政治文化浪潮的不断冲击下，外来文化要想在中国生根，就必须根植中国土壤，与中国传统文化交叉融合，这样才能得到文化认同和发展”。因此，文华书院提出了非常“中国化”的学校校训“礼义廉耻”①。

当时，文华的师资配置与其办学理念的追求是相一致的。文华的教师来源比较广泛，比较注重在兼顾中式教育的同时开展西式教育，教师来源包括教会派遣、学校聘用和毕业生留校或回校等方式，其中教会派遣的教师占多数。教师们也大都信教。教师作为学生眼中的智慧象征，一面口头传授基督教教义，一面行动上以身作则，给予学生模范作用②。

（二）立足本土文化，放眼世界文明

1922 年，美国圣公会、复初会、雅礼会、英国伦敦会、循道会等差会代表在汉口开会，决定在武昌开办一所联合大学，把作为雅礼大学强项的自然科学与作为文华大学强项的神学、图书馆学、师范和商

---

① 周辉挥：《百年华大与百年记忆——掌故逸事风物》，华中师范大学出版社 2013 年版，第 16 页。

② ［美］吉尔曼等：《文华大学》，华中师范大学出版社 1992 年版，第 21～22 页。

文华书院当年的建筑和操场

科等联合起来，同时合并武昌博文书院、汉口博学书院以及岳州湖滨书院，组建华中地区一流的教会大学。1924 年 9 月 8 日，在武昌原文华大学的校址上，华中大学正式成立。

教会大学在中国近代教育体系中发挥着沟通中西文化和促进中国传统教育转型的重要作用。华中大学成立时，将校训定位为"牺牲服务、博爱大同"，以此作为培养学生的理念。"作为几个教会组织联合力量创办的一所新的大学，其教育理念不仅要体现'博爱'之基督教教义，也要包含中国元素，体现中国儒家、墨家思想和传统文化之'敢于牺牲，追求兼爱'的价值观。到了 30 年代后期，华中大学的校训进一步本土化、世俗化，改为'立足本土文化，放眼人类文明'。"①

华中大学建立之初，其办学目标与当时教会大学的办学目标是一致的。"教会大学的建立，在很大程度上是出于训练教牧人才的需要，因此教会大学与神学教育，从来就息息相关"②。关于这一点，1930 年 1 月时任校长的韦卓民先生在《汉口通讯》上的发文可以鲜明地说明其基督教教会学校的性质。文中说："华中大学的工作与国家的基督教运动紧密联系着，中国基督教会一定指望教会大学能够培养它们所需

① 周辉挥：《百年华大与百年记忆——掌故逸事风物》，华中师范大学出版社 2013 年版，第 17 页。

② 徐以骅：《教会大学与神学教育》，福建教育出版社 1999 年版，第 26 页。

要的领导人，希望能够看到我们的学生在完全的基督教环境中受教育，华中大学正是要帮助基督完成这一工作。”但是客观地说，随着教会大学的中国化，华中大学在办学目的和培养方向上也有所变化。1927—1931年，华中大学准备向国民政府注册期间，拟定的校董会章程中注明华中大学办学目标是“实施高等教育，培植中国青年，务期发展其人格与智识，成为中国之忠实国民，适合社会需要，并扶植社会德智体群各方面之进展，而完成本校设立者（即圣公会等）办学之初志”。1949年，华中大学通过两次会议阐述了新的办学宗旨——“我们重新断定，本校教育目标，是要训练学生，如世界公民那样运用思想，能探知学问的源头，从而搜采证据，加以精择，据此作成断案，而有勇气去坚守其所作的断案；并且获得些技能，足使他们在社会里负起生产的职责。”自1931年以来，华中大学虽然仍然坚持基督教大学的办学定位，但是也加大了中国化、社会化办学的进程，努力将学生培养重点定位于“适应社会需要”。由此可见，华中大学在学生培养目的上有着为基督教服务和为中国社会服务的双重属性。

在具体的人才培养过程中，华中大学鲜明地提出了“重质”教育的理念。1941年，时任华中大学校长的韦卓民先生在给校友的信中明示：“溯我校草创之初，固以讲究高深学术，培植有为青年，为人群谋福利，为国家增元气为职志。故招生则宁缺毋滥，教学则重质不重量。诚欲造就真实人才，以建立坚固之基础，进求无疆之发展。惨淡经营，多历寒暑，此种主张从未少渝。”“重质不重量”的办学原则一直贯穿华中大学二十余年的发展历程，也为华中大学在与公立大学及其他教会大学的竞争中赢得一席之地。

（三）成德、达材、合作、进取

中华大学是中国近现代教育史上最早设立的私立大学之一。1912年，中华大学正式面向全国招生。在培养学生的理念上，1917年12月，新文化运动方兴未艾之际，中华大学校长陈时顺应时势，将原定“成德、达材”的校训，增补完善为“成德、达材、独立、进取”。后来，抗日战争时期，陈时又将校训调整为“成德、达材、合作、进取”，以“合作”取代“独立”，顺应了“全民抗战”的时代潮流。

在具体的办学方向上，中华大学贯彻学术自由，广聘名家来校讲学；实行开放办学的方针，力求学校服务于社会；贯彻和谐发展方针，注重学生体格锻炼。

中华大学努力发扬“中华”精神，为国家和社会陶铸人才。与这一办学方向相一致，当时，中华大学的知名教师有：李式金，以监学兼授国学，公认学术造诣深、教学效果好，为学生所敬服；刘凤章，以教务长兼授伦理学，深谙王守仁“知行合一，知行并进”学说，要求学生“静处体悟，事上磨炼”，督励甚勤，后转任湖北省立第一师范学校校长；张知本，随江汉大学转入中华大学，主讲政治学，早年留学日本东京法政大学，归国后，历任广济中学堂堂长、武昌官立法政学堂监督、荆州中学堂堂长、江汉大学校长，后任教于上海法政大学，并升任校长；邹昌炽，主教英文，教法多样，要求甚严，尤重口语训练，被学生尊为严师，刘凤章辞职后，邹接任教务长，教学管理井井有条。另有主讲法学者如威运枢、姚名帛等，主讲中国文学者如章伯起、黄复等，主讲中外地理者如阮麟运，主讲中外历史者如张文烁，主讲经济学者如高志新等名师。

由教师的教学所长、知识结构可以看出，中华大学是非常强调学生的通识教育和综合素质培养的，在教育教学中还特别强调知行合一，将知识讲授与社会实践相结合。

中华大学图书馆

（四）适应时代，满足急需

学校前身之一的中原大学创办于解放战争过程之中，是一所培养党和军队需要的军政干部的革命大学。1948 年 8 月 1 日是中原大学的校庆日。中原大学继承了中央苏区和陕甘宁边区办学的光荣传统，是一所培养军政干部的革命学校。当时，中原大学提出的主要人才培养目标就是适应革命和建设的需要，为党和国家培养急需的干部与人才。因此，学校采取了短期思想政治训练的方式进行教育与改造，重点培养学员的思想政治素质。当时，中原大学的课程设置以政治理论课为主，教授的内容主要是马克思主义、毛泽东思想的基本理论和基础知识，同时增设中国现代史、新民主主义论、解放区建设、辩证唯物论与历史唯物论、中共介绍、时事教育等课程。授课方式既有讲授为主，讨论解答为辅的方式，也有自学讨论为主，解答总结为辅的方式。这些教学方式坚持理论与实际相结合，教、导、学三结合的原则①，有效提高了教育教学的效果，为培养文化新人做出贡献。

1949 年中原大学南迁武汉以后，学校加快向学术型和专业性大学发展，推进学院制改革，逐步向正规的综合性大学方向努力②。经过改制，设立了财经、教育、政治、文艺等学院。其中，作为学校前身的一个重要来源的中原大学教育学院成立于 1949 年 12 月 5 日。先期设置了政治系和历史系，后来增设教育行政系（后改为教育系）和俄文系，再后来还开设了工农速成中学师资训练班。当时的公共必修课有社会科学概论、新民主主义教育、时事教育、苏联介绍、思想方法等。

（五）忠诚奋发，博学乐育

新中国成立后，1951 年 1 月 11 日，《教育部关于处理接受美国津贴的教会学校及其他教育机关的指示》中规定，“高等学校由中央教育部领导处理”，“由政府接收改为公立”。1951 年 5 月 18 日，教育部

---

① 陶军主编：《中原大学校史》，华中师范大学出版社 2003 年版，第 57～58 页。

② 陶军主编：《中原大学校史》，华中师范大学出版社 1986 年版，第 259 页。

《关于 1950 年全国教育工作总结和 1951 年全国教育工作方针和任务的报告》获政务院会议批准，该报告要求各大行政区组建一所师范学院，这是公立华中大学定性师范的一个起点。1951 年 8 月，中央教育部决定并委托中南军政委员会教育部接办私立华中大学并将其改制为公立华中大学，宣布公立时，把中原大学教育学院并入华中大学，改变了华中大学的领导体制。1951 年 8 月 16 日，私立华中大学改为公立。1951 年 9 月 26 日，中南军政委员会教育部向华中大学发出指示："我部为了今后训练和培养本区中等学校师资，已呈准中央，决定将你校改为公立，学校性质定位师范学院，校名暂仍称华中大学。"为此，华中大学拟定了改制后的师范大学基本教育政策，明确要好好培养中等学校师资，以马列主义与毛泽东思想为最高指导原则教育学生，使之掌握进步的教育科学技术和有关的专门知识，为人民服务。让学校成为培养"人类灵魂工程师"基地，适应现代化建设需要。

此后，1952 年 10 月，中南军政委员会教育部决定将私立中华大学一部分和湖北教育学院和改制中的华中大学合在一起，另行筹建华中高等师范学校。1952 年 11 月 3 日，华中高等师范学校建校委员会召开第一次会议，明确提出要开源节流办教育，为国家培养社会建设人才。学校初步进入了正规化、规范化的高等师范教育阶段。

1953 年，华中师范学院校名正式启用。1954—1957 年杨东莼任校长。当时提出的办校目标是：响应党和国家对高等师范院校的号召，"多快好省"地培养中等学校教师。面对国家大力发展普通教育的艰巨任务，杨东莼提出，"用心办学、心系师生"，努力"自力更生、培养师资"，鼓励"百家争鸣、进军科学"，坚持在教学中注重"联系实际、重视实习"，同时注重"整合资源、以史育人"，这些思想奠定了建国后转型初期的华中师范学院的学校风格。在此时期，提出了"忠诚、奋发、博学、乐育"的校训。

1963—1966 年，刘介愚出任华中师范学院院长。努力在实践中学习，确保在各项工作中贯彻党的方针政策，注重处理好有关办学发展矛盾：一是经验不足与复杂而繁重的管理工作之间的矛盾；二是政治运动与教学工作之间的矛盾；三是院、系调整以及遗留的各种人事矛盾；四是作为师范院校，确保面向中学实际与不断提升学术水平之间的矛盾（简称为"高与师之争"）。当时，学校把党的方针、政策、指令与学校特点与教育规律结合起来，提出符合教育教学规律的办学思路，如坚持以教学为主、理论联系实际、办学面向社会、以培养德、智、体全面发展的合格中学师资为宗旨等等，从整体上实现了大学最基本的职责“教书育人”，并且不断努力提升学校的办学规模与办学水平。

1978—1980 年白瑞西出任华中师范学院院长。当时，提出的办校理念是：动员广大青年学生以“胸怀全局，献身四化，奋发图强，改造中国”为行动口号，努力学习，刻苦钻研，为培养又红又专的人民教师而奋斗。

（六）求实创新，立德树人

1985 年，国家教委同意华中师范学院更名为华中师范大学。

1983—1991 年，章开沅任华中师范学院院长和更名华中师范大学后的首任校长。章开沅校长常用“治学不作媚时语，独寻真知启后人”与学人共勉，以开拓进取的拼搏精神和严谨求实的治学作风，推动着华中师范大学向“大学国际化”的道路迈进。他团结校领导一班人，认真贯彻执行党的教育方针，提出“严谨、求实、开拓、进取”的办学方针，主张“在开放中求改革，在竞争中求发展”。

1991—1999 年，王庆生任华中师范大学校长。其时，学校坚持师范为本、本科为本、师德为本的办学思想，大力加强本科教学。开展教学主干课程立项，设立优秀教学奖，鼓励教师们在教学中教书育人。1993 年江泽民同志为学校题词“发展师范教育事业，提高民族文化素质”。

1999—2001 年，路钢任华中师范大学校长。其时，学校在治校理念上，提出要坚持以人为本，要以造就杰出人才作为发展的核心，要紧紧依靠数以万计的师生员工为发展动力。强调要坚持不懈创新，“要从发展的思路解决发展中的困难，要用创新的办法化解发展中的矛盾”。

2003—2011 年，马敏任华中师范大学校长。当时，学校指出，“世界一流大学和一流学科不是靠‘挖墙脚’砌成的，而是靠实实在在的‘内功’建成的”。所谓“内功”，就是要坚持大学治校之道——以生为本、以师为先、以学为尊。以生为本即是，“学生的发展是学校发展之本，学生培养的质量乃学校生命之源”。以师为先，就是要加强师资队伍建设，要让优秀人才“引得来、留得住、干得好”。以学为尊，就是要“对学术抱有敬畏之心”，坚持把学术权力还给学者，让学者决定学术的事情，减少学校行政对学术的干预。

2011—2018 年，杨宗凯任华中师范大学校长。当时，“敢为人先，追求卓越”明确为武汉城市精神。学校积极发挥思想库和智囊团作用，以信息化技术为手段推动武汉乃至国家教育发展的现代化。当时，学校强调，现阶段，教学创新对学校来讲就是最大的科研，要教研相长，将科研与教学深度融合，形成华中师范大学的教学创新文化。

2018—2019 年，赵凌云任华中师范大学校长。当时，学校认为，新时代重点师范大学的办学方向、使命担当就在于，一是要“始终把教师教育作为主业”，二是要“在培养合格教师、卓越教师、未来教师三个方面领先”，三是要“通过固本、提质、培优把教师教育特色巩固提升”。

2019 至今，郝芳华任华中师范大学校长。学校全面弘扬伟大建党精神，持续加强党的全面领导；全面贯彻党的教育方针，着力增强立德树人成效；全面落实新发展理念，高质量推进一流学科建设；全面服务新发展格局，不断提升开放办学水平。学校坚持实施“人才强校”战略，锚定高质量发展目标，加快建设教师教育领先的世界一流大学。

二、人才培养的规模和结构

回顾华中师范大学 120 年的办校历史，学校既融汇了中国传统文化教育的精华和外来文化教育的养分，又融汇了革命战争年代新文化教育的血液和社会主义教育的主脉，并在育人为本的理念基础上，不断探索高等教育的人才培养。

在 120 年人才培养的历史进程中，伴随着学校的学科发展与办学实际，华中师范大学及其前身的各个高校基于当时办学理念的指导，在不同时期分别形成了与自身学科发展水平相适应的人才培养规模和结构。

（一）师范学院成立前的人才培养规模和结构

从1871年10月2日文华书院创办到1953年10月20日华中师范学院成立，历经清末、民国，直至新中国成立，在民族危机与战争炮火的洗礼下，学校人才培养规模和结构也经历了深刻的变迁。根据当时学校的差别，该时期的人才培养规模与结构可具体分为六个阶段（类别）：

第一阶段为文华书院和文华大学阶段。文华书院（1871—1903年）办学地点在今湖北省武汉市武昌区，1871年成立之初，文华书院是一所仅有5名男童的教会寄宿学校，该年11月2日，学生人数增至14人，后来到1880年，学生人数逐步发展到90名。当时学校办学层次较为简单，仅设立小学和新式中学两个教学部门，学校的教学科目也较少，仅有英语部、西方历史、地理、数学、体育训练（体操、游泳、单双杠）等。

1903年文华书院设立大学部，标志着文华大学（1903—1924年）的阶段随之开启，此时学校的人才培养规模和结构都有了显著变化。在学生人数方面，1903年文华书院成立正馆，即大学部时，首批招收9名学生，学制三年；到1921年，学生规模增至431人。学校开设的专业也逐步增多，当时文华大学开设的专业有：神学、中文、英文、数学、地理、历史、理化、体育（足球）、军训、医药等。此外，在人才培养专业增加的基础上，大学部还设置了神学院、文学院、理学院、医学院四个学院。

第二阶段为华中大学阶段。华中大学组建时，学校对学生展开了更具针对性的培养措施，当时学校的人才培养结构明显细化。不仅在办学层次与开设专业上分别设立了本科和专科两个层次，还把大学分为三个学院，具体是：文学院：中文系、外文系—英语组、商业系、社会科学系（社会组、历史组、经济组、政治组、哲学组、音乐组）；理学院：生物系、化学系、物理系、数学组、医学预科课程指导；教育学院：教育原理系、教育心理系、教育行政系、体育组。1931年9月27日，学校正式开学，67名学生注册入学，此后学生规模不断扩大，至1937年学生人数达到240人。

1938—1946 年，华中大学西迁，办学地点先迁往广西桂林，后到云南大理喜洲镇。当时的办学层次基本沿袭迁移之前，设立本科和专科两个层次，专业设置方面依然设立三个学院，分别是：文学院：中文系、外文系、经济商业系、历史社会学系、哲学宗教组；理学院：生物系、化学系、物理系、数学组；教育学院：教育学系、心理系、音乐组。受战乱影响，此时的学生规模略有波动，1939 年秋有 163 名学生，1945 年秋发展到 286 名学生。

1946 年，华中大学办学地点迁回湖北武汉，办学层次与开设专业恢复至从前，学生培养规模也开始扩大，1948 年 9 月，注册学生 578 人。

表 3.1 华中大学历年学生和教职工人数统计表（1930—1942）①

年份	学期	学生人数	教工人数	教工与学生的比例	教师人数	教师与学生的比例
1930—1931	秋季	46	27	1∶1.7	21	1∶2.19
	春季	52		1∶1.92		1∶2.47
1931—1932	春季	67	33	1∶2.03	27	1∶2.03
	秋季	80		1∶2.42		1∶2.42
1932—1933	春季	102	33	1∶3.09	26	1∶3.92
	秋季	96		1∶2.9		1∶3.69
1933—1934			39		34	
1934—1935	秋季	139	44	1∶3.15	36	1∶3.86
	春季	117		1∶2.65		1∶3.25
1935—1936	秋季	163	50	1∶3.26	42	1∶3.88
	春季	149		1∶2.98		1∶3.54
1936—1937	秋季	174	54	1∶3.2	45	1∶3.86
	春季					

① 章博：《以质取胜——华中大学办学特色研究》，《华中师范大学学报（人文社会科学版）》，2005 年第 1 期。

续表

年份	学期	学生人数	教工人数	教工与学生的比例	教师人数	教师与学生的比例
1937—1938	秋季	244	54	1∶4.5	45	1∶5.42
	春季	131				1∶2.91
1938—1939	秋季	163	50	1∶3.26	37	1∶4.45
	春季	108				1∶2.91
1940—1941	秋季	88	52	1∶1.69		
	春季	91				
1941—1942	秋季	149	缺			
	春季	131				

第三阶段（类别）为中华大学的发展。中华大学（1912—1952 年）为学校办学的另一前身。1912—1938 年，中华大学办学地点在湖北武汉，中华大学的人才培养结构相对完善，学校设立从小学、中学到大学的办学层次，同时学校根据专业下设三个学院，分别是：文学院：中文系、外文系、教育学系、法律学系、师范专修科；理学院：数学系、物理学系、化学系、农艺学系；商学院：工商管理学系、银行学系、会计学系、经济学系等。

1938—1946 年，中华大学西迁，办学地点先迁往湖北宜昌后迁往重庆，学校办学结构基本保持不变，依然下设三个学院，但具体科系数量相比迁移前有所减少，分别为：文学院：中文系、外文系；理学院：数学系、化学系；商学院：工商管理学系、会计学系、经济学系。受战乱影响，当时学生规模经历了较大变动，1912 年学校正式招生 700 余人，1939 年学生人数下降至 250 人。

1946 年，中华大学回迁湖北武汉，下设三个学院，分别是：文学院：中文系、外文系、教育学系、新闻学系；理学院：数理系、化学系；商学院：工商管理学系、会计学系、经济学系、法律系、国际贸易系；专修科：化工、土木、会计、统计。回迁后，学校的人才培养规模获得极大上升，1947 年学生人数共 1165 人，其中女生 202 人。教师和学生人数均超过战前水平，居武汉高校第二。

表 3.2　私立武昌中华大学专业设置演进一览表

演进阶段	年份节点	院（系）科总况	所办学院（系）	专业数目	开办专业
专业初创阶段（1912—1926）	1912 年 9 月	1 科 2 专业	法科	2	法律别科、政治经济别科
	1917 年 1 月	3 科 3 专业	文科、法科、商科	3	中国哲学门、经济学门、交通学门
	1920 年	3 科 4 系	文科、法科、商科	4	中国哲学系、经济学系、交通学系、西洋哲学系（教育哲学系）
	1922 年 9 月	3 科 5 系	文科、法科、商科	5	中国哲学系、经济学系、交通学系、教育哲学系、法律学系
专业繁盛阶段（1928—1937）	1933 年 12 月	3 院 14 系 1 专修科	文学院、商学院、理学院	15	中国文学系、外国语文系、教育学系、政治学系、法律学系、数学系、物理学系、化学系、农艺学系、工商管理学系、会计学系、经济学系、银行学系、农业经济学系、师范专修科
专业维持阶段（1938—1945）	1939 年 6 月	3 院 7 系	文学院、商学院、理学院	7	教育学系、中文系、外文系、化学系、数学系、经济学系、工商管理学系
	1943 年 12 月	3 院 6 系 2 专修科	文学院、商学院、理学院	8	中文系、外文系、化学系、数学系、经济学系、工商管理学系、会计专修科、文史专修科
专业恢复阶段（1946—1948）	1947 年 7 月	3 院 8 系 1 专修科	文学院、商学院、理学院	9	教育学系、中文系、外文系、化学系、数学系、国际贸易学系、经济学系、工商管理学系、会计专修科

续表

演进阶段	年份节点	院（系）科总况	所办学院（系）	专业数目	开办专业
专业调整阶段（1949—1952）	1949 年底	3 院 7 系 3 专修科	文学院、商学院、理学院	10	教育学系、中文系、外文系、化学系、数学系、经济学系、工商管理学系、俄文专修科、会计专修科、土木专修科
	1950 年 8 月	3 系 4 专修科	文史、化学、财经	7	文史系、化学系、财经系、化工专修科、土木专修科、会计专修科、统计专修科
	1951 年 5 月	3 系 6 专修科	中文、化学、财经	9	中文系、化学系、财经系、化工专修科、土木专修科、会计专修科、统计专修科、水利专修科、银行专修科
	1952 年 9 月	中华大学完成改制，剩余的系科分别并入华中大学、湖北省高级商业学校、湖北省高级工业学校、湖北土木工程学校等（1950 年 8 月，中华大学外文系、数学系并入武汉大学，教育系、俄文专修科并入湖北教育学院）			

第四阶段（类别）为中原大学阶段，这是华中师范大学的另一前身。1948—1949 年，中原大学办学地点从河南平顶山宝丰县大白庄村到河南开封市，办学层次涵盖大学、中专、高初中，大学层次开设 4 科 1 馆：即家务科、注册科、总务科、干部科和图书馆。1948 年 10 月有 2689 名学生。

1949—1953 年，中原大学南迁，办学地点为湖北武汉，开设了财经学院、教育学院、政治学院、文艺学院等。在此期间，学生人数迅速上升，1948 年首期招收学员 60 名，1949 年有 2892 名学生。

1949 年 12 月 5 日，中原大学教育学院成立。当时，由于师资和校舍等办学资源不足，教育学院成立时，先设置了政治系和历史系，1950 年，又增设教育行政系和俄文系，教育行政系后改为教育系，以便拓宽培养口径。1950 年 5 月，为满足各地工农干部文化补习的需要，教育学院又增设了工农速成中学师资训练班。

第五阶段为公立华中大学阶段（1951 年 8 月 16 日至 1952 年 10 月 30 日）。1951 年 8 月，华中大学与中原大学教育学院等合并，由中南军政委员会教育部批准，改名为公立华中大学，当时其办学地点在湖北武汉，人才培养分为本科和专科两个层次，学校开设专业有中国语文、外国语文、政治、历史、教育、物理、化学、生物、数学等 10 余系以及俄文、历史、政治、教育等专修科。1951 年首届招收学生 876 人，其中本科学生注册人数为 321 人，专科学生注册人数为 555 人。

第六阶段为华中高等师范学校阶段（1951 年 11 月 1 日至 1953 年 10 月 20 日），学校办学地点在湖北武汉，根据国家要求，学校当时设立了多种不同的办学层次。具体来说，本科开设教育、政治、中文、俄文、历史、数学、物理、化学、生物、体育、图画制图、音乐、艺术 13 系；专科开设教育、中文、俄文、历史、数学、物理、化学、生物、体育、图画制图、音乐、艺术 12 科；修业 1 年的有高制和初制的历史、数学、物理、化学、生物，调训中学教师包括俄文科、政治、教育、历史等班，并开设文教干部训练班、工农中学师资训练班等。1953 年有 1580 名学生。

（二）师范学院的人才培养规模和结构

根据中央人民政府 1952 年 10 月关于“撤销华中大学改制委员会，组建华中高等师范学校建校委员会”、校名暂称为“华中高等师范学校”的指令精神，学校经过院系调整，规模不断扩大，系科逐步齐全，于 1953 年 10 月 20 日，学校正式更名为华中师范学院（1953—1985 年），成为一所文理科综合性师范大学。当时，学校教学内容、教学形式和教学方法都向更规范性、更制度化方面发展：学校根据培养目标制定计划、设置学科；严格执行师范培养规格；坚持教育实习制度；健全教学组织；改进教学方法；明确学院各行政部门“为教学服务”的原则。

1957 年至 1966 年受到政治的影响，学校组织下乡办学，当时教师和学生处于半农（工）半读的状态，该时期学校也在人才培养方面

华中师范学院时期学生们在做物理实验

加强了对学生的思想教育和管理及学风建设。这期间学院共为国家输送了 10984 名合格毕业生。

在“文革”期间，学院进行军事编制，考虑工农兵学员的教学计划问题，当时的教学秩序已经脱离了正常轨道，脱离了师范院校的培养目标，忽视了师范教育的性质和特点。

“文革”后，国务院批准华中师范学院重新归为教育部直属师范院校，由教育部主管。学院教学逐步恢复，学科门类日益齐全，1978 年新招生 1073 名，到 1984 年底，学院已发展至 11 个系 16 个专业。

此时，学院的研究生教育也取得突破。从 1978 年开始，学院共有 21 个专业招收研究生，分别攻读硕士、博士学位。国家首批博士学位有：历史文献学、中国近代史、科学社会主义和理论物理。首批硕士学位有：辩证唯物主义与历史唯物主义、科学社会主义、基本教育理论、中国现代文学、中国古代文学、汉语史、中国古代史、中国近代史、历史文献学、概率论与数理统计、运筹学与控制论、理论物理、有机化学、植物学、病毒学等。伴随研究生教育的恢复与发展，学院培养的研究生规模逐步扩大。1979 年 9 月学院录取政治、中文、历史、教育、地理、物理、数学 7 个系 13 个专业研究生 57 名，到 1981 年，学院共招收研究生 142 名。1985 年 1 月 5 日，研究生处成立，学院的研究生培养从此走向更加规范化。

此外，其他教育方面，学校在 1980 年 10 月举办县级干部培训班，培训学员 25 人。1982 年春，学院党政管理干部专修科正式开办湖北省在职科级干部学历培训班。

（三）师范大学的人才培养规模和结构

1985 年 8 月 5 日，经国家教育委员会批准，学校更名为华中师范大学。从改革开放到新时代，华中师范大学的人才培养规模和结构经历质的飞跃，步入新的台阶，这期间学校始终坚持主动适应、对接和服务国家教育事业改革与发展，不断完善人才培养模式，推进人才培养体系建设，提高人才培养质量。具体来说，该时期可以概括为四个阶段的变迁：

第一个阶段为 1985—1993 年。党的十一届三中全会以后，全国工作的重心转移到经济建设上来。教育体制改革为高等教育的发展和繁荣创造了前所未有的宽松环境和条件，也为学校的发展提供了良好的机遇，在这期间，学校的人才培养规模和结构发生了以下三点变化：

首先，人才培养规模不断扩大，完备的学科专业体系开始逐步建立。1985 年底学校拥有各类各层次学生 1.6 万余人。1987 年学校发展到 18 个系，已有学前教育、学校教育、心理学、教育管理、政治教育、思想政治教育、汉语言文学、历史学、图书情报学、地理学、数学、计算机（软件）、物理学、电化教育、化学、生物学、体育、英国语言文学、俄罗斯语言文学、音乐、美术等 21 个专业，以及党政管理、应用语文（文秘）、国土整治与开发、经济管理、理化实验专修科。1986 年至 1990 年的 5 年中，学校共为国家培养了 6065 名本专科毕业生。1990—1991 年，学校为国家输送各类毕业生 8753 人，其中包括全日制本专科毕业生 3470 人，研究生 352 人，函授夜大毕业生 4931 人。

其次，研究生教育事业迅速发展，学校开始为国家输送更多高层次人才。1983 年至 1988 年，五年间学校共招收硕士研究生 900 多人，毕业近 600 人。1985—1990 年，学校在原有 18 个硕士点的基础上增加了 23 个硕士点，总数达到 41 个硕士点，博士生导师 8 人，硕士生导师 250 余人。

再次，成人教育也实现突破。根据中央《关于改革与发展成人教育的决定》和《普通高等学校函授教育暂行工作条例》，1987 年 12 月 30 日，国家教委发文“同意华中师范大学等 6 所院校设立成人教育学院”，学校成人教育学院正式成立，设 13 个系 16 个专业，74 个教学班，在籍函授生 7762 人；自 1980 年以来，共招收夜大生 1300 名；学校是高等自学考试的主考学校之一，1985 年创办桂子山自修大学；1985 年，经国家教委批准成立了职工中专部，有 8 个专业。截至 1987 年底，已有 3 个专业 173 名学员毕业。1988 年，职工中专部招收新生 800 余人。1988—1991 年共培养了函授生、夜大生 9108 人，其中函授生 8461 人，夜大生 647 人。1991 年，在校函授生、夜大生 6650 人，有 16 个系 47 个专业招生，其中函授本、专科专业达到 29 个，普通函授专科班 8 个，夜大本、专科专业 18 个。

第二阶段为 1993 年到 2003 年。20 世纪末，为迎接新世纪发展变化及其赋予的机会与挑战，学校在总结过去人才培养经验以及对新形势综合研判的基础上，在深化改革中迈向了 21 世纪。当时，根据《华中师范大学“九五”计划和 2010 年远景目标规划》，学校形成了全日制本科教育、研究生教育、成人教育协调发展的全方位人才培养格局。

在《华中师范大学迈向 21 世纪行动计划》指导下，学校办学规模进一步扩大，办学层次上移，办学空间得到拓展。“九五”计划期间，学校有在校学生 13618 人，其中全日制本专科生 7568 人，研究生 750 人，成人教育学生 5300 人。学校已有国家级重点学科 1 个，省级重点学科 6 个，校级重点学科 18 个，还有国家文理科基础科学研究和教学人才培养基地 2 个，博士后流动站 1 个，有 11 个学科招收博士研究生，52 个学科招收硕士研究生。至 2000 年“九五”计划末，学校学生总规模增长为 18539 人，全日制普通本专科生为 10426 人，比 1995 年的 6400 多人增加了 5000 多人，其中 2000 年本科生近 9100 人，占本专科学生总数的 87%，比 1995 年提高了近 10 个百分点。2000 年研究生为 1391 人，在 1995 年 750 多人的基础上有了较大幅度的增长。2000 年，学校硕士点达 69 个，在“八五”末的基础上增加了 25 个，二级学科博士点达 22 个，在“八五”末的基础上增加了 17 个，新增了 2 个一级学科博士学位授权点，实现了学校历史上一级学科博士点零的突破，新增了一个博士后科研流动站。

此外，这一时期，对应教育部《普通高等学校本科专业目录》，学校本科专业经过调整改造，构成了相当完备的多学科师范大学本科教学体系。截至 2001 年，已有 23 个非师范本科专业，本科专业数达到 46 个。

学科体系持续完备的同时，学科结构也在悄然发生变化。“九五”期间，学校以适应社会要求为依据，以建立较为完善的学科结构为目标，向理工科以及与国民经济紧密联系的应用学科调整和拓展。学校本科专业涵盖了 8 个学科门类，非师范专业占学校本科专业总数的 51%。与此相关，学校的博士、硕士学位授权学科专业也分布于 10 个学科门类（12 个学科门类中，仅军事学、医学门类没有学位点）的 24 个一级学科，初步形成了“学院—系（研究所）—专业（研究方向）”的学科建构格局。

第三阶段为 2003 年到 2013 年。这一时期，在《华中师范大学教育事业“十一五”规划》指导下，学校进入国家教师教育“985”优势学科创新平台，人才培养重心从“量”的追求转为“质”的提升，在此基础上，学校各层次的人才培养均实现蓬勃发展。

在本科生教育方面，学校合理调控本科生规模，科学布局学科专业结构。截至 2013 年 6 月，全日制普通本科生从 2003 年的 12000 多人增至 17000 人，增幅近 40%，保持了适度的发展速度。学校有师范类专业 16 个，非师范专业 55 个，开设了 7 个专业交叉培养班，本科专业数从 2003 年的 49 个增至 71 个，增幅近 40%。

在研究生教育方面，学校先后制定和修订系列规章制度，科学规范管理流程。如颁布《华中师范大学全日制研究生培养流程》《华中师范大学关于硕士研究生申请提前毕业的规定（试行）》《华中师范大学关于博士研究生在学期间发表学术论文的暂行规定》等规章制度。截至 2013 年 4 月，在校研究生规模达到 13000 人。博士学位授权一级学科点增至 14 个，博士学位点增至 94 个，硕士学位授权一级学科点增至 33 个，硕士学位授权点增至 184 个，博士后流动站增至 13 个，硕士专业学位点增至 15 个。学校全日制研究生有硕士研究生、博士研究生、港澳台研究生和免费师范生在职攻读教育硕士四个招生类别，涉及全国统考、全国联考、单独考试、推荐免试等招生形式。全日制硕士研究生招生人数从 2003 年的 1098 人，增长到 2013 年的 3290 人，增幅 200%。全日制博士研究生招生人数从 2003 年的 171 人，增长到 2013 年的 354 人，增幅 107%。全日制港澳台研究生从无到有，呈逐年增长态势，2010—2013 年共招收 34 人。全日制免费师范生在职攻读教育硕士自 2012 年起招生，两年共招收研究生近 40 人。截至 2013 年,学校全日制硕士招生专业 181 个，其中全日制专业学位招生专业 42 个，专业学位招生人数约占招生规模的 37%。全日制博士招生专业 70 个。

此外，学校的留学生教育培养规模也持续扩大。2003 年以来，学校留学生数量呈逐年递增趋势，特别是在学校成为留学预科教育基地之后，获中国政府奖学金的学生数量增幅加快，各层次留学生分布更加均衡合理。截至 2012 年度，有来自 140 多个国家的 2345 名外国留学生在学校学习，留学生规模排在全国前列。

最后，在其他教育方面，2003 年至 2012 年，通过高等教育自学考试，学校共培养了本、专科毕业生 43536 人，赢得了良好的社会声誉。在非学历教育上，学校展开了多种形式的人才培训，主要有教师培训、职业技能培训、考前培训、社会培训、国际合作等，培训方式有集中面授培训、网上远程培训。

各层次教育质量的提升也促进学校向国家、向社会输送更多高质量人才。截至 2012 年底，学校在 17 个省区建立校外学习中心 50 余个，累计招生 79800 多人，其中师范类学生约占 51%，已向社会输送专、本科毕业生 44200 多人，为国家培养了一大批扎根基层、业务精湛、师德高尚的优秀人民教师，取得了明显的社会效益，为满足当地在职人员特别是中小学教师提升受教育水平的需要作出了积极贡献。

第四阶段为 2013 年至 2023 年。在习近平新时代中国特色社会主义思想和教育部出台的相关文件（包括但不限于公费师范生计划、优师计划等）的指导下，华中师范大学坚持育人为本，以完备教育体系和优质教育资源为基础，推进学校人才培养结构和体系持续完善，人才培养质量实现飞跃式发展。概括起来，该阶段的人才培养规模和结构有以下三个特点：

首先，学校形成了更为完备的高等教育体系和人才培养体系。截至 2022 年 12 月，学校下设 28 个教学科研单位，具备从本科生到硕士生、博士生及博士后，从全日制到成人教育的高等教育体系。有 81 个本科专业；33 个硕士学位授权一级学科，21 个硕士专业学位类别；21 个博士学位授权一级学科，1 个博士专业学位类别，18 个博士后科研流动站和 1 个博士后科研工作站。

其次，人才培养规模空前壮大。截至目前，学校在学普通本科生人数达 18700 余人，研究生总人数达 23000 余人，其中包括全日制在学研究生 12000 余人：博士研究生 2300 余人、硕士研究生 9900 余人；非全日制研究生 11000 余人。自 2000 年以来，学校授予硕士学位 59000 余人，授予博士学位 4300 余人。

再次，学校通过持续输出优质课程，为学生提供了更优质的教育内容。截至目前，学校有国家级一流本科课程 47 门、省级一流本科课程 64 门，国家级和省级精品（视频公开课和资源共享课）课程 44 门。建有自主知识产权的教学云平台，数字化课程资源 1000 多门。

三、教学建设与人才培养实践

作为华中师范大学前身的各个高校在其在发展过程中，都十分注重人才培养的教育教学基本建设，尤其是围绕学科专业，开展基于自身实际的持续性的课程建设，在教育教学基本建设的基础上，努力探索具有自身特色的人才培养模式，以此在学科发展中培养高质量人才。

（一）始设基础课程，重视科研活动

1903 年，文华大学成立，这时期学校的教学建设和人才培养实践主要包括以下部分：

第一，开设了扎实的基础课程。文华大学部开办后，初时为 3 年专科，后改为 4 年制本科。因为文华大学为教会大学，特别重视神学教育，学校最初只设立了神学院。后来，又相继增设了文学院、理学院与医学院，开设了中文、英文、数学、历史、地理、理化等课程。

第二，重视学生的体质教育。文华大学开设了体育课程，学校体育活动十分丰富，活跃了校园气氛，锻炼了学生体魄，在不少的体育赛事中取得了不俗的成绩。1905 年，在体育教师麦卡锡的带领之下，文华大学的体育水平得到了快速发展，尤其是学校足球队在华中地区

名列前茅。1907 年，文华大学足球队取名“常胜者队”，在武汉地区的 10 次大学生运动会上 9 次摘得桂冠。1915 年，文华大学派梁启崇、吴律书等运动员参加了以中国、日本、菲律宾三国为主体的“远东运动会”。此次运动会在上海举办，也是文华学子参加的第一个国际性体育赛事。在这次运动会上，梁启崇获得撑竿跳高第三名和 0.5 英里接力赛的第一名，为中国队争得银牌和铜牌各一枚，为中国队获得总分第一名①做出了自己的贡献。

第三，开展了丰富的文艺活动。文华大学注重开展文艺活动，组织了鼓乐队、合唱队、军乐队、剧团等文艺社团，丰富了校园活动，陶冶了学生情操，产生了积极的社会影响。1906 年，文华大学学生军训期间，鼓乐队引领身着戎装的学生军训队，进行长途行军，吸引了许多武汉市民的围观欣赏。1905 年，在教师戴维的支持和帮助下，文华大学成立了第一个学生合唱队，合唱队每学期会为文华大学献演一台节目，而且在重要活动或庆祝日也都少不了合唱队的身影。1907 年，学校思殷堂修缮竣工，6 月 3 日，在教师康德明的指导下，学生合唱队在思殷堂举办了演唱会。1908 年，S. E. Chiu 博士担任合唱队队长，他对合唱队的学生进行了音乐和演唱方面的专门训练，学生的演唱水平得到了提升。合唱队曾在汉口维多利亚大剧场进行了几次精彩的专场演出，轰动一时，为文华大学赢得了极佳的社会声誉。后来，文华大学的合唱队成为武汉地区最好的音乐队之一。1908 年，在教师康德明、余日章的倡导和努力下，学校又成立了军乐队，并从美国购买了相关的乐器，军乐队后在学校的重大场合和重要节日中都有演奏。同时，学校还成立了剧团，起初主要排演西方戏剧。1909 年 6 月 5 日，剧团首次献演的剧目是莎士比亚的《威尼斯商人》。

第四，设立了特色学科。特别需要指出的是，文华大学开设的图书科，在我国高等教育史上具有开创性，是我国最早设立的大学图书科。1920 年，在韦棣华女士的努力下，文华大学正式开设了图书科，

① 《远东运动会第七日比赛》，《新闻报》1915 年 5 月 23 日，第 9 版。据《新闻报》1915 年 5 月 23 日的报道，在远东运动会上，中国队共取得 96 分，总分名列第一；菲律宾队获得 77 分，位列第二；日本队获得 32 分，为第三名。

这是中国正规的高校图书馆学教育的开端①。文华大学图书科的要求较高，主要招收大学二年级水平的学生，学制 3 年，教师有韦棣华、沈祖荣、胡庆生等中国图书馆事业的先驱，培养了中国第一代图书馆学专门人才，具有开创性的贡献。当时，中国的图书馆事业虽然有了一定的发展，但是图书编目与图书管理等方面的经验还不足，专门的人才更是寥寥无几，因此，具备一定专业能力和专门知识的文华图书科毕业生颇受欢迎。文华大学图书科自建立到后来独立为文华图书馆学专科学校的十年间，培养了 60 名毕业生，他们多在中国十余个省份的 30 座最重要的图书馆工作，切实推进了中国近现代图书馆事业的发展。如 1925 年，清华大学图书馆就聘请了武昌文华大学图书科毕业生曾宪三任职②。甚至有毕业生前往美国，进入哈佛大学图书馆、华盛顿图书馆工作。文华大学在人才培养过程中，十分重视学生参与科研活动和学校组织的学术讲学活动，以此提升学生的培养水平。比如 1906 年，文华就正式出版发行了自己的英文季刊——《文华评论》（*The Boone Reviews*）来取代 1901 年创办的校刊《文华年鉴》。该刊物由文华大学教师和学生合办，主要记载文华大学发展过程中的大事及学校各项事业的发展情况。1911 年，文华大学的校长正式委任《文华评论》的首届编委会，使得这本期刊由原先的师生合作办理变为学生自办，而且使得刊物的办理更加的规范化。《文华评论》作为一个宣传平台，成为外界了解学校的重要媒介；同时，作为一本英语读物，该期刊也有利于学生英语水平的提升。在办理刊物的过程中，学生自身能力也得到了发展与进步，促进了学校培养质量的提升。

第五，高度重视学术科研活动。当时，随着高等教育的进步，大学逐渐走向了正规化与学术化的方向，学术活动日渐丰富，学术氛围日渐浓厚。文华非常重视组织对学生的讲学活动，比如 1920 年 2 月陈独秀在文华大学毕业典礼上的演讲，1921 年文华书院成立 50 周年纪念会议上众多知名学者和人士的讲演等等。

---

① 马敏、黄晓玫、汪文汉主编：《华中师范大学校史（1903—2013）》，华中师范大学出版社 2013 年版，第 14 页

② 《学校新闻：图书馆 新聘职员》，《清华周刊》1925 年第 24 卷第 1 期。

（二）建设专业体系，严把质量关口

1924 年 9 月 8 日，华中大学正式成立，该时期学校围绕以下方面展开了教学建设和人才培养实践：

首先，注重基础专业体系化建设。华中大学初建时设文、理、图书三科，1924 年，教育学专业作为一个系建立起来。1929 年，华中大学重建时，文学院、理学院、教育学院的设置得到政府的认可，院系设置格局逐渐固定下来。在大理喜洲七年，华中大学仍坚持文、理、教育三大学院的设置。中文系课程一、二年级注重一般训练，学识和技能，三、四年级注重中国文学的专门研究。外国文学系主修课程是英文，德文和法文是学生选修的第二外国语。经济商业系开设有统计、会计、商业数学、货币银行、国际贸易等实用课程，理论方面主要讲授经济学原理、金融原理、经济史、经济思想史、财经学、经济政策、金融政策等课目。教育学院公共必修课程有教育概论、普通心理学、普通教学法、教育心理学、教育测验与统计等。

其次，专业体系发展紧跟国家建设需求。1949 年 9 月 29 日，中国人民政治协商会议第一次会议通过了《中国人民政治协商会议共同纲领》，其中“文化教育政策”第四十一条规定“中华人民共和国的文化教育政策为新民主主义的，即民族的、科学的、大众的文化教育”。“人民政府应有步骤地改革旧的教育制度、教育内容和教学法。”随即发布的《各大学专科学校文法学院各系课程暂行规定》，明确规定废除国民党党义、六法全书等课程，规定文法学院的必修课是辩证唯物主义与历史唯物主义、新民主主义和政治经济学。文件还分别对中国文学系、哲学系、历史系等系的必修、选修课程作了具体规定。华中大学的课程因势而新：社会发展史、中国近代史、马列主义名著选读、辩证唯物主义、历史唯物主义、中国通史、中国哲学史等新民主主义课程被列为必修课，宗教课程未列入必修之列。1950 年，抗美援朝战争爆发，在反帝爱国运动的浪潮下，华中大学结合本校具体情况及既有经验，参照苏联教育学院若干系的教学计划或教学大纲，对各系的教学计划及重点业务课以及每一课程的具体教学目的及实施继续进行深入研究，作了相应调整：新民主主义教育方面安排社会主义理论课

程，开设实践论、中国新民主主义革命开始、中国共产党的诞生、土地革命、抗日战争、解放战争与新中国诞生等课程。这些课程上的调整和改革，为公立华中大学以及华中高等师范学校的成立奠定了良好的基础。

最后，建立与完善人才考核评估制度。为厚植学子学术基础，华中大学制定健全的考试制度，除常规的入学、期中、期末考试，还实行了中期考试制度，为全国首创。中期考试是学生在二年级终了，晋升三年级之前要参加的综合性质考试。考试合格与否决定了学生是否有资格继续进行专业学习。抗战胜利，学校迁回武昌后，华中大学便立即改革中期考试制度以恢复战前严格标准。1947 年由教务长在教务会议中正式提出修改中期考试的补考办法，经过讨论，校方通过了新办法：凡学生，除因疾病不能按期参加者外，一律于第三学年结束时通过中期考试，否则勒令退学。中期考试制度在保障学生学习质量、提高学校教学水平方面发挥了重要作用。

（三）紧跟时代步伐，多样化培养人才

课程既是有组织的学科体系，又是有目的的教学活动体系。作为学校的另一前身，中华大学的课程体系既有独特的校本特色，又有鲜明的时代印记，概括起来有以下三个特点。

1. 课程建设重指导重规范

中华大学根据国家规程和学校实际，陆续制定《私立武昌中华大学考查学生学业及操行成绩实施规则》《私立武昌中华大学补修课程暂行办法及选课应行注意事项》《课程分配表》《选课须知》等多部校内规章，在学校建立选课制度和学分制度，并对各系各年级必修科目、通修科目、学分分配等做出原则性规定。特别是《课程分配表》，详细规定了每个专业在每个学年的课程修读情况，包括课程名称、课程性质、课程学分、课程学时等内容，相当于现今的人才培养方案。与此同时，制定《私立武昌中华大学课程纲要》，对每个系所开的每门课程的研究目的、课程内容等做简要地概括和描述，为课程讲授和学生选修课程提供指导性参考。

表 3.3 1931 年中华大学各系开课情况及教学时数表

学院	系科	课目数		每周时数	
		上学期	下学期	上学期	下学期
文学院	中文系	16	17	42	43
	外文系	14	16	34	36
	教育学系	11	12	30	32
	法律学系	18	20	42	43
	政治经济学系	18	20	42	45
	师范专修科	10	12	30	33
理学院	数学系	7	7	16	17
	物理学系	5	6	16	16
	化学系	6	6	15	16
商学院	工商管理学系	5	5	16	18
	银行学系	5	6	16	18
	会计学系	5	6	16	18

资料来源：中华民国教育部编：《第一次中国教育年鉴》（丙编 教育概况），上海开明书店1934 年版，第 98 页。

2. 课程设置重基础重交融

中华大学的课程设置比较重视学生基础能力的培养和综合素质的养成，注重文理渗透和基础拓展，强调跨学科知识结构，培养通专结合的人才。在各个专业的课程分配中，文科性质的专业安排有理科的选修课程，理科性质的专业安排有文科性质的课程，学科内交融、跨学科融合，文理交融、复合发展的指导思想非常明确，这种思想贯穿于中华大学办学始终。比如，在学科内融合的安排上，中国文学系学生除了学习中国语言文学类的课程之外，还要修读中国哲学史、西洋哲学概论、史学通论、伦理学、唯物论、美学等，是一种文史哲贯通培养的国学思路。在跨学科课程的安排上，中国文学系和外国语文系要选修高等数学、化学、物理学中的任意一门；教育学系要选修社会科学和自然科学，社会科学是社会、政治、经济任选一科，自然科学是数学、物理、化学任选一科；数学系、化学系要选修政治学、经济学、社会学中的任意一门，选修的这些跨学科课程都是在第一学年完成，每周 3 个学时，分上、下两个学期学完，时间为一年。此外，中国通史作为数学系和化学系的必修课程，同样是每周 3 个学时，分上、下两个学期完成①。特别需要指出的是，中华大学的基础学科专业安排有学科教学论的课程。比如，中文系开设国文教学法，英文系开设英文教学法，教育学系开设教学法，数学系开设数学教学法，物理学系开设物理教学法，教授学生教学技巧、教学规律，教会学生如何把学科知识、学科理念转化为可操作的教学活动流程，为学生毕业后从事师范教育提供一定的基础，为学生的未来发展提供了更多的可能，这是一种厚基础、宽口径的培养理念。

同时，学校又比较注重专业教育，夯实学生专业基础。中华大学的课程分为通修科目、必修科目和选修科目。其中大学第一年，国文研习、英文研习、中山主义、军事训练为各系科通修科目。第二年，以军事训练为各系科通修科目。“通修科目不及格者，例须再修；受试及格，其升级方能有效。”② 专业课是学生掌握专业知识技能的必修课程。各专业的专业课占比较大，课时较多，学分较多，重要的专业课都是以必修课的形式出现，以夯实学生专业基础，奠定学生专业技能。除此之外，学校还开设了一定数量的专业选修课，激发学生的专业探索兴趣，丰富学生的专业知识结构，支持学生的专业个性发展。更加难能可贵的是，虽然中华大学西迁重庆后，师资流失严重，学生数量和专业数量也陡然下降，仪器设备和图书资料等极为匮乏，但学校并没有降低培养标准，仍然尽量保证核心课程的开设，保证教学质量和培养质量，“各专业主干课程变化不大，保持了相应的延续性，仍然注重学科基本原理和基础知识的教学”③。

此外，中华大学还非常重视学生国文和英文能力。《中华周刊》在《整顿大学课程》一文中提到，“各系科，均注重国文英文等基本科目训练，完成修学工具，提高研究兴趣。施行以来，仅一两学系觉不便，

① 《中华大学二十八年度各院系课程》，1939 年，原件存华中师范大学档案馆，中华大学类，卷宗号 LS11-130。

② 《选课须知》，《武昌中华大学二十周年纪念特刊》，原件存华中师范大学档案馆，中华大学类，卷宗号 LS12-60。

③ 周挥辉、董中锋：《中华大学在重庆》，华中师范大学出版社 2020 年版，第 110 页。

经指导其忍耐学习以后，渐增兴味，将来程度，必有可观”[①]。在学校的文学院、商学院、理学院的所有专业中，国文和英文都是大一的必修课，每周统一为 3 个学时，每门课 6 个学分，学时数与学分数要高于绝大多数专业课程，体现了学校对学生语言能力的高度重视。除此之外，国文和英文不及格的学生无法进入高年级的学习。这样设计，一方面是对母语的高度重视以便传承和发扬中国传统文化；另一方面，是为学生打好外语基础，以便学习西方先进科学知识作准备。

3. 课程安排重实践重实用

学校课程安排体现实践性。在课程设计上，化学、物理等专业安排有大量的实验课程和实验学时，比如 1933 年的物理学系和化学系课程分配表中，除去国文、英文、军事训练等公共科目，物理学专业必修课和专业选修课中安排有实验学时的课程达到 45％，化学专业达到 52％。农艺学系先后成立了四个附属农场，作为专门的实习基地，非常具有特色。第一农场设在黄陂武湖，2800 余亩，注重果树园艺，改良品种及畜牧等；第二农场设在武昌忠孝门外粤汉铁路旁，180 余亩，注重蔬菜园艺品种改良与乳业等，且筹备开办牛乳厂，以供给武汉市民之需；第三农场设在汉阳，有田产 600 余亩，山场两大段，注重果树园艺与畜牧；1936 年开始又筹办了第四农场。农场与市民的生产生活密切结合，既培养学生，又进行研究，成绩卓著，广受欢迎。文科专业的实习实训工作也开展得如火如荼。教育学系不仅安排有教学实习，而且安排了实操性和实用性很强的视察指导课。法律学系学生在老师指导下，组织模拟法庭，“借资实习”“虽或未臻尽美，然亦不无小补”[②]。政治经济学系的学生也常外出参观、实习，他们认为：“学理和经验，是需要打成一片的；没有经验的学理，往往是不切实际。一个初从工科大学出来的人，不见得会比工厂里一个老工人高明，这就是因为他学理和经验太隔绝了的缘故。”[③] 商学院的专业属于社会科学领域，应用性较强，很多专业都安排有相应的实践课程，比如工商

① 《整顿大学课程》，《中华周刊》1936 年 10 月 3 日。

② 《法律学系系史》，《武昌中华大学三十四届毕业同学录（1934 年）》，原件存华中师范大学档案馆，中华大学类，卷宗号 LS12-61。

③ 《政治经济学系四年级行营第五处参观记》，《中华周刊》1935 年 5 月 4 日。

管理学系、经济学系要求进行工商实习，银行学系要求进入银行实习，且都属于必修科目。商学院还经常安排学生参观工厂、银行等。中国文学系、外国文学系均开设新闻学，体现了一种面向社会需求的实用主义思想，在丰富学生学识的同时，也拓宽了学生的求职面，同样体现了厚基础、宽口径的培养理念。

学校课程安排也凸显了时代性。中华大学的课程安排印刻了时代的痕迹，迎合了社会的需要。比如经济学系 1933 年将农业经济学作为必修科目，化学系将农业化学作为必修科目，一定程度上是顺应当时中国农业大国的发展需求。再如，1937 年全面抗战爆发之前，化学系就开设有国防化学、工业化学，经济学系和工商管理学系开设有战时财政。西迁重庆以后，学校又对各院系课程做了一次统一调整和规范，除了继续保留国防化学、工业化学、战时财政等肩负战时使命的课程之外，还增加了生物化学、战时经济等特色课程。

学校课程安排还浸润着前沿性。中华大学在教学中非常注重吸收学科发展的前沿知识、前沿理论，比如，以 1933 年的人才培养方案为例[①]，经济学系开设社会主义课程，研究社会主义之发源与派别。法律学系开设指纹学课程，研究指纹学之导源与发展趋势，及其与司法之关系，研究指纹之分类、特征、形态及采取方法，而指纹学作为一门独立的学科才成熟不久。物理学系开设“相对论”，研究相对论中之根本原理及各种学说，开设“量子论及波力论”，相对论和量子理论均诞生于 20 世纪初。工商管理系开设“航空管理”，讲授军用、民用航空之效用及其管理方法，世界上第一家航空公司德意志飞艇运输公司 1909 年 11 月成立。

（四）适应国家需要，培养文化新人

中原大学为学校的又一前身，在其创办之初就被赋予了为革命事业培养人才的使命。为此，学校采取了短期思想政治训练的方式进行教育与改造，重点培养学员的思想政治素质。为适应国家需要，中原大学的课程设置以政治理论课为主，教授的内容主要是马克思主义、

① 《课程纲要》，《武昌中华大学二十周年纪念特刊》，原件存华中师范大学档案馆，中华大学类，卷宗号 LS12-60。

毛泽东思想的基本理论和基础知识，同时增设中国现代史、新民主主义论、解放区建设、辩证唯物论与历史唯物论、中共介绍、时事教育等课程，以满足时代的要求。其中，授课方式既有讲授为主，讨论解答为辅的方式，也有自学讨论为主，解答总结为辅的方式。这些教学方式坚持理论与实际相结合，教、导、学三结合的原则，有效提高了教育教学的效果，为培养文化新人做出贡献。

（五）坚持师范视野，锻造合格教师

1953 年至 1985 年为华中高师、华中师院时期，受政治影响，该时期学校的教学建设和人才培养实践充满曲折变化。具体而言，该时期学校的人才培养实践工作经历了以下四个阶段的变动：

首先为 20 世纪 50 年代。这一阶段学校坚持师范视野，建立了以合格教师人才为目标的基础教学体系，开展了一系列具有深远意义的人才培养实践工作。

该时期学校将教学的主要工作核心放在了教师培养上。根据 1953 年 3 月 14 日第 4 次建校委员会通过的教学工作计划，学校将教师培养列为首要任务之一，有计划、有方向地培养教师群体，并组织开展了以下工作：一是根据培养目标，规定学生不论系科，学习内容都必须包括 4 个组成部分：（1）政治理论科目，包括中国革命史、马克思列宁主义基础、政治经济学、辩证唯物主义与历史唯物主义，这些课程是全校各系科学生的公共必修课；（2）教育科目，包括教育学、心理学、教育史、学校卫生及各科教学法，这也是各系科学生必修的课程；（3）专业科目，包括各系专业科目的课程以及与之相关联的课程；（4）教育实习，这也是每一个师范生的必修课程。二是坚持教育实习制度。1953 年 5 月，学校开始实施《华中高等师范学校教育实习工作计划》，以汉口和武昌有关师范学校和中学作为应届毕业生教育见习和教育实习的联系点和基地，并成立教育实习指导委员会，负责研究、规划、检查、总结工作。1953 年 5 月 18 日至 6 月 6 日，华中高等师范学校首批学生分赴各实习点实习，标志着学校初步进入正规化、规范化的高等师范教育的新阶段。学校的教学实践贯彻理论与实际相结合的原则，时任院长的杨东莼高度重视教育实习，倡导师资培养需在实践中

提高，在实践中检验。从 1953 年建立教育实习制度起，到 1957 年上半年，学校共举办了 9 次教育实习，5774 位学生参与了实习。三是高度重视学风建设。该时期，学校向学生系统地进行“忠诚、奋发、博学、乐育”的校训、校风教育，激励学生遵纪守法，文明礼貌，为人师表。四是重视文化和体育建设。为丰富师生的文化娱乐生活，除了每周举行舞会外，学校充分利用两部电影放映机，放映有教育意义的影片。1953 年，学院成立体育运动委员会。

除了教师培养工作，这一阶段学校也非常重视教学与教材建设，并多次展开教学改革。50 年代，学校推行教学改革“试验田”计划，校领导亲自挂帅，蹲点指导各院系教学改革，以提高学校的办学水平。1954 年，学校对教学内容、教学形式和教学方法提出了规范性意见：一、根据培养目标制定计划、设置学科。学校的培养目标是德才兼备的高、初中师资，因此学生学习的学科，必须包括政治理论课程、教育科学、外语、体育等公共必修课、专业课和教育实习等部分。二、严格执行师范培养规格，确立以教学内容改革为中心，研究并掌握教学计划的实质，编写好教学大纲、讲义和教科书。三、健全教学组织。1954 年暑假前后，全校除院属的 4 个共同必修科教研室外，系属教研室增加到 30 个。历史系为配合历史教学，建成了历史博物馆。四、改进教学方法。在教学形式和教学方法上，学校普遍注重课堂讲授、辅导、课堂讨论、实验、实习、作业、考试、考查等多种教学形式的灵活运用，与此同时，各系先后采用新的检查学生成绩的考试和考查两种方法。五、明确学校各行政部门“为教学服务”的原则。学校明确规定学校的行政工作要面向教学，一切行政部门都要树立为教学服务的观念，要为教师教学和学生学习，创造优越的教学条件和优良的学习环境。1955 年起，学校根据实行情况，又进行了 3 项改革：第一，建立“教师工作日、教学工作量制度”，使教师进一步明确自己的任务，对自己提出高标准、严要求：第二，改变班级组织形式，实行大班上课、小班课堂讨论、实习作业的方法；第三，建立系一级行政、党、团、工会联席会议制度，加强系一级的集体领导。

教材建设方面，学校 1954 年提出编写好教学大纲、讲义和教科书。1954—1955 年，在校一年级基本上执行部颁教学计划。在教材供不应求的情况下，文科各系集中力量按部颁教学大纲规定编写教材，有许多教材达到了较高的水平，有的被指定为高等学校文科院校教材。

此外，为响应国家号召，这一时期学校办学也强调为工农服务，开展调查与劳动实践。1956 年春夏之交，学校 500 余名师生响应政府扫盲号召，先后奔赴农村参加扫盲工作，受到了湖北省教育厅的表彰和群众的欢迎。1957 年 12 月 17 日，院党委批准首批 69 位干部下乡参加农业生产劳动，这批教师和干部下放劳动一年。学校共分 3 批下放教师和干部 315 人，分别下放到湖北省草埠湖农场和武汉市东西湖农场劳动。1958 年春天，学校组织了 4400 人师生的劳动队伍，参加东西湖义务劳动。

第二阶段为 20 世纪 60 年代，该阶段学校的教学实践经历了较为曲折的变动。

首先需要指出的是，进入 20 世纪 60 年代，华中师院的有关办学工作曾走过弯路。1960 年初，中央和湖北省委要求文教战线以党的总路线精神，检查高等教育、普通教育工作中的“少慢差费”，贯彻“多快好省”的精神。为此，学校在制定规划中提出向综合性大学看齐，拟出了一些计划，这些计划严重脱离了学校当时的实际，而且不适合师范的特点。在当时较长的一段时间内，学校的教学实践严重脱离学生实际水平。1961 年 1 月，党的八届九中全会通过“调整、巩固、充实、提高”的方针。院党委根据中央会议精神，开始对学校各项工作进行调整，并于当年 10 月召开中共华中师范学院第三次党员代表大会，提出学校的主要任务是：贯彻执行党的教育方针，坚持师范规格，为提高教学质量和科研水平而努力。

根据党中央的号召，学校在该时期持续开展了农村社会主义教育活动。1963 年 5 月，中共中央在《关于目前农村工作中若干问题的决定（草案）》中强调：在社会主义整个历史阶段中存在两个阶级、两条道路的斗争，“始终存在着资本主义复辟的危险”。1963 年下半年起，学校抽调了 700 多人，分批到武昌县纸坊公社等地参加为期 5 周的农村社会主义教育运动。1964 年秋季开学以后，根据当时的形势，学校改变了以“教学为主”的办学重点，重点转到政治学习上，砍掉了一些原有的必修课和有关专业课，并为开展“教学改革”和“学术批判”活动做准备。9 月 11 日，中共中央、国务院联合通知下达指示：“今后的方向，就是使文科院校附设工厂或迁到农场，办成半工半读或者半耕半读的学校。”院党委认真学习中央关于半工（农）半读教育制度的指示，结合学校实际，初步拟定实行半工（农）半读教育制度的方案与意见，并组织全校教职工学习、讨论。10 月，根据中央和国务院的指示，学校文科高年级学生和部分教工赴浠水、蕲春，进行农村社会主义教育运动。1965 年 3 月，为了更好地试行半工（农）半读的学制改革工作，教务处制定了教育调查计划，在荆州地区进行重点调查研究。

第三阶段为 20 世纪 70 年代至改革开放前夕。该时期学校的教学实践和人才培养工作主要围绕工农兵学员展开。

进入 20 世纪 70 年代，针对当时学生新特点，学校开始考虑工农兵学员教学计划问题。但是，当时的教学秩序已经脱离了正常轨道，特别是脱离了师范院校的培养目标，忽视了师范教育的性质和特点。教育系被撤销，全系只留下 9 名教师，承担全校的公共教育学教学任务。因此，其他各系在制定教学计划的时候，出现了“以干代学”“向工靠”的倾向，削弱了基础理论课的教学。

当时，在工农兵学员的教材问题上，为了解决工农兵学员上课的教材问题，教师们以为人民的教育事业高度负责的责任感和使命感，自编出各类专业学员的试用教材。据 1972 年统计，全校共编出各种专业课试用教材 93 种，约 1500 万字。其中，《电学》《数学分析》和《中国近代史》等，在教学实践中反响较好。在教材编写的实践中，教师们既注意加强基础理论，又体现师范特点。

1977 年高考恢复，“工农兵学员”停止招收，招生政策更考虑学生文化水平而不是出身。国家教委统一安排下达招生指标，学校开启新时期招生工作。根据教育部有关通知精神，学校于 1979 年夏分别给“文化大革命”前的函授、夜大学员补发了毕业证书或肄业证书，承认他们的学历。

第四阶段为 1979 年至 1985 年。党的十一届三中全会以后，全国工作的重心转移到经济建设上来。教育体制改革为高等教育的发展和繁荣创造了前所未有的宽松环境和条件，也为学校的发展提供了良好的机遇。

1979 年 1 月 2 日，校临时党委连续召开扩大会议，统一认识，明确任务，采取措施，摆脱“以阶级斗争为纲”的思想束缚，为把学校工作重点转移到教学和科研上来而努力。1980 年 1 月 17 日，学校召开教学、科研工作会议。会议总结了教学、科研工作取得的成绩，提出了“树立教学为主”的思想，切实加强本科教学第一线的力量。

为此，在人才教育与培养上，学校开展了以下方面的工作：一是从 1979 年开始，各系普遍增开选修课，加宽加深学生的知识面。文科教学加强了社会调查和写作、演讲训练；理科教学加强了实验和操作技术练习。选修课的开设为培养学生的各种基本能力创造了条件，部分学生通过学习和实践，写出了有一定份量的社会调查报告、理论文章和文学作品。二是学校规定本科生撰写毕业论文，这在学校的办学历史上是首次。学校把教育实习和毕业论文的成绩，作为授予学位的重要依据之一。三是教材建设方面，学校从 1979 年开始组织专门班子，统一抓全校教材研究和建设工作，全面安排各专业、各年级的教材，保证学生课前教材到手。

在院党委的领导下，经过全院师生员工的共同努力，学校管理得到加强，一系列规章制度相继出台，教学水平不断提高，科研项目逐年增多，学校规模日益扩大。至 1985 年底，学校有教职工 3000 余人，各类各层次学生 1.6 万余人；设有教育系、政治系、历史系、外语系、地理系、生物系、数学系、物理系、化学系、电化教育系、图书情报学系、体育系等 13 个系 17 个专业，成立了城市经济管理系、美术专业、音乐专业三个筹备组，设有科学社会主义、历史、中国历史文献、教育科学、应用物理、农药化学等 6 个研究所；创办了 12 种国内外公开发行的学术理论刊物；图书馆藏书 130 余万册。

华中师范学院时期学生在中学实习

（六）优化教学体系，培育复合人才

1985年，国家教委批准华中师范学院更名华中师范大学。此后，学校的教学建设与人才培养步入新的历史时期。总的来说，该时期学校的教学建设与人才培养经历了四个阶段的变迁。

第一个阶段为1985年至1990年。学校在人才培养上坚持本科为本，同时推进研究生教育。在学校的多项努力下，不仅本科教育成果显著，研究生教育也实现飞跃式发展。具体而言，该阶段学校的教学建设和人才培养实践有以下几点特征：

首先，学校强化本科教学，坚持"本科为本"，改革教学制度。从1985年起，学校改学年制为学分制，修订了26个专业的学分制教学计划，编印学分制《教学指导书》，这是教学制度的一项重大改革。1987年，学校召开改革开放以来首届教学工作会议，明确了"本科为本"的办学指导思想，制定了《关于加强学校本科教育的十条意见》及33个教学立法文件，进一步确立了本科教学在学校工作中的主导地位。学校还对本科毕业生分配方向进行了改革，1985至1988年期间，60%的毕业生分配到教育第一线，到边远山区工作的毕业生达20%。

其次，学校积极推进教材质量的改善。在教材建设方面，1988年以来，针对学校部分教材内容陈旧，新设专业缺少教材的状况，学校制定了《华中师范大学推荐出版自编教材暂行规定》，设立了教材出版补贴基金。从1988到1990年的两年中，学校出版社出版了自编教材56种，收到了较好的效果。1988年1月27日，学校三种教材获国家教委优秀教材奖；章开沅等主编的《辛亥革命史》和高原编著的《科学社会主义》获一等奖。

在此时期，学校采取多种措施提高师生教与学的积极性、主动性。针对教师群体，学校实施主讲教师审批制度，加强教学第一线力量，调动教师从事本科教学的积极性；同时开展教学质量评估，检测教师教学水平；设立教学优秀奖，鼓励教师搞好教学。另一方面，针对学生群体，为调动学生学习积极性，学校在学生中设立各项奖学金，开展科研成果评奖活动；同时加强本科教育实习，开展各类社会实践活动，增强学生专业意识，提升实践能力。1990年12月，湖北省大学

生优秀科研成果年度颁奖会在华中师范大学举行，学校学生共获奖 35 项，获奖总数位居全省前列。

此外，此一时期，研究生教育进入迅速发展阶段。学校自 1978 年开始招收研究生，1983 年开始招收博士研究生，1985 年进入迅速发展阶段，当时，共招收研究生 253 人，招生人数达到了一个历史高峰。1985—1990 年，学校在 18 个硕士点的基础上增至 41 个硕士点，博士点 4 个，博士生导师 8 人，硕士生导师 250 余人。为了加强研究生管理，并使之规范化，学校先后制定《华中师范大学研究生工作条例》《华中师范大学研究生培养工作细则》等 8 个规章制度与实施细则。为确保研究生培养质量，学校修订了《硕士研究生指导教师工作条例》，进一步明确硕士生导师任职资格条件及职责，重新进行硕士生导师资格认定，建立和健全硕士生导师档案，加强研究生导师队伍建设。1988 年 10 月 10 日，"纪念恢复研究生教育十周年"大会在学校隆重举行。

第二个阶段为 20 世纪 90 年代。该阶段，学校以学科建设为中心，大力开展学科、专业建设和教学改革。在巩固已有学科专业的基础上，学校积极发展新兴交叉学科，形成新的学科生长点；在原有传统师范专业的基础上，大力发展非师范专业，向综合性方向拓宽，"九五"期间，本科专业已增加至 45 个，进一步扩大了专业覆盖面；同时以建立重点实验室和基础实验室的方式，重点扶持国家鼓励和大力发展的信息、生物、材料、环境等具有较好前景的应用型、交叉型学科和专业，取得初步成效。

这一阶段，学校还根据教学过程、教学质量管理改革的需要，先后出台《教师教学工作基本要求》《本专科课程建设基本要求》等 20 多项教学管理改革措施，并于 1992 年 10 月拟定教育教学改革的主体方案，明确教学改革要主动适应社会主义市场经济体制的需要，以人才市场为导向。教学改革中，学校把专科专业的调整作为本科专业改造的一个重要内容，根据各专业实际情况采取调整、改造、增设等形式，调整课程结构，增设一些新课程，新的课程结构坚持科学性、先进性、系统性、实用性原则，突出基础课程，加强应用课程，力图构建科学、合理、实用、新颖的课程结构体系。

该阶段中，教师和学生的积极性都得到充分调动，学校的人才培养实践由此逐步进入师生良性互动的局面。1992 年，学校制定《教师工作量试行办法》，以保护和调动广大教师教学、科研积极性。学校积极鼓励教师在教学实践中进行教学内容、教学方法、教学手段、教学评价等多方面创新，培养高素质创新人才。与此同时，学校利用经济法则着手制订新的学籍管理办法，从激励和制约两方面调动学生学习积极性，从而确保教学质量。

学校的研究生教育也在该阶段取得长足发展。1997 年，学校召开了第二次学位与研究生教育工作会议，总结“八五”期间研究生培养工作的经验，确定“九五”计划和 2010 年发展目标。“九五”期间，学校有五个学科获准列入教育部“211 工程”重点学科要求建设立项。2000 年，学校硕士点达到 69 个，二级学科博士点达到 22 个。随着学位点的增加，研究生处积极探索有效的管理体制，提出了校、院系、导师组三级管理，并先后在 12 个单位进行试点工作。

第三个阶段为 2000 年至 2013 年。迈入新世纪，华中师范大学进入国家“211 工程”高水平大学建设行列。这一阶段，学校办学层次进一步提升，办学规模进一步扩大，综合实力继续增强，实现了办学的跨越式发展。为推进教学实践和人才培养工作，学校主要展开了以下几方面的努力：

首先，合理调控本科生规模，科学布局学科专业结构。这一阶段，学校在注重内涵发展的前提下合理调控本科教育规模，适度扩大本科生数量。截至 2013 年 6 月，全日制普通本科生增至 1700 人，保持了适度的发展速度。同时，学校对学科专业结构进行了合理调控。一方面，以免费师范生政策为契机，进一步完善高等教育师范体系，开设了专业目录中的全部师范专业，注重创新教师教育体系，彰显学校教师教育特色；另一方面，根据国家经济建设和社会发展的需要，依托学校文、理科基础学科的传统优势，确立建设一流文科、高水平理科、有特色工科的发展思路，适时发展非师范专业，开设一批新兴学科和应用学科专业，基本实现综合性大学的学科专业结构布局。

其次，强化教学研究，深入推进教学改革工作。学校一方面以教学研究助推教学改革，涌现出一批重大教学研究成果。如 2005 年获得国家级教学成果奖 3 项，2009 年获国家级教学成果奖 2 项，2013 年获省级教学成果奖 20 项；另一方面以教学改革提升教学质量，包括修订人才培养方案、改革人才培养模式、推广研究型教学方式和推进实践教学改革等方面。十余年间，学校在推行师范生免费教育政策和实施“一体两翼”建设高水平大学的背景下，先后三次修订《本科人才培养方案》。

最后，提高研究生教育质量。在科学规划学位与研究生教育发展目标的基础上，研究生数量快速增加。同时，学校通过狠抓学风建设和制度建设，建立研究生课程教学规范和学位论文规范，组织开办研究生学术讲坛，设立博士生创新基金，实施研究生科研成果达标制度，完善和严格实施研究生奖惩制度等一系列改革措施，努力提高研究生培养质量。

第四阶段为 2013 年至 2023 年。2017 年，学校进入“双一流”建设高校。2020 年，学校第十二次党代会确立了“建设教师教育领先的世界一流大学”的办学目标。这一阶段，在习近平新时代中国特色社会主义思想的指导下，学校进入内涵式发展阶段，取得了一系列历史性成就，确立了“培养具有良好的思想政治素质、道德和人文科学素养、较强的发展能力、实践能力、创新精神和国际视野，适应时代发展需要的德智体美劳全面发展的社会主义建设者和接班人、‘德才兼备、博雅精专、高素高能’的拔尖创新学术型或创新性应用型人才”的人才培养总目标。在该人才培养目标的指导下，学校具体开展了以下几方面的工作：

一是强化教学基本建设。学校逐步完善本科专业目录。2023 年，学校共有本科目录专业 81 个（另有中外合作办学专业 3 个），涵盖哲学、经济学、法学、教育学、文学、历史学、理学、工学、管理学、艺术学等 10 个学科门类，共获得国家级一流本科专业立项建设点 45 个。同时，加强教学建设，鼓励教师在教学实践中进行教学内容、教学方法、教学手段、教学评价等多方面改革创新，设立“本科教学创新奖”，激励教学创新，每年开展“本科教学创新奖”评审。学校积极探讨信息技术与教育教学的深度融合，努力建设线上、线下、混合式、虚拟仿真、社会实践等示范性“金课”，获国家级一流课程认定 47 门。2021 年，首届国家教材奖评选，学校 8 部教材获得全国教材建设奖，其中王道俊、郭文安主编的《教育学（第 7 版）》获得国家级一等奖，马敏教授荣获全国教材建设先进个人。

二是深化人才培养模式改革。学校推进拔尖创新人才培养，建设高水平本科教育。以一流人才培育为目标，在中国语言文学、历史学、政治学、物理学、数学、化学等学科重点实施基础学科拔尖学生培养计划，积极开展拔尖创新人才本—硕—博贯通培养，推动国家基础学科人才培养基地如历史学基地班（1995 年获批）、物理学基地班（1996 年获批）、文—史直博班、数—理直博班、化学英才班、中国语言文学试验班，建立和完善“3＋2＋4”本—硕—博贯通培养制度。历史学基地班（开沅班）、物理学基地班、汉语言文学基地班入选教育部基础学科拔尖创新人才培养 2.0 计划，物理学专业入选中国科协、教育部“中学英才计划”。学校加强创新创业教育，制定学校《进一步深化创新创业教育综合改革实施方案》，修订人才培养方案，将创新创业教育融入人才培养全过程，以创新引领创业、创业带动就业，深入推进创新创业教育综合改革。学校在省级及以上“互联网＋”创新创业大赛、“挑战杯”大学生科技竞赛等比赛中屡获佳绩。学校深化信息化背景下的教育教学模式改革，2018 年获国家级教学成果奖 7 项，2023 年获国家级教学成果奖 11 项，其中，《深度融合信息技术的高校人才培养体系重构与探索实践》荣获 2018 年国家级教学成果奖特等奖。

三是深化研究生教育制度改革。2015 年，学校推动“申请-考核”制博士研究生招生方式改革，出台《博士研究生招生“申请-考核”制实施办法（试行）》。加强研究生培养，优化培养方案，扩宽研究生培养口径，实施“华博计划”，推动本硕博、硕博贯通培养。从 2016 年开始，连续实施五批优博培育计划项目和教育创新资助项目。深化教学模式改革，创新本科和教育硕士有机衔接机制，推行“三三三”制本硕一体“进阶贯通”培养模式，努力做到三个阶段（理论学习、实习实践、研究创新）有机融合、三种能力（理论素养、职业技能、创新能力）相互渗透、三类实践（见习、实习、研习）深度融合。加强研究生特色教育，建设国家联合培养示范基地。从 2010 年开始，分五期立项建设教育硕士课程。进一步强化教育专业研究生实践创新能力，建立“教育硕士实践基地”，坚持举办“教育硕士教学技能大赛”和“教育博士生学术论坛”。重视搭建国际化交流培养平台，通过走出去、请进来的方式，努力拓宽研究生国际合作与交流平台，拓宽国际学术视野。2016—2020 年，学校博士论文盲评通过率为 99.08%，硕士论文盲评通过率为 99.43%。十年来，研究生对学校每年的科研贡献率稳定在42%左右。

四是深化国际学生教育改革，优化国际学生质量。根据教育部、外交部、公安部《学校招收和培养国际学生管理办法》，教育部《来华留学生高等教育质量规范（试行）》等文件精神，学校将国际学生招生及培养工作的重点转向吸引优质国际学生，优化生源结构，将“一带一路”国家作为重点生源市场，生源国覆盖范围不断扩大。2018年起，学校“一带一路”国家学生占比一直平稳保持在全校国际学生的70%～80%左右。2022年学校国际学生学历生占全校国际学生的88%，相较于2017年的38%增加了50%。学校进一步完备国际学生教育平台，学校是中央统战部批准的首批国家级“华文教育基地”、全国首批“中国政府奖学金来华留学预科基地”、教育部首批“来华留学示范基地”、国家新汉语水平考试（新HSK）考点和湖北省“汉语国际推广工作研究基地”。2017年，学校通过了教育部来华留学质量认证。学校推进国际中文教育课程建设，努力打造一批服务海外华文教育的“金课”“金专”“金教材”。先后举办五届“桂子山国际文化节”，成立“洋雷锋”志愿服务队、跨文化交流协会等学生社团，搭建跨文化交流平台，提升国际学生综合素质。学校采取多种形式支持学生出国，2013年设立“海外学习交流奖学金”，鼓励、资助在校学生短期出国（境）交流学习，并将国际化人才培养纳入学院的发展和考核目标。2011—2021年间，学校共计派遣学生赴国（境）外交流学习达8071人次。2018—2021年间，学校先后获批4个创新型人才国际合作培养项目。学校积极鼓励院系发挥在国际化人才培养中的主动性和能动性，逐渐开启“学校搭平台，院系唱主角”国际交流新模式。学校加强与港澳台地区高校开展学生交换交流。2012年至2018年间，学校与台湾师范大学、台湾中原大学、香港教育大学等3所港台地区学校共开设7门信息化课程。2015年至2022年，学校共招收港澳台地区学生650人。学校打造“海峡两岸荆楚文化研习营”“港澳大学生荆楚教育文化研习团”“‘阳光支教·孔子行脚’海峡两岸暨香港澳门大学生湖北支教活动”等针对港澳台交流的品牌项目，促进两岸及港澳地区青年交流。学校积极探索与国外高校合作开展高水平的中外合作办学，2011至2021年，先后获教育部批准六个本科以上中外合作办学项目或机构。

参考文献

[1] 别敦荣：《学科建设与人才培养》，《大学与学科》，2020 年第 1 期。

[2] 周辉挥：《百年华大与百年记忆——掌故逸事风物》，华中师范大学出版社 2013 年版。

[3] 吉尔曼等：《文华大学》，华中师范大学出版社 1992 年版。

[4] 徐以骅：《教会大学与神学教育》，福建教育出版社 1999 年版。

[5] 陶军：《中原大学校史》，华中师范大学出版社 2003 年版。

[6] 陶军：《中原大学校史》，华中师范大学出版社 1986 年版。

[7] 章博：《以质取胜——华中大学办学特色研究》，《华中师范大学学报（人文社会科学版）》，2005 年第 1 期。

[8]《新闻报》1915 年 5 月 23 日，第 9 版。

[9] 马敏、黄晓玫、汪文汉：《华中师范大学校史（1903—2013）》，华中师范大学出版社 2013 年版。

[10]《清华周刊》1925 年第 24 卷第 1 期。

[11] 中华民国教育部：《第一次中国教育年鉴》（丙编 教育概况），上海开明书店 1934 年版。

[12] 华中师范大学档案馆，中华大学类，卷宗号 LS11-130，LS12-60，LS12-61。

[13] 周挥辉、董中锋：《中华大学在重庆》，华中师范大学出版社 2020 年版。

[14]《中华周刊》1936 年 10 月 3 日，1935 年 5 月 4 日。

第四章 科学研究与学术交流

学科建设是高校一项长期的、根本性的战略任务，是学校办学综合实力和水平的重要体现。学科建设与科学研究、课程教学、人才培养等方面密不可分，其中科学研究是评价学科发展的重要指标之一，在学科建设中占有主导地位。学科建设与科学研究是相辅相成、相互促进的，学科建设为科学研究的发展壮大提供了平台基础，作为“龙头”牵引着科学研究上水平、上台阶，吸引更多科研人员参与科学研究；科学研究的进步则不断推动着传统学科的改造发展，形成学科优势和竞争力，同时还能派生出适应时代发展的新兴学科，使学科更具有鲜活的生命力。

一、科学研究的起步与发展

纵观学校 120 年学科发展史，科学研究和学科建设始终立足于学术，积极推动着学校教育事业的发展。学校产生了一大批著名的教育家、学术大师，他们积极承担着国家和区域的重大科研任务，也留下了一系列经典之作，为学校学科建设奠定了深厚的基础。也正是这些学术思想和科研成果，不断引领着广大师生把学校逐步推上新的台阶，造就了今天具有百余年悠久办学历史和深厚文化根基的华中师范大学。

在这百余年发展历程中，学校的科学研究发展历程是怎样的，科学研究是如何推动学科建设的，在不同时期阶段的科学研究又有着什么样的特点，在综合大量校史文献资料后，我们拟从五个维度进行考量：第一是历史背景维度，主要是结合当时的国家社会背景来考察科研的缘起、形式及影响；第二是发展阶段维度，主要是从不同办学时期来考察当时的科研情况；第三是科研指标维度，主要从科研代表性人物、成果、奖项、重大项目、学术交流等核心要素进行考量；第四是科研功能维度，主要站在学科发展的角度来评判科研如何在学科建设中发挥支撑作用；第五是组织管理维度，主要从科研组织形式以及科研管理体制机制的演变来考察科研发展与学科建设之间的关系。

有鉴于此，我们拟将学校科研发展划分为三个阶段：

（一）科学研究的星火萌芽阶段（1903—1953 年）

从 1903 年到 1953 年的 50 年间，是学校历经多次重大历史事件的一段时期，学校经过了文华大学、华中大学、中华大学、中原大学的历史变迁，最终形成了建制相对稳定的华中师范学院。

1. 文华大学时期（1903—1924 年）

文华大学的前身，可追溯到 1871 年创办的文华书院。1903 年 10 月 2 日，文华书院设立大学部，成为中国近代最早成立的高等学校之一。当时，清政府命张百熙、荣庆、张之洞以日本学制为蓝本重新拟订学堂章程，于 1904 年 1 月正式公布《奏定学堂章程》（又称“癸卯学制”），中国近代第一个正式施行的学制由此诞生。

此时的文华大学设立了神学院，后相继增设了文学院、理学院和医学院，主要涉及宗教神学、文学、历史学、物理学、化学、医药学等学科。文华大学时期的学术活动主要体现为少数代表性人物的学术论著、教会布道宣讲以及在校师生自发组织的学术活动，其目的主要是对外宣介文华大学的教育事业、西方教会精神并传播科学知识，而作为纯粹的学术理论研究尚属凤毛麟角。

1906 年《文华评论》英文季刊出版发行，是文华大学发展的一个重要标志。《文华评论》主要用来记载文华大学发展的大事件，对外宣传文华事业；另一份期刊《文华学界》内容以“开通风气输入文明”为宗旨。韦卓民学士学位论文“*Religious Beliefs of the Ancient Chinese and Their Influence on the National Character of the Chinese People*”发表于《文华评论》，后被上海各教会出版的《教务杂志》（*The Chinese Recorder*，或译为《中国纪事报》）作为“中国人第一次写的文章”予以转载，韦先生用英文撰写的硕士毕业论文《孟子之政治思想》由上海广学会 1915 年出版。毕业留校任教的童子军“教头”严家麟先生翻译了《童子军常规》（*Scouts Regulation*），并用中文编制了童子军旗语通讯系统，他还编写了 5 本起诠释作用的书，以应对其他学校向文华索取有关童子军资料的急需，分别是《童子军初级问答》《露营》《童子军营舍建造法》《童子军桥梁建筑法》和《童子军军鉴》，这些书籍为帮助学生形成良好的品行起到了重要作用。韦棣华女士在建立文华公书林后，商同文华大学校长孟良佐于 1920 年 1 月正式开设图书科，专门研究图书馆学，这是中国正规的高校图书馆学教育的开端，为培养中国第一代图书馆学人才做出了重要贡献。

2. 华中大学时期（1922—1952 年）

1924 年，文华大学合并了武昌的博文书院大学部、汉口的博学书院大学部，开始了私立华中大学第一个新学年。学校初建时设立了文、理、图书三科，当时学校的自然科学学科相当薄弱，主要以人文社会科学为主。

华中大学的科学研究，主要在体现在 1929 年华中大学重建之后。当时学校分为文学院、理学院、教育学院 3 个学院，系科设置为中文、历史、英语、经济、地理、宗教、生物、化学、物理，数学和音乐为较次要的系。华中大学培养的学生中，有一部分积极从事科学研究工作。例如，获得文学士的霍恒德牵头在进步同学中秘密组织专门讨论研究马列主义等政治理论问题的读书会，为这些学生后来走上革命道路奠定了思想基础。理学院物理系理学士梁百先、许宗岳先后在国外学习，均获得博士学位，归国后均在教学与科研方面取得显著成绩，在国内产生了一定的影响。1934 年，全国举行大学理科物理系毕业生论文评比，梁百先的毕业论文《谐振电路特性的研究》获第一名，许宗岳的毕业论文《桐油物理特性的研究》获第三名，为华中大学赢得了荣誉。理学院物理系的桂质廷教授率先开展了对电离层和电波传播方面的系统研究，取得了有价值的成果，论文发表在美国《地磁与大气电学》期刊上。

华中大学西迁大理喜洲后，学校教学科研人员避开了时局和战乱的纷扰，潜心学术，因地制宜地开展了一系列科学研究。学校在科研经费、科研机构、科研项目和科研成果等方面开始步入了新台阶，主要表现在四个方面：

第一是科研经费筹措能力不断增强。由于教会学校的办学性质，学校经费来源主要得益于国家、教会和民间提供的资金支持。1931年，学校注册登记的物理系、化学系、生物系仪器约值72000元，设有仪器室、实验室、天平室、标本室等，这些资金大部分由美国雅礼会提供。1934年夏末，中国基金会给华中大学拨款6000元，用于购买理科实验仪器。同一时期，国民政府也给华中大学下拨15000元专款，后逐年增加，其中一部分作为3个学院各聘1名教授的费用，余额则用于购买仪器和设备。韦卓民在美期间争取到耶鲁神学院、雅礼会对华中大学理学院的资金支持，从1935年至1940年每年对学校拨款；哈佛—燕京学社也于1937年第一次对华中大学进行捐助，主要用于长江中游文化研究；1935年华中大学申请英国退还的庚子赔款4万元。美国圣公会、美国雅礼会、中国基督教大学校董联合会、大不列颠中国基督教大学联合会、美国复初会、英国循道会、英国伦敦会等教会先后增加对学校的拨款，直至朝鲜局势日趋紧张，学校自1951年后再未收到国外汇款。这些资金使得学校科研仪器和设备得到大量扩充，科研机构的基础设施得到了较好的保障。

第二是高水平科研成果产出不断增加。自然科学方面，物理、化学、生物等学科的科研成果丰硕喜人。物理系卞彭教授的“卡魏式电路开关之新发明”研究，通过拼接汽车发动机和实验室的发电机，创造了一套发电系统，解决了学校晚间照明及实验室电力问题；他主持“云南苍山十八溪水电动力之试验研究”，于1940年在喜洲万花溪建成我国西南第一座水电站，他还在全国物理学会学术年会上宣读了研究论文《云南苍山十八溪水电动力之试验研究》，受到学界广泛好评。化学系改进了当地蓝靛染料的提取工艺，并在当地引进了制革技术。卞松年博士及其他师生研究了滇西酒精、皮革和油脂工业。在校学生晏德福研究了璜基族的抗虐素、衍生物的特性。生物系师生开展对苍山、洱海动植物研究，尤其是萧之的博士对洱海各水层含氧量、pH值、水生物及浮游生物的分析研究，所撰写的论文《洱海生物》与《滇西彩云》在国外发表后，引起国际学术界关注，美国科学界大为惊叹。

人文社科方面，中文系自西迁后将研究方向调整到西南少数民族文化研究，有力地支撑了中国语言文学、历史学、民族文化学等学科的发展。包鹭宾、游国恩、傅懋勣等人对滇西南诏、向国、佛教、种族及各少数民族语言的研究以及提供给哈佛—燕京社关于西南文化的论文，受到国际学者特别是美国汉学家们的高度重视。包鹭宾的《释僰》、游国恩的《云南土族文化述略》、傅懋勣的《昆明倮倮语研究》等论文寄往哈佛—燕京社之后，该社将补助捐款增至4000美元。1944年纪念建校20周年时，中文系编辑的《华中大学国学研究论文专刊》（第一辑）和学校组织编辑的《华中大学二十周年特刊》，刊登了阴法鲁的《先汉乐律初探》《词之起源》，包鹭宾的《从古代微识论“易”之名义》《韩退之籍贯考》《韩退之生日考》《韩退之子女考》《古易国钩沉》，傅懋勣的《大凉山倮倮语研究》，王玉哲的《鬼方考》（获得1945年度全国学术奖金）等高水平学术论文。

在代表性专著方面，徐嘉瑞的《大理古代文化史稿》是研究白族文化的开山之作，使白族文化走向了世界；许烺光的《在祖先的庇荫下》对中国传统文化中基本的社会体制做了非常有价值的分析，对于人们更好地了解中国的家庭生活做出了新的重大的贡献；游国恩对南诏、大理历史及白族民风民俗做了悉心研究，撰写出《白族火把节考》《说洱海》《南诏用汉文字考》《文献中所见西南民族语言资料》《南诏德化碑校勘记》等论著，他编撰的《楚辞注疏长编》则从1932年开始持续到晚年，凝聚了他毕生的心血和智慧；包鹭宾考察喜洲周边寺庙碑刻记载和丰富的民间文学后，撰写了《民家非白国后裔考》等具有影响力的学术论著。

第三是学术组织机构陆续成立。1936年物理系桂质廷教授从美国带回一批新仪器，在学校正式成立中国第一个地磁和电离层研究所及电离层探测实验室。游国恩、傅懋勣、包鹭宾、阴法鲁等多位华中大学知名学者在喜洲和学生们开展了国文学会、英文学会、生物学会、无线电学会、教育学会等多种学术社团活动，组织了“社会科学研究会”，学校还创办了《苍洱半月刊》《华大桂声》《华大滇声》《科学文摘》《每日新闻》等学术刊物。

朝鲜战争爆发后，中美受战争影响互相冻结财产，原私立华中大学因教会经费来源中断而陷入办学困境。中央教育部接管学校后，又合并了中原大学教育学院的政治、历史、俄语、教育四系科，于1951年8月16日正式成立师范性质的公立华中大学。公立华中大学设文学、政治、历史、教育、物理、化学、生物、数学等系，原私立华中大学经济系并入武汉大学，1952 年，广西大学生物系并入公立华中大学，解放初期成立的湖北教育学院的教育系、中国语言文学系、数学系、物理系、体育系、美术系、音乐系、戏剧系并入华中大学，学校经济商业系学生调入武汉大学，外文系英文组调入中山大学，地理组调入河南大学。公立华中大学成立一年后进入评估期，后并入华中师范学院，因时间较短，公立华中大学有影响力的科研活动和成果不多，更多的是学科的调整变动。

3. 中华大学时期（1912—1952 年）

作为华中师范大学的前身之一，私立武昌中华大学是中国最早独立创办的私立大学之一，也是最早在中华大地上真正由中国人自己创办的私立大学之一。“癸卯学制”的颁布和科举的废止，给湖北兴办学堂创造了土壤，一时间各类新学堂的设立如同雨后春笋，加上张之洞鼓励民间兴学的奖励政策，湖北成为当时重教兴学的重镇。

1910 年初，按照“癸卯学制”相关要求，由陈宣恺主持创办的“私立中华学堂”获准开办，但因学校简陋加之陈宣恺年事已高，学校办学效果未见起色。1912 年其子陈时复办学校，增办中华学校大学部，开设“游美预备班”，9 月正式改称预科，大学部的开设标志着中华大学的成立。1915 年 3 月，教育部批准“私立武昌中华大学”正式立案。1926 年冬，武汉国民政府改革高等教育，原国立武昌大学、国立武昌商科大学、湖北省立医科大学、湖北省立法科大学、湖北省立文科大学、私立中华大学等合并建立国立武昌中山大学，1927 年 11 月又更名为“国立第二中山大学”，同年 12 月学校解散。1928 年 1 月，中华大学武汉校友会发起复校运动，中华大学 3 月开学。1938 年，中华大学先后西迁湖北宜昌小溪塔和重庆南岸米市街。1946 年春学校迁回武昌旧址，1952 年全国高等学校院系调整，中华大学与华中大学等高校合并成立华中高等师范学校。

从中华大学的学科沿革来看，学校于 1912 年在男生部开设大学预科和专门部，专门部设政治经济、法律两门别科以及英文专修科。自 1915 年 9 月开设大学本科后，先后开设文科大学本科、中国哲学门、法科大学本科、经济学门、商科大学本科、交通学门。1923 年学校扩充学系，开办中国文学、教育学、经济学、法律学、数理学等系。1928 年成立文、理、商 3 个学院，至 1949 年文学院设中国文学系、外国语文学系、教育学系，理学院设数学系和化学系，商学院设经济学系、工商管理学系、国际贸易系、会计专修科。

因为中华大学的私立办学性质与文华大学这所教会大学不同，中华大学缺少教会的资金支持，长期处于办学经费紧张的境地，用于投入科研的经费相当有限。但是，以陈时、严士佳、邹昌炽等为代表的教育家、知名学者甘于清贫，仍然在为中国培养高等教育人才而四处奔走呼号，不仅代表中国湖北教育界“走出去”赴美国旧金山出席“第一届世界教育会议”（又称“万国教育会议”），同时在学校开设的“中华讲坛”上邀请到全国顶级学术名流前来演讲，盛况空前。中华大学还培养了以恽代英为代表的 60 余名革命烈士，培养了以冯友兰、王亚南、张光年（光未然）、陈昌浩、余家菊、万国权为代表的杰出人才。

4. 中原大学时期（1948—1953 年）

中原大学是一所具有光荣革命传统的大学。学校主要是以教学为主，培养当时急需的军政干部。1948 年 9 月，中共中央经研究决定，由范文澜接替陈毅担任中原大学校长，潘梓年任中原大学副校长。在 1948 年 11 月中原大学迁校开封前，学校的教学课程主要由嵇文甫教授主讲辩证唯物主义，王毅斋教授主讲社会科学概论，刘国明教授主讲中国革命的基本问题，罗绳武副教授主讲社会发展史纲。中原大学因其特殊时期的革命属性，学术活动主要集中于军政领导干部的革命教育专题报告和讲座。

1948 年 12 月迁校开封后，学校对教学组织进行了调整，计划设置四部，第一部为政治部，刘介愚为部主任，第二、三部未正式设立，第四部为研究部，嵇文甫为部主任，主要负责理论研究和研究生培养工作，下设 2 室 1 班，即政治研究室、文艺研究室和研究班。迁校武汉后，因嵇文甫教授留任河南大学副校长，加上四部下设的文艺研究室扩充，遂与武昌艺专合并升格为文艺学院，撤销了原第四部研究部。

1949 年 10 月 1 日新中国成立后，中原大学“废部改院”，建立了文艺学院、财经学院、教育学院和政治学院。1951 年 1 月，中原大学政治学院被撤销归并于财经学院。同年 7 月，中原大学教育学院与私立华中大学合并改组为公立华中大学。同年 8 月，文艺学院改归中南军政委员会文化部领导，改称中南文艺学院。同年 9 月，中原大学在财经学院内新设立“中央民族学院中南分院”并招收了第一届学员。1952 年 9 月，中南局急需培养一批公安、政法干部，再次筹建政法学院。同年 11 月，中南军政委员会指示中央民族学院中南分院从中原大学独立出来，改成中南民族学院。1953 年 4 月，中南局颁发文件，正式决定撤销中原大学，成立中南财经学院和中南政法学院。自此，中原大学完成了其办学的历史使命，拆分的学院成了后来武汉地区的三所教育部直属大学，即华中师范大学（公立华中大学）、中南财经政法大学（中南财经学院、中南政法学院）和中南民族大学（中南民族学院）。

5. 华中高等师范学校时期（1952—1953 年）

华中高等师范学校是“公立华中大学”到“华中师范学院”评估期间对公立华中大学的特别指称。1952 年 10 月，中南军政委员会发布指令，宣布成立华中高等师范学校建校委员会，从 11 月 1 日起，撤销华中大学、中华大学、湖北教育学院三校校名及华中大学改制委员会。11 月 3 日，华中高等师范学校建校委员会举行第一次会议，产生了建校委员会常务委员会，成立了学校调整机构计划委员会，确定了系、科、班负责人名单。到 1953 年暑假后，华中高等师范学校设有 13 个系科，分别是教育系科、政治系、中国语言文学系科、俄语系科、历史系科、数学系科、物理系科、化学系科、生物系科、体育系科、图画制图系、音乐系科、艺术科，这些系科为此后华中师范学院、华中师范大学的学科体系奠定了基础。

值得一提的是，1953 年 3 月 14 日第四次建校委员会通过的教学工作计划，要求各教研室（组）将教师培养列为首要任务之一，有计划、有方向地组织培养，并明确青年讲师和助教的工作时间，保证他们有一定的时间从事研究工作，鼓励建立科学研究与教学工作中的“师徒关系”。这是华中师范大学校史中，首次以文件的形式强调要确保青年教师的科学研究时间，并将科学研究与教学工作摆在同等重要地位，文件提出的有计划、有方向地组织培养教师，标志着学校即将步入有组织的教学科研新阶段。

总体而言，从文华大学到华中师范学院成立的这50年间，学校经历了中国近现代史上的多次重大历史事件，经受住了时局的动荡和炮火的洗礼。虽然学校多次更名、调整、合并、撤销、改制，但最终仍以昂扬的姿态屹立于中国高等学府之林。学校的发展能得以延续和壮大，是与以韦卓民、陈时等为代表的一大批肩负教育兴国使命的爱国人士、教育家以及全校师生的共同努力分不开的，是与中国共产党成立以来对教育事业的正确领导分不开的，也是与中外热心于教育事业的教会、慈善家、民间团体和社会热心人士的鼎力相助分不开的。在这半个世纪里，学校学科依托于院系改制、课程调整、师资扩充而不断发展成熟，科学研究的星星之火开始逐渐燎原，为学科的建设和发展不断注入新的活力。

（二）科学研究的盛装起步阶段（1953—1985年）

华中师范学院（1953—1985年）这一校名自1953年10月20日正式启用。在这个阶段，虽然学校经历了“反右倾”“文化大革命”等历史时期，教学科研受到了一定程度的影响，但是学校的办学理念在逐渐转变，对于科学研究的目标定位、主要任务、组织方式开始进入了一个崭新的阶段。学校开展了有组织的科研项目研究，产生了一批知名学者，培育出一批高水平甚至举世闻名的科研成果，学术影响力得以逐步彰显。

华中师范学院校门

1. “摸索前进”中的科研起步（1953—1957 年）

1954 年 4 月 8 日，华中师范学院第一届行政班子经中央教育部批准产生，原广西大学校长杨东莼任华中师范学院院长。同年 8 月，学校正式向全校教师提出了开展科学研究的任务。9 月，教务处发布了《关于科学研究工作》的文件，对科学研究定下的方针是“以研究我国师范教育和普通教育的实际为主，其次才是一切有关国家建设及其他属于自然科学和社会科学的问题”。学校将“研究我国师范教育和普通教育的实际”作为科研第一要务，主要是为了服务国家教育事业发展，这是学校在当时一段时期内对科学研究的基本定位和目标任务。

在总体要求上，文件还指出科研工作既不能“好高骛远，脱离实际”，也不能“过于拘谨，不敢动手”，总的要求是从低级到高级，逐步提高，摸索前进，创造条件。国家高师教育视导工作组来学院检查工作，肯定了学院结合教学进行科学研究的重要性和必要性，并对科研的现实状况提出了指导性的意见。此后，学院制定了有关科学研究工作的检查与督促的制度，学院科研开始起步，并逐步进入有计划、有组织的轨道。

1954 年校党委在年度工作方案中指出：“科学研究工作，是结合教学改革有计划地进行提高各科教师的科学理论和教学法水平的工作。高等师范学校应该奖励科学研究工作。”这是学校首次提到科学研究应给予奖励。在当时，这种科研奖励形式主要为项目资助，尚未形成比较成熟的科研奖励体系。1956 年 12 月 10 日，中央教育部任命陶军为科学研究部主任，李家光为科学研究部副主任。

学校开始有组织开展的科研项目研究，主要体现为 1954 年到 1955 年的两次科学研究计划。第一次是 1954 年学校提出 150 项课题，着手研究的有 69 项，完成 16 项；第二次是 1955 年学校提出的 178 项课题，完成 93 项，计划外的完成 18 项。到 1956 年底，全校各系的 34 个教研室（组）的 216 位教师，提出了 167 项研究课题，有关专业教育的研究占 77.8%，研究人员中助教首次达到 45.37%。学生科研活动也开始起步，1955 年 1 月，中文、历史、政治等 6 系部分班级建立了 9 个科研小组，3 月 14 日，学校制定了《华中师范学院学生科学研究小组暂行办法》，规定只有学习成绩优良的学生才能参加，并在系负责人领导下进行。当时成立的科研小组有 42 个，参与学生人数达到 456 人。

这个阶段的哲学社会科学研究代表性成果，包括朱伯石的《中学语文教学中的语言因素》、詹剑峰的《墨家的形式逻辑》、韦卓民的《亚里士多德逻辑》等专著和译著 18 部，在省市以上报刊发表论文 71 篇。其中，政治系詹剑峰教授的《墨家的形式逻辑》（1956 年湖北人民出版社出版），综合《墨子》全书，融贯中西，按照现代逻辑秩序整理成一套自成一体的形式逻辑。此书出版后，远销到德意志联邦共和国等国家和地区，并在美国、香港相继翻印出版，还被一些国外知名学者编入专集或作为引论。《人民日报》《长江日报》等主流报刊曾专题刊发了书评和相关报道。

2. “生产劳动”中的科研进展（1957—1966 年）

1957 年至 1961 年，学校经历了两次“反右倾”斗争。从 1958 年 8 月起，全校学生分赴省内 20 余个地、县参加劳动，对工农业生产、文化教育事业以及“大跃进”的形势进行调查。至 1966 年，学校文科教师共出版了各专业研究的专著、译著 26 部，共发表学术论文（包括译文）280 篇，其中中文系 114 篇、历史系 55 篇、政治系 26 篇、教育系 23 篇、外语系 62 篇；理科各系教师在国内外有关刊物上发表论文达 130 余篇。

历史学学科方面，张舜徽的《中国古代史籍举要》最初由湖北人民出版社 1955 年出版，后经修订增补，又由湖北人民出版社再版。此书不仅在大陆产生了轰动效应，香港也有影印本，而且被译成日文在日本出版。他的《清人文集别录》分上、下两册，1963 年由中华书局出版，所收文集达 600 家。他的《中国古代史籍校读法》（中华书局 1962 年出版）畅销国内外，香港《大公报》还为此书刊发了书评及介绍，1980 年，该书又由上海古籍出版社再版。1961 年 10 月，在学校的支持下，经章开沅提议在汉举办了第一次全国性纪念辛亥革命学术研讨会，李达、范文澜等一百余名学者参会，其规模水平均属创举。

中国语言文学学科方面，陈安湖、王庆生等人编著的《中国当代文学史稿》（科学出版社 1962 年出版）是我国最早出版的一部中国当代文学史，在当时就被许多兄弟院校作为教材使用。此外，郑远志、

张舜徽先生

邢福义等人编著的《汉语初稿》中册（人民出版社 1960 年出版）、邢福义的《拼音读物：奇袭虎狼窝》《拼音读物：马学礼》《现代汉语语法》等著作也陆续出版。

在此期间，文科还组织各系力量编写教材，如韦卓民的《康德哲学讲解》（商务印书馆 1963 年出版）、陶军的《马克思主义的辩证法》（湖北人民出版社 1957 年出版）、戴本博的《夸美纽斯的教育思想》（湖北人民出版社 1957 年出版）、李道仁等人的《儿童社会教育》（湖北人民出版社 1960 年出版）等，这些教材都达到了相当高的学术水平，有的还被指定为高等学校文科院校教材。

在自然科学方面，生物系薛慕光的论著《武汉地区经济动物手册》、地理系景才瑞的论著《自然地理研究什么》、数学系李修睦的译著《图的理论及其应用》等在当时也相当具有影响力。化学系张景龄的论文《论取代三芳基卤甲烷和二烷基亚磷酸盐的相互作用》发表于《全苏科学院通报》；物理系卞彭与龙传安的论文《氧化物阴极在减速力场中放射的研究》发表于《新科学》杂志；数学系李修睦的论文《介绍网络问题》发表于《数学通报》。

3.“文化大革命”中的科研坚守（1967—1976 年）

“文化大革命”时期对华中师范学院而言是一段艰难而又漫长的岁月。学校党委、行政领导机关被夺权，许多党员干部、教师相继被批判批斗，生物系李琮池教授、数学系李修睦教授、历史系张舜徽教授等均在此列。凭借着为祖国教育事业贡献力量的使命感和责任感，即便是在教学科研条件如此艰难的情况下，学者们依然坚守科研学术战线，笔耕不辍。

1975 年，章开沅教授受人民出版社邀请，跨越几个省份组织相关研究人员成立了编写组，开始了《辛亥革命史》多卷本的编纂工作。农药所的张景龄教授曾多次受到冲击和批判，1973 年他带领教师到葛店化工厂去开展科研工作，三年期间在他的主持下完成了新农药“杀虫畏”和“水环磷”的小试研制工作。1972 年，生物系主任李琮池教授在一无资料、二无设备和年迈体弱的情况下，选定“棉花蕾铃期主要害虫的病原体病毒”这个课题开展研究工作，在随后的四年内，他在荆州地区采集了几百个病虫样品，做了几千次的检测和试验，成功研究出了病毒毒株，大面积试用成功后被广泛应用推广，16 个省市近 70 个单位来函索取资料、毒种或参观访问。

历史系张舜徽教授，在此期间写出了 200 多万字的《说文解字约注》专著手稿，2 尺多高的书稿均是他用毛笔誊抄。还有王宏吉、向子祥的《1905 年俄国革命》，戈振刚、黄振的《十八世纪末法国资产阶级革命》，王宏吉、杨朴羽的《1848 年德国革命》等著作相继出版。中文系现代汉语教研室邢福义、高庆赐所著的《现代汉语语法知识》，1972 年由湖北人民出版社出版后不久，即被日本学者贺美嘉富译成日文在日本出版；郑远汉所著的《现代汉语修辞知识》，1972 年由湖北人民出版社出版后，1973 年又重印过 3 次。政治系高原等撰写的《学习〈反杜林论〉札记（哲学编）》于 1973 年在湖北人民出版社出版。此外，还有《现代汉语语音知识》《逻辑知识及其应用》《鲁迅杂文选读》《现代汉语词汇知识（上）》《辛亥革命前夜的一场大论战》《十月社会主义革命》，以及译著《印度社会》《丹麦王国》《挪威简史》等共 19 部著作出版。

1970 年初，国家开展全国彩色电视攻关大会战，湖北省属于成都会战区，学校作为省内第四攻关点承担了“油膜光阀外光源大屏幕电视投影器”的研制任务，由无线电教研室的刘佑星教授担任大组长。这是一个涉及学科范围较广的大型攻关项目，也是一项填补国家空白的项目。研制组的同志仅用 1 年多的时间，就完成了国外 10 余年的研究。全国电视会战领导小组（四机部）决定，1971 年 9 月在武汉召开首届全国大屏幕电视攻关经验交流大会，很多科研单位、高校和工厂代表云集学校进行现场参观交流，大会受到各界的高度肯定和广泛好评。1976 年周总理逝世时，学校用研制成功的 YWDD-I 型电视投影器在学校露天广场播放追悼会实况，全校万余名师生员工和家属通过投影器目睹追悼会实况，转播放映的成功使武汉人民进一步了解了华中师范学院。1978 年 3 月在北京全国科学大会上，华中师范学院大屏幕电视组被授予“全国科学技术工作中作出重大贡献的先进工作者和先进集体”，这是学校所获得的前所未有的荣誉。

4.“拨乱反正”中的科研发展（1976—1985 年）

1978 年 10 月，国务院批准华中师范学院重新归为教育部直属师范院校，并恢复在中南 5 省、区（湖北、湖南、河南、广东、广西）招生。同月，学校首次成立学术委员会，由 29 名委员组成，刘丙一任主任委员。1979 年 1 月 5 日，华中师范学院恢复了党、政系统的院、处（部）、系组织机构，1980 年底行政系统设立了科研生产处和学报编辑部。自 1978 年起，学校开始“拨乱反正”，正本清源，纠正冤假错案，校党委先后三次在全校大会上公开为一部分同志平反，退还查抄物品，恢复名誉和职称评定工作，全校教职工倍受鼓舞，精神振奋。

在此期间，学校的科研机构和学术团体组织纷纷成立。1978 年成立的辛亥革命史研究室，于 1984 年经教育部批准成立，改名为中国近代史研究所；1979 年在物理系创建的基本粒子理论研究室，1986 年正式改名为粒子物理研究所；1978 年在政治系成立的科学社会主义研究室，1984 年正式改名为科学社会主义研究所；1977 年成立的农药研究室于 1982 年扩建成农药研究所，1984 年被学校批准为系级单位；1978 年底建立的历史文献研究室，于 1983 年教育部批准成立，改名历史文献所。其他恢复和新建的研究所（室）还有：教育科学研究所、哲学研究室、政治经济学研究室、普通语言学研究室、现代文学研究室、逻辑句法研究室、训诂学研究室、应用物理研究所、昆虫病毒研究所、农业自然与区划研究室、计算机及其应用研究室、引力理论及其天体物理研究室、运筹学与控制论研究室等。

学校发起或挂靠在校内的研究会、学会有全国马列主义理论研究会、中国历史文献研究会、湖北省科学社会主义研究会等 20 个国家级和省级研究会、学会。教师参加学术研究活动的国家级和省级学会、研究会达 93 个。在这些学术团体中担任理事、常务理事、理事长、会长职务的本校教授、副教授和讲师约 100 人，如高原教授为全国政治学会常务理事、湖北省政治学会会长和国务院学位委员会学科评议组成员，章开沅教授为中南地区辛亥革命史研究会理事长、湖北省社会科学联合会主席、湖北省史学会副会长和国务院学位委员会学科评议组成员，张景龄教授为中国化学学会理事、湖北省暨武汉市化学学会农药专业组负责人，李修睦教授为中国数学学会理事、全国图论研究会理事长、湖北省暨武汉市数学学会副理事长，李琮池教授为全国海洋湖泊学会理事、全国昆虫学会理事、湖北省昆虫学会名誉理事长等。

1978 年，经教育部批准，学校成立了教育科学研究所。到 1985 年 8 月，教育科学研究所编辑出版了《陶行知全集》16 卷，共 350 万字，该书由湖南教育出版社出版后，参加了在香港举行的中国书展和北京书展，被《中国青年报》《博览群书》编辑部评为 1986 年优秀畅销书。

党的三中全会以后到 1984 年底，学院共承担国家科研项目 50 多项，每年都有 50 余部书籍公开出版。在这些著作中，有的代表了国内某一学科的研究水平，如章开沅教授等主编的《辛亥革命史》；有的成为国内某一学科的奠基之作，如张舜徽教授的《中国文献学》；有的填补了国内某一学科的空白，如刘连寿教授主编的《物理学辞典 · 粒子物理分册》等。

自粉碎“四人帮”之后到 1985 年 8 月，文科教师共出版学术专著、译著和其他著作 227 本。其中，中文系出版专著 41 本，合作编著 24 本。文科教师共发表学术论文 2189 篇，其中中文系 857 篇，教育系 248 篇，俄语系 189 篇，历史系 184 篇，政治系 146 篇。

理科教师取得科研成果 297 项，其中重点成果 27 项，有 10 项在教育部举办的科技成果展览会上展出，名列全国师范院校第三位。物理系与机电厂共同完成的“实验电动发电机组”填补了国内电工仪器的空白。物理系张镇九讲师的论文《自引力体系的熵在塌缩过程中的行为》，经国内论文评选委员会通过，发表于“第三届格拉斯曼广义相对论国际会议”。刘连寿教授的论文《超高能重离子碰撞》和《路烃积分子与瞬子》，于 1982 年在武汉召开的粒子学术会议上发布。彭金生老师的《二分量原子在驻波场中的自洽位》，不但在国际学术会议上发布，而且被《物理评论》组编辑认为是“最透彻和最严密的论述”。

1982 年是学院科研成果最丰硕的一年。这一年理科取得了 74 项科研成果，其中，在国际学术会议上报告的学术论文 4 篇，在国际学术刊物上发表论文 7 篇，在全国学术会议上报告的学术论文 26 篇，在国内权威刊物上发表论文 16 篇。推广应用的 5 项新科技，取得经济效益 5.215 亿元。文科各系教师取得科研成果 469 项，其中出版著作 32 种（共 41 本），计 787 万字；发表学术论文 437 篇。

在科研成果转化方面，论文《武汉市东湖环境区质量评价》为东湖治理工程提出了治理目标和途径，被湖北省人民政府东湖治理领导小组采用。生物系独立完成的“富营养化程度分布现状和作为饮用水源水质污染现状及游览水体水质评价”专项研究在国内为首次尝试，获得湖北省重大科技成果二等奖。由生物系杨学荣副教授等人完成的《禾谷类通用诱导培养基研究》，对促进水稻、小麦、玉米等禾谷类作物发育有良好的诱导作用。由生物系班继德副教授等合作完成的《鄂西神农架山脉植被的研究》为进一步研究该地区的植被性质、特点及山地植被资源的合理开发利用、保护与改造提供了科学理论依据。生物系教师曹菊逸、程觐辰共同完成的《油桐胚胎发育的观察》，填补了我国在这方面的空白。1984 年 5 月 15 日，化学系离子膜科研组研制的“零极距离子交换膜电解法制碱”通过技术鉴定，这项实验成果首次在我国实现了零极距电解制碱，对促进我国制碱工艺有着重要意义。

（三）科学研究的跨越发展阶段（1985—2023 年）

自 1985 年华中师范学院更名华中师范大学以来，学校把握机遇，努力寻求发展，科学研究进入了跨越发展阶段。从“七五”到“十四五”期间，学校各项科研工作开始逐步规范化，总体分为三个阶段：

1. 科研发展稳步上升阶段（1985—2000 年）

1985 年至 2000 年是国家“七五”到“九五”的规划发展时期，也是学校科研上升发展时期。学校在此期间逐步调整办学目标，科学研究已成为学校办学思路和发展目标中的核心内容。学校从战略发展的高度认识到科研工作的重要性，将科研列入了学校工作的议事日程，成为教师工作内容的重要部分。学校逐步设立和调整了专职的科研服务行政部门，确定了专职科研人员编制。科研活动形式开始由学科导向和兴趣导向的自发式研究逐渐转变为问题导向和需求导向的主动式研究，学校获得了大批国家级、省部级和地市级科研项目，并取得了前所未有的成果。学校逐步形成文科和理工科协调发展的科研格局，科研整体水平得以显著提高。在此期间，文科科研以项目立项多、论著成果多、获奖数量多层次高为显著特点；理工科科研呈现向基础理论和应用科学两极延伸、向高水平迈进的态势。

“七五”期间，学校科研到账经费共计 766.15 万元，其中人文社科 210.5 万元，自然科学 555.65 万元。文科科研项目方面，学校承担各级各类研究项目共 198 项，其中国家社科基金项目 19 项（含青年基金项目 3 项），国家教委“七五”规划项目 13 项（含青年基金项目 4 项），国家教委基础教育类项目 6 项。理工科科研项目方面，自 1982 年张景龄教授获得首个中国科学院基金资助项目（国家自然科学基金前身）以来，学校获得的国家自然科学基金项目和经费均显著增长，仅“七五”期间的前两年，就获批了国家重点攻关课题 7 项，除新建的系以外，其他的系、所都承担了国家重点项目，还承担了中央部委和省市项目 52 项。

科研成果方面，学校共出版专著、编著、译著、工具书等共计 683 部，公开发表论文 3684 篇，比“六五”期间的 2097 篇增加了 1587 篇。人文社科研究提升幅度较大的年份是 1987 年，当年出版各类专著、教材、工具书、丛书及译著等 102 部，发表学术论文 535 篇，其中，在国际刊物上发表的有 5 篇，在中央级刊物上发表的有 191 篇，在省级刊物上发表的有 353 篇，据不完全统计，有 12 本著作和多篇论文在国内获各种不同种类奖励。自然科学研究提升幅度较大的年份是 1986 年，当年全校理工科教师在国际学术刊物上发表论文 18 篇，通过鉴定的科研成果有 27 项，其中达到国际水平的有 9 项，国内首创的有 7 项。

“八五”期间，学校科研到账经费共计 1346 万元，其中人文社科 330 万元，自然科学 1016 万元，获批科研项目数量共计 382 项。文科科研项目方面，学校共获批国家社科基金项目 37 项，其中重点项目 4 项，一般项目 25 项，青年项目 8 项。理工科科研项目方面，共获批国家自然科学基金 34 项，其中面上项目 21 项，青年项目 10 项，其他项目 3 项。学校出版学术著作 800 余部，发表学术论文 6000 余篇，学校五年发表 SCI 论文数分别列全国高校第 33、46、40、44、34 位。

“九五”期间，学校科研到账经费共计 3874 万元，其中人文社科 957 万元，自然科学 2917 万元，获批科研项目数量共计 744 项。文科科研项目方面，学校共获批国家社科基金各类项目 39 项，其中重点项目 3 项，一般项目 30 项，青年项目 6 项。获批教育部人文社科重点研究基地重大项目 4 项。理工科科研项目方面，学校共获批国家自然科学基金项目 60 项，其中面上项目 31 项，青年项目 10 项，其他项目 19 项。学校共出版学术著作 700 余部，发表学术论文 5000 余篇。

2. 科研发展繁荣兴盛阶段（2001—2015 年）

2001 年至 2015 年是学校科研发展的黄金时期，也是实现科研跨越发展的关键时期。国家自然科学基金委、科技部、国家哲学社会科学规划工作领导小组（后改名全国哲学社会科学工作办公室）、教育部等中央部门，开始对高校进行持续稳定的项目资助、基地建设、成果评价，科研组织形式逐渐多元化，科研管理办法等具体制度逐渐健全完善。学校科研建设的内涵日益丰富，注重科研布局，加强科研机构和人才队伍建设，努力争取科研项目和经费，积极促进学科交叉融合和科研成果的产出。在此期间，学校获得了一大批国家级重大重点课题、省部级科研项目，学校科研经费、科研项目、重点研究基地建设、成果产出等各方面均呈倍数增长。

“十五”期间，学校科研到账经费首次突破亿元大关，达到 1.82 亿元。其中，人文社科经费达到 0.71 亿元，较“九五”期间增长 642%，自然科学经费 1.11 亿元，增长 281%，获批科研项目数量共计 900 余项。文科科研项目方面，学校获批国家社科基金各类项目 68 项，其中重点项目 3 项，一般项目 49 项，青年项目 16 项。获批教育部人文社科研究各类项目 84 项，其中重大攻关项目 2 项，基地重大项目 27 项，发展报告建设项目 1 项，规划基金项目 47 项，青年基金项目 7 项。理工科科研项目方面，学校共获批国家自然科学基金项目 140 项，其中面上项目 61 项，青年项目 21 项，其他项目 58 项。学校这个时期的科研成果，在数量和质量上再次攀升，五年共出版专著近 900 部，发表论文 7000 余篇。

“十一五”期间，学校科研到账经费再次达到新高度，共计 4.86 亿元。其中人文社科经费 2.62 亿元，较“十五”期间增长 269%；自然科学经费 2.24 亿元，增长 102%。文科科研项目方面，学校共获批国家社科基金各类项目 154 项，其中重大招标项目 7 项，重点项目 13 项，一般项目 72 项，青年项目 57 项，后期资助项目 5 项。全国教育科学规划项目获批 32 项，包括重点项目 1 项，一般项目 6 项，青年项目 8 项，教育部重点项目 12 项，教育部青年专项 5 项。学校还获批教育部人文社科研究各类项目 221 项，其中重大攻关项目 10 项，基地重大项目 30 项，规划基金项目 90 项，青年基金项目 81 项，后期资助项目 6 项，其他专项 4 项。2010 年度我校教育部人文社科研究一般项目以 63 项立项数首次位居全国第一。理工科科研项目方面，学校共获批国家自然科学基金项目 140 项，其中面上项目 61 项，青年项目 21 项，其他项目 58 项。自然科学项目方面，学校共获得国家自然科学基金项目 242 项，其中重点项目 5 项，面上项目 128 项，青年项目 60 项，其他项目 49 项。

五年内学校共出版学术专著 1216 部，其中人文社科 939 部，自然科学 277 部；发表论文 9019 篇，其中人文社科 3826 篇，自然科学 5193 篇；另提交咨询研究报告 692 篇，获得各级党政领导批示或部门采纳的共 312 篇。

“十二五”期间，学校科研到账经费达到 11.61 亿元，较“十一五”期间增长 138%。其中人文社科经费 3.09 亿元，自然科学经费 8.52 亿元。文科科研项目方面，学校共获得国家社科基金各类项目 225 项，其中重大招标项目 22 项，重点项目 29 项，一般项目 93 项，青年项目 66 项，后期资助项目 12 项，中华学术外译项目 3 项。全国教育科学规划项目获批 44 项，包括一般项目 14 项，青年项目 16 项，教育部重点项目 6 项，教育部青年专项 8 项。获得教育部人文社科研究各类项目 246 项，其中重大攻关项目 6 项，基地重大项目 28 项，规划基金项目 81 项，青年基金项目 104 项，后期资助项目 5 项，发展报告培育项目 3 项，其他专项 19 项。学校教育部人文社科研究一般项目 2014 年、2015 年立项数连续两年位居全国第一。湖北省社科基金项目立项数 2011 年至 2015 年连续五年位居全省第一。理工科科研项目方面，学校共获得国家自然科学基金项目 358 项，其中重点项目 7 项，面上项目 182 项，青年项目 122 项，其他项目 47 项。获批国家重点研发计划项目 10 项。学校共出版学术专著 998 部，其中人文社科 900 部，自然科学 98 部；发表论文 10888 篇，其中人文社科 5251 篇，自然科学 5637 篇；另提交咨询研究报告 916 篇，获得各级党政领导批示或部门采纳的共 439 篇。

3. 科研发展内涵建设阶段（2016 年至今）

国家“十二五”规划、“十三五”规划提出高等教育内涵发展的要求，习近平总书记多次发表关于哲学社会科学的重要论述，要求加快构建中国特色哲学社会科学，加快建设科技强国，实现高水平科技自立自强。在“双一流”建设背景下，学校科研评价导向逐步从“重数量”转向为“重内涵”，科研的主攻方向也更加聚焦于党和国家重大战略问题、理论前沿重大问题、国家和区域经济社会的突出问题；突出科研问题导向，进一步鼓励支持科研的原始创新和实际贡献。学校开始组织多学科交叉的协同攻关，加强智库建设，进一步强化科研的社会服务功能，科研管理服务走向信息化、精细化。

“十三五”期间，学校科研到账经费达到 15.98 亿元，其中人文社科经费 4.69 亿元，自然科学经费 11.29 亿元。文科科研项目方面，学校共获批国家社科基金 241 项，其中重大招标项目 20 项，重点项目 24 项，一般项目 123 项，青年项目 34 项，后期资助项目 31 项，中华学术外译项目 5 项，专项项目 1 项，冷门绝学项目 2 项，学术社团项目 3 项。全国教育科学规划项目获批 31 项，包括重大项目 1 项，重点项目 3 项，一般项目 16 项，青年项目 8 项，教育部重点项目 2 项，教育部青年专项 1 项。获批教育部人文社科研究各类项目 181 项，其中重大攻关项目 4 项，基地重大项目 10 项，规划基金项目 45 项，青年基金项目 110 项，后期资助项目 9 项，其他专项 3 项。我校教育部人文社科研究一般项目 2018 年立项数第四次位居全国第一。理工科科研项目方面，学校共获批国家自然科学基金项目 439 项，其中重点项目 10 项，面上项目 225 项，青年项目 147 项，其他项目 57 项。学校获批国家重点研发计划项目 15 项，尤其是 2020 年学校获批立项的国家重点研发计划战略性科技创新合作专项“基于硅像素的内径迹探测器合作研制”项目总经费3809万，该项目的获得标志着学校对接国家重大需求的能力得到显著提升，获得国际和国内的同行认可，极大地增强了老师们的科研自信心。在此期间，学校共出版学术专著836部，其中人文社科764部，自然科学72部；发表论文9149篇，其中人文社科3942篇，自然科学5207篇；另提交咨询研究报告716篇，获得各级党政领导批示或部门采纳的共439篇。

从2021年至2022年年底，学校科研到账经费已达到6.02亿元，其中人文社科经费1.51亿元，自然科学经费4.51亿元。文科科研项目方面，学校共获批国家社科基金98项，包括重大招标项目11项，重点项目8项，一般项目46项，青年项目16项，后期资助项目14项，中华学术外译项目3项。其中，以龚胜生教授为首席专家的研究团队申报的项目“中国历史瘟疫图像整理与疫灾文化研究”获批2021年度国家社科基金冷门绝学研究专项学术团队项目，是湖北省唯一获批的团队项目。全国教育科学规划项目获批20项，包括重点项目1项,一般项目11项，青年项目3项，教育部重点项目2项，教育部青年专项共3项。获批教育部人文社科研究各类项目共88项，其中重大攻关项目2项，重大攻关委托项目1项，基地重大项目12项，规划基金项目29项，青年基金项目36项，后期资助重大项目1项，专项项目7项。理工科科研项目方面，学校共获批国家自然科学基金项目180项，其中重大项目1项，重点项目2项，面上项目111项，青年项目53项，其他项目13项。获批国家重点研发计划项目12项。两年内，学校共出版学术专著237部，其中人文社科197部，自然科学40部；发表论文5495篇，其中人文社科2481篇，自然科学3014篇；另提交咨询研究报告419篇，获得各级党政领导批示或部门采纳的共245篇。

二、不同时期的重要学术交流

学术交流既是科学研究的重要组成部分，也是科学研究赖以存在和发展的基本机制。学者在学术交流中进行思想碰撞交流，一方面能传播展示学者的学术观点，扩大学者的学术影响力和学术话语权；另一方面还能开阔学者学术视野，在学识和才能方面实现互补，碰撞出智慧“火花”，为学术的繁荣和研究领域的拓展搭建平台，从而推动学科建设的发展。学校办学的各个时期，学术交流一直是学术科研的重要活动之一。

文华大学时期的学术交流主要内容包括宗教神学、哲学和科学知识传播。1920 年 2 月 6 日，早期中共领导人陈独秀应校长孟良佐之邀来汉出席文华大学学生毕业典礼，并做题为《知识青年的感情教育问题》的学术演讲。此次典礼活动原拟邀请蔡元培先生，蔡元培因事未能出席，即推荐陈独秀前来参加。在汉期间，陈独秀先后在文华公书林、国立武昌高师、汉口青年会、汉口堤下段保安会等处作了多场演讲。此后有迪威博士、罗伯逊教授、波特博士、尤琪加瑟基博士、丁玲、威廉斯博士、韦克菲尔德博士，以及圣公会教育秘书斯特吉斯先生先后访问文华进行讲学或布道，形成了良好的校园学术氛围。

华中大学时期，学校不仅重视本校的学术交流活动，同时还非常注重和其他西迁高校进行学术交流。著名作家老舍先生和著名古琴家查阜西先生在喜洲为华中大学及五台中学师生讲演，其中老舍为华中大学师生讲演三个晚上，查阜西为华大师生讲演一个晚上。1942 年 9 月，著名的李约瑟博士（Dr. Joseph Need ham）与全校师生进行了广泛的学术交流。一年后，桑德斯博士（Dr. Sanders）和皮肯博士（Dr. Picken）到学校进行了为期一周的访问，并赠送了一些仪器和部分刊物。1944 年 7 月下旬至 8 月下旬，西南联大和云南大学的部分教授及青年教师郑天挺一行为编写《大理方志》等事与华中大学教授林之棠等人畅叙。在抗战期间和抗战胜利后，云南大学校长熊庆来先生曾多次前往喜洲，为华中大学和当地五台中学师生做学术演讲。抗战胜利后不久，西南联大教授冯友兰先生亦于 1945 年年底为华中大学师生讲演有关哲学论题。

中华大学时期，学校的学术交流达到了一个高峰，形成了一个“民主讲坛”。1923 年 6 月，校长陈时与林立作为湖北籍的中国代表，赴美国旧金山出席“第一届世界教育会议”（又称“万国教育会议”），这是湖北教育界代表走出国门、参与国际性学术活动之始。陈时学习美国私立教育办学经验之后，回国与全校师生分享，进一步开阔了广大师生的眼界。学校开办的中华讲坛，荟萃了诸多中外知名学者前来演讲，包括康有为的“大同主义与人道”、马寅初的“新人口论”、邹韬奋的“政治民主化”、冯玉祥的“爱国主义与抗战胜利”、陈立夫的“唯生论”、杨杰的“抗战必胜，建国必成”、范长江的“抗战形势”、美国教育家杜威的“实用主义教育理论和美国进步主义教育运动”、德国哲学家杜里舒的“科学与伦理”等。除此之外，还有李大钊、陈独秀、董必武、陈潭秋、刘仁静、月霞法师、梁启超、章太炎、蔡元培、胡适、黄炎培、张伯苓、李四光、郭沫若、陶行知、张学良、顾维钧、蒋百里、邓初民、邵力子、李公朴、梁漱溟、辜鸿铭、陈诚、太虚法师、泰戈尔、孟禄、柏氏夫人、司徒雷登、培伦子等名流云集讲坛，其人数之多、时间之久、影响之大，在中国教育史中实属罕见。

中原大学时期，学术交流主要是带有革命性质的宣讲报告。1948年7月15日，作为第一任中原大学校长的陈毅向首批学员作了“来解放区的学习与工作问题”的专题报告。同年7月26日，陈毅再次给学员作了“目前形势的分析”的专题报告，阐明了革命必胜的依据，使学员们获得了精神鼓舞。27—28日，时任中原解放区民主政府主席的邓子恢也专程来校，向全体师生作了“中国革命的性质和任务”的系列报告，同样使学员们获益匪浅，更加坚定了他们投身革命的信念。1948年8月7日，中原大学除分队授课外，还采用集中报告或上大课的形式进行思想教育。如邓子恢应邀作了“总路线与总政策”的报告，校领导刘子久作了“学习的性质与方针的问题”的系列讲座等。

华中师范学院时期，学校进一步加强了国际学术交流。1954年12月，德意志民主共和国柏林大学教授、中国近代史学者贝喜发博士，应邀到学校作“关于中国近现代史教学工作”的报告；报告结束后学校还邀请了武汉大学教师与我校有关教师举行座谈。章开沅与贝喜发博士一起访谈了武昌首义亲历者，这次交流成为他研究辛亥革命的一个起点。1956年6月，苏联生物学家谢孔来校讲学。此外，还有苏联马克思列宁主义基础专家库兹涅佐夫等人来校讲学，并与有关教师座谈。

1957年春，学校举行了首次科学讨论会。这次大会检阅了学校科研成果。大会包括10个分会场，另有武汉地区相关机关单位、学校教师以及部分兄弟院校的200余名代表参加；讨论了50篇专题报告，其中有20篇是关于普通教育、高等教育理论和实际问题的题目，如《五年来的校长工作》《关于小学基本生产技术教育问题的研究》等；有些报告是结合相关专业，阐述和研究党的政策以及当时社会科学界正在争论的问题，如《中国共产党对农业社会主义改造的道路》等；还有14篇是科学理论的专题研究和科学实验、调查报告，如《湖北应城石膏试制硫酸铵的研究》《武汉鸟类初步调查》等；许多代表的发言，对学校教学科研工作起到了帮助和启迪作用。

1978年初春，为迎接全国科学大会，学校举行了“1977年科学报告会”。会议共收到46篇科学报告，有27篇在会上交流。张景龄教授主持的“水胺硫磷扩大试验”，将国外工艺中的二步反应合为一步，成功地研究出“水杨一步合成法”，他研制出的“水杨酸异丙酯合成新工艺”为我国化工原料生产填补了一项空白。李琮池教授领导昆虫病毒研究室，与湖北省荆州地区微生物研究所共同研制出了“棉铃虫核多角体病毒VHA-273”，获1978年湖北省科学大会成果奖。数学系李修睦教授积极从事《组合数学》专著的写作。中文系石声淮教授认真评注《易经》。同年4月26日，中南地区7院校《中国现代文学史》协作编写组在武汉召开第二次讨论会，来自全国各地30多所院校的近80名代表与会，学校承担了此次会议的主要组织工作。同年10月25日开始，为期10天的“庐山第四纪冰川地貌学术讨论会”由我校主持召开。来自全国25个省区市，包括北京大学、中山大学、北京师范大学等43个兄弟院校和科研单位的77位代表出席了讨论会。讨论会着重研讨了李四光对我国地质研究工作的卓越贡献。年底，学校又与中国社会科学院外国文学研究所联合举办了马列文艺著作学术讨论会。

1979年4月，全国高等师范院校土壤地理学教材审编和学术讨论会，由华中师范学院会同福建师范学院共同主持召开。6月，教育部委托华中师范学院与上海师范学院等单位主持召开了全国高等师范院校河流、湖泊水文教材分析暨学术报告会。同年9月，章开沅赴美国访问，11月又从美国赶赴日本，这是中国大陆辛亥革命研究者第一次走出国门。

1980年5月28日，澳大利亚学者A. D. 肖等3人来校做学术报告。同年10月7日，由北京大学和华中师范学院共同组织的强子结构讨论会在武汉召开，物理系基本粒子研究室主任刘连寿副教授主持开幕式，刘介愚出席大会并讲话。12月20日，受教育部委托，学校举办中国近代史教师进修班，由历史系章开沅教授作“中国近代史教学与研究的几个问题”的专题报告。

1981 年 6 月，张景龄教授赴美国参加第五届国际磷化学会议。7 月，李琮池教授赴法国参加第五届病毒学会议，刘连寿教授赴美国斯坦福直线加速器中心访问。同年，在纪念辛亥革命七十周年国际学术讨论会上，章开沅、林增平等人主编的 120 万字三卷本《辛亥革命史》成果发布，全世界的目光一下子聚集到辛亥革命的首义之地——武汉，一大批国外史学家慕名而来。

1982 年 2 月 22 日，学校举行斯诺学术讨论会，在国内外产生了很好的影响。中共湖北省委第一书记陈丕显，斯诺夫人洛伊斯·惠勒和女婿彼得·恩特尔、学校负责人刘介愚、刘若曾、杨平以及文艺界、新闻界的知名人士出席了大会。斯诺夫人在会上讲话并放映幻灯片。会后，学校还举办了《埃德加·斯诺与中国》展览，前来参观的有 8000 余人。同年 4 月初，章开沅教授参加了台湾海峡两岸学者首次在美国芝加哥召开的辛亥革命问题的讨论会。章开沅教授提交的学术论文和在讨论会上的答辩，赢得了台湾学者和国外学者的敬佩。中文系邢福义教授、黄曼君副教授等，也于同年分别到北京大学、华中工学院等兄弟院校讲学。这些学术交流活动，促进了学校的教学科研，增进了兄弟高校之间的友谊。

纪念埃德加·斯诺逝世十周年学术讨论会

1983年5月20日至28日，法国科学院院士、法国生物科学委员会主席、法国科技大学比较病理研究所所长、世界卫生组织主席瓦戈尔教授应邀来学校讲学。9月16日至22日，中国图论研究会第三次全国学术交流会在我校召开，中国科学院系统科学研究所和全国各地科研单位、高等院校、工程技术部门的153名代表出席了会议。

1984年10月11日，学校与华中工学院、国际报告文学研究会等单位联合举办了“史沫特莱在中国”学术报告会。史沫特莱是美国的著名作家和记者，是中国共产党和中国人民的亲密朋友、杰出的国际共产主义战士、朱德传记《伟大的道路》的作者。在大会上，华中师范学院有4名代表宣读了学术论文，获得大会好评。

1985年4月23日，经国家教委批准，学校有4个专业开始接受国内访问学者，举办研讨班，分别是刘连寿教授的“理论物理——重离子碰撞与夸克物理理论及新粒子物理”研讨班、张镇九副教授的“引力相对天体物理”研讨班、张舜徽教授的“中国历史文献学”研讨班和杨兰田副教授的“理论天体物理”研讨班。

华中师范大学成立以来，学校的学术交流活动更加频繁。1986年5月，学校聘请“文坛三老”姚雪垠、徐迟、碧野为兼职教授。6月2日，应章开沅校长邀请，原台湾大学、美国加州大学伯克利分校教授陈鼓应来校讲学。6月13日，中国当代文学审稿会在学校召开。中国作协、中国文联等单位的专家学者及我校《中国当代文学》编写组成员参加了编审会，著名文学评论家冯牧特地赶来参加会议。8月，在内蒙古呼和浩特召开的中国当代文学研究会第五届年会上，王庆生副校长主编的《中国当代文学》获首届中国当代文学优秀成果奖。9月9日，美国教育管理专家艾德文·布莱克斯教授偕夫人来校为高校干部进修班讲学，布莱克斯教授就美国教育体系的宏观结构和美国教育管理研究的现状等6个方面做了精彩演讲。9月22日，两湖地区纪念孙中山暨辛亥革命学术讨论会在我校举行。大会由原湖南大学校长林增平教授主持，我校校长章开沅教授、中共湖北省委宣传部副部长邓泽民等在开幕式上讲话。28日，学校一附中教导主任陈传理参加了中国科协第三次代表大会，会议期间，受到了邓小平等党和国家领导人的亲切接见。10月18日，应学校邀请，美国孟菲斯州立大学副校长杰里·博恩教授偕夫人来校为高校干部进修班讲学。10月23日，郭沫若史学讨论会在我校召开，来自北京、上海、四川、湖北等地的专家学者 60 多人，提交大会论文 30 多篇。会议的中心议题是“郭沫若与史学”和“郭沫若史学研究与当前史学的发展趋势”，张舜徽、唐长孺、徐敏教授在会上做了主题发言。

1987 年 1 月 13 日，学校召开第一次教育思想研讨会，成立了高等教育学会第二届理事会，王庆生当选为会长。5 月 1 日，我校与中国近代经济丛书编委会、《历史研究》编辑部联合举办的对外经济关系与中国近代化国际学术研讨会在学校举行，来自美国、日本、菲律宾等国家，以及国内一些知名大学和科研单位的专家学者 80 多人会聚桂子山。研讨会由著名中国近代经济史专家、上海社会科学院副院长张仲礼教授主持，章开沅校长致开幕词，湖北省教委副主任张叙之出席会议并讲话，这是我校首次主办的国际学术会议。出席这次会议的还有国际知名学者郝延平、丁日初、铃木智夫等。校领导戴绪恭、王庆生、邓宗琦、王秋来、尹其光出席了开幕式。5 月 30 日，湖北省陶行知研究会暨首届学术讨论会在我校举行，邓宗琦副校长主持会议，章开沅校长致开幕词，并被推选为研究会会长。6 月 25 日，中国教育学会高教史研究会会员代表大会暨学术讨论会在我校召开，中国教育学会副会长张健参加了会议，我校任钟印教授当选为本届理事会常务理事。10 月 5 日，全国高等院校古籍整理研究工作委员会和我校历史文献研究所共同主持的《古代文史名著选译丛书》编委会议在学校召开，中央顾问委员会委员、古籍整理委员会主席周林参加了会议。

1988 年 2 月，国家“七五”重点科研攻关课题“全氟离子膜”工作会议在我校召开。6 月，第八届国际磷化学会议主席、美国麻省理工学院化学系主任奎思教授夫妇应张景龄教授邀请来校访问。11 月，《新华日报》《群众》周刊史学术研讨会在我校召开。

1989 年，英国南岸理工学院中国研究中心主任约翰·托勒博士来我校访问，进一步商讨两校之间的交流项目，双方对拓宽合作领域充满信心。同年，国务院农村发展研究中心发展研究所与我校科学社会主义研究所联合举办的“中国农村基层政权建设理论和实践”研讨会在我校举行。

1990 年 5 月 13 日，湖北省新四军抗日根据地研究会第二届年会在我校召开，有 80 多位原新四军五师老战士和 70 多位党史工作者参加了会议。10 月 15 日，全国首次甲骨语言研究方法讨论会在我校召开。22 日，由粒子物理研究所主办的第三届全国多粒子产生研讨会在我校召开，来自中国科学院高能物理研究所、原子能研究所、北京大学、复旦大学等 13 个单位的 37 名代表出席了会议，著名粒子物理学家高崇寿、刘连寿、赵维勤、谢去病等出席了会议。

1991 年，美国孟菲斯州立大学地理学教授孔祥德博士来校讲学。英国海外开发署（ODA）代表团一行 3 人，在国家教委国际合作司负责同志的陪同下来校访问。同年，物理系刘武教授赴奥地利参加第二十八届国际场致发射学术会议。中国天文学会第五届郭守敬天体物理学术会议在我校召开，获得了很大的成功。10 月，纪念辛亥革命 80 周年国际学术讨论会在我校举行，海内外专家学者百余人出席了这次盛会。

1992 年，邓先瑞多次参加国际学术会议，其中赴美国参加了第 27 届国际地理学大会并应邀访问波士顿大学。3 月，日本大学文理学部通信教育部高级讲师津久井弘先生来校进行合作科研，合作专题为“湖北省近代民族资本企业”。11 月，学校再次举办了第六届郭守敬学术会议暨“天体物理中的吸积与喷流”国际学术研讨会，数十位国内外学者和研究生共济一堂探讨吸积盘领域的国际前沿热点问题。本年，由我校与中国国际友人研究会、湖北省对外友协联合举办的纪念斯诺逝世 20 周年学术讨论会在我校举行。

1993 年，学校先后接待了新西兰奥克兰工学院院长欣迪夫率领的访华团、俄罗斯喀山化工工艺大学代表团、美国耶鲁大学校友访华团、全美大专亚洲教育访华团、关岛大学校长代表团等的采访，通过友好洽谈和大量的函电往来，多项交流项目顺利进行。5 月，海峡两岸黄侃学术研讨会在我校举行。12 月，学校在科学会堂举行毛泽东诞辰 100 周年纪念大会暨学术研讨会。

1994 年，新西兰青年事务部部长、教育部副部长麦克兰先生一行 6 人来我校访问。4 月，由粒子物理研究所主持的有限温度 QCD 和夸克胶子输运理论国际学术研讨会在我校召开。12 月，学校主办的第五次全国原子核结构学术讨论会在湖北宜昌举行。

1995 年，由世界银行贷款的第一个中央级教学改革研讨班——全国数学教育核心讨论班在我校举办，英国学者及我国著名数学家严士健等为学员作报告。5 月，学校召开纪念抗战胜利 50 周年报告会，著名作家、老干部李尔重来校作报告。7 月，中日环境与文学学术交流会在我校召开，王玉德副教授主持会议，日本环境社会学会会长、东京都立大学饭岛伸子教授等出席会议。8 月，我校与江苏省武进市联合举办的“恽代英诞辰 100 周年纪念会暨学术讨论会”在科学会堂隆重举行。第十四届 EMUOI 国际实验合作组学术与工作会议在我校召开。10 月，纪念恩格斯逝世 100 周年国际学术研讨会在我校隆重召开。本年还有全国汉语方言学会第八届学术讨论会、社会转型与文化变迁国际学术研讨会、成人教育 40 周年庆典暨成人教育工作会等学术会议先后在我校召开。

1996 年，第六届全国场致发射真空微电子学术会议在我校召开，来自全国 20 所高校研究所的 110 多名代表出席了会议。湖北省纪念孙中山先生诞辰 130 周年暨辛亥革命 85 周年学术讨论会、全国高等师范院校第四届计算机专业教学教材研讨会先后在我校举行。10 月 17 日，陶行知研究国际学术研讨会在我校举行，百余名中外学者与会，李鹏、李岚清、李铁映等党和国家领导人为研讨会题词。12 月，湖北省科学技术史学会暨学术研讨会在我校举行，邓宗琦教授当选为理事长，郭熙汉副教授当选为秘书长。

1997 年，20 世纪中国文学与理论批评国际学术研讨会在我校召开，来自国内外的 70 余名代表出席了会议。

1998 年，中美高等教育行政管理学术报告会在科学会堂举行，来自武汉大学等 15 所院校的教务处长、高教研究所研究人员以及我校有关领导参加了会议。美籍专家汤卜生博士作了主题为“美国高等教育面临的问题和趋势”的报告。10 月，数学史国际学术研讨会在科学会堂召开，来自美、英、德、法等十几个国家和地区及国内的学者 100 余人参会。12 月，由国际教育基金会、中国青少年犯罪研究会、湖北省普法依法制省办公室和我校联合主办的预测预防青少年犯罪与青少年人格教育研讨培训班在科学会堂举行，国际教育基金会总裁石俊昊博士和杰克·考立、汤姆·菲利普斯到场。

1999 年，粒子物理研究所参与了代号为“NA49”的 20 世纪最大的核-核碰撞实验和代号为“ALICE”的更大规模的跨世纪核—核碰撞实验，该研究是欧洲核子研究中心的前沿研究。10 月，社会主义21 世纪国际学术研讨会在我校召开，中国、俄罗斯、德国、美国、希腊、法国、日本等国的60余名学者参加会议。

2000年，汉语重叠问题国际学术研讨会、2000ALICE-CHINA合作项目国际会议、偏微分方程及其计算方法国际学术研讨会、“跨世纪物理学的困惑与发展”学术研讨会先后在我校召开。12月，韩国汉城长老会大学校长高镛守先生应章开沅教授邀请来校访问。

2001年，由华中师范大学主办，中央教科所协办的田家炳基金会“21世纪学校德育发展路向”研讨会召开。同年4月，全国人文社会科学重点研究基地建设研讨会在我校召开。同年还有HNC与语言学研究研讨会、展望21世纪中国房地产学术研讨会、“RHLC对撞机上STAR实验物理”国际学术研讨会、第三十一届多粒子动力学国际会议、中国电子学会电磁散射/兼容2001年全国学术研讨会等在我校召开。除此之外，中山大学夏书章教授、中国人民大学郑杭生教授、华东师范大学陆友铨教授、著名作家王蒙、外交部校友崔启明等应邀来我校做重要学术讲座。

2002年，学校主办或合办的学术会议有：当代中国社会分化与政策选择全国学术研讨会、海峡两岸近代档案与城市发展学术研讨会、全国公共财政与乡村治理学术研讨会、中国秦汉思想文化国际学术研讨会、中国外国文学学会第七届年会等。同年，武汉大学冯天瑜教授、中联部调研咨询小组肖枫教授、台湾大学陈鼓应教授、著名指挥家严良堃、美国历史学家鲁珍晞教授、北京大学王登峰教授等先后来我校作重要学术讲座。

2003年，学校城环学院承办了中国地理学会2003年学术年会，出席会议的代表近600人，既有来自中国内地和香港地理研究院所和大学地理系的教学和科研人员，也有来自国家机关的公务员和来自中学的地理教师，还有来自相关国际组织的高级代表，这次大会成为华中师范大学历史上和历届中国地理学会年会中规模最大的一次学术盛会。同年还有“楚学”国际研讨会、海峡两岸民间文艺学研讨会、毛泽东文艺思想和20世纪中国文学理论批评国际学术研讨会等学术会议先后召开。

2004年，学校主办或合办的学术会议和展览有：全国乡镇体制改革研讨会、第二届国际汉语方言语法学术研讨会、美中教育联合会第

15 届国际学术年会、中国史学界第七次代表大会、全国教师教育网络联盟理事会第三次会议、学习型社会的构建与教育改革国际学术年会、玻尔兹曼方程及相关流体动力系统国际学术研讨会、中国电子商务发展与未来专题讲座、2004 平遥国际摄影大展、第二届国际汉语方言语法学术研讨会等。应“章开沅东西文化学术交流基金会”邀请，比利时皇家科学院院士、国际著名汉学家钟鸣旦来校讲学。刘守华教授受邀赴日参加中日韩民间故事集的编审会议。全国 MPA 教学指导委员会副主任、中山大学王乐夫教授应邀来校做专题讲座。

2005 年，学校主办或合办的学术会议有：贺敬之文学创作国际学术研讨会、市场经济条件下政府职能研讨会、和谐社会与媒体责任研讨会、第三届易卜生国际学术研讨会、2005 年网络文化与青少年发展高峰论坛、教育信息化发展研究研讨会、光子探测国际合作与学术研讨会、文学批评与文化批判国际学术研讨会、纪念恽代英诞辰 110 周年学术研讨会、中国世界民族学会第八次会员代表大会暨全国学术讨论会、全国第四届区域经济学科发展暨中部崛起研讨会、首届文化创新高峰论坛等。同年，印度尼赫鲁大学 Sring 教授，荷兰内陆水利与公共事业署内陆水利与污水处理研究所威廉·奥斯特伯格，著名学者杨叔子院士，中国曲艺家协会副主席何祚欢先生，美国佐治亚理工学院欧洲科学院院士王中林教授等专家学者莅临我校讲学。

2006 年，学校主办或合办的学术会议有：湖北作家与外国文学全国学术研讨会、非物质文化遗产保护国际学术研讨会、余家菊与近代中国学术研讨会、池田大作思想国际学术研讨会、第四届全国青年史学工作者学术讨论会、首届中国中部（武汉）文博会文化产业发展论坛、第五届教育技术国际论坛、第二十届亚太地区语言、信息与计算国际会议、海外人才回归的历史与展望国际学术研讨会等。章开沅教授应邀参加由日本关西大学亚洲文化交流研究中心举办的“近代中日关系人物史研究的新境界”国际学术研讨会，并被授予荣誉博士学位。邢福义教授应新加坡华文教师总会邀请赴新参加华语论坛暨桃李聚会，接受了新加坡总理李显龙的会见。马敏校长应美国普林斯顿大学东亚研究所邀请，参加了该校举办的“跨太平洋关系：19 世纪和 20 年代初的东亚与美国”国际学术研讨会。11 月 30 日，我校徐勇教授走进中南海，在中共中央政治局第 36 次集体学习会上做了关于中国社会主义基层民主政治建设研究的讲解。

2007 年，学校主办或合办的学术会议有：钱基博与国学研讨会、武汉·圣彼得堡国际美术教育论坛、第二届海外人才与中国发展学术研讨会、第二届中国军事史学术研讨会、语法比较国际学术研讨会、农民权益保护与新农村建设研讨会、全国高校民俗学与民间文学教学研讨会、20 世纪美国诗歌国际学术研讨会等。同年，教育部社科司副司长袁振国，文化部教育科技司司长韩永进，中共中央党校党史教研部副主任谢春涛教授，俄罗斯人文科学院西罗科拉德院士，中共中央外宣办专家组军事专家彭光谦，日本东京艺术大学拓植元一教授，英国剑桥大学电气工程学院院长、英国皇家科学院和英国皇家工程院双院院士、IEEE 和 IEE 资深会员 Bill Milne，武汉大学资深教授、法学家李龙等先后来校讲学。

2008 年，学校主办或合办的学术会议有：第六届全国土地遥感和信息技术研讨会、LHC 重离子物理国际学术研讨会、第一届全真道与老庄学国际学术研讨会、教师教育精品课程资源建设研讨会、多元文化视野下的教育变革和学校发展研讨会等。同年，华中科技大学党委副书记欧阳康教授，厦门大学高等教育科学研究所名誉所长潘懋元教授，中国政法大学郭世佑教授，香港中文大学教育学院前院长、美国密歇根大学教授兼研究科学家杜祖贻先生，诺贝尔物理学奖评委、瑞典皇家科学院院士、Stockholm 大学 Börje Johansson 教授等先后来校讲学。

2009 年，学校主办或合办的学术会议有：网络文化与社会发展国际学术研讨会、中国现当代文学研究六十年国际学术研讨会、绿色易卜生国际学术研讨会、第四届海外人才与中国发展国际学术研讨会、特殊教育国际高峰论坛、“句子功能”国际学术研讨会、2009 年桂子山民族音乐学国际研讨会、第六届马克思主义哲学创新论坛、首届海峡两岸 e-learning 建设与应用高峰论坛、第九届全国科技评价学术研讨会、第十三届世界湖泊大会、纪念张大千先生诞辰 110 周年国际学术研讨会暨作品展、化学实验教学体系与内容改革研讨会等。同年，马敏校长出席了在荷兰乌德勒支大学举办的第十五届世界经济史学大会，并主持了“中国与世界博览会——历史与现实的比较”分会。粒子物理研究所所长蔡勖在我校举办的强子对撞机首次对撞新闻发布会上，作了题为“天使与魔鬼——欧洲核子研究中心大型强子对撞机的物理”的学术讲座。

2010 年，学校主办或合办的学术会议有：第五届国际分子模拟与信息技术应用学术会议、华创会理论研讨会暨第五届海外人才与中国发展国际学术会、社会转型与中国社会学理论自觉学术研究会、中国政治学科重建暨中国政治学会成立三十周年“政治学新兴学科”分论坛、第四届语言与国家高层论坛暨第三届全国应用语言学系主任（所长）论坛、第五届全国青年计算语言学研讨会、教育部社科历史学学部工作会议暨学术研讨会、第二届 IEEE 未来计算机与通信国际学术会议等。同年，故宫博物院院长郑欣淼教授，中国科学院院士李大潜，原北京大学校长许智宏，中科院紫金山天文台陆埮院士，世界著名物理学家、夸克之父、诺贝尔物理学奖得主默里·盖尔曼等来校讲学。

2011 年，学校主办或合办的学术会议有：教育部夸克与轻子物理教育部重点实验室 2011 年度学术委员会会议暨高能核物理前沿学术研讨会、国学经典进校园研讨会暨《国学普及读本》发布会、“以主体功能扩展”实践科学发展观——“云浮模式”基本经验理论研讨会、东亚文化交涉学会第三届年会、教育部高校图工委信息技术应用 2011 年学术论坛会议、纪念张舜徽先生百年诞辰国际学术研讨会暨中国历史文献研讨会第三十二届年会、中外教育交流国际学术研讨会、诗歌与诗学的对话：中美诗歌诗学协会第一届年会国际学术研讨会、第六届官话方言国际学术研讨会、第四届商务智能与金融工程国际学术研讨会、辛亥革命一百周年纪念高峰座谈会、首届中部心理学高峰论坛暨第六届湖北科技论坛专题论坛、东湖论道——教育信息化规划·学科·应用创新高峰论坛、第七届 QCD 临界点与解禁闭国际会议、纪念陶行知诞辰 120 周年研讨会等。

2012 年，学校主办或合办的学术会议有：第七届海外人才与中国发展国际学术会议、《发展汉语》教学演示研讨会、青少年网络心理与行为教育重点实验室研讨会、教师教育国际论坛、中美非物质文化遗产论坛：生产性保护、第四届文化部创新奖颁奖仪式暨第五届中国文化创新高峰论坛、第八届 LHC 高动量物理国际研讨会、试验设计及其应用研讨会暨中国数学会均匀设计分会学术年会等。同年，科技司司长王延觉一行来校调研，为我校中层干部作了协同创新专题辅导报告。

2013年，学校主办或合办的学术会议有：信息技术与教育双向融合研讨会、第二届全国教育期刊改革与发展论坛、第二届中美学术高层论坛、ALICE在线与离线计算物理会议、高能实验新现象国际研讨会、中韩编码理论及相关领域国际学术会议、农村改革发展高端智库建设研讨会暨农村改革发展协同创新中心学术委员会第一次会议等。汪洋副总理走进我校在莫斯科中国文化中心的汉语课堂，看望了袁海霞老师和正在学习汉语的俄罗斯学生。

2014年，学校主办或合办的学术会议有：第九届全国高能物理分会会员代表大会暨学术年会、偏微分方程与变分法国际会议、两岸三地动力系统及相关课题研讨会、动力系统及其在生命科学的应用大型学术会议等。学校先后邀请了5名国外专家来我校进行学术交流，其中包括：国际著名空间计量经济学家James P. Lesage教授、著名产业经济学专家Jonathan H. Hamilton教授、日本早稻田大学樋口清秀教授、香港科技大学组织学管理博士梁建、知名经济学家邹绍明博士。

2015年，学校主办或合办的学术会议有：第五届LHC-ALICE硅像素探测器ITS和MFT升级及ALICE在线离线国际研讨会、全国分形几何会议、中国化学会第十二届全国分析化学年会、物理学院俞云伟教授组织承办了依托973项目“伽马射线暴与相关前沿物理研究”的“多信使研究”学术研讨会等。

2016年，学校主办或合办的学术会议有：酒店业数据分析讲座、2016年度中国天文学会学术年会、全国第六届大环芳烃超分子化学研讨会暨武汉市科协第13期青年科学家论坛、国际化学生物学前沿学术会议、2016年全国化学博士后学术论坛、第八届夸克物质硬探针和电磁探针国际大会、非线性分析国际会议暨第十九届全国非线性泛函分析会议、“大学与近代中国”国际学术研讨会暨学术资源建设基地签约仪式等。

2017年，学校主办或合办的学术会议有：第三届中国一意大利双边有机化学学术会议、第十届全国化学生物学大会、第十届全国化学生物学学术会议、第二届“偏微分方程及其应用”学术论坛、全球化与近代以来中国传统经济的转型学术研讨会、CBM实验国际合作组会议等。

2018 年，学校主办或合办的学术会议有：实验经济学理论和实验讲座、东亚乡村振兴发展战略比较研究国际会议、第十四届中美华人化学教授会议、第一届华师-渥太华大学联合研究中心学术论坛、第二届铁环境化学及污染控制技术研讨会、第一届国际有机光化学合成论坛、第四届中国 LHC 物理学术研讨会、混合型偏微分方程暨相关领域的前沿问题学术研讨会、近代工业文化遗产保护与研究学术研讨会、海关与近代中国国际学术研讨会、第三届马克思主义文学批评的中国形态学术研讨会、中国外国文学期刊发展历程与国际化战略研讨会、全国马列文论研究会第三十五届年会暨“新时代中国马克思主义文论研究的问题与导向”学术研讨会、第十二届全国汉语词汇学学术研讨会等。

2019 年，学校主办或合办的学术会议有：华中师大-中国科大宇宙学青年研讨会、第十四届中美华人化学教授会议、第二届孙中山思想及行谊学术研讨会、世界史学科高层论坛、复句问题国际学术研讨会、“一部现代经典的诞生——纪念《黄河大合唱》创作八十周年”主题研讨会等。

2020 年，学校主办或合办的学术会议有：“群及其表示”研讨会、第五届偏微分方程及其应用研讨会、比较视野下的博览会史：物质、制度及其文化变迁国际学术研讨会等。

2021 年，学校主办或合办的学术会议有：习近平总书记教育重要论述研究座谈会暨《习近平总书记教育重要论述研究丛书》编写研讨会、第四届国家统一与民族复兴研讨会、光宣困局与辛亥革命学术研讨会、改良与革命——第九届晚清史研究国际学术研讨会、道家道教研究中心学术委员会议暨历史文化学院中国史一流学科建设“宗教文化与社会发展”方向专家与谈会等。

2022 年，学校主办或合办的学术会议有：首届华大中国之策学术季暨第三届“理解中国公共政策”工作坊开幕式、“深入学习贯彻党的二十大精神”学术研讨会暨中国科学社会主义学会 2022 年年会、第五届国家统一与民族复兴研讨会、张謇与涩泽荣一：中日企业家精神与企业史比较研究国际学术研讨会等。

三、科学研究重大成果

根据不同时期的办学实际情况和发展需求，学校的办学思路和目标也在不断调整，科学研究已成为“双一流”大学建设的核心指标。一方面，学校积极开展有组织的科研，瞄准国家重大战略领域，服务国家和区域经济社会发展重大需求，以重大现实问题和理论前沿问题为指引，以原始创新和质量导向为要求，承担了一批国家级重大科研任务；另一方面，学校发挥学科特色优势，通过培育孵化等方式产出了一批标志性成果，有些成果还获得了国家高层次奖励，在学界产生了重要影响。这些重大项目和重大成果，逐渐形成学校的学科特色优势，并为学科建设和发展起到了重要支撑作用。

（一）重大科研项目简况

学校承担的重大科研项目，人文社科类主要是国家社科基金重大招标项目（含教育、艺术单列以及专项重大）和教育部哲学社会科学重大课题攻关项目（含专项重大），自然科学类主要是国家自然科学基金重大项目、重点项目、国家重点研发计划项目、国家杰青优青基金项目、创新群体和国家重点研发计划项目。（参见附录 1：华中师范大学重大科研项目立项情况一览表）

自人文社科重大项目设立以来，截至 2022 年底，学校共承担了 84 项重大课题。其中国家社科基金重大招标项目类共获得 64 项，教育部哲学社会科学重大课题攻关项目共获得 20 项。从立项学科看，政治学学科位居榜首，共计 25 项，其次为历史学（含中国历史、世界历史）10 项，教育学 7 项，马克思主义（思想政治教育）6 项，中国文学和哲学各 5 项，语言学、心理学和经济学各 4 项，管理学、图书馆档案文献学各 3 项，外国文学和人口学各 2 项；法学、体育学、国际问题研究、新闻学与传播学各 1 项。

自然科学类各类重大重点项目共获批 87 项，包括国家自然科学基金重大项目 1 项，国家杰青、优青基金项目 19 项，国家科技创新 2030 专项 4 项，国家科技支撑计划 10 项，国家重点基础研究计划（973 计划）项目1项，国家重点研发计划27项，国家自然科学基金创新群体项目1项，国家自然科学基金重点项目24项。其中，物理学26项位居榜首，教育学16项，化学14项，数学10项，计算机科学与技术6项，植物保护学5项，环境科学、生物学各4项，地理学和临床医学各1项。

（二）代表性科研成果简况

“八五”期间，学校产生了一批代表性成果[①]，如邢福义的专著《语法问题发掘集》，章开沅的《辛亥前后史事论丛续编》，董宝良的《陶行知教育学说》，徐勇的《中国农村村民自治》，高新民的《现代西方心灵哲学》等。学校共向社会企业转让科技成果51项（次），获转让经费数百万元，并争取到多项企事业单位委托开发项目，开发了高科技产品富锌涂料“水胺硫磷”“甲基异柳磷”“苯胺硫磷”“抗虫磷”等多种农药新品种，其中“水胺硫磷”在国内有20多个厂家注册生产，创产值近3亿元，利税6400万元。学校还成立了科技开发总公司，下属20多个校办公司和企业。学校注重科技产业的产、学、研结合，初步形成了科学研究和科技开发相互促进、共同发展的局面。

“九五”期间，代表性成果有邢福义的《汉语语法学》，刘守华的《中国民间故事史》，李宇明的《汉语量范畴研究》，章开沅的《南京大屠杀的历史见证》《中国近代史上的官绅商学》，朱英的《转型时期的社会与国家——以近代中国商会为主体的历史透视》，范先佐的《筹资兴教——教育投资体制改革的理论与实践问题研究》，萧宗六的《教育管理研究》，徐勇的《中国农村村民自治》，黄文芳的《叶立德化学》，刘钊杰的《新农药甲基异柳磷的应用与推广》，彭金生的《近代量子光学导论》等。

“十五”期间，代表性成果有邢福义的《汉语复句研究》，刘守华的《中国民间故事类型研究》，邱紫华的《东方美学史（上、下卷）》，章开沅的《从耶鲁到东京——为南京大屠杀取证》，朱英的《中国近代同业公会与当代行业协会》，马敏的《中国近代博览会事业与科技、文

① 注：因不同时期各学科代表性成果较多，未能逐一列举，此处的代表性成果仅为部分获得省部级奖励的成果，作者信息仅列举第一作者姓名。

化传播》，李会滨的《社会主义：20 世纪的回顾与前瞻》，聂运麟的《社会主义的体制危机与社会主义发展道路的新探索》，俞思念的《中国社会主义认识史》，张耀灿的《现代思想政治教育学》，江光荣的《班级社会生态环境研究》，萧宗六的《教育改革与学术争鸣》，辛艺华的《土家族民间艺术》，熊铁基的《中国庄学史》，徐勇的《流动中的乡村治理——对农民流动的政治社会学分析》，王恩科的《强相互作用新物质形态的硬探针信号及集体效应研究》，杨光富的《新农药的分子设计策略及合成方法学研究》，汪更生的《非线性偏微分方程的控制理论中的若干问题》等。

“十一五”期间，代表性专著有邢福义的《语法问题献疑集》，王泽龙的《中国现代诗歌意象论》，刘守华的《道教与中国民间文学》，范先佐的《中国中西部地区农村中小学合理布局结构研究》，周洪宇的《教育公平论》，彭南生的《半工业化：近代中国乡村手工业的发展与社会变迁》，聂珍钊的《英语诗歌形式导论》，万美容的《思想政治教育方法发展研究》等。代表性论文，如夏立新的《图书馆专家知识地图的 XTM 构建方法研究》，朱英的《近代中国商会选举制度之再考察》，徐勇的《农民理性的扩张：“中国奇迹”的创造主体分析——对既有理论的挑战及新的分析进路的提出》，涂正革的《中国的工业生产力革命：用随机前沿生产模型对中国大中型工业企业全要素生产率增长的分解及分析》，蔡勖的《相对论性核-核碰撞模型与 QGP 相变信号物理研究》，王恩科的《强作用新物质形态中的喷注淬火效应和非线性响应理论研究》，朱长江的《非线性守恒律组的数学理论》，邓引斌的《非线性椭圆型与抛物型偏微分方程若干问题的研究》，杨光富的《新农药生物合理设计的分子基础研究》，贺红武的《创制除草剂氯酰草膦（HW02）的研究与开发》，丁烈云的《基于精益建造的建筑工程质量协同管理技术与应用研究》，肖德宝的《网络管理平台软件研究》等。

“十二五”期间，代表性专著有李良明的多卷本《恽代英全集》，范先佐的《人口流动背景下义务教育体制改革》，唐鸣的《健全农村民主管理制度：逻辑·机制·战略》，吴理财的《县乡关系：问题与调适》，王齐洲的《中国古代文学观念发生史》，章开沅的《中国人留学史》，马敏的多卷本《中国近代商会通史》，严昌洪的多卷本《辛亥革命史事长编》，朱英的《商民运动研究（1924—1930）》，张全明的多卷本《两宋生态环境变迁史》，熊铁基的多卷本《老子集成》，曹阳的《当代中国农业生产组织现代化研究》，张立荣的《当代中国服务型政府建设和公共服务体系完善理论与实证研究：以促进社会公平正义为依归》，佐斌的《刻板印象内容与形态》，聂运麟的《新时期 新探索 新征程：当代资本主义国家共产党的理论与实践研究》等。代表性论文，如徐勇的《中国家户制传统与农村发展道路——以俄国、印度的村社传统为参照》，杜时忠的《社会主义核心价值观“进教材”的教育学探索》，陈佑清的《建构学习中心课堂——我国中小学课堂教学转型的取向探析》，王健的《融合共享：运动弱势学生体育教育改革的时代诉求》，张礼知的《典型环境污染物高效去除及其机理》，肖文精的《碳/杂环高效构筑中的新试剂、新催化体系和新反应研究》，杨宗凯的《网络内容分析关键技术与应用》《教育云关键技术与规模化应用》，李高翔的《量子纠缠态制备的若干问题的理论研究》等。

“十三五”期间，代表性专著有周洪宇的多卷本《中国教育活动通史》，宋恩荣（余子侠）的多卷本《日本侵华殖民教育史料》，董泽芳的丛书《高等教育与社会发展论丛》，邢来顺的多卷本《德国通史》，龚胜生的多卷本《中国三千年疫灾史料汇编》，李雪萍的《公共产品供给促进反脆弱发展：甘孜藏区发展策略研究》，胡亚敏的《马克思主义文学批评中国形态的当代建构》，王泽龙的多卷本《朱英诞集》，姚双云的《关联标记的语体差异性研究》，徐勇的《国家化、农民性与乡村整合》，敖荣军的《人口流动与产业集聚互动的机制和效应研究》等。代表性论文有周宗奎的《网络心理学：行为的重构》，邓大才的《中国农村产权变迁与经验——来自国家治理视角下的启示》，王敬尧的《当代中国农地制度的存续与变迁》，符平的《转型期市场发展及其治理的社会学研究（系列论文）》，刘三妤的《教育数据伦理：大数据时代教育的新挑战》，肖文精的《氮杂环合成中的串联反应研究》，张礼知的《卤氧化铋光催化材料》，杨宗凯的《孤独症儿童智能教育干预关键技术及其应用》等。

2021 年至 2022 年期间的代表性专著，有赵凌云的《为了人民的利益：中国共产党经济工作 100 年》，彭南生的《街区里的商人社会：上海马路商界联合会（1919—1929）》，周洪宇的多卷本《陶行知年谱长编》，刘三妤的《计算教育学》，雷万鹏的《义务教育学校布局问题研究》，郭元祥的《深度教学：促进学生素养发育的教学变革》等。

（三）重大成果奖励简况

“六五”至“十四五”期间，国家有关部门和省政府开始开展科学研究优秀成果的评选活动，我校获得各类科研成果奖的总体情况如下(获奖详情请参见附录2：华中师范大学科学研究优秀成果奖获奖情况一览表、附录3：华中师范大学国家社科基金成果文库入选情况一览表)。

“七五”期间，湖北省进行了2次优秀科研成果评奖活动，我校共获奖43项，占全省获奖数的12.7%。在1986年湖北省社会科学成果奖中，学校共有24项获奖，其中高原教授的《通俗政治学》，章开沅教授的《辛亥革命与近代社会》等7项成果获二等奖，获三等奖的成果有14项。自然科学奖励方面，学校获得1项国家级奖、1项省部级奖。“八五”期间，我校共获得湖北省社会科学成果奖14项，其中张厚安、吴志龙发表的系列论文《关于中国农村基层政权建设》获得一等奖，另获得二等奖4项，三等奖9项。自然科学类获得2项省部级奖励。“九五”期间至今举办的湖北省社科优秀成果奖开始由湖北省人民政府正式颁发。

1. 人文社科类成果奖

(1) 教育部高等学校科学研究优秀成果奖（人文社会科学）。目前，我国尚无人文社科研究的国家级奖项，教育部设立的“高等学校科学研究优秀成果奖（人文社会科学）”代表了全国人文社会科学研究成果的最高水平。自1995年首届评奖以来，截至2021年，教育部共成功评选了八届，我校共获得奖项129项，其中一等奖11项，二等奖54项，三等奖61项，青年成果奖3项。

(2) 湖北省社科优秀成果奖。从第一届至第十三届，我校共获得奖项408项。其中荣誉奖5项，一等奖48项，二等奖123项，三等奖232项。除了湖北省社科优秀成果奖外，我校还获得了湖北省发展研究奖16项，湖北省优秀调研成果奖13项。

(3) 全国教育科学研究优秀成果奖。自第三届全国教育科学研究优秀成果奖评选以来，我校开始获奖。第三届共获得8项，其中一等奖1项，二等奖2项，三等奖5项；第四届共获得4项，其中一等奖1项，二等奖1项，三等奖2项；第五届共获得7项，其中一等奖1项，二等奖1项，三等奖5项；第六届共获得18项，其中一等奖1项，二等奖11项，三等奖6项。

（4）国家哲学社会科学基金成果文库。自2013年以来，我校专著成果入选国家哲学社会科学基金文库共9项，其中历史学3项，中国文学3项，外国文学、政治学、经济学各1项。

“十五”至“十三五”期间，学校还获得中宣部、国家体育总局、民政部、新闻出版总署、文旅部、国家民委等十余个中央部委的社科优秀成果奖励30余项，如李会滨教授的专著《社会主义：20世纪的回顾与前瞻》入选第八届中宣部精神文明建设“五个一工程”奖。

2. 自然科学类成果奖

（1）国家科学技术“三大奖”。我校化学学院张景龄教授及团队共获得过三次国家级科学技术奖励，分别是1981年获得国家科技发明奖四等奖，1985年获得国家科技进步奖二等奖，1988年国家科技发明奖三等奖。

（2）高等学校科学研究优秀成果奖（科学技术）。我校共获得27项奖励，其中一等奖5项，二等奖8项，三等奖14项；获得其他部委奖励共计10项，包括一等奖1项，二等奖4项，三等奖4项，提名奖1项。

（3）湖北省科技奖。我校共获得湖北省科技奖99项，其中一等奖18项，二等奖31项，三等奖50项。

（四）标志性成果简介

在学校120年发展历程中，各个阶段都有一批具有时代特点、代表学科最高水平的经典力作，因在前文代表性成果中已有介绍，此处不再赘述。在国家政府部门稳定持续开展全国性评奖之后，学校有些成果获得了全国同行专家学者的高度认可，获得了高层次、高等级的成果奖励，为推动学科建设发展作出了显著贡献，以下选取部分成果予以简介。

1. **人文社科类**

(1) 荆楚全书

《荆楚全书》是章开沅教授为首席专家承担的2010年度国家社科基金重大招标项目“《荆楚全书》编纂”(批准号:10&ZD093)的最终成果。该项目由彭南生教授与周国林教授为总协调人,由10位子课题负责人高华平、周国林、吴琦、张固也、王齐洲、张全明、郭康松、刘固盛、罗福惠、谢贵安以及其他课题组成员共同完成。该项目立项后曾两次获得国家社科基金重大招标项目滚动资助,还获得湖北省人民政府配套资助1300万元,于2022年顺利通过结项并获评“优秀”等级,形成了约4000万字的《荆楚全书》湖北地方文献整理系列丛书(部分书目陆续待出版)。

自立项以来,课题组以编纂现存湖北著作目录为前提,以遴选并校点整理诗文集为主体,以调查并收集民间文献为拓展,均取得了显著成绩:一是编纂详尽的湖北著作总录——阳海清、汤旭岩主编的《现存湖北著作总录》,收录了自先秦至民国现存的湖北著作达1.3万种版本,已由国家图书馆出版社2016年出版,全3册100万字。二是整理大量的湖北重要典籍,课题组从《湖北丛书》《湖北先正遗书》两套重要丛书中遴选104种湖北文献加以校点整理,又以人物为中心收集并整理了79种学术价值较高的湖北文献,如《程钜夫集》《李承箕集》《范氏父子集》《刘凤章集》《廖道南集》《饶应祺集》《湖北诗徵传略》等。三是发掘珍贵的湖北民间文献,课题组积极发掘散佚各地的诗文集,还对民间文献开展了广泛调查,采集到大量地方文献,包括价值较高的部分稿本和抄本,以及种类和数量均较为可观的民间文献,发现并复制了清代至民国时期鄂人著述50多种,发现并复制了清乾隆以来的家谱500余种,清康熙以来的契约文书1000余份。《荆楚全书》的突出贡献在于,一是通过编纂现存湖北著作总录,构建湖北文献的目录学框架,摸清了湖北存世文献家底;二是通过遴选并校点大量地方特色文献,推进了荆楚历史文化相关领域的学术研究,并促进了相关学科建设;三是通过开展文献调查,抢救和发掘了一大批湖北地方文献,尤其是珍贵的诗文集稿本、抄本及数量巨大的民间文献;四是通过在文献调查与整理过程中广泛协作和深入动员,挖掘文化资源，有力促进了湖北地方经济文化建设。

该成果将国家重大项目的落实同地方文化建设结合起来。多年来，湖北省与邻近省份如湖南、四川、安徽在古籍整理方面的差距不小。为改变这一局面，建设文化强省，本课题在开题之时就同湖北省委宣传部联系，得到省委省政府的大力支持。中共湖北省委常委、宣传部部长尹汉宁同志，省人大常委会副主任刘友凡、周洪宇同志亲自到会表示关心，并作重要讲话。随后，根据国家社科规划办负责同志的有关指示，章开沅教授与本课题组积极协助湖北省出版局，向中共湖北省委、省政府提出出版《荆楚文库》的申请报告，获得批准。这样，一个国家社科项目催生出了湖北省最大的一项文化工程。2014 年，湖北省成立以时任省委书记李鸿忠同志为主任的《荆楚文库》工作委员会，以“《荆楚全书》编纂”首席专家章开沅教授和武汉大学冯天瑜教授为总编辑的编辑委员会。华中师范大学党委书记马敏、黄晓玫、赵凌云教授先后担任工委会委员，课题组核心成员彭南生、周国林、朱英教授担任编委会委员，周国林教授另兼任编辑部副主任，“《荆楚全书》编纂”课题组的整理成果，得以顺利列入《荆楚文库》出版。至 2020 年 5 月，《荆楚文库》已出书 200 多种。

《现存湖北著作总录》2016 年由国家图书馆出版社出版后，全国图书馆界、出版界学者给予了高度评价。国家图书馆副馆长、国家古籍保护中心副主任张志清先生表示：这是湖北省古籍保护工作的重要成果，也是全国古籍保护事业令人瞩目的一项伟大成就。天津图书馆历史文献部主任李国庆先生说：“目前，全国一些省、市都在编纂大型地方文献丛书，但在编纂之前就能拿出相当完整书目作为参考依据者，唯湖北一家。这带了一个好头，某种程度上起到一种示范性作用。”《荆楚文库》编辑部主任周百义先生在《中华读书报》撰文，认为这部书有收录齐全、紧扣“现存”二字、方便查检等三个明显优点，“无疑为《荆楚文库》文献编的古籍部分和方志编书目的编纂、厘定，奠定了坚实的基础”。课题组首席专家章开沅先生也多次称赞此书在摸清家底、揭示历史文献上，堪称“荆楚第一功”。

此外，章开沅教授的专著《南京大屠杀的历史见证》获得全国普通高等学校第二届人文社会科学研究优秀成果奖历史学学科一等奖，专著《从耶鲁到东京——为南京大屠杀取证》获得第四届中国高校人文社会科学研究优秀成果奖历史学学科一等奖。

章开沅教授

（2）全球华语语法研究

《全球华语语法研究》（6 卷本）是邢福义教授为首席专家承担的 2011 年度国家社科基金重大招标项目“全球华语语法研究”（批准号：11&ZD128）的最终成果。该成果由邢福义教授担任总主编，汪国胜教授担任副总主编，美国、新加坡、马来西亚以及台湾、香港、澳门等国家和地区的一批知名学者参与合作。该成果共分为 6 卷，共约 200 万字，包括《香港卷》《澳门卷》《台湾卷》《马来西亚卷》《新加坡卷》和《美国卷》，各卷主编作者分别是田小琳、徐杰、李英哲、郭熙、周清海、陶红印。该项目于 2015 年获得国家社科基金重大招标项目滚动资助，2022 年顺利结项，并获得“优秀”等级。

《香港卷》从语体构词、实词、虚词、组合、句式、篇章等多个方面详细描述了港式中文的特点，讨论了香港粤语对港式中文的影响。《澳门卷》对澳门中文与大陆中文的语法差异从虚词运用、短语组合、指称标记、否定标记、语序、特殊句式、篇章等方面进行了较为全面的考察。《台湾卷》考察了台湾地区的华语语法，反映了台湾地区华语有别于中国大陆及其他海外华语的特色。《马来西亚卷》考察马来西亚华语语法，包括总论、综合考察、专题研究 3 个部分。《新加坡卷》主要采用口述历史资料库的语料、日常生活随听随记的语料、本地综艺节目、电视剧和电影对白的语料，对新加坡华语语法进行了专题考察。《美国卷》对美国的华语语法，既有本体方面的考察（词汇、语法特征等），也有语用方面的考察（口语的使用与文化模式的传承、语言习得模式等），还有语言使用现状的宏观描述。

该成果的学术价值主要体现在以下三个方面：第一，深化了对"整体汉语"语法的认识。课题组考察了香港、澳门、台湾、马来西亚、新加坡、美国等 3 地区和 3 国家的华语语法，揭示出华语语法的一些共性特征及在不同区域中的个性差异，深化了对"整体汉语"语法的认识。第二，从华语语法的事实考察中，提出了一些关于汉语语法和语法理论的新的见解。该成果在一定程度上显示了华语语法的区域变异，阐明了变异形成的影响因素，引发出一些对于语言接触与语言变异理论的思考；成果还触及语言与文化、语言与民族认同、语言功能、语言规划等理论问题，为这些理论问题的深入研究提供了有益的启示。第三，为语言研究保存了丰富而宝贵的资源。以往学界对于华语语法的研究，主要关注的是大陆，对于海外华语的语法则重视不够，缺少对语料的收集和事实的记录。该项成果客观地记录了大量不同区域华语的语法事实，为汉语语法和语言理论的研究留下了丰富而宝贵的资料。

该成果获得项目鉴定专家组的充分肯定和高度评价，专家们一致认为，6 卷本《全球华语语法》是我国也是世界第一部多卷本的关于全球华语语法的研究性著作，对于深化汉语的语法研究、推动语言理论的建设、促进华语的健康发展和世界传播、增强全球华人的文化认同，有着十分重要的意义；该成果无论是学术观点上还是研究方法上，都表现出显著的创新性，将会产生广泛而长远的学术影响，是一项优秀的不可多得的标志性学术成果。

此外，邢福义教授的专著《语法问题发掘集》获得全国高等学校首届人文社会科学研究优秀成果奖语言学学科一等奖，专著《汉语语法学》获得全国普通高等学校第二届人文社会科学研究优秀成果奖语言学学科一等奖，专著《汉语语法学》获得全国普通高等学校第二届人文社会科学研究优秀成果奖语言学学科一等奖，专著《汉语复句研究》获得第四届中国高校人文社会科学研究优秀成果奖语言学学科一等奖，湖北省第四届社会科学优秀成果奖一等奖。

邢福义教授

（3）社会主义：20 世纪的回顾与前瞻

本成果由华中师范大学李会滨教授主编，华中师范大学出版社 1999 年 10 月出版，入选 2001 年第八届中宣部精神文明建设“五个一工程”奖。

该成果是一部研究社会主义发展历程的学术专著。其最大特点在于广泛查阅国内外大量相关研究成果之后，吸取了许多思想资料，并以此为基础将一些重要问题的研究推向纵深。本书对 20 世纪社会主义发展历程的研究、对社会主义与市场经济的结合问题研究、社会主义对世界和平与人类进步事业的贡献研究，以及社会主义国家的改革，东欧剧变的原因与历史教训，当代资本主义的变化与趋势，前苏联东欧国家的现状与走向等方面的研究都非常深入。该书出版后，受到同行专家和广大读者的好评，认为这是“一部回顾和展望社会主义发展历程的力作”，“具有较高的学术理论水平”，“在同类著作中称得上是佼佼者”。《光明日报》2001 年 9 月 27 日刊载的《第八届“五个一工程”一本好书入选作品简介》中评价本成果“全书以马列主义毛泽东思想和邓小平理论为指导，从社会主义的理论、运动、制度和模式等层面回顾了 20 世纪世界社会主义的发展进程。总结了社会主义胜利与挫折的经验教训，展望了 21 世纪社会主义发展前景，并抓住人们比较关心的社会主义前途和命运等重大理论问题进行系统研究和阐述”。认为该书“具有较高的学术理论水平，在国内同类著作中是一部比较凝重翔实的作品”。

(4) 陶行知教育学说

本成果由华中师范大学董宝良教授主编、周洪宇教授副主编，湖北教育出版社 1993 年 10 月出版，获得全国高等学校首届人文社会科学研究优秀成果奖教育学学科一等奖。

成果的基本观点是：第一，陶行知教育学说是在半殖民地半封建中国社会历史条件下中国人民争取自由、平等、富强的一种进步教育理论，是既适合中国国情又符合现代社会发展潮流的一种现代教育思想，与毛泽东、徐特立等中国共产党人的教育思想共同构成了新中国教育理论的源泉。第二，陶行知教育学说是陶行知在反传统教育和反洋化教育的斗争中，在长期的教育实践过程中，通过批判吸收古今中外多种教育思想的精华，总结自己教育实践的经验所创立起来的，是近代中西文化、教育思想交流的宝贵结晶。第三，陶行知教育学说是一个相对来说较完整的理论体系，它由核心范畴（“生活”“教育”“教”“学”“做”等)、基本原理（“生活即教育”“社会即学校”“教学做合一”）和民主教育、全民教育、全面教育、终身教育等一系列具体主张所构成，具有较强的理论色彩，是“五四”以后中国教育理论界在独立探索本国教育现代化过程中所取得的重要理论成果。第四，陶行知教育学说不仅具有重要的历史意义，在“五四”以后中国教育改革过程中发挥过巨大的作用，也具有强烈的现实意义，是我国社会主义教育理论体系的重要营养来源，能够为当前教育改革提供有益的理论借鉴，值得人们很好的学习、研究。第五，研究陶行知教育学说，必须以马克思主义的基本观点作指导，坚持历史主义原则，始终忠实于陶行知的教育史迹和他的原文原意，按照他的一贯论述，理解和阐释其精神实质，而不能仅仅根据他的某些文字字面上的意思就下断语和结论。

(5)《中国中西部地区农村中小学合理布局结构研究》

本成果为华中师范大学范先佐教授所著，由中国社会科学出版社 2009 年 6 月出版，获得第六届全国高等学校科学研究优秀成果奖（人文社会科学）教育学学科一等奖。

本书共分九章。第一章，农村中小学布局调整研究的缘起及其设计；第二章，农村中小学布局调整的背景；第三章，农村中小学布局调整的预期和动力；第四章，农村中小学布局调整的障碍及方式选择；第五章，农村中小学布局调整的总体评价；第六章，我国农村中小学布局调整的具体评价；第七章，农村中小学布局调整存在问题的原因及对策建议；第八章，农村中小学合理布局的设计；第九章，农村中小学合理布局设计的 GIS 检验。本书通过对中国中西部地区的湖北、河南、广西、云南、陕西和内蒙古等 6 个省（自治区）38 个县市 177 个乡镇中小学布局调整历时三年深入、细致地调查研究，深入分析了我国农村中小学布局调整的背景、目的、方式、成效存在的问题及其原因，并提出了解决问题的相应对策，构建起符合我国不同地区实际情况的农村中小学合理布局结构。本书以实证主义和人文主义相结合的方法论为指导，以调查研究和实地观察的有机结合为研究方式，通过定性和定量的资料分析方法，来对我国农村中小学布局调整的背景、现状及问题进行诊断，分析存在问题的原因，并根据我国未来中小学教育供求关系的变化以及不同地区的实际情况，明确了农村中小学合理布局必须遵循的基本原则，提出了解决问题相应的对策和对农村中小学合理布局进行了具体设计。这种始终坚持运用多学科的理论和方法，将理论研究、实证分析、案例研究等多种方法相结合的研究，本身既是一种较强的理论创新，又是一种研究方法和研究途径的创新。

（6）恽代英全集

本成果为华中师范大学李良明教授主编，曾成贵、钟德涛、李天华、李国祥、蔡丽、宋姝月等团队成员共同完成，由人民出版社 2014 年 5 月出版，获得第八届全国高等学校科学研究优秀成果奖（人文社会科学）一等奖，获得第十届湖北省社科优秀成果奖一等奖。

全书共编 9 卷，为了真实地展现恽代英的生平史事与思想发展的历史轨迹，按照时间顺序进行编写。1914—1917 年编为第 1 卷，1918 年、1919 年编为第 2、第 3 卷，1920—1921 年编为第 4 卷，1922—1923 年编为第 5 卷，1924 年、1925 年、1926 年分别编为第 6、第 7、第 8 卷，1927 年—1930 年编为第 9 卷。

全书第 1～3 卷展现了恽代英在新文化运动中的主要贡献，第 4 卷真实反映恽代英向彻底的马克思主义者转变的过程。第5～9卷充分展现了恽代英作为中国共产党早期著名理论家的风采。其理论成果，是毛泽东思想的重要组成部分，内容丰富，思想深邃，是党的宝贵精神财富。本成果主要观点包括五个方面：第一，充分展现了恽代英革命基本思想的形成的过程；第二，充分展现了恽代英对中国新民主主义经济政策的科学构想；第三，充分展现了恽代英的革命统一战线思想；第四，充分展现了恽代英为建立和培养一支为人民而战的军队的思想；第五，充分展现了恽代英青年运动思想。主要方法创新有三个方面：一是资料发掘创新。作者及其团队30多年来全方位地检索和搜集恽代英的遗著线索，并走访部分恽代英后裔、亲属，最终成果共收录恽代英遗著600余篇，近300万字。二是理论观点创新。本成果在恽代英遗著的发掘方面有新的突破，因此在党史理论研究领域必然会相应地产生一些与传统理论观点不尽相同的新观点、新见解，从而可以促进中共党史理论研究的进一步繁荣。三是研究视阈创新。作者团队与海内外中共党史学者之间进行了广泛的交流与合作，努力实现学术信息的资源共享。

本成果是国家社科基金重大项目“中国共产党早期领导人遗著的收集、整理与研究”的重要成果，被列入国家出版基金项目、“十二五”国家重点图书出版规划项目“中国共产党先驱领袖文库”。时任中共中央政治局常委的刘云山、时任中共中央政治局委员、中宣部部长的刘奇葆先后对包括《恽代英全集》（9卷本）在内的“文库”出版作出了重要批示。本成果是新中国成立以来对恽代英遗著的首次全面、系统整理，涵盖哲学、政治、经济、军事、文化、教育等各个领域，是马克思主义中国化的重要理论成果，是毛泽东思想的有机组成部分，是中国共产党的宝贵精神财富，也是一份厚重的红色文化遗产，具有重要的理论价值和现实意义。本成果还被列为国家社科基金基础类重大项目代表性成果之一。

（7）中国教育活动通史

本成果为华中师范大学周洪宇教授主编，申国昌教授副总主编，刘来兵、广少奎、赵国权、刘训华、郭娅、赵厚勰、李忠、张亚群、但昭彬、涂怀京等团队成员共同完成，由山东教育出版社2017年10月出版，获得第八届全国高等学校科学研究优秀成果奖（人文社会科学）教育学学科一等奖。

《中国教育活动通史》（8卷本）由先秦卷、秦汉魏晋南北朝卷、隋唐五代卷、宋辽金元卷、明清卷、晚清卷、民国卷和共和国卷构成。先秦卷主要考察了教育活动从官方垄断向民间扩展的转型过程。秦汉魏晋南北朝卷展现了这一时期从“以法为教”到“独尊儒术”再到“儒释道三教合一”的历史活动演进历程。隋唐五代卷叙述了中央集权规约下文教日益繁荣时期的教育活动。宋辽金元卷展现了学院式教育活动崇尚自由、追求民主、彰显个性的时代特点，呈现出民族文化教育融合与兼容教育的个性。明清卷叙述了明清各级官学教育活动和私塾教育活动，私塾的日常生活与社会活动成为该时期的一大特色。晚清卷叙述了在西方文化的冲击下，中国在这一时期出现的新式学堂、教会学校、传统官私学教育活动并存的局面。民国卷呈现出公立学校、私立学校、教会学校并存的局面以及国统区、根据地和沦陷区等多地教育活动呈现的多元化姿态。共和国卷叙述了当代中国教育由借鉴到创新、由落后到繁荣、由封闭到开放的转变。

本成果的创新之处：一是理念创新。以马克思的实践哲学作为理论基础，以人的教育活动与教育活动中的人作为教育研究的中心与重点。二是视角创新。本成果从实践角度体现学术视野下移趋势，重点挖掘各类学校办学行为、校长日常管理活动、学校日常教学活动、教师日常生活状态、学生日常学习生活等，展示生动的、具体的、过程的教育历史场景。三是结论创新。全书着眼于整个教育活动过程，重点呈现了教育历史上基层的、具体的、微观的、日常的、民间的教育活动，通过生动、形象的表达方式来展示丰富多彩的生动鲜活的教育活动史，从而实现了对教育活动的原生态研究。该套通史推动了教育史学科建设，开拓了学术研究新领域，打破了长期以来教育史研究二分法研究模式，首次提出了教育思想史、教育制度史、教育活动史“三分法”，受到学界好评。

（8）当代中国农地制度的存续与变迁

本成果为华中师范大学王敬尧教授、魏来副教授共同完成，发表于《中国社会科学》2016年第2期，获得第八届全国高等学校科学研究优秀成果奖（人文社会科学）政治学学科一等奖。

本成果由四部分构成。第一部分是研究问题的提出，主要介绍要解决的核心问题：寻找影响农地制度存续与变迁的关键因素，考察制度变与不变的内在机理。第二部分是黏性分析的引入，对“黏性”概念进行转译，将其与历史制度主义相融汇，建构“黏性分析”框架。第三部分是现实经验的验证，借助制度环境和路径依赖考察制度黏性的成因，以思想观念和意识形态切入，揭示非正式制度的渗入对正式制度黏性的稀释机制。第四部分是总结与讨论。本成果梳理了中国农地制度经历的四大发展阶段，运用“黏性生成—黏性稀释”框架阐释农地制度的存续和变迁。研究发现：第一，中国农地制度具有黏性，其影响有两个方面，即黏性生成后对农地制度存续的维持和黏性稀释后对农地制度变迁的推动；第二，制度环境和路径依赖从不同的侧面形塑了制度变迁的黏性状态；第三，非正式制度对农地制度的配置具有重要作用，思想观念和意识形态的变化对正式制度的加强、消解或建构具有重要影响。本成果的创新之处在于：第一，“制度黏性”概念的提出与批判。“制度黏性”更具开放性、连通性和动态性，将制度的存续和变迁统摄于一个整体性框架内。第二，“黏性分析”框架的引入与验证，由此建立了制度存续和变迁的整体性分析框架，并结合农地制度演变对其进行验证。这一框架通过制度黏性解释制度的产生、维持和演变，将制度变迁研究引向历史的、文化的和整体性的视角。第三，“核心关切”的理论与实践价值。本成果的核心关切是正式制度与非正式制度的互动与互构机理，兼具理论价值与实践意义。

2. 自然科学类

(1) 甲基异柳磷

本成果为华中师范大学张景龄教授领衔，刘钊杰、余光旭等团队成员共同完成，获得 1985 年国家科技部国家科技进步奖二等奖。

甲基异柳磷是根据我国缺乏土壤害虫防治药剂的实际情况，经过系统研究不对称硫代磷酰胺烷基芳基酯的结构与杀虫活性关系基础上独立开发的一个新型农药品种。甲基异柳磷是一种具有不对称磷结构的硫代磷酰胺酯类新型土壤害虫杀剂，属我国自行开发研制的农药新品种，是在合成和研究水杨酸酯类的硫代磷酰胺化合物结构与杀虫活性关系的基础上筛选发现的优良品种。甲基异柳磷对我国危害严重的三大土壤害虫（蛴螬、蝼蛄、金针虫）及其他主要土壤害虫具有优异的防效，连续多年在山东、河南、四川、江苏、甘肃、河北、辽宁等10个省的田间药效试验结果表明，其持效性、灭虫保苗率、增产率均优于已用药剂，对它的开发满足了我国土壤害虫防治的需要。

该成果于1981年被湖北省科委列为科技计划项目，同年完成小试并列为山东省科委中间试验计划，由青岛第二农药厂和我校联合进行中试开发，并委托中国农科院植保所在我国土壤害虫危害严重的黄淮地区进行了145万亩的大田试验示范，再次确认了甲基异柳磷的优异防效，1982年12月通过了山东省科委组织的中试技术鉴定。

该成果于1983年在青岛第二农药厂正式投产。由于甲基异柳磷药效好，市场需求量大。1986年至1988年，化工部先后立项、投资，分别在青岛第二农药厂和湖北仙桃农药厂扩建两个2000吨/年（40%乳剂）装置。全国有9个厂家先后建成500吨/年～1000吨/年（40%乳剂）的生产装置，使甲基异柳磷成为我国防治土壤害虫的主要当家农药品种之一。产品在全国16个省区市的小麦、花生、甘蔗、大豆、玉米等众多作物上应用，每年为国家创造工业产值上亿元，创利税2000万元以上，取得了显著的经济效益和社会效益。

此外，张景龄教授团队的研究成果《水杨酸异丙酯合成新工艺》获得1982年国家科技部国家发明奖四等奖，研究成果《相转移催化一步法合成水胺硫磷》获得1988年国家科技部国家发明奖三等奖。

（2）有机磷农药水胺硫磷的推广应用

本成果为华中师范大学卿湘华教授领衔，刘伏清、王建民、胡保国、余光旭、贺红武、谭效松、郑金华、刘实等团队成员共同完成，获得1992年教育部科技奖科技进步奖一等奖。

水胺硫磷是优良的杀虫、杀螨、杀卵剂，可用于棉、粮、果等作物的主要害虫的防治。1980年，该品种首先由华中师范学院农药化学所在国内研究开发成功，以“水相一步法”实现工业化生产，1984年又发明“相转移催化一步法”新工艺，并在生产中推广应用。整个生产工艺包括两个部分，中间体水杨酸异丙酯的制备和原药的合成，该工艺的优点包括两点：一是中间体水杨酸异丙酯的合成先后研制开发了“二段升温硫酸催化法”和“氯化一醇解法”两个工艺，它们各有所长，能适应不同原料和不同地区的要求。二是原药合成工艺将国外专利的“溶剂两步法”改进为“相转移催化一步法”，使合成收率比国外专利提高了49%，并大幅缩短生产周期和操作过程，提高了产品质量。1986年被化工部列为取代“六六六”重点发展的新品种。

水胺硫磷自投产以来，产品已销售到全国20个省区市，用于防治棉、粮、果等多种作物害虫，防治面积每年8000万亩以上，是一种高效、广谱、低残留的杀虫剂；并且生产使用安全，至今还未在生产和使用中出现一例人畜中毒死亡的现象，是替代“六六六”“DDT”等有机氯农药的理想农药品种之一。

目前，该成果已在全国12个厂家生产，年产量达到6000吨，已在20个省区市的8000万亩农田上使用，新增产值21636.2万元，新增利税3315.5万元，不仅取得显著的经济效益，而且在农业防治害虫方面，达到治虫增产，挽回农业损失的良好社会效益。

(3) 强相互作用新物质形态的硬探针信号及集体效应研究

本成果为华中师范大学王恩科教授领衔，张本威、张汉中等团队成员共同完成，获得2004年教育部高等学校科学研究优秀成果奖（科学技术）自然科学奖一等奖。

研究团队围绕强相互作用新物质形态的硬探针信号和集体效应开展了一系列研究：一是强作用介质的喷注断层分析；二是具有强作用介质效应的核修正因子；三是喷注淬火的细致平衡效应；四是高能核—核碰撞中末态粒子产生的新机制；五是单奇异粒子椭圆流的实验测量；六是逐事件横动量起伏的实验分析；七是非线性响应理论的涨落—耗散定理及输运过程的非线性、非微扰计算；八是基于硬热圈重求和的有效微扰论及远离平衡态的QGP临界行为。

(4) 新农药生物合理设计的分子基础研究

本成果为华中师范大学杨光富教授领衔，湛昌国、万坚、丁明武、张莉等团队成员共同完成，获得2006年教育部高等学校科学研究优秀成果奖（科学技术）自然科学奖一等奖。

研究团队围绕基于作用靶标的新先导结构的定向设计、天然活性物质的结构优化及其化学生物学、杂环化合物的合成方法学，以及高精度计算化学方法的发展与复杂体系的理论化学等方面开展系统研究，建立了基于先导结构与作用靶标相互作用研究的新农药创新研究体系，具有重大的理论与实际意义。本成果设计开发了一类乙酰乳酸合成酶（ALS）抑制剂，首次建立了类黄酮类植物抗毒素杀菌活性的初级模型，发明了高效杀菌活性化合物 Y5247，建立了对称及不对称 2，3，6，7—四取代噻吩并［2，3-d：5，4-d’］双嘧啶-4，5（3H，6H）—二酮、多取代咪唑啉酮、喹唑啉酮、噻吩并嘧啶酮等杂环化合物的合成新方法，发展了新的电子相关理论方法和 DFT/QSAR 方法。此外，本成果系统研究了光合作用电子传递机理和有机磷化合物碱性水解反应的机理及活化自由能。

（5）非线性偏微分方程的控制理论中的若干问题

本成果为华中师范大学汪更生教授的研究成果，获得 2004 年湖北省自然科学一等奖。

本成果主要研究非线性系统的控制理论相关问题：一是非线性抛物与椭圆方程的最优控制问题；二是流体运动系统的控制问题；三是非线性抛物方程和方程组的有限维反馈能稳性。本项目的特点：一是本成果的研究涉及了目前分布参数系统控制理论领域国际上关注的几乎所有方向，包括最优控制问题、时间最优控制问题、能控性和反馈能稳性；二是本成果提出了一系列新的思想、概念与研究方法，建立了一些新的框架式的理论，如不适应系统的最优控制问题，时间最优控制的存在性，抛物系统的有限维反馈能稳调节器的设计；三是在本成果所涉及的所有课题中，其研究对象均为工程、军事、物理等领域中科学家关注的模型。

（五）社会服务与成果转化简况

学校始终坚持“以服务求支持、以贡献求发展”的理念，以国家、地方经济社会建设需求为导向，充分发挥学科优势，竭力服务社会、经济、文化等各项事业发展。

1. 咨询研究报告

据统计，“十一五”期间，我校共向党政部门提交咨询研究报告 171 份，其中部分报告先后得到温家宝、回良玉等国家领导人的批示；“十二五”期间，我校教师撰写咨询研究报告 1800 余篇，被采用 300 多篇。其中，《农民工权益保障形式堪忧》等 6 篇报告获中央政治局常委批示，15 篇报告获其他中央领导批示，96 篇报告获省部级领导批示。“十三五”期间，学校教师共提供研究咨询报告 2000 余篇，获得省部级以上领导批示或部门采纳的有380篇，其中《中小学课后服务如何叫好又叫座》获得中央政治局常委王沪宁批示，《“双减”政策落地：如何防止学生学业负担“不减反增”》获得中央政治局委员、国务院副总理孙春兰批示，《乡村教师支持计划三年 五大盲点待补》获得中央政治局委员、国务院副总理孙春兰批示。

2. 学术战“疫”

2020年新冠肺炎疫情以来，学校党委书记赵凌云、校长郝芳华亲自动员和部署，组织30余个研究团队、近200名教师组成“疫灾、治理与现代化”联合攻关课题组，开展学术战“疫”。课题组通过深入研判需求，精准对接疫情防控与疫后重建的需求点和攻坚点，加强校内信息资源和科研力量的整合，并根据疫情不断调整研究重点，充分发挥多学科优势，聚焦抗疫历史经验和疫灾地理分布的规律和启示、疫情防控应急管理与风险化解对策等十余个研究领域，积极为党和政府提供决策咨询，取得了突出成效。学校学者围绕疫情防控和疫后重建先后撰写理论文章100余篇，在《人民日报》《光明日报》等主流报刊上公开发表60余篇，撰写咨询研究报告近400篇，其中有70余篇得到中央、省部级部门、主要媒体的采纳采用和领导批示，先后有7名学者参加中央指导小组等组织的专家咨询座谈会，体育学院和心理学院分别以“居家健身”和“心理援助”开展线上社会服务，网络点击量突破200万，直接在线服务超过2万人次。

3. 社会服务科研项目

学校积极与相关党政部门联系，承担了大量的中宣部、财政部、文旅部、国家乡村振兴局等部门委托项目，学校在获取研究资源的同时，也提升了学校的社会服务能力、咨询服务能力。以华中师范大学乡村振兴研究院为例，党的十八大以来，研究院承担来自国家乡村振兴局等渠道研究与咨询服务项目100多项，到账科研经费7000多万元，参与全国《连片特困地区区域发展与扶贫攻坚规划》（系列）和全国《“十三五”脱贫攻坚规划》编制，参与《关于动员社会各方面力量参与扶贫开发的意见》等扶贫开发文件制定，连续承担国家乡村振兴局和湖北、河南、广西、贵州、云南、陕西、新疆、海南等省（自治区）扶贫办（现乡村振兴局）委托的贫困县退出评估、扶贫成效第三方评估、东西部扶贫协作评估等重要任务，承担完成国家乡村振兴局及其直属单位委托的“十四五”巩固脱贫成果规划前期研究、贫困村定点观测、西南区域县村脱贫攻坚经验总结等重要调查研究项目，为推进扶贫开发事业和打赢脱贫攻坚战作出了贡献。

4. 理论宣讲

2006 年 11 月 30 日，徐勇教授走进中南海，为中共中央政治局第 36 期集体学习讲解“我国社会主义基层民主政治建设研究”。中国农村研究院“百村十年观察”成果发布会被中央电视台《新闻联播》节目重点报道。为服务中西部地区发展，2020 年 8 月 18 日学校与大理州、大理大学共建大理乡愁研究院，2021、2022 连续两年成功举办“乡愁中国 · 大理论坛”，为大理全面推进乡村振兴、传承民族传统文化提供理论支撑和实践借鉴。

学校从 2013 年 3 月起，持续做好了湖北省“理论热点面对面”示范点建设工作，先后在十堰市茅箭区大川镇、应城市杨河镇、义和镇三个示范点开展对口支持建设工作。学校大力发挥人文社会科学优势，凝聚全校优势资源和各方力量，累计投入 44.44 万元，组织专家学者 65 人、学生 380 余人在示范点开展了形式多样的建设活动，累计举办理论宣讲 123 场，受众 10250 人次；组织专家就示范点实际问题开展调研 43 次，撰写社情民意报告 21 份、调研报告 37 份，推荐专家就优秀调研成果申报湖北省社科基金项目 23 项；组织各类群众服务咨询 38 场，发放致富宣传册 2000 余份，开展各类交流互访活动 20 次；湖北理论信息网、示范点当地网站、学校网站对这些建设活动进行报道 102 篇，学校制作活动简报 47 期。我校 2020、2021 连续两年获批全省“理论热点面对面”示范点建设工作“优秀”称号。

5. 科技成果转化

（1）人工智能教育科技成果转化

以杨宗凯教授为带头人的科研团队在人工智能教育领域取得一系列科技成果，曾获得湖北省科学技术进步奖一等奖、高等学校科学研究优秀成果奖（科学技术）科学技术进步奖一等奖。

通过建设国家数字化学习工程技术研究中心、教育大数据应用国家工程研究中心等国家战略力量，该团队聚集了一支由战略科学家、领军人才、学术带头人、青年教师组成的人才梯队，承担了国家自然科学基金重大项目、科技创新 2030“新一代人工智能”重大项目、国家重点研发计划项目等重大科技任务。其中“深度融合信息技术的高校人才培养体系重构与探索实践”成果，成功获评高等教育国家级教学成果特等奖。这是科技与教育融合，高校自行实施科技成果转化的典型案例，是相关领域第一个国家级教学成果特等奖。

不仅如此，团队积极对接社会需求，开展技术转让、技术许可、技术开发、技术服务、技术咨询，累计金额超过 3 亿元，服务了北京、湖北、江苏、四川、福建、宁夏等三十余家企事业单位。团队研发的“高考志愿填报系统”，应用人工智能技术指导考生合理选择高考志愿，转让给云启智慧科技有限公司技术交易额 208.72 万元。“一种基于情境测试的中小学校长信息素养画像构建方法及系统”的发明专利，专利权普通许可给北京外研在线数字科技有限公司每年技术许可费 26 万元。承担的“武汉市教育大数据应用体系建设”重大工程项目，到账资金超过 2300 万元。

通过不断提升理论研究水平和技术创新能力，团队在教育信息技术领域的研发、产品推广、产业示范上得到了广泛认可，为实现我国中长期教育改革和发展规划纲要的战略目标作出了重要贡献。

（2）绿色农药科技成果转化

以杨光富教授为带头人的研究团队，继承发扬了张景龄教授等老一辈科学家艰苦创业、服务国家需求的优良传统，与时俱进，开创绿色农药创制研究，产出了一批具有重要影响的科技成果，为我国粮食安全和农药科技自立自强作出重要贡献。

团队始终面向国际学科前沿，面向国家重大需求，始终坚持多学科前沿科技的交叉融合，从基础研究到产品创制及应用技术开发，建立了基于农药活性小分子与作用靶标相互作用研究的绿色农药分子设计研究体系，发展了一系列农药分子设计新方法，构建了涵盖靶标发现、苗头产生、从苗头到先导的优化、类农药性分析、物理化学性质及毒理学性质预测、候选化合物选择等多个关键环节的绿色农药分子设计技术平台，集成创新研发了全球第一个绿色农药分子设计软件包，显著提高了绿色农药创制效率和成功率，先后创制出喹草酮、吡唑喹草酯、苯醚唑酰胺、烯丙唑菌胺等多个绿色农药新品种，均实现专利技术转让和产业化开发。其中，喹草酮于2020年取得新农药登记，成为全球第一个高粱地选择性高效除草剂，破解了制约高粱产业发展的杂草防控重大技术难题，累计推广应用400多万亩，农业增收超过8亿元，先后获中国农药工业协会技术创新一等奖、三农科技服务金桥奖和第24届中国专利金奖，社会效益、经济效益和乡村振兴成效显著。

依托绿色农药全国重点实验室、智能生物传感技术与健康国际联合研究中心、农药与化学生物学教育部重点实验室、绿色农药与合成化学创新引智基地、湖北省农药工程技术研究中心、湖北省农药残留与农产品安全检测技术研究平台等国家级省部级科研平台，团队与包括世界农化领域排名第一的先正达集团在内的多家国内外农药龙头企业建立了实质性的产学研合作：自2008年起，与先正达联合开展原创性绿色农药靶标及先导发现研究；2016年，与主板上市企业山东先达农化股份有限公司联合组建先达农化创新研究院，联合开展除草剂创制；2019年，与创业板上市企业江苏中旗科技股份有限公司共建中旗产业技术创新研究院，联合开展绿色杀菌剂创制研究；2020年，与科创板上市企业南通泰禾科技股份有限公司签署绿色农药创制合作协议；2021年，与上海绿泽生物科技有限公司联合建设提质增产研究院，共同开展新型提质增产剂。

正是由于建立了广泛的产学研合作网络，团队实现了创新链和产业链的无缝对接，打通了科技成果转化的“最后一公里”，不仅加快了绿色农药的创制步伐，解决了企业的技术需求，突破了制约产业发展的关键技术瓶颈，培养输送了一批高素质创新人才；与此同时，还先后争取国家和地方政府重大科技项目经费、企业委托研发经费、专利技术转让经费超过2亿元，产生了重要的社会和经济效益。

(3) 心理援助科技成果转化

以周宗奎教授为带头人的科研团队在数字化生态下人的发展与心理健康领域，围绕网络心理与行为、人的发展与心理健康等主题积累了丰富的研究成果，依托科研成果开展面向人民生命健康的社会服务。

在网络心理与行为方面，团队研制了中国网络游戏分级标准、网络游戏暴力指数等，获批建设了面向行业产业的“社交网络及其信息服务协同创新中心”，并与深圳腾讯公司合作成立了“网络学习与互娱联合实验室”。研究团队发布了《青少年网络心理与行为发展报告（2014）》，出版了《网络社会支持与心理健康》《青少年网络成瘾与家庭团体治疗》《青少年网络交往与自我》《心理学与互联网：个人、人际和超个人的启示》《青少年网络心理研究》等书籍。

在人的发展与心理健康方面，研究团队积极开展高校心理健康教育、中小学心理辅导教材开发、课程建设、心理咨询与心理治疗技术的规范、临床与咨询心理学专业人员职业资格认证办法等临床与咨询心理学领域的应用研究和实践示范。研究团队对湖北省“中小学心理健康教育”课程体系进行创新，其课程平台覆盖全省近 300 万中小学生和 3 万余名教师，教学成果获批湖北省教学成果一等奖；协助起草《湖北省普通高等学校学生心理健康教育工作基本建设标准实施意见》《湖北省高校心理健康教育中心标准化建设工作总体方案》等多份管理制度，被湖北省教育厅采纳并下发文件执行；牵头制定中国心理学会临床与咨询心理学专业与机构注册系统的专业培养方案和认证办法的制定工作，在行业发展和标准制定中发挥重要影响力。

研究团队积极关注社会发展的重大现实问题和实践需要，在留守儿童、网络成瘾、大学生危机干预、5·12 震后心理援助等问题上积累了丰富的研究成果，向相关政府职能部门和社会组织提供多项咨询服务，为地区和谐社会的构建作出了重要贡献。2020 年，为应对新冠肺炎疫情，学院分别从心态调研、援助热线、科普宣传和资政报告四方面组织心理战疫。心理援助热线快速升级为教育部华中师范大学心理援助热线平台，为打赢疫情防控阻击战提供了重要心理支撑，获国务院联防联控机制和孙春兰副总理的高度肯定。因在心理战“疫”方面的突出贡献，学院获评湖北省抗击新冠肺炎疫情先进集体、湖北省先进基层党组织等荣誉奖励。

6. 智库建设简况

我校现拥有 7 个重点建设的智库机构，其中 1 个教育部首批签约的中国特色新型高校智库（中国农村研究院）、1 个省部共建的协同创新中心（信息化与基础教育均衡发展省部共建协同创新中心）、2 个省级智库（湖北省文化体制改革智库、湖北社会建设研究院）、2 个教育部国别和区域研究备案中心（中印尼人文交流研究中心、台港澳与东亚研究中心）、1个与湖北省教育厅、长江出版集团合作共建的社会智库（国家教育治理研究院）；中国农村研究院、国家文化产业研究中心、国家教育治理研究院（长江教育研究院）入选了中国智库索引（CTTI）来源智库；还有11个具有智库功能的省部级人文社科重点研究基地。中国农村研究院2018年以A＋等级进入CTTI高校智库百强榜，同时，《中国农村调查》系列报告（著作）入选CTTI2018年度精品成果，国家教育治理研究院（长江教育研究院）入选中国社会科学评价研究院“2017年度中国核心智库”，在2018年中国教育智库索引社会类智库PAI值评分榜全国第二。一批报告获得高级别领导人批示或被相关部委采纳，其中周洪宇、付卫东撰写的政策咨询报告被民进中央常务副主席蔡达峰批示，该成果还被《光明日报》评为全国十大智库优秀成果之一。

四、学术出版机构与学术刊物

（一）华中师范大学出版社

1985年1月17日，文化部批复了教育部关于申请成立十二家大学出版社的函件，华中师范学院开始筹建出版社。2月出版社正式成立，邓宗琦副院长兼任出版社社长，陶军顾问兼任总编辑。同年8月，华中师范学院经国家教委批准更名为华中师范大学，出版社随即更名为华中师范大学出版社。

华中师范大学出版社是教育部直属的师范大学出版社，是一所集文科、理科、艺术各科，包括高等教育、中等教育和基础教育的多学科、多层次的综合性大学出版社。2010年出版社完成转企改制，注册为华中师范大学出版社有限责任公司。出版社坚持“举师范旗帜，铸教育品牌”的理念，秉承“为学校教学科研服务，为师范教育服务，为基础教育服务”的宗旨，开发了大量以学术专著、大学教材、中小学教材、中小学教辅为主导产品的特色出版物。其中，《社会主义：20世纪的回顾与前瞻》《稳定性的数学理论及应用》《集体背景下的乡村治理》《少儿学拼音》《张舜徽集》《辛亥革命百年纪念文库》等图书或电子出版物获得包括中宣部“五个一工程”奖、中国图书奖、国家电子出版物奖提名奖、中华优秀出版物奖等在内的多个国家级出版奖项；出版的学术专著、高校教材获得各级各类教学、科研成果奖励数百项。

出版社推出了以《韦卓民全集》《张舜徽集》《钱基博集》《杨东莼文集》《章开沅文集》等为代表的大型人物文集以及教授文库、青年教师文丛。《高考改革研究丛书》《高等教育与社会发展论丛》《辛亥革命百年纪念文库》《湖北英烈文存》《中国农村调查》等源于优势学科的精品学术系列，多次获得国家或省级出版基金资助，取得了很好的社会效益。同时，出版社突出师范优势，打造教育品牌，开发了包括幼教、中小学教材教辅、中职及大学教材在内的众多优质教育图书。其中，一些特色课程教材如《民间文学教程》《中国古典文献学》《英语词汇学教程》《信息技术与教育教学深度融合系列丛书》等广受好评。以《重难点手册》《考点同步解读》为代表的品牌教辅深入人心、畅销不衰。

出版社重视国际文化交流，积极开展版权贸易。近年来，出版社向包括日本、韩国、越南等在内的多个国家或地区输出版权，部分译本获得多项奖励或资助，如《1914 涩泽荣一中国行》日文版获评输出版优秀图书，《中国民间故事经典》韩文版入选“经典中国国际出版工程”，《现代中国诗词经典（诗卷）》和《中国现代文学思潮史》阿拉伯文版入选“丝路书香工程”等。

（二）学术期刊

华中师范大学的期刊建设和发展有着悠久的历史和深厚的文化底蕴，在办学的各个历史时期都有自己的主校刊或学术报刊。这些刊物中，有的是为了宣传学校教育事业，有的是为了传播文化知识，有的是为了发布新闻通讯动态，有的是为了宣传介绍学术成果，无论当时办刊的目的宗旨与功能性质有何不同，都是为了适应当时的时代背景，为国家教育振兴、学校事业发展以及科研成果的展示普及而发声的，直至后来的学术期刊逐步走向规范化和专业化，我校的学术话语阵地逐渐建立并得以巩固。

文华大学时期，学校主要创办了两份刊物。第一份是 1906 年创办的《文华评论》（*The Boone Reviews*）英文季刊，取代了 1901 年的手抄校刊《文华年鉴》，用来记载文华的大事，向外界宣传文华的事业。《文华评论》的出版发行，是文华大学发展的一个标志。它不仅是外界了解文华大学的媒介，也是文华大学校友会的喉舌，同时还是一种有利于在校学生提高英语水平的读物。1911 年，文华大学校长翟雅各正式委任了《文华评论》首届编委会，办刊性质由师生共办转为学生自办。另一份期刊《文华学界》，则是日知会重要成员余日章于 1905 年在校内指导学生创办的定期刊物，主要登载宣传进步思潮的文章。

华中大学时期，国文学会创办了《读书胜录月刊》《苍洱月刊》，英文学会创办了《洱海英文月刊》，理学院的科学会定期出版《科学文摘》，无线电学会创办了《每日新闻》。1938 年，学校西迁广西桂林，于当年 10 月 1 日出版校刊"迁桂专号"，定名《华大桂声》。时任华中大学校长的韦卓民先生为专号题写刊头。《华大桂声》在桂林出版一卷二期，1939 年 4 月 25 日随校迁昆明出版，更名为《华大滇声》。

中华大学时期，学术刊物《光华学报》于 1915 年 5 月 1 日创刊，专门部教员刘树仁任主编，主要刊载本校师生的学术研究成果，成为武汉地区传播新思想、新文化的重要阵地。同年 8 月，期刊因首期"诋责政府交涉失败"而被警察厅禁止出版。《光华学报》复刊后于 1916 年出版了第 2、第 3 期。自第 4 期起，期刊交由学生自办。1917 年 2 月，恽代英主编的《光华学报》第 4 期出刊，刊物密切配合了方兴未艾的新文化运动。抗战期间，学校在武汉创办《中华周刊》之后，又在重庆创办了颇具影响力的学术性金融专业杂志《金融知识》，由中华大学兼职教授、著名经济与金融专家刘攻云、杨荫溥主编。

中原大学时期，校刊《改造》于 1949 年 3 月 1 日创刊。《改造》系周刊，由朱凡兼任校刊委员会主任委员，俞林兼任编委会主任委员，甘莲笙兼负出版发行之责。至 6 月迁往武昌之前，该刊共发行了 12 期，较好地发挥了宣传作用。同年 9 月，学校为丰富文化生活、交流有关经验，在校刊《改造》的基础上创办了校报《中大生活》（5 日刊），由朱明远任主编。校报版面活泼，形式多样，投稿者踊跃，发挥了良好的宣传作用。

华中师范学院时期，为鼓励、促进教育科学研究工作，并及时推出师生的教育科研成果、教学改革信息，1954 年底，教务处筹备出版了《教学与研究》杂志。这份刊物对交流经验、传播信息、促进教学起了重要的作用。1955 年 2 月，学校学术性刊物《华中师院学报》创刊号出版，杨东莼任临时编辑委员会主任委员。从 1955 年到 1957 年，《学报》共出版 6 期，刊发论文、译文 62 篇，约 100 万字。1966 年，受“文化大革命”影响，学院宣传部出版的《战斗报》代替了《华中师院学报》，学院其他一切刊物均被查封。“文化大革命”之后，学校恢复开办《华中师院学报》，还陆续创办了《高教研究》《当代文学通讯》《辛亥革命史丛刊》《中国历史文献研究集刊》《社会主义研究》《外国文学研究》《教育研究与实验》《数学通讯》《语文教学与研究》《中小学外语》（英文版和俄文版两种）《印度史资料》《粒子物理（英文版）》《华中师范学院研究生学报》《华中师范学院大学生学报》以及《摇篮》等 19 种期刊。

更名华中师范大学以后，学校期刊建设取得了显著成效。近年来，在政策扶持和期刊集群优势的推动下，学校培育出一系列品牌期刊，在国内期刊界具有较高的美誉度和影响力，国际影响力也不断提升。《华中师范大学学报（人文社会科学版）》2015 年入选“中国国际影响力优秀学术期刊”并荣获“湖北最具影响力十大人文社科学术期刊”称号，2017 年连续第三次入选“全国百强期刊”，2019 年入选“全国高校社科名刊”；《华中师范大学学报（自然科学版）》被评为中科双效期刊和 CAJ-CD 规范获奖期刊；《外国文学研究》入选“2016 中国最具国际影响力学术期刊”和“2016 中国国际影响力优秀学术期刊”；《教育研究与试验》2017 年入选“湖北省期刊特色栏目”；《中学生英语》在 2017 年数字阅读影响力期刊 TOP100 教育教学类阅读排行第 19 名，并多次入选全国“中小学图书馆馆配期刊”。2012 年，《华中师范大学学报（人文社会科学版）》《外国文学研究》《教育与经济》《社会主义研究》被列入国家社科基金资助期刊名单，上述四种期刊以及《教育研究与实验》《汉语学报》均被收录为中国社会科学引文索引（CSSCI）来源期刊。截至 2023 年底，华中师范大学共有教育部等部门主管人文社科类期刊 13 种，自然科学类期刊 2 种。具体办刊情况如下：

1. 人文社科类期刊

（1）华中师范大学学报（人文社会科学版）

《华中师范大学学报（人文社会科学版）》创刊于 1955 年 2 月，是教育部主管、华中师范大学主办的人文社会科学综合性学术刊物，1978 年在全国首批获准向国内外公开发行。1995 年第一批进入中文核心期刊目录；2006 年入选教育部名刊工程；2012 年首批入选国家社科基金资助期刊，并获“湖北十大名刊”称号；2013 年，获湖北省政府出版奖，并入选国家“百强社科期刊”。

期刊坚持以人文情怀办人文名刊，关注社会改革与发展中的重大现实课题与前沿理论问题，致力于学术研究的历史积累和理论创新，传播有创造性的、高水平的最新科研成果。依靠学校学科优势，立足学术前沿，打造名刊品牌。在南京大学 CSSCI（中文社会科学引文索引）（2014—2015 年版）的来源期刊统计中，本刊位居高校学报类中第 3 名；在中国科学评价中心发布的《中国人文社会科学核心期刊要览（2013 年版）》中，本刊排在全国综合性人文社会科学核心期刊类第 4 名；被《新华文摘》《中国社会科学文摘》《高等学校文科学术文摘》转载总数位居全国人文社科综合性期刊前列。

从 2013 年起，期刊编辑部创办《华中师范大学学报 · 政治与社会》英文专刊，突出中国政治与社会问题研究，以发表英文写作原发稿件为主，择优翻译《华中师范大学学报（人文社会科学版）》少量相关文章。英文专刊于 2014 年 5 月与德国斯普林格出版公司签署正式协议，以开放获取形式向全球正式发行，这是本期刊迈向国际化的坚实一步。

（2）教育与经济

《教育与经济》是中国教育经济学学科权威期刊，该刊创办于 1985 年，由教育部主管、华中师范大学和中国教育经济学研究会联合主办。期刊已连续多年被国内权威检索机构和政府期刊管理部门收录或评为“中文社会科学引文索引（CSSCI）来源期刊”“全国中文核心期刊”“中国人文社会科学核心期刊”“中国社会科学期刊精品数据库来源期刊”“RCCSE 中国核心学术期刊”，多年来一直被湖北省新闻出版局评为湖北省优秀期刊，2012 年成为国家社科基金资助期刊，2015

年被国家社科基金办评定为优良期刊，再次获得社科基金专项资助。2013 年以来由季刊改为双月刊。

自创刊以来，期刊始终坚持创建具有中国特色的教育经济理论、为我国教育改革和发展服务、为教育经济学学科建设服务的办刊宗旨，立足我国实际，紧密结合学科特点，推出了一大批教育经济重大课题研究成果和国内外教育经济学界的原创性优秀研究成果，一些优秀学术成果在我国教育资政、实践和学科建设中产生了重要的作用及影响，成为我国各级教育行政部门、学校和国内外教育经济学者探讨教育经济基本理论，研究教育经济现实问题的必备刊物，也是国外教育经济学界了解我国教育经济学研究现状的重要载体。期刊发行遍及全球，网络传播的国际用户机构和个人读者分布在 27 个国家和地区，是国际教育经济学界十分关注的一份拥有世界影响力的学术期刊。

（3）社会主义研究

《社会主义研究》于 1978 年创刊，该刊为教育部主管、华中师范大学主办的双月刊，是同类专业期刊中创刊较早的刊物。

《社会主义研究》是伴随着改革开放成长起来的马克思主义专业学术期刊。期刊现为国家社科基金资助学术期刊，中国社会科学引文索引（CSSCI）来源期刊、中国人文社会科学核心期刊、全国中文核心期刊。《社会主义研究》常设《理论热点聚焦》《科学社会主义历史与理论研究》《中国特色社会主义理论与实践研究》《中国国家治理现代化与城乡基层治理研究》《国外社会主义理论与实践研究》《全球治理与中国国家安全研究》等栏目，并一直坚持“用大情怀、大精神办大气刊物；用规划思维、开放精神办经典刊物；用专业精神和专业素养办规范刊物”的办刊理念，凸显刊物选文用文“宏观性，大视野，学理性”的特色，始终把推进马克思主义研究，服务于中国特色社会主义理论研究和宣传，服务于中国特色社会主义建设实践作为办刊宗旨，凸显刊物的学术功能和宣传功能的有机统一，通过重大选题和栏目设置推动学界对科学社会主义理论、马克思主义中国化理论成果、中国特色社会主义理论与实践的基础性、前沿性问题的研究，目前已成为马克思主义学科、政治学学科领域重要的学术理论平台和理论宣传阵地。

（4）外国文学研究

《外国文学研究》是教育部主管、华中师范大学主办的学术期刊。期刊于 1978 年 9 月创刊，是改革开放以来我国外国文学界最早创办的学术性期刊；最初为季刊，2003 年起改为双月刊，至今已发行近 200 期。《外国文学研究》组建并不断调整国际化的编委会，邀请来自中国、美国、英国、法国、俄罗斯、奥地利、挪威、比利时、爱沙尼亚、日本、韩国的 33 位著名学者担任编委。

《外国文学研究》一直致力于构建中外学术交流的平台，杂志在国内外的学术影响力持续提升，不仅被中国社会科学引文索引（CSSCI）来源期刊、《中文核心期刊要目总览》《中国人文社会科学核心期刊要览》《美国艺术与人文科学引文索引（A&HCI，2005—2016）》《MLA 国际文献目录》《英国语言文学年鉴（ABELL）》及 *SCOPUS*、*EBSCO* 等国内外权威检索机构收录，而且于 2012 年获得国家社科基金第一批学术期刊资助，2014 年被评为中国人文社科期刊综合评价文学类权威期刊，2013 和 2016 年入选中国最具国际影响力学术期刊，2018 和 2020 年被评为“中国人文社会科学期刊 AMI 综合评价”A 刊核心期刊，2020 年入选中国国际影响力优秀学术期刊。《外国文学研究》以建设具有鲜明中国特色的国际名刊为目标，致力于传播中国话语、沟通中外学术，主要刊载国内外学者撰写的外国文学和比较文学研究领域的最新成果。近年来，杂志在国际化和民族化并重的办刊思路指导下，推出了一系列富有特色、呼应时代的栏目，如《学术访谈》《中外学者对话》《文学伦理学批评》《诗歌与诗学研究》《文学前沿问题研究》《文学跨学科研究》《国家社科基金重大项目成果专栏》等，在打造国际名刊的道路上一次次突破新高，为中国学术走出去、争取国际学术话语权作出了贡献。

（5）教育研究与实验

《教育研究与实验》创刊于 1982 年，是教育部主管、华中师范大学主办、国内外公开发行的综合性教育理论学术期刊。《教育研究与实验》是第一批进入中国社会科学引文索引（CSSCI）及《中国人文社会科学核心期刊要览》检索系统的学术期刊，是《新华文摘》《高等学校文科学术文摘》《中国社会科学文摘》《人大复印报刊资料》《教育科学文摘》等文摘报刊的重要来源刊。

《教育研究与实验》始终秉持“立足中国国情，结合教育实际，瞄准理论前沿，服务基础教育”的办刊宗旨，同时坚持“学术无禁区，舆论有导向”的办刊原则，辟有《教育沉思录》《道德教育研究》《教育基本理论研究》《课程与教学论研究》《信息化与教育变革》《教师教育研究》《教育纵横谈》《教育心理研究》《教育实验研究》等栏目，关注重大的教育理论与现实问题，积极推介鲜活的教育实验成果。《教育研究与实验》在业内具有良好的学术声誉，得到国内外众多高校的认可。除国内订户外，还广泛发布于北美、澳洲、欧洲、韩国、日本、东南亚等 32 个国家或地区。

（6）汉语学报

《汉语学报》(季刊) 是由教育部主管、华中师范大学主办、华中师范大学语言与语言教育研究中心主编、商务印书馆出版、国内外公开发行的语言学核心期刊，是《中文社会科学引文索引（CSSCI）》来源期刊，曾荣获湖北省第六届优秀期刊奖。首任主编为邢福义先生。

《汉语学报》的前身，最早是内部印刷发行的《语言学通讯》，后来成为用文集形式出版的《汉语学报》。《语言学通讯》于 1985 年创刊，文集形式的《汉语学报》于 2000 年开始由湖北教育出版社出版，每年出版上卷和下卷，每卷 30 余万字，连续出版了三年六卷。2004 年 1 月，经中华人民共和国新闻出版总署批准，《汉语学报》季刊正式出刊，其宗旨以汉语为研究对象，致力于事实的发掘和规律的揭示，致力于理论的探讨和方法的探索；促进汉语的母语教学和对外教学，积极推进语言信息处理和语文现代化。在问题研究上，注重客观性；在理论方法上，赏扬思考性；在文稿内容上，加强沟通性；在作者队伍上，坚持开放性；在学术气度上，主张容纳性；在成果效应上，讲求实践性。

（7）教师教育论坛

《教师教育论坛》是由教育部主管、华中师范大学主办、国内外公开出版发行的教育类期刊。期刊以“研究教育问题，关注教师成长”为办刊宗旨，并将始终聚焦教师教育，服务教师教育。2015 年《教师教育论坛》正式分为高教版和普教版。高教版开设有《政策研究》《专业发展》《教师培训》《师德透视》《课程教学》《调研报告》《国际视域》《博士论坛》《特别访谈》《专题研究》《教育随笔》《品书荐书》等栏目。普教版开设有《名家访谈》《专题报道》《热点争鸣》《政策资讯》《专业发展》《师德透视》《教师培训》《课程教学》《调研报告》《国际视域》《校长论坛》《教育随笔》《来稿精撷》《品书荐书》《名师风采》等栏目。

(8) 高等继续教育学报

《高等继续教育学报》创刊于1987年，是由教育部主管的双月刊。分为自然科学版和哲学社会科学版。由华中师范大学主办，湖北师范学院、江汉大学、长江大学、黄冈师范学院、襄樊学院、孝感学院、湖北教育学院、郧阳高等师范专科学校等院校协办。本刊以大学成人教育、网络教育、职业教育本专科学生的学习指导和教师教育为己任，服务教学、引导自学、积极传授与交流创新。

(9) 教育财会研究

《教育财会研究》创刊于1989年，是由教育部主管、中国教育会计学会、华中师范大学主办的刊物，1996年由季刊改为双月刊，2017年入选原国家新闻出版广电总局第二批认定学术期刊。是中华人民共和国新闻出版总署正式批准公开发行的优秀学术期刊。

《教育财会研究》坚持为社会主义服务的方向，坚持以马克思列宁主义、毛泽东思想和邓小平理论为指导，贯彻“百花齐放、百家争鸣”和“古为今用、洋为中用”的方针，坚持实事求是、理论与实际相结合的学风，传播科学文化知识，弘扬中华民族科学文化，促进国际科学文化交流，探索防灾科技教育、教学及管理诸方面的规律，活跃教学与科研的学术风气，为教学与科研服务。《教育财会研究》设有《理论探讨》《人力资源会计》《高校贷款》《教育成本》《高等教育财会》《基础教育财会》《会计电算化》等栏目，主要发表反映教育财务与会计研究成果和动态的文章。

(10) 外国语文研究

《外国语文研究》是原国家新闻出版广电总局批准和认定、华中师范大学主办、华中师范大学外国语学院承办的外语类学术理论期刊，双月出版，国内外公开发行。《外国语文研究》主要刊登外国文学与文化研究、文学与文化的翻译与传播研究、世界文学教育研究等领域的原创学术论文。

《外国语文研究》作为外语类科研成果发表的媒介，努力通过组织学术会议、设置具有学科创新性的学术研究议题，引领、推进和深化学界对相关议题的讨论，主动约请名家（包括院士、知名博士生导师和其他专家）组稿、投稿，以名家名稿的效应带动相关议题的拓展和深化，在外国语言文学和文化前沿领域起到积极的引领作用，在学界的美誉度高。《外国语文研究》目前已推出《族裔文学研究》《诗歌研究》《中国现当代文学翻译研究》和《典籍翻译研究》等特色栏目，受到学界一致好评与广泛关注。为了扩大自身在外语专业的影响力，从2018年到2021年，《外国语文研究》主办或协办了多次国际性或全国性学术会议，包括每年定期举办的中美诗歌诗学国际学术研讨会、族裔文学国际研讨会、桂子山翻译高层论坛等重要学术专题研讨会，将学术成果发表媒介前移至推动国际学术成果的产出与交流。本刊还专门举办了期刊建设研讨会，邀请国内外专家学者为本刊发展提供指导和咨询。在中国科学评价研究中心（RCCSE）推出的《中国学术期刊评价研究报告（第六版）》中，《外国语文研究》被评为“RCCSE中国准核心期刊（B+）”，在2020年RCCSE中国学术期刊排行榜文学学科类别55个期刊中排名第22位，在其中的外国文学学科期刊中排名第6，排名优于部分CSSCI来源期刊。

（11）语文教学与研究

《语文教学与研究》创刊于1973年，由教育部主管、华中师范大学主办，是全国教育类中文核心期刊，也是我国最早的老牌语文刊物之一。刊物分上半月刊和下半月刊。

期刊开设教研天地、综合天地和读写天地三个版块，包括《语文教材研究》《教学法探讨》《阅读与训练》《作文教学》《汉语学习与运用》《青年教师之页》《疑难解答》等栏目。期刊分别以“强化理论色彩，突出探索意识，推动创新教育”“关注语文现状、传播研究成果、促进语文发展”为宗旨，全方位关注中国语文教改教研。自1999年以来，刊物所发文章有100余篇被《新华文摘》《人大报刊复印资料》等全文转载。

（12）中学生英语

《中学生英语》杂志社创刊于1983年，是由教育部主管、华中师范大学主办、全国创刊最早的中学英语教辅类期刊。自创刊以来，期刊以其高品位、高质量、高效率的办刊特色、高素质的办刊人才以及高标准的办刊方向享誉全国，赢得了广大读者朋友的普遍赞扬和喜爱。主要栏目包括《语言学研究》《语言研究》《外语教育》《翻译研究》《外国文学研究》《书刊评介》等。期刊文章被中国知网、“万方数据——数字化期刊群”“中国核心期刊（遴选）数据库”“中国期刊网”全文收录。

（13）中学俄语

《中学俄语》是教育部主管、华中师范大学主办的全国唯一面向中学俄语教学的教辅类期刊。它融知识性、科学性、可读性为一体，是中学生学习、备考、解惑释疑必不可少的参考资料，是中学教师开展教改、教研活动的园地，是国家俄语教程改革的一名尖兵。期刊连续几年被评为国家新闻出版总署主办的“中国外语教学期刊质量检测网络”入网优秀期刊，并荣获“期刊质量免检”资格。期刊主要栏目包括《初学者园地》《初高中同步练习》《中考备考》《阅读训练》《听力训练》《语言知识》《高考备考》《帮你复习》《高中生信箱》《写作训练》《教学研究》等。

2. 自然科学类期刊

（1）华中师范大学学报（自然科学版）

1955 年 2 月，《华中师范学院学报》创刊。创刊号为文理合刊，全年出版 2 期，均为文理合刊。其间几经停刊，1975 年自然科学版复刊，第一、二期合刊出版。1976 年起期刊以半年刊形式出刊，每年出版 2 期。1980 年期刊改为季刊，全年出版 4 期，国内发行。2012 年期刊改为双月刊。

自 1986 年以来期刊多次获得中国高校优秀科技期刊、湖北省优秀期刊等荣誉。1996 年至今，期刊被列入《中文核心期刊要目总览》来源期刊，并获“1996 年国家教委系统优秀科技期刊”二等奖。从 2010 年起至今，被收录为“中国科技核心期刊”（中国科技论文统计源期刊）。2011 年期刊与美国《史蒂芬斯全文数据库》（EBSCOhost）签订协议，被该数据库全文收录。从 2019 年起本期刊被中国科学引文数据库（CSCD）和《中国学术期刊文摘》数据库收录（CSAD）。

（2）数学通讯

《数学通讯》的前身为《中等算学月刊》，创刊于 1933 年 1 月，办刊宗旨是振兴民族文化："提倡中等算学以为一切学术的基础的观念出发，以从事数学问题的讨论，以求改良的方法，努力的途径，进而期待创造贡献于世界文化的学术，以求民族的复兴。"共出刊 48 期，总容量超过 200 万字。

1952 年 1 月起，《中等算学月刊》改名为《数学通讯》，办刊地址在武汉大学，由我校李修睦教授负责管理。从 1952 年至 1958 年 8 月，共出刊 100 余期，后因故停刊。1980 年 2 月，《数学通讯》重新复刊，当时为月刊，编辑部设置在华中师范学院数学系，由李修睦教授任主编。复刊后的《数学通讯》明确提出了"面向中学，服务教学，重视普及，着眼提高"的办刊宗旨，连续三次被评定为全国初等/中等教育类核心期刊（1992 年、1996 年、2000 年）。从 2000 年 1 月开始，《数学通讯》改月刊为半月刊。刊物一直以服务中学数学的教与学为己任，刊登中学数学教师在专业发展、理论研究、课堂教学、解题方法、学法指导、复习备考、数学竞赛、数学文化和数学史等方面的研究成果，是广大中学数学教师、数学教研员、师范院校数学专业师生及其他数学爱好者的良师益友，深受广大读者和作者的支持和喜爱。

五、科学研究管理创新

随着办学目标和办学思路的不断调整，科学研究也逐渐受到学校重视。在科研活动经历了从数量到质量，由自发到有组织的转变之后，学校科研发展对科研管理工作提出了更高的要求，为了更好地服务学校科研工作，科研管理必须不断改革创新。

（一）不同时期的办学目标和科研定位

"七五"期间学校出台了《华中师范大学"五定"方案》，确定今后学校发展的目标是"按照着重巩固提高，在提高中逐步发展的方案，用 10 到 15 年或者更长一些时间，建成高水平的包括文、理、教、管、艺、体综合发展的师范大学，使华中师范大学成为我国首先是中南地区培养'四有'人才和开展科学研究的重要基地之一"。这段时期的目标定位主要是培养人才和师资队伍，"五定"方案首次将学校发展目标定位于“开展科学研究的重要基地之一”。

在《华中师范大学“八五”计划和十年规划纲要》中，学校确定了总体发展目标是“在改革开放环境中，全面贯彻党的教育方针，坚持社会主义办学方向，继续加强党的建设和思想政治工作，加强校风建设、学科建设和师资队伍建设，增强学术实力和经济实力，把培养社会主义的建设者和接班人作为学校的根本任务”。“八五”规划的办学目标依然是加强学校学科、师资、学术、经济建设，把培养人才作为根本任务。

《华中师范大学“九五”计划和2010年远景目标规划》确定总体发展目标是“努力把我校建设成为培养高质量师资，具有鲜明特色和明显区域优势的国内一流、国际上有一定影响力的社会主义师范大学”。“九五”规划比较明显地将学校定位于师范类大学，目标是培养高质量的师资。

《华中师范大学“十五”事业发展计划》确定总体发展目标是“坚持社会主义办学方向，适应国家社会、经济、文化发展需要，努力把我校建成若干学科国内一流并有一定国际影响，教师教育特色鲜明，综合性、开放式的教学科研型大学”。“十五”规划则首次将学校办学定位于“教师教育特色鲜明”，同时又是“综合性、开放式的教学科研型大学”。

在学校党委2003年8月召开的“仙桃会议”上，学校首次提出了“教师教育特色鲜明的综合性研究型大学”的学校发展目标，明确了学校由教学科研型大学向综合性研究型大学的转变。“综合性”是指学校学科门类比较齐全，综合优势明显，能够为学科交叉渗透、开展跨学科研究和培养具有综合素质的创新型人才提供学科基础；“研究型”是指学校以学术创新和知识生产、传播、应用为中心，以培养高层次精英人才和产出高水平科研成果为目标，成为国家人才培养和学科研究的重要基地，在社会发展、经济建设、科技进步和文化繁荣等方面发挥重要作用；“特色鲜明”首先是指教师教育特色，在学校建设和发展过程中，要始终保持和不断巩固教师教育的领先地位，成为我国教师教育方面的探索者、领路者和示范者，同时还包括浓郁的人文科学特色、日益扩大的国际化特色和有选择的理工科发展策略。

《华中师范大学教育事业“十一五”规划》确定学校2006年至

2010 年的总体目标是“实现教育事业的快速健康发展和整体实力的全面提升，取得建设教师教育特色鲜明的综合性研究型大学的重要阶段性进展”。科学研究的主要目标是，坚持“加强原创，鼓励交叉、聚集人才，强化组织，科教结合，贡献社会”的指导原则，坚持“人才、基地和项目三结合”的发展原则，建立自由探索式研究、战略高技术研究和有组织重大科研相结合的学校科技创新体系，建成一批高水平研究基地。坚持基础研究和应用研究相结合，坚持产、学、研合作，加快科技成果转化和产业化工作，形成学校全方位、多层次面向经济社会发展服务的新格局，为国家现代化提供强有力的科研支撑和人才支撑。创新科研体制和机制，形成资源优化配置、充满活力的知识创新体系。

2008 年 11 月 18 日下午，在全校中层干部学习贯彻党的十七大精神集中报告会总结大会上，党委书记丁烈云作了《统一思想 凝聚力量 推动学校各项事业又好又快发展》的总结报告。在报告中，丁烈云指出，学校今后四年的总体发展目标为建设教师教育特色鲜明的综合性研究型高水平大学。这是我校第一次提出建设高水平大学的发展目标。

2009 年 1 月 11 日，华中师范大学第十次党代会明确了从 2009 年至 2012 年，学校发展的重点是学术水平和管理水平进一步上台阶，建设教师教育特色鲜明的综合性研究型高水平大学。所谓学术水平上台阶，是指大学术观下包括发现的学术、整合的学术、应用的学术和教学的学术在内的整体学术水平上台阶，即本科教育教学质量显著提高，成为国家培养具有教育家素质的骨干教师的摇篮和培养适应社会需要的创新性复合型人才的基地，研究生教育质量整体提升，人文社会科学整体实力力争进入全国十强，理科部分学科接近或达到国内一流水平，工科学科特色明显，在国内有较大影响，教师教育特色更加突出；科研自主创新能力不断增强，在基础研究领域和国家重大需求的应用性研究领域取得一批有重要影响的标志性成果；社会服务水平进一步提高，成为促进国家和地方经济社会发展重要的“思想库”“智囊团”及精神产品的研发与转化基地和以文化产业为特色的区域创新体系的领头羊。

《华中师范大学教育事业“十二五”规划》指出“十二五”期间的发展思路是：学校要以科学发展为主题，以改革创新为动力，以全面提高教育质量为核心，着力实施第十次党代会提出的学术立校、管理兴校、特色强校、开放活校和文化荣校五大战略，坚持“一体两翼”，建设有特色、高水平大学的工作思路，突出抓好学科建设、人才队伍建设、科学研究、人才培养、教师教育、国际合作与交流、校园文化建设、现代大学制度建设八项重点工作，实现新发展、新跨越，力争早日实现建设教师教育特色鲜明的高水平大学的奋斗目标。

本《规划》明确了学科建设的重点要求是，要继续坚持“一流的文科、高水平的理科、有特色的工科”的战略思路，贯彻“提高内涵、突出重点、促进交叉、整体提升”的建设方针，不断推进我校人才、学科、科研三位一体的协同创新，促进学科交叉融合，努力推动强势学、优势学科、新兴学科的协调、互动发展，着力提高学术水平和办学层次。科学研究的重点是，以“人才、资本、信息、技术”等创新资源和要素的协同创新为目标，大力推进科研体制机制创新，营造科研工作跨越发展的良好政策环境，增加科研投入，加快实现资源共享，加强重大项目的培育和组织管理，扩大国内外科研交流与合作，实施重点突进、交叉集成及行业特色发展战略，继续以“基地、项目、团队”建设为重点，挖掘潜力，整合优势，承担更多的重大项目，通过在重点攻关中提高科研人才队伍的整体水平，培养一批拔尖人才、高水平创新团队、创造一批重大科技成果，整体提升我校科研创新能力和核心竞争力，实现我校科研工作的新发展、新突破。

《华中师范大学教育事业“十三五”规划》确定学校总体目标是，到 2020 年，学校教师教育办学特色更加鲜明，若干学科跻身世界一流行列，学校社会影响力和国际竞争力显著提升，整体实力位居全国高校前列，为早日实现学校第十一次党代会确定的“教师教育特色鲜明的研究型高水平大学”的发展目标奠定坚实的基础。

科学研究目标是，到 2020 年学校力争年度科研经费突破 4 亿元，其中文科年度经费突破 1 亿元。人文社科承担国家和教育部社科基金年度项目数稳定在全国高校前八位，获教育部人文社科优秀成果奖一、二等奖数量位居全国高校前十名，获批国家级和部级智库 1 到 2 个，科研整体实力进入全国高校前十名。理工科新增千万元级的重大项目 5 到 10 项，亿元级重大研究计划 1 到 2 项，新增国家三大科技奖励 1 到 2 项，新增国家级科研基地 1 到 2 个，新建省部级以上重点实验室1到2个，新增国家协同创新中心1—2个，教育部创新团队1—2个，培育新增2—3个省级创新团队，新增国家杰出青年科学基金获得者2—3人、优秀青年科学基金5—6人。

《华中师范大学教育事业“十四五”规划》确定学校总体目标是，奋力建设教师教育领先的世界一流大学，到2035年，达到教师教育全面领先，一流人才培养体系全面形成，更多学科进入世界一流学科行列，学校国际影响力全面增强，基本建成教师教育领先的世界一流大学；力争到2025年，基本形成学科发展、人才培养、学术创新、社会服务协调并进，教师教育能力持续增强，综合实力、现代化水平和国际影响力整体提升的办学新格局，为创建教师教育领先的世界一流大学奠定坚实基础；加强基础研究，强化原始创新，促进产学研用协同发展，新增国家级科研基地，增强承担国家重大项目的能力，在重要学术创新领域形成一批标志性成果，力争国家科技三大奖取得新突破。

（二）科研管理部门沿革及职能

1980年以前，学校科研管理的功能职责与教务教学基本是合二为一。1978年3月，全国科学大会在北京召开，中国科技工作终于迎来了“科学的春天”，学校领导班子积极部署，落实知识分子政策，使学校中心工作迅速转移到教学和科研上来。1980年底，华中师范学院从机构设置上实行党委和行政分开办公，当时学校科研管理部门为科研生产处，科研生产处的职能包含全校文理工科的科研项目管理、科技成果转化、重点学科建设、研究生及学位管理以及工厂管理等。为保证学校的科学研究工作顺利进行，科研生产处于1979年制定、1982年修订了《华中师范学院科学研究机构管理暂行条例》。1985年3月，《中共中央关于科学技术体制改革的决定》发布，提出了“依靠、面向”的科技方针，科技体制改革正式启动，国家科技体制从高度计划性体制向引入更多的市场机制的方向转型。

1984年9月，国务院公布了《中华人民共和国科学技术进步奖励条例》，为响应国家号召，鼓励和调动广大师生开展科学研究的积极性和创造性，华中师范学院于1985年8月制定了《华中师范学院优秀科学研究成果奖励暂行办法》，对优秀科研成果的奖励范围、奖励等级、奖励标准及奖励程序等内容做出了明确的规定。

1985年10月7日至8日，更名后的华中师范大学为了进一步明确和细化科研成果的分类，奖励在科研岗位上作出杰出贡献的科研工作者，先后出台了《华中师范大学科学技术研究成果管理办法（试行）》《华中师范大学优秀科学工作者奖励办法》两个文件。

《华中师范大学科学技术研究成果管理办法（试行）》的主要内容包括：一、对科研成果的研究类型予以明确，分为基础研究、应用研究、发展研究和教学研究四类；二、对科研成果的形式进行分类，包括专著、专利、国际学术会议论文、全国性学术会议论文、国外学术刊物、全国性学术刊物、地方性学术刊物、学校校报以及其他形式等；三、明确应用研究和发展研究通过鉴定的标准；四、对科研成果的管理实行登记制度。

《华中师范大学优秀科学工作者奖励办法》的主要内容包括：一、明确了奖励的目的；二、明确了奖励范围，包括教师、实验员、科技服务人员、科技情报资料员、科技管理人员；三、明确了奖励的标准，对直接获得科研奖励和有资格申报科研奖励的科研工作者做出了界定；四、明确了奖励的等级；五、明确了奖励的程序。

1986年学校成立华中师范大学学会工作办公室，科研处为其办公机构，自此科研处职能再次延伸。为充分发挥学校科研潜力，鼓励广大教师和科技人员积极争取各种预算外科技经费，科研处于1990年出台《关于预算外科技经费奖励提成的试行办法》，涵盖中央、省部、市级合同制科学研究项目、企（事业）单位委托项目、科技资讯服务、科技成果转让等方面。为了使科技管理工作逐步规范化，学校于1991年出台《华中师范大学自然科学研究基金管理办法》《华中师范大学科学技术研究成果管理办法》和《华中师范大学专职科研编制管理办法》等18个文件，并于1994年完成了修订，形成了促进科研协调发展的政策环境。

自1999年起，教育部开始在全国高校设立教育部人文社会科学重点研究基地，基地按照“一流”和“唯一”的标准进行建设。2000年，学校中国近代史研究所、语言与语言教育研究中心、中国农村问题研究中心（2010年教育部批准更名为“中国农村研究院”）经教育部评选审批，正式进入全国66所高校151家高等学校人文社会科学重点研究基地（科研院所）队伍序列，这标志着我校三个文科基地进入了“国家队”。为了更好服务于学校文科发展，2000 年学校筹备成立社科处，经过精心准备，社科管理队伍配备完毕，于 2001 年 4 月 9 日正式成立了社会科学处，原科研生产处改为科技与产业处。社科处自成立之后，开始积极探索发展思路，建章立制，相继制定了一系列关于人文社会科学科研管理的规章制度，奠定了良好的政策基础，为学校人文社会科学研究的快速发展提供了有力的制度保障。

2003 年，国家高等学校哲学社会科学进入了新的发展阶段，开始深入实施“高等学校哲学社会科学繁荣计划”，这是教育部、财政部贯彻落实中央精神，推进高等学校哲学社会科学发展的重大举措。同年，在学校百年校庆之际，新一届学校领导班子确定了学校的建设目标，即把华中师范大学建设成为“教师教育特色鲜明的综合性研究型高水平大学”。学校在新一轮的改革中，对科学研究的政策制定方面给予较大倾斜，人文社会科学学科的优势和特色得以彰显，整体实力逐年大幅攀升。自 2001 年至 2012 年，社科处积极开展有组织科研，一是聚焦科研发展核心指标，从科研经费、科研项目、科研成果、成果奖励、科研机构、社会服务、研究队伍等核心发展指标维度，集中力量推动人文社科学科建设和科研水平能力提升；二是提升管理服务质量水平，采取“有所为，有所不为”的服务理念，从决策方式、管理手段、制度建设等方面尝试改革与创新，曾先后三次获得“教育部社会科学科研管理先进集体（2001 年、2007 年、2012 年）”，4 人被评为‘教育部科研管理先进个人”，2 人获得“全国 R&D 资源清查先进个人”称号。“十二五”期间，社科处根据《国家中长期教育改革和发展规划纲要》以及教育部《关于深入推进高等学校哲学社会科学繁荣发展的意见》等政策文件精神，提出了实施“平台群建设计划”“创新能力发展计划”“研究成果质量提升计划”“社会服务能力拓展计划”“学术国际化推进计划”“科研管理创新计划”等具体举措，取得了较好成效。

2006 年，党中央和国务院作出了《关于实施科技规划纲要、增强自主创新能力》的决定，明确了“自主创新，重点跨越，支撑发展，引领未来”的指导方针。科技处、产业处配合学校相关部门积极推动科技体制改革，制订了《华中师范大学科研经费管理办法》《科技成果转化实施办法（试行）》《华中师范大学“中央高校基本科研业务费专项资金”管理办法（试行）》《华中师范大学“高等学校创新能力提升计划”实施方案》，合理配置科技资源，提高科研管理水平，确保科研工作高效、有序地进行。在此期间，为加强军工科研项目管理，学校于 2008 年成立了军工科研项目管理办公室。

2011 年 11 月，国家教育部、财政部出台了《高等学校哲学社会科学繁荣计划（2011—2020 年）》，进一步明确十年内的主要任务。学校在《华中师范大学教育事业“十二五”规划》中也明确了学科建设要贯彻“提高内涵、突出重点、促进交叉、整体提升”的建设方针，制定了推进人才、学科、科研三位一体协同创新，促进学科交叉融合，科研体制机制创新，重点突进、交叉集成及行业特色发展战略。2012 年，学校科技产业处、军工办与社科处合并，组建成为科研部，下设社科处、科技产业处（军工办）两个处室。为了更好地服务交叉学科研究和促进科技成果转化，学校于 2012 年和 2013 年先后成立了人文社科高等研究院和科学技术发展研究院。

科研部自成立以来，坚持学校“一流的文科、高水平的理科、有特色的工科”的战略思路，着重加强科学研究“内涵式”建设。从科研理念上，强调“大科研”观，以问题为导向，以任务为驱动开展科学研究，把握好教学与科研的互哺作用；科研组织形式上，要求由“单兵作战式”逐渐转向“协同攻关式”，形成学科集群和研究领域集群，服务国家重大需求；从科研质量水平上，根据学校科研发展现状水平，要求由“重数量”到“数量质量并重”，再到“以质量为导向”的逐步转变。2012 年至 2018 年期间，学校开展了一系列重要科研活动，例如集中资源力量组织申报国家“2011 协同创新中心”，积极建立健全 2011 协同创新体制与机制，组织论证了《华中师范大学协同创新实施方案》《华中师范大学协同创新实施办法》和学校“6＋1”配套文件，重点支持培育了 4 个 A 类协同创新中心，引导性支持 3 个 B 类协同创新中心；加快科研评价制度改革，建立健全适应新形势下的科研分类评价体系，制定和完善了一系列科研项目、科研成果、科研经费等方面的管理办法，制定同行评价、代表作制度；完成军工保密资质认证；成功举办第二届服务湖北项目对接会等等。

2016 年 5 月 17 日，习近平总书记亲自主持召开“哲学社会科学工作座谈会”，习总书记的讲话体现了党对哲学社会科学发展规律的认识达到了一个新的高度，为哲学社会科学事业繁荣发展指明了前进方向。为加快构建中国特色哲学社会科学，建立健全适应学校文科和理工科发展需求的体制机制，2018 年学校科研管理机构再次进行调整，科研部改制为科技处和社科处，同时社科处与人文社科高等研究院合并建制，成立社科处（人文社科高等研究院），科技处与科学技术发展研究院、军工项目办公室合并建制，成立科技处（科学技术发展研究院、军工项目办公室）。

自 2018 年以来国家相继出台了《国务院关于优化科研管理提升科研绩效若干措施的通知》《关于扩大高校和科研院所科研相关自主权的若干意见》等文件，通过实施创新驱动发展战略，深化科技体制改革，以激发科研人员的积极性创造性。学校科研管理部门与其他职能部门通力合作，紧扣“放管服”要求，围绕“四个面向”及科研新格局出台了《华中师范大学科研项目管理实施办法》《科研经费包干制》等一系列政策文件，加大“放”的力度，做到“能放尽放、可简尽简”，对广大科研人员比较关心的办事流程充分简化，精简申报材料，简化预算调整审批程序，扩大预算调整范围，扩大课题组间接费用支出范围，明确个人科研发展基金的定位，下放经费审批权限，提高大额资金审批起点，疏通科研活动过程中的堵点和难点，让广大科研人员有更多的成就感和获得感；同时，压缩学校和学院提取间接费用的比例，调高结余经费计提完成性绩效奖励的比例，让科研人员尽早尽多享受政策红利。

（三）科研服务创新

“七五”期间，学校抓了科研管理 10 个方面的工作，即项目管理、经费管理、成果（档案）管理、科研机构管理、学术活动管理、学术刊物管理、人才群体管理、挂靠学会管理、开发创收管理及其他工作。学校早在 1984 年上海的一次科研工作会议上第一次提出设立学校社会科学基金的观点，并于 1985 年开始酝酿，1986 年正式设立华中师范大学社会科学基金，在基金总额中又划出一定的经费设立华中师范大学青年社会科学基金，那时全国高校中仅南京大学和我校设立青年社会科学基金。至 1990 年，校青年社会科学基金承担者取得了显著的成绩，校职称评审委员会破格提拔副高职的青年教师中获校青年社会科学基金资助的占90%以上。

学校还狠抓科研管理队伍建设，在思想素质上，要求管理人员有强烈的华师意识和献身精神；在学识水平上，要求管理人员知识面宽、掌握信息量大，有相当程度的自然科学、社会科学知识和管理科学知识；在业务能力上，要求管理人员具有科研计划的组织、指挥、协调控制能力，信息捕捉、预测、决策、应变处理的能力，较强的公关能力；在工作中，对管理人员采取“大胆使用、目标管理、责任到人、纵横联系”的工作办法，并加强管理人员的民主参与意识。

“八五”期间，学校科研管理方面实行了项目基金管理、科研质量管理等方面的改革措施，大力支持和发展重点学科，积极鼓励教师拓宽学科领域，争取科研项目，以不断提高广大教师开展科研的积极性。为了加强学术梯队建设，学校相继设立了青年科学基金、学术著作出版基金，用于资助40岁以下的青年教师学术著作的出版。学校还加快了科技开发和有偿服务的步伐，积极发展校办产业，1992年学校下发了《关于加快我校科技开发、校办产业发展的试行意见》，逐步建立了科技开发和校办产业的管理制度。“八五”以来，学校已形成文科、理科、教育学科科学研究协调发展的格局，科研的整体水平显著提高。文科科研以争取项目多、发表论文论著多、成果获奖数量、多层次高为显著特点；理科科研呈向基础理论和应用科学两极延伸、向高水平迈进的态势，教育学科科学研究注重“主体教育思想研究”，加强了对基础教育特别是农村九年制义务教育的研究，形成了教育学科的鲜明特色和优势。学校还注重科技产业的产、学、研结合，初步形成了科学研究和科技开发相互促进、共同发展的局面。学校还注重学科建设和科学研究相结合，开展国际学术交流：一方面，通过举办国际学术会议扩大和提高学校学术影响力；另一方面，学校通过争取国际资助项目，开辟新的研究领域，如美国亚洲教育联合董事会资助我校教科院，成立了“特殊教育研究中心”，美国鲁斯基金会资助我校历史研究所等等。

“九五”期间，学校注重发展新兴交叉学科，学校以建立重点实验室和基础实验室的方式，投入建设经费达数千万元，重点扶持国家鼓励和大力发展的信息、生物、材料、环境等具有较好前景的应用型、交叉型学科与专业，取得了良好成效。学校站在科研强校的角度，先集中力量拿出高质量的科研成果，在已有成果的基础上不断拓展、深入，逐渐发展成优势学科。学校确立了“有所为，有所不为”的战略，以“分层次发展、分阶段投入、分类型建设”的思路，确定了国家重点学科、省级重点学科、校级重点学科的发展层次，分近期、中期、远期的资金投入规划，根据基础学科、应用学科和交叉学科的不同类型进行建设。

“十五”期间，学校紧紧围绕新的发展目标进行新一轮改革，在政策制定方面给予科研较大倾斜，具体而言包括以下举措：

一是深化科研体制改革，建立和完善科研运作机制，改革科研管理体制，建立以学术带头人为核心的科研运作机制；加强制度创新，建立完善的科研激励约束机制，通过加大科研经费的投入和科研奖励的力度，调动广大教师从事科学研究的积极性，鼓励教师争创高水平的科研成果，积极营造学术氛围和有利于科研的政策环境；完善科研管理制度，建立教师科研考核和评价体系，加强对教师科研工作量、专职科研编制、科研项目、科研经费、科研成果、知识产权等各项管理工作。二是调整研究方向，优化科研结构。以促进国家和地方经济与社会发展为目标，把握学科发展方向，立足学科前沿，根据学科建设发展需要，既保持、发扬我校人文社会科学研究的优势，又加强教育科学研究，重点扶持理工科的科学研究工作，同时加强应用学科的理论研究，重点支持新兴、交叉、边缘学科的发展，提高学校的知识创新能力。三是广开科研项目渠道，提高科研水平和质量；树立科学研究的精品意识和质量意识，积极争取各级各类重大研究项目，努力获得高质量的研究成果和高级别的科研奖励。四是加强科研队伍建设，重点加强对中青年学术带头人和学术骨干的培养，努力打造一批新一代学术带头人。五是大力加强科研基地和重点实验室建设，力争把学校三个教育部人文社会科学重点研究基地建设成为国际知名的国家级研究中心，自然科学和教育科学研究培育组建新的研究中心，按照国家重点实验室的建设标准，重点组建 2 到 3 个高水平的实验室。

“十一五”期间，学校以全国和教育部高等学校科技发展规划、全国哲学社会科学发展规划为指导，以学科和创新基地建设为突破口，以人才队伍建设为根本，坚持“加强原创、鼓励交叉、聚集人才、强化组织、教科结合、贡献社会”的指导原则，建立自由探索式研究、战略高技术研究和有组织重大科研相结合的学校科研创新体系，建成一批高水平研究基地。具体举措包括：

一是实施科研创新团队建设计划。设立交叉学科与新兴学科研究基金，支持和鼓励学科交叉研究，进行文理、文工、文理工、理工之间的跨学科研究，打破科学研究小型、自发、分散的格局，实现由个体研究向集体研究的转变，鼓励跨学术方向、跨学科、跨院系组成研究团队，重点扶持科研创新团队的建设。充分发挥学科优势，积极主动申报重大科研项目，加强项目的科学管理，加强项目申报组织动员与文本辅导，开展个性化的项目申报规范与技巧培训辅导会，提高学校承担国家和地方重大科研攻关项目的能力。建设一支有影响的科学研究队伍和一批具有国际知名度的创新群体，为争取国家级创新群体打下基础。瞄准学科发展前沿课题，产出一批具有原创性、标志性的重大科研成果。

二是实施重点研究基地、重点实验室建设计划。自然科学方面，通过逐步实施杰出创新人才工程、科技创新工程重点科研基地建设工程、科技成果转化工程以及学术环境建设工程，建立科技创新、产学研结合、科技管理三大体系，并实现从分散式科研组织形式向群体式科研组织形式转变，从单一型的学科科研方式向复合交叉型科研方式转变，从经院式科技向市场科技转变、从低科技含量向“高精尖”前沿科技转变，最终实现科技创新多元化、科技合作国际化的战略目标。人文社科方面，通过优化调整格局，重点建设 5 个左右国家级文科重点研究基地，推出 100 项学术精品成果，省部级奖励不少于 20 项，每年力争在国内外核心期刊上发表论文数排在全国前列等。

三是实施加大科研投入计划。设立基础研究专项资金，鼓励中青年学者从事基础理论研究；设立基地建设专项基金，支持已有基地的进一步发展和新基地的争取和建设；设立人文社会科学研究基金，支持人文社会科学对当代社会发展的重大理论和现实问题的研究；设立高新技术研究专项基金，支持具有良好发展前景的高新技术研究项目；开展国家纵向研究课题的配套支持，加大对国际重要检索系统收录的学术论文的奖励力度，增设专利奖。

四是实施推进科研管理体制改革工程。对科研项目实行分类管理，对研究类型不同的科研项目实行不同的管理办法和激励机制；通过强化研究基地建设，实行课题负责人制，整合科研资源和力量，促进学科间的交叉融合，增强争取国家重大课题和项目的能力；加强政策导向，鼓励教师积极争取各类横向科研课题经费；完善学校科学研究基金管理办法，加强学校知识产权的保护。

五是实施产学研一体化工程，包括完善管理体制、建立学校资本运作平台，组建华中师范大学资产经营有限责任公司，对现有校办企业进行规范，进一步明晰学校与校办企业的产权关系，理顺校办企业的管理体制；逐步建立和完善学校在创办高科技企业中的投入与撤出机制，进一步扩大和完善科技成果产业化的渠道，使学校的教学、科研与校办产业的经营走向相互促进、良性循环和规范运作的健康发展之路；积极开拓科研经费筹措渠道，积极争取国家有关部委、地方政府、金融界、企业界等社会各方面支持。

"十二五"期间，学校以"人才、资本、信息、技术"等创新资源和要素的协同创新为目标，大力推进科研体制机制创新，营造科研工作跨越发展的良好政策环境，增加科研投入，加快实现资源共享，加强重大项目的培育和组织管理，扩大国内外科研交流与合作，实施重点突进、交叉集成及行业特色发展战略，继续以"基地、项目、团队"建设为重点，挖掘潜力，整合优势，承担更多的重大项目，通过在重点攻关中提高科研人才队伍的整体水平，培养一批拔尖人才、高水平创新团队，创造一批重大科技成果，整体提升我校科研创新能力和核心竞争力，实现我校科研工作的新发展、新突破。具体举措包括以下三个方面：

一是建设高水平的科研创新团队，鼓励跨学科学术力量的集成与整合，组建研究方向明确、人员结构合理、具有承担国家重大计划项目能力的高水平科技创新团队，力争在建设国家级和省部级创新团队中有新的突破；通过体制机制创新，尤其是资源分配制度和考评体系的改革，积极推进学科创新团队建设，进一步调动广大教师开展科研创新的积极性，力争获得一大批具有国内外重大影响的科研成果。

二是推进知识创新平台建设。瞄准学科前沿，综合集成优势学科资源，形成若干水平高、资源共享的能承担国家重大科研项目的研究基地，为学科发展资源共享提供平台，引导学科形成一批具有前瞻性和良好发展前景的研究方向；紧密关注国家及地方社会发展和经济建设的需求，创新学术组织形式，积极组建各级各类虚实结合的跨学科的研究院，促进学科信息资源的共享；以国家重点学科为主体，建立科学数据中心，为基础科学研究提供信息平台。与国家、省、市共建电子图书馆和公共网络服务中心，推动科学仪器和科学数据的共享，为高水平科学研究和高层次人才培养提供平台支撑。

三是提高科研成果转化水平。坚持以服务求支持、以贡献求发展、以引领求影响的办学思路，坚持产学研合作，构建促进产学研结合的政策体系和评价体系，加速理论成果和科技成果的转化，打造优质服务品牌，进一步提升我校科技创新能力和办学实力。与更多的企事业单位建立联合实验室或中心，为国家、行业或区域经济发展提供更高质量的服务。大力推进国家数字化学习工程技术研究中心、华中师范大学国家大学科技园的管理体制和运行机制创新，整合科技资源和管理资源，打造面向教育服务业的一流的研发基地，行业共性技术的集散地，使其真正成为科技研发平台、孵化平台、创业平台和人才培养基地。

"十三五"期间，学校以国家重大需求和科学发展前沿为指引，依托重点学科和优势学科，加快国家和省部级重点实验室、工程技术研究中心、人文社科研究基地、协同创新中心以及高端智库建设，深化科研体制机制改革，集聚资源、协同创新，不断提升科研原始创新能力及科研成果转化和产业化能力，在国家和区域发展方式转变、创新体系建设中发挥更大作用。具体举措包括：

一是培育科研大平台大项目。坚持面向科学前沿、文化传承创新、行业产业及区域发展，集中优质资源重点支持，抓好若干科研大平台和一批重大科研项目的培育和建设。发挥优势和特色学科的汇聚作用，与国内外高水平的大学、科研机构等开展实质性合作，吸引和聚集国内外的优秀创新团队与优质资源，建立符合国际惯例的知识创新模式，营造良好的学术环境和氛围，持续产出原始创新成果和拔尖创新人才，逐步成为引领和主导国内甚至国际本领域科学研究与合作的学术中心。

二是促进信息化与科研的融合。汇聚优质资源，搭建高水平科研服务信息化平台，加强数字图书馆电子文献保障系统建设，遴选重点学科科研资源，建设高水平大学数字博物馆，建设重点学科信息资源汇聚平台和科研信息化公共服务平台。促进科研成果转化为优质数字教育资源，实现科研与教学的互动和对接。构建科研协作与知识共享环境，推动科研组织模式和方法创新。完善科研管理信息系统，全面覆盖科研管理各主要业务流程和关键业务环节。

三是创新科研管理机制。构建科学有效的科研平台组织架构和管理体系，打破校内外科研创新主体间的体制壁垒。推进学术特区试点建设，把人才作为协同创新的核心要素，探索促进协同创新的人事管理制度，建立以任务为牵引的人员聘用方式，增强对国内外优秀人才的吸引力和凝聚力，造就协同创新的领军人才与团队。通过系统改革，充分释放人才、资本、信息、技术等方面的活力，营造有利于协同创新的环境氛围。改变单纯以论文、获奖数量为主的考核评价方式，确立质量第一的评价导向，形成以创新质量和贡献为导向的评价机制。注重原始创新和解决国家重大需求的实效，建立综合评价机制和退出机制，鼓励竞争，动态发展。

“十四五”以来，学校科研工作的主要任务是坚持面向世界科技前沿、经济主战场、国家重大需求和人民生命健康，深刻把握全球范围基础研究、科技发展、产业变革前沿趋势，以服务国家重大战略为使命，以解决人类重大理论和现实问题为追求，提高学术品质内涵，完善学术创新组织方式和运行管理机制，涵育优良学术生态，激发师生学术创新进取精神，显著提升我校学术影响力和国际声誉。具体目标包括：

一是深化科研机制体制改革。完善重大科研项目培育机制，加强基础研究建设，重点在培育、产出一批基础性原创性研究成果和有影响有分量的代表性成果和标志性成果。推进基于互联网、大数据、区块链、人工智能等现代信息技术的科研组织方式创新，围绕重大方向和领域组织学术团队和梯队，形成可持续发展的学术体系。建立健全支撑重大科研任务的制度体系、管理服务体系和评价体系。建立大科研管理体系，完善以信任为前提的科研管理机制，深化科研“放管服”改革，优化科研管理、服务、组织、策划和协调。完善配套激励政策，推进军民融合教育科技创新。实施部级、省级、校级实体和虚体研究机构的有效整合，推进多学科协同创新，推动搭建 10 个科研大平台，与武汉市共同推进国家创新中心的申报。

二是推动哲学社会科学高质量发展。加强当代中国马克思主义、21 世纪马克思主义的理论研究，深入推动习近平新时代中国特色社会主义思想的研究阐释，打造马克思主义理论教学、研究、宣传和人才培养的坚强阵地，推进马克思主义中国化、时代化、大众化，形成华中师范大学马克思主义理论和习近平新时代中国特色社会主义思想研究的品牌。重点培育田野政治学、基层与地方治理、现代汉语语法研究领域，以及中国现当代文学、马列文论与文学批评、中国历史上的国家与社会、中国近现代经济与社会、教育信息化变革与创新、教育政策与治理、科学社会主义与 21 世纪马克思主义等 10 个具有可持续性发展能力的高层次学术团队。推动具有中国特色的哲学社会科学体系建设，提升学术原创能力。聚焦重大基础理论问题，对接国家重大发展战略，瞄准经济社会发展热点难点问题，组织开展持续性、协同性、创新性研究。策划举办系列高端国际学术活动，组织出版一批具有重要学术价值的著作，加强学报等高水平期刊建设，不断提升学校学术声誉。

三是提升理工科承接重大科研任务能力。一方面，提升承接重大科研任务能力。聚焦关键共性技术、前沿引领技术、现代工程技术、颠覆性技术，提前谋划、系统布局。强化多学科交叉融合和多技术领域集成创新，承担国家科技创新重大重点任务。另一方面，加强对国家重大重点科研任务培育，对资金、设备、平台等科研资源进行动态调整与优化，统筹科研力量。发挥学科影响力，明确科技创新方向，争取国家重大科研规划和重大项目指南的研讨、编写工作。力争“十四五”期间，国家级科技三大奖和国际学术大奖实现新突破。营造尊重差异、鼓励探索、兼容并包、宽容失败的学术生态环境。改进基础研究评价政策，提升科研质量内涵，形成有利于基础研究高水平可持续发展的良好氛围。

四是建设高水平科研创新平台。启动“人工智能＋教育”集成攻关大平台建设。从理论突破、关键技术、系统研发、应用示范四个维度解决规模化教育与个性化学习问题，推动信息技术对教育的革命性变革。建设“国家级科技创新平台＋省部级重点研究机构＋校级科研机构”理工科学术协作体。重点支持农药学创建国家级技术创新平台，支持生物学、生态学、应用数学等重点研究方向筹建 1—2 个省部级重点实验室、生态环境等特色学科建设教育部野外科学观测研究站，对标国家重大公共事件心理援助中心建设“教育部心理健康援助中心”。

第五章 文化建设与社会服务

历史和文化是一个民族精神的来处，也是一个民族前行的力量源泉。我们从历史中汲取力量，从文化中获得智慧。大学是文化的高地，是优秀文化传承的重要载体。大学从一开始就肩负着传承文化的使命，并在文化坚守中获得浑厚的精神力量、深刻的道德力量和巨大的感召力量，从而成为人类的精神家园。大学要加强自身文化的建设，不断提升文化品位。大学的文化需要有厚重的历史作基础，需要有历史的积淀来铸就。缺乏文化底蕴的大学无以为卓越。好大学一定有自己独特的文化。一所大学正是凭其独特的文化而屹立于世界大学之林。拥有120年办学历史的华中师范大学，正是这样一所具有独特文化气质的大学。一代一代华师人求知的心灵汇聚在大学校园，传承经典、探索新知，共同塑造了百年学府珍贵的华师精神和鲜明的文化特色。

服务社会是大学的传统职能之一。随着时代的发展，大学服务社会的内容、方式都在发生着深刻的变化。当前，大学应着眼国家经济社会发展新阶段、新特征，努力成为推动社会发展的重要力量，发挥好高等教育在经济社会发展中的重要导航作用。华中师范大学历来重视服务社会，尤其是在服务国家战略、基础教育和地方社会经济发展方面作出了重要贡献。

一、华师精神与文化特色

（一）忠诚博雅、朴实刚毅

大学精神是指一所大学在长期办学过程中形成的相对稳定的精神

状态，是一所大学整体面貌的体现。大学精神成为大学的深层次内涵，是大学的灵魂和精髓，也是大学进一步发展的动力。

作为一所百年老校，华中师范大学的前身华中大学、中华大学和中原大学先后诞生于中国近代社会转型时期和新民主主义革命时期，在文化本源上，它继承了中华民族的传统文化，吸收了西方先进文化，传承了中国革命文化，这种文化特质在中国同时期诞生的高校中是相当独特的。华中师范大学的精神，植根于它诞生时独特的文化特色，又体现于它在百年艰苦创业的实践中。在不同时期，华师精神以其校训、办学宗旨、教学观念等形式彰显出来。如学校前身之一的华中大学就遵循着这样的办学理念："立足本土文化，放眼人类文明。"华中大学校长韦卓民先生也是一位学贯中西，致力于弘扬民族文化和传播人类文明的教育家和哲学家。作为学校前身之一的另一所大学——中华大学，在新文化运动兴起的时候曾以"成德、达材、独立、进取"为校训，新中国成立后又以"忠诚、奋发、博学、乐育"为校训。其创始人陈时先生在办学的 40 年中，筚路蓝缕，尝尽艰辛仍百折不挠，被周恩来同志赞誉为"清苦的教育家"。这两所学校，在社会动荡的年代，不为趋利势力所左右，充分显示了大学独特的价值观和精神品质。再如在人民解放战争时期建立的中原大学，也是学校的前身之一。这所大学也有独特的文化精神。新中国成立后，三所大学合并成新的大学，其精神内涵更加丰富和博大精深。

在 120 年的历史发展过程中，华中师范大学既继承了中国传统文化的精华，又汲取了外来文化的养分，更弘扬了革命文化的传统，形成了"求实创新、立德树人"的华师校训和"忠诚博雅、朴实刚毅"的华师精神。

春秋代序，岁月不居。华中师范大学历经世纪巨变，阅尽神州沧桑，2023 年将迎来建校 120 周年华诞。历史造就的华中师范大学和华中师范大学的悠久历史都让世人关注、敬慕，刮目相看，更让华师人倍加珍惜、引以为荣。

在整整 120 年的历程中，华中师范大学经受过种种变革的磨炼和洗礼。它在时代的风雨中诞生，在历史的嬗变中新生，在新中国成立后的曲折中前进，在新时期的改革中发展，而今，正在新时代的转型中跨越。华中师范大学的"双甲子"校庆是桃李芬芳的"双甲子"，也是与时俱进的“双甲子”；是硕果累累的“双甲子”，更是开拓进取的“双甲子”。

当人们知道一百多年间，华中师范大学为社会先后输送了40万各类毕业生，而其中涌现了大批国家栋梁、社会英模、专家学者以及特级教师，知道大多数毕业生都在教育战线尽心竭力的时候，人们会由衷地赞赏华中师范大学是中国培养各类高级专门人才的重要基地之一，是中南地区“人民教师的摇篮”；当人们发现华中师范大学还在“科教兴国”战略实施中，有一批批科研成果转化为社会生产力、变成物质财富，有一篇篇学术论文、一个个理论观点，让我国的经济发展和社会进步得到了舆论支持与智力支撑的时候，人们会不约而同地评说华中师范大学已经进入经济主战场，并有效地服务于社会，是新时代需要的一个“思想库”“推进器”……

值得庆幸的是，作为一所百年学府，华中师范大学在为社会尽力奉献、发挥积极作用的同时，其自身也在不断发展壮大、日臻成熟，其重要标志就是具有与众不同的优良传统和独树一帜的精神，即具有百年传统的“华师精神”。

“华师精神”表述为“忠诚、博雅、朴实、刚毅”八个字，这八个字是在百年办学过程中，经过一代代人含辛茹苦、殚精竭虑，长期积累、不断传承而逐渐形成的，这种“华师精神”是我们在长期办学实践中经过孕育、凝结、提炼、升华而得来的。在一百多年的历史长河里，华中师范大学由多所院校合并而成，新中国成立后又几易校名，人事时有更替。唯有“华师精神”一脉相承，薪火相传，而且成为一股凝聚人心的力量、一个师生校友认同的校魂。

“精神”是个“形而上”之物，它既是一种有形的规范，又有一种无形的魅力。它让人们从中找到一种情感上的维系与观照和思想上的源泉与依托。“华师精神”是无形的，也是有形的。说它是无形的，是指它向世人传递的是华中师大所独具的一种整体气象和主导氛围，显示出华中师大所特有的一种心理状态和思想境界。而当“华师精神”外化为一种风气、气质、面貌时，它又是有形的，甚至表现在校园里的一砖一瓦、一草一木之中，显露在华师人的言谈举止和日常生活的一笑一颦之中，展示在华师人的为人处世和学习工作之中。

“华师精神”作为百年华师的一种思想源流、学脉渊源，作为百年学府的一种人文底蕴、一种凝聚力和一种再生力而成为一盏不灭的心灯，照亮华师人前进的道路，温暖华师人向上的目标。“华师精神”虽然只有短短的8个字，但其内涵却十分丰富。

1. 忠诚

“忠诚”即忠心而至诚。

《论语·学而》言：“为人谋而不忠乎？”以反问的句式强调道德高尚的人是“主忠信”的。《周易·乾·文言》云：“修辞立其诚”，指出文章必须诚信。文品即人品，只有诚实之人才会写出真情之文。我国著名爱国诗人屈原在《惜诵》中吟颂过“竭忠诚以事君兮”的诗句，强烈地抒发自己忠君爱国的情怀，被史学家司马迁称赞为“正道直行，竭忠尽智”。对于“忠”，革命先行者孙中山曾作过现代意义的阐释，他在《三民主义·民族主义》中说：“我们的忠字可不可用之于国呢？忠于事又是可不可以呢？我们做一件事，总要始终不渝，做到成功，如果做不到成功，就把性命去牺牲，亦所不惜，这便是忠。”一代伟人毛泽东“忠诚党的教育事业”的教导长期以来已成为我们办学的重要指导思想，更是我校师生铭记在心、不断实践的座右铭。孔子还有言：“言必信，行必果。”诚者信也，诚乃待人处事之道。“华师精神”以“忠诚”二字为首，表明华师人一贯对国家、对人民、对事业忠贞不贰的信念与忠心耿耿的情怀。

事实确是如此。华中师大在一百年间造就了很多栋梁之材、有志之士。他们为中华民族、为人民解放事业、为党的教育工作无私奉献，真心实意，埋头苦干，满腔赤诚，充分体现出“忠诚”二字的千钧分量和丰富内涵。如我党早期青年运动的杰出领袖、华师校友中的卓越代表恽代英，当年为了追求光明、探索救国救民真理，在江城武汉和全国各地奔走呼号，浴血奋战，不怕牺牲，为国捐躯。他就是对祖国对人民最讲“忠诚”的伟大革命家。在改革开放的新时期，我国著名曲艺家、校友夏雨田是新中国成立后半个世纪里华师培养的众多优秀学子的杰出代表。他才华横溢、多才多艺，特别是在他重病缠身后，创作之源仍从不衰竭。他以幽默的人生态度对待困难和生死，忍受巨大的病痛为人们带来欢笑与快乐，他不争名利，德艺双馨，成为我国文艺界“深入生活、扎根人民”思想的忠诚实践者，成为华师人的骄傲。说到“忠诚”，大家当然更不会忘记那些默默耕耘在教育界的园丁们。他们以自己的心血和业绩显示着对教育事业的“忠诚”，让“华师精神”在祖国各地的教育战线上熠熠生辉，闪闪发光。

章开沅与弟子合影

尤其是著名历史学家、教育家章开沅先生对教育和学术事业的忠诚精神值得大力弘扬。早在1976年春夏之交，“文革”尚未最终结束，章开沅先生毅然与林增平先生联袂组织两湖和川、黔、豫部分学者共同编写大型专著《辛亥革命史》，120万字的《辛亥革命史》三卷本终于在1981年10月以前全部出齐，成为对辛亥革命70周年的一份厚重献礼。这部书至今仍是辛亥革命史研究的集大成者和最具代表性的标志性成果。他一直秉持“敢为天下先”的精神治学，不断扩展学术空间，从辛亥革命史到民族资产阶级研究、近代思想文化史、中国早期现代化史、中国教会大学史与南京大屠杀史，每涉足一个新领域，他都会带领弟子们开辟出一片崭新的学术天地，取得丰硕的学术成果，对中国近现代史研究起到了开风气之先的作用。章开沅先生比喻自己“一生好像一只忙忙碌碌的老鸡，成天到处啄啄扒扒，如发现什么谷粒、昆虫之类，便招呼小鸡前来会餐”，正是在他的“啄啄扒扒”和“小鸡前来会餐”中，他打造的华中师大近代史研究所以及培育的遍布国内的章门弟子成为中国近代史研究中举足轻重的中坚力量。2018年，章开沅先生荣获第七届吴玉章人文社会科学终身成就奖。

2. 博雅

“博雅”即博大而高雅。

“博大而高雅”既含有治学的标准又深藏做人的要求。孔子说：“君子博学于文，约之以礼。”（《论语·雍也》）强调的是有修养的人既要有广博的学识，又要有道德教养，这是中国传统文化，特别是传统教育思想中的精粹之一，也是历代读书人孜孜以求的理想的人格境界。华中师大的传统精神同时也吸纳着西方教育思想的精华。如源于古希腊倡导的“博雅教育”，经过华中大学的传承融合，就得到了发扬。博雅教育旨在培养具有广博知识和优雅气质的人，追求外表美与心灵美的结合，使学生的身心得到和谐的发展。华中师大在一百年间，始终注重师生的为学与做人，随着社会的演进，华师在育人中先后强调过“又红又专”“德才兼备”以及“品学兼优”“为人师表”，致力于让师生具有博大的爱心、健全的人格、高尚的情操、高雅的品位，同时又有丰富的知识、熟练的技能，力求德智体美的全面发展，达到“一专多能”和“多面手”的“师范规格”的要求。

事实证明，华中师大历来就有不少博雅之士，比如，享誉学术界的国学大师钱基博，以及大师级的冯友兰、王亚南、游国恩等一批堪称“博雅”的饱学之师，他们学富五车、才高八斗，道德文章皆属典范。还有哲学家韦卓民、詹剑锋学贯中西，融汇古今，历史学家张舜徽、杨东莼，语言学家高庆赐等一大批著名学者都能显示出“博雅”二字的真正内涵。他们学识渊博、治学严谨，而且颇有谦谦君子的儒雅之风。说到“博雅”，华师人还会联想到流传至今的“陶军传奇”，即解放初期身穿“土八路”服装的陶军同志在一批“洋教授”的诘难面前让人意想不到地用流畅娴熟的英语回答问题的滔滔雄辩，以及他在武汉江城所作的见解精辟、富有说服力鼓动性的时事报告；更会联想到老校长、著名历史学家章开沅教授思想敏锐、视野开阔、学识丰富、率性直言等风范以及他为年轻学子传授做人治学经验时的睿智、风趣。应该说华中师大历来都是重视“博雅”二字的，并力求在实践中把我们的师生规范成超过国外“绅士风度”的人，成为有学识、有智慧、有爱心、有礼仪的新时代的社会表率。

现代著名历史学家张舜徽先生的一生铸就了博大的学术气象，其史学思想受到近百年世变之深刻影响，讲究经世致用，并与时推移而落脚于人民史观，堪称治学典范。他强调自强不息的治学精神，“治学精神贵乎猛进不懈”。他探究小学入经史的治学路径；阐述学术渊源流别；他开创了文献理论研究新学科，建构了文献学科理论体系；他开拓新中国史学新篇章，为人民写史，“一个国家的人民，如果对本国的地理环境、历史演变，以及制度文物、创造发明的成就，千百年来的优良传统，亿万众中的英杰人物，茫然无知，或者早已淡忘了，便自然没有爱国思想，并且不知国之可爱者何在，更谈不上关心国家的兴亡了”。他将传统史学与唯物史观嫁接起来，锻造出《中华人民通史》。“这部书打破了按王朝体系编写通史的传统，它以事物为记载中心，将历史上重要事物的发生、发展、变化的情况叙述得清楚明白，务求使读者从中得到系统的知识。结构井然，知识系统，一卷在手，便可获得较为全面的历史知识。”

3. 朴实

“朴实”即质朴而坚实。

“华师精神”的“朴实”是中华民族吃苦耐劳、艰苦朴素等传统美德在华师人身上的显现，也是对过去革命年代形成的艰苦奋斗精神的一种传承。华师一向以质朴无华的校风闻名于世。华师习惯于不事张扬，不讲究显露，更不擅长包装，当老实人，说老实话，做老实事，一直是华中师范大学的基调和底色。

大批的校友在学校“为人师表”教导的熏陶下，一般都能忠于职守，而且兢兢业业，默默耕耘，无私奉献，不显山露水，被人们称为“人类灵魂的工程师”“育才护苗的园丁”，在学校里不少领导、师长们就是这样宣传教育的，也是这样率先垂范的。学子们不忘华师（当时还是华中师范学院）首任院长杨东莼教授朴实的美德，他至今还被大家公认为“朴实”的楷模，他平易近人，和蔼可亲，朴素无华，却又坚持原则。他对学生谆谆教诲，总是于无声处见精神，很多事例到今天成为老师们的美谈。刘介愚是华中师大的老党委书记，他一生忠于党的教育事业，为华中师大的发展作出了不可磨灭的贡献，到了晚年，他仍然艰苦朴素，省吃俭用，把自己不多的积蓄捐给学校设立“新梅奖”，奖励优秀学生建功立业、立志成才，而且他拒绝用自己的名字命名奖项。还有老院长武承先、老书记于江等老一辈教育家，都用他们的言行、作风为人们树立了朴实的榜样。他们的精神永远是我校弥足珍贵的财富。

张景龄先生是农药化学学科的创始人，我国著名的有机磷化学家、教育家。他毕生致力于人才培养和科学研究事业，培养了几代科技创新人才，为我国有机磷化学和农药化学的教育和研究作出了杰出贡献。他的治学理念是“着手于理论，落实于应用”，从 20 世纪 60 年代起在国内率先开展不对称硫代磷酰胺烷基芳基酯化学结构与杀虫活性关系的基础研究。通过这些研究，成功创制了新型杀虫剂“水胺硫磷”“甲基异柳磷”等多个具有自主知识产权的新农药，先后在十多个农药企业生产，远销海内外，产生了显著的经济效益，为替代高毒性、难降解的“六六六”作出了历史性贡献，先后获得了全国科学大会奖（1978 年）、国家科技进步二等奖（1982 年）、国家技术发明二等奖（1985 年）、国家技术发明三等奖（1988 年）等多项奖励。此外，他还深入系统地研究了稠环系三唑磷茂啉化学，成功发现了双稠环、三稠环磷茂啉类化合物的合成方法、波谱性质、化学反应和构型特征，发展了 2-肼基苯并噻唑的磷酰化反应，这些研究都具有重要的理论价值并得到了国内外同行的广泛应用。他的贡献奠定和提升了我国农药化学的国际地位，从 1982 年起，他连续应邀参加了在美国、法国、联邦德国和苏联举行的第八届至第十一届国际磷化学学术讨论会，并在第十届国际磷化学学术讨论会上担任助理主席。1988 年，他被英国剑桥大学世界名人传记中心列入《世界名人录》《世界名人词典》等书。张景龄先生重视本科生培养和教材建设，坚持承担本科教学，在授课中他总是把最新的研究成果和科学发展的前沿动态融入教学内容，介绍给学生，主持编写了《农药化学》等教材。他对青年教师采取定方向，压担子，一带一，老带少的办法，让他们尽快成长，成为骨干。他要求别人严格，要求自己更严，为了更新知识，他 50 多岁时仍坚持自学统计学、量子化学、运筹学等，他通晓俄语、英语，但他仍努力学习德语、日语，在年过花甲后又要求自己学会计算机。他把这些知识贯穿到教学之中，应用到指导研究生的论文之中。他在给研究生安排课题时，会根据学生的特点给出相应的研究方向，对每个学生从选题到实验，从数据的收集、整理和论文的撰写，都一环环把关，在把好科学关的前提下，放手让学生在学习中展现自己的才能。他经常向学生提问，引而不发；当学生做论文不顺利时，他总是鼓励、教育他们在科学的道路上是没有“平坦”二字，要求他们要有攀登科学高峰的勇气，但又要有深入研究发现问题的坚持。他用言传身教的方法培养学生实事求是的科学态度和精益求精的工作作风。他培养的学生已有大批成了海内外教学科研的骨干。

4. 刚毅

“刚毅”即刚强而弘毅。

“刚、毅、木、讷，近仁。”（《论语·子路》）孔子认为，刚毅、果断、质朴、慎言，有这种品德的人接近于仁。子曰：“士不可以不弘毅，任重而道远。”（《论语·泰伯》）他强调了读书人必须刚强而有毅力，去实现历史赋予自己的重大使命。古训云：“有容乃大，无欲则刚。”

“华师精神”中的“刚毅”正是上述我国传统思想的传承和弘扬。特别是在新中国成立以来，华师定位于师范教育，在育人过程中除了忠诚于教育事业外，仍然强调师生要以自强不息精神，在教育事业上有所作为，“刚毅”蕴含着奋发有为，自强不息，意味着在困难或逆境中的不屈不挠，百折不回；在胜利或顺境时永不停歇、不断前进，“刚毅”还意味着攀登科学高峰过程中的执着，在平淡无奇工作中的坚韧顽强，持之以恒。华师人一贯有“排除万难、不怕牺牲，去争取胜利”的精神，在社会上发生重大事件或险情时尤为如此，如在 1998 年抗洪抢险时华师人在武汉长江大堤上，体现的是“人在堤在，誓与大堤共存亡”的英勇无畏精神；在 2003 年春天抗击“非典”时，桂子山虽有疫情，但华师人万众一心，用科学战胜“非典”，终于赢得了最后胜利，涌现了一大批抗击“非典”的先进人物。华师的“刚毅”精神还体现在教学科研之中。语言学家邢福义、物理学家刘连寿等名师就是体现这种精神的代表。刘连寿教授在科研道路上，勇于攀登，数十年如一日，以实验室为家，以锲而不舍精神，与德国孟大中教授合作，在粒子高能物理领域，研究出“三火球模型”，在国际上被同行们誉为“刘孟模型”，为科学事业作出了卓越贡献。刘连寿教授还为华中师大首批设立博士点、建立博士后流动站作出了突出贡献，2003 年又被授予“全国名师”光荣称号，他不愧是在科研事业上坚忍不拔的楷模。

邢福义教授是一位成就卓著、著述等身的语言学家，被海外学界誉为“中国杰出学人”之一。在我国他被列入20世纪现代汉语语法八大家之一，是继吕叔湘、朱德熙等语言学家之后的著名学者，与北大的陆俭明教授并称为“北陆南邢”。他研究的语法理论——“小句中枢”论是我国语言研究中的一大突破性的成果。邢教授在治学上自强不息，无止境地孜孜以求；他坚韧不拔，一步一个脚印地干，终于成为一个大师级的语言学家。他在总结自己的治学经验时说：“做什么事，做一天两天，做十天半个月，这是比较容易的，要是一年365天，天天如此，这就不容易，这就需要坚持不懈，需要韧性和毅力。”邢福义教授的感悟和他所取得的成就不就是“华师精神”的印证吗？不就是“刚毅”的最好诠释吗？

著名理论物理学家刘连寿先生毕生从事基础学科研究，主张治学“根深才能叶茂，引进来，走出去，循序渐进”。他克服师范院校科研经费不多、平台不高的先天不足，组建粒子物理研究所，联合武汉大学等中南地区高校及科研院所组建“中南地区理论物理学术交流中心”，打开国际合作的渠道，使粒子物理所及时地加入国际高能物理实验的主流，先后成为美国相对论重离子碰撞RHIC-STAR和欧洲大型强子对撞机LHC-ALICE国际合作组的正式成员和中方牵头单位。他提出层子模型的协变场论计算方法和“平移不变的口袋模型”等原创性理论成果。他高度重视人才自主培养，在他的带领下，获得国家第一批理论物理硕士点和博士点，获得物理国家基础研究和教学人才培养基地；他重视本科教育，承担了“理论物理”课程教学和《理论物理基础教程》的编写，并努力践行教学方法改革：采用抽签式教学法，打破教师“满堂灌”；实行启发式教学，让学生上讲台；注重因材施教，从学生大二开始就组织课外讨论班，并帮助少数突出学生制定个人学习计划，定期进行个别辅导，在他的关心下，物理基地班一批尖子学生得到了迅速成长，为国家基础研究和教学人才培养基地的建设和发展作出了杰出的贡献。刘连寿先生五十余载耕耘不辍，桃李满天下。他在七十高龄甚至病重时，还坚持在科研教学第一线，为华中师大物理基地班上课；他主持编写了特色鲜明的《理论物理基础教程》，获国家教学成果二等奖；他入选首届全国高校教学名师，指导和培养了一大批博士后、博士和硕士，许多弟子已经成为国内外知名学者和学术骨干，为我国高能物理事业作出了卓越贡献。

“忠诚博雅、朴实刚毅”的华师精神植根于学校的百年传统，是百年传统的升华。它是华中师范大学在百年发展历程中，继承中华民族的传统文化，借鉴西方文化的优秀成果，发扬战争年代的革命精神，经过新时期的整合创新转型而形成的。它是华师百年历史文化的沉淀，既有深厚文化底蕴又兼有时代特征，反映了华师人在价值取向、思维方式和行为规范上独特的团体意识和精神风貌。这种独特的精神，也塑造着华师独特的办学实践。

“忠诚博雅、朴实刚毅”的华师精神具有与时俱进的特征。大学精神是不变性和时代性的统一，所谓不变性，就是这种精神是贯穿始终的，是源泉，是根本。所谓时代性，是指体现这种精神的实践方式、思维方式、所指对象会因时因地而变化，而且与这种精神总体价值取向具有一致性。改革开放后的几十年，是华中师大发展最快的时期，华师精神中又融入了严谨求实的科学精神、广博活跃的人文精神、为人师表的重德精神、海纳百川的博爱精神和自强不息的奋斗精神，这些都是华师优秀传统的时代再现。百年沧桑，百年基业，是什么使代代华师人血脉相连、命运与共？又是什么使学校在不同时期，甚至是在不同地域焕发生机？这就是贯穿于学校历史、内在的能赋予学校永久生命力的一种精神的力量。

“忠诚博雅、朴实刚毅”的华师精神与学校各个时期的校训、办学理念、办学宗旨相得益彰。学校校训反映了学校在某一个时期的主要任务、培养人才的规格要求或进一步发展的态势。它是华师精神转化为具体的目标、任务的阶段性表现。在师范性大学承担着为基础教育输出大量师资力量的阶段，“求实创新、为人师表”的校训的现实意义显得特别突出，也是在社会上塑造华师形象的一面旗帜。当许多知名大学实行开放性办学，也纷纷设置教育学院时，华师必须在办好师范教育的同时向综合性方向发展，此时将校训更改为“求实创新、立德树人”也是学校适应社会，阶段性调整发展策略的必然选择。

“忠诚博雅，朴实刚毅”的华师精神具有前瞻性、开放性和包容性。近年来科技突飞猛进，深刻地影响着人类社会的进程，作为以科技创新和知识文化更新传播为己任的华中师范大学，更是要高瞻远瞩，充分意识到自己在未来发展中可能面临的机遇和挑战，学校已将自己明确定位为“教师教育领先的世界一流大学”。未来社会竞争日趋激烈，各种思想文化激荡，教育、科研合作领域拓宽，我们华师人需要放眼世界，纵观人类文明，以海纳百川的气魄大力吸收各种思想、文化、科技，并通过创新变成为己所用的文明成果。新校训“求实创新、立德树人”和华师精神的新概括体现了这种前瞻性、开放性和包容性。

华师百年历史已成为过去，但华师精神弥足珍贵，与日俱新。正是秉承这种精神，华师人在不同时期创造了无愧于时代的光辉业绩。学校在百年之中，共培养了 40 多万各类毕业生，他们或是早期民族解放运动的先进分子，或是学术造诣精深的专家学者，或是教育战线上的人类灵魂工程师。他们为民族振兴、社会进步而勤奋工作，以实际行动承传着华师精神。“忠诚博雅，朴实刚毅”，愿这种精神在新的百年闪烁人文之光，愿这种精神在新的百年结出智慧之果。

综上所述，我们不难看出：“华师精神”植根于华师百年的优良传统，同时又是这种传统的人文结晶。“华师精神”是一代代华师人集体智慧所达到的一种境界的标志，同时又是激励一批批华师人不断奋进的一股动力。华师人有理由自豪地说：“华师精神”富有厚重的历史底蕴、坚实的实践品格和独到的个性特色。百年学府的思想源流和学缘血脉都在这种精神里清晰可见；千万华师人的修养、气质、气度、情操都可以在这种精神里得到印现。

“华师精神”是百年学府的一种创造，一种智慧的结晶；是华师师生共同铸造的校魂，一盏永不熄灭的心灯。

（二）博学、博雅、博爱

回首世纪风雨之路，华中师范大学继承中华大学的优秀传统文化，汲取华中大学的海外优秀文化，弘扬以中原大学文化为底蕴的红色革命文化，逐渐形成了博学、博雅、博爱的“三博”校园文化。

近年来，学校始终将博学、博雅、博爱的“三博”文化育人理念贯穿整个育人环节。“三博”文化融合并彰显了“求实创新、立德树人”的华师校训和“忠诚博雅、朴实刚毅”的华师精神，具有鲜明的教育特色和丰富的文化内涵。

作为一种大学精神底色和校园文化，“三博”文化具有感召人心的凝聚力和感染力，日益发挥着重要的导向、激励、价值认同和情感陶冶作用，为全面提升华中师大人才培养质量、推动学科发展奠定了坚实基础。

1. 博学：求实创新，学高为师

学校秉承“求实创新、立德树人”的校训，强调“学高为师”，涌现出一大批严谨治学、学养深厚的学术大家。

王道俊主编《教育学》（第七版）

著名教育理论家王道俊先生在“文革”后，率先组织五所师范院校的教育学教师编写了新的《教育学》教材，迄今已经发行 700 多万册，创造了新中国教育学教材史上的一大奇迹，成为我国改革开放 40 年来经典性的公共课教育学教材，印数最多、发行最广、质量最优、影响最大。该书以其对教育规律的准确把握，以及独到的教育理论视野，体现了国家关于教育的根本性见解与理想性追求，从而确立了我国教育学三十年来的基本解释体系，并建构了国民教育观，成为我国教育学本土化的典范，为我国教育学的普及发展和教师教育的改革创新作出了重大贡献。在教育基本理论研究上，王道俊先生基于对我国现有教育学理论的反思，率先提出并研究了“主体教育论”。他注重运用马克思主义的立场、观点和方法，分析传统教育理论及其在教育实践中普遍造成的忽视学生和教育的主体性的弊病，讨论培养学生成为社会历史活动主体的教育观念和思路，克服教育学中的机械决定论、工具论、无儿童论的弊端，抵制对“人的自由而全面发展”思想的曲解、贬抑、抛弃的倾向，力图使教育学研究建立于马克思唯物史观和辩证法、教育“以人为本”的理论基础之上，促使教育学为培养学生成为立足中国、放眼世界的社会实践主体作出积极贡献，实质是一种探讨在我国当代实现“人的自由而全面发展”的教育理论。王道俊先生重构了“主体教育论”的人性假设，即人是社会历史活动的主体，也是自身发展的主体；明确了“主体教育论”的逻辑起点，即从现实生活出发，引导人的发展，启发人的生活觉醒，面对生活、审视生活、选择生活、创新生活，使人成为社会历史活动的主体；指明了教育理论的研究路径，即需要采用实事求是的辩证综合的思维方式，也就是既要建构一种新的教育理论，但又不能采取非此即彼的思维方式和态度，而是要广泛地有分析有批判地吸取中外古今教育思想和教育理论；提出了“主体教育论”的若干构想，即教育观念和教育思维方式层次、教育活动层次、教育事业层次与教育研究方法层次等四大层次。这一思想不仅对中国教育学理论的构建产生了重要影响，而且为教育科学、高校课程教材建设奠定了深厚的理论基础。

此外，学校对师范教育的“师”字作了明确注解，认为师范生的“师”字要求注重综合性和师范性的完整统一，华中师范大学的“师”字是建立在综合素质和专业素质完美统一上的“师”字。师范生的学习讲究的是专业素质和综合素质的全面学习，要求专业素质和综合素质都不断提高。

在师范生的专业素质方面，华中师范大学认为师范生具有两个方面的专业素质：一是学科专业的素质；二是教师专业的素质。学科专业素质上要求学生具有与综合性大学媲美的一流学科专业功底，为此需要开展研究型教学立项，开展国际化交流学习，开展丰富多彩的科学技术研究和竞赛。教师专业素质上要求学生具有系统扎实的专业技能，通过对学生实行系统的师范技能训练和达标测试。

为大兴博学之风，华中师大从 2006 年开始采取教学研究立项的方式，加大综合素质课程体系建设力度，现已立项建设数百门通识教育课程，形成了具有特色的文化素质教育课程体系。

研究型教学和双语教学是华中师大在人才培养上的一项重要改革。研究型教学是由传统的注入式知识教育转变而来的适应知识经济要求的研究式素质教育，它由传统单一的课堂教学转变为多形式的互动交流，从而建立"以学生为主体、以教师为主导"的基于探索和研究的教学模式。

截至目前，学校所有国家级特色专业的主干课程，国家级、省级、校级精品课程均采取研究型教学方式，并通过修订课堂教学测评标准，在全校推广研究型教学。

2008 年以来，学校对当年大二以下的学生亮出新规：实施"素质拓展学分制度"，即所有学生未修完 40 个素质分将不得毕业，华中师大由此成为国内首所将课外学分与毕业证书挂钩的高校。素质拓展学分涵盖了思想政治与道德修养、学术科技与创新创业、社会实践与社会工作、文化艺术与身心发展、技能培训及其他、国防教育等六个方面。

2. 博雅：忠诚博雅，行为世范

学校大力弘扬"忠诚博雅"的华师精神，强调"身正为范""行为世范""知行合一"，对师范教育的"范"字作了新的时代阐释。无论是教学，还是治学，各个学院都强调教师"身正为范""行为世范"。

民间文学学科带头人刘守华教授，六十多年一直坚持学术研究服务于中国社会的基本宗旨，坚持以中国本土材料为学术对象，坚持深入中国乡村社会和普通民众中展开扎实的田野调查，坚持探索中国传统治学方法的现代转型与理论发展，始终如一地投身于中国非物质文化遗产的保护与研究之中，为创建中国故事学理论体系作出了奠基性、开拓性的卓越贡献。他不断探索以中国学术话语和中国理论方法为基础的中国民间文艺学学科构建，厚积薄发，费数十年工夫完成了 50 余万字的学术代表作《中国民间故事史》，出版了 450 余万字的十卷本《刘守华故事学文集》。刘守华教授自小生长在非物质文化遗产积淀丰厚且有着红色文化传统的江汉平原地区，熟悉中国乡村社会，热爱普通民众生活，青年时期积极参与非物质文化遗产、红色革命歌谣的采录与宣传，响应党的"向科学进军"的时代号召，为湖北省发现、研究和成功申报“三家三村”非物质文化遗产代表性传承人和项目作出了重要贡献。他关心中国文化事业的建设，上世纪末新世纪初先后担任湖北省民间文艺家协会正、副主席达 15 年之久。他为国家培养了一支被学界誉为中国故事学“刘家军”的非物质文化遗产研究队伍。因其成就卓著，湖北省文联授予刘守华教授“湖北省首届十佳民间文化守望者”荣誉称号。2022 年他获得中国文联“终身成就民间文艺家”的崇高荣誉。

资深教授徐勇深耕农村问题和中国政治领域，常年扎根田野，教书育人，他始终坚守“做学问绝不可说第一，但一定要追求唯一”的治学理念，率先将实证研究方法引入国内政治学领域，积极倡导并推动构建田野政治学。通过深入的田野调查了解农村，认识农村，并进行理论建构。以此为指引，徐勇教授先后提出了“农民理性”“家户制”“国家化”等一系列原创性概念和理论，为推动具有中国特色、中国风格、中国气派的中国政治学作出了杰出贡献。早在本世纪初，徐勇教授在从事基层政权研究的基础上进入当时很少人关注的村民自治领域，并逐步扩展到农村问题研究领域，引领了学术研究的热潮，促使农村研究成为当时的“显学”，至此徐勇教授接过以陶军、高原、张厚安等为代表的学科接力棒，创建了华中师范大学农村问题研究中心并获批教育部人文社会科学百所重点研究基地之一、获批全国首批政治学一级学科博士授予点、全国首批政治学一级学科博士后流动站，由此确立了华中师范大学政治学在整个中国政治学的学科优势地位。基于长期的田野调查和学术积累，2006 年 11 月 30 日，徐勇教授走进中南海为中央政治局第 36 期集体学习“我国社会主义民主政治建设研究”进行了专题讲解。2006 年，徐勇教授启动“百村十年观察计划”，抽样选择了 200 多个村、5000 个农家进行为期 10 年、20 年乃至更长时间的跟踪观察，为中央和相关部委提供了大量的基于第一手数据的咨询报告，为农村相关政策的出台等提供重要的决策参考。至 2015 年，徐勇教授组织更为宏大的“深度中国农村调查”计划，在全国选择 350 个村庄进行历史调查，已经完成 263 个；选择 2000 户农家进行家户调查，已经调查 852 户；选择 4 万名 80 岁以上老人进行口述调查，完成 18227 人，三大调查累积了上亿字的第一手资料，并在此基础上整理出版 33 卷《中国农村调查》，约 3300 万字，为中国农村研究和农耕文明的历史传承作出了重要的贡献，同时还启动了“日本满铁调查资料和翻译”“俄国和英国农村调查资料翻译”“海外农村调查”等大型翻译或调查计划，正努力朝着建设世界顶级农村调查和资料机构迈进。徐勇教授从教四十年来，坚持为党育人、为国育才，以身作则，事必躬亲，他将田野作为课堂，不仅要求所指导的研究生必须深入田野，而且自己率先垂范进入田野开展现场教学。徐勇教授坚持带领学生开展田野调查结出累累硕果，他不仅自己是全国首届优秀博士学位论文获得者，而且作为指导教师，其学生的两篇论文获得了“全国百篇优秀博士学位论文”，一篇获得了“全国百篇优秀博士学位论文”提名，他所培养的学生和团队中已产出了“万人计划”哲学社会科学领军人才 1 人、教育部青年长江学者 1 人、中组部青年拔尖人才 2 人等众多国家级人才。

此外，学校还着力打造了系列“博雅”校园文化教育品牌活动，在践行“博雅”教育理念，培养博雅人才包括师范人才方面发挥了重要作用。

“博雅计划”和“博雅大讲堂”是华师践行“博雅”文化理念的两个校园文化精品。

“博雅计划”主要是面向非师范专业，从二年级在籍全日制普通本科学生中选拔学生。这些学生从第三学期开始进入“博雅计划”，实行特殊培养。“博雅计划”的首创者、华中师大原教务处处长王坤庆教授说，该计划实行“一对一”导师制度和严格的选拔考核淘汰机制，入选的学生可跨专业自由选课，并建立虚拟班级的跨专业交流研讨机制。截至 2022 年“博雅计划”已有十三届学生毕业，80％的学生继续读研，其中绝大多数学生被免试推荐到“985 工程”或“211 工程”重点院校深造，而且每届都有一部分学生到国外著名大学深造。

“博雅大讲堂”自 2005 年开办至今，秉承“博通古今中外、雅致科学人文”的理念，重点突出文、史、哲、艺的人文主题，兼及自然科学主题，以思想性、学术性、艺术性为标准，富于知识性和趣味性，旨在进一步弘扬百年华师的博雅精神，培育当代大学生具有广阔的知识视野、灵动的创造思维、严谨的科学精神、深厚的文化底蕴、高尚的人格情操。“博雅大讲堂”邀请了一大批海内外知名专家和学界名流，如许智宏院士、杨叔子院士、易中天教授、章开沅教授、桂希恩教授、沈国放先生、刘醒龙先生等作为主讲嘉宾，为广大师生搭建了思想交流的平台，提供了强有力的第二课堂，营造了浓郁的人文氛围，迄今已经举办128期，出版了2辑《博雅大讲堂精粹》，参与学生3万余人。华师学子在与大师级学者面对面的互动交流中，进一步完善了知识体系，开阔了学术视野，提高了人文修养，升华了思想境界。

高雅艺术涵养师生的气质。Tiankong（天空）合唱团曾获第10届中国合唱节金奖，CCTV第十三届全国青年歌手电视大奖赛亚军，“中国音乐金钟奖”合唱演唱银奖，“全国大学生艺术展演”专业组一等奖，共青团湖北省委授予其“湖北青年五四奖状”。2011年应美国ACDA邀请，Tiankong合唱团在芝加哥交响音乐厅举办音乐会，并在旧金山、芝加哥、纽约和华盛顿等地进行巡演；该团还在维也纳金色大厅、国家大剧院、北京音乐厅、国图音乐厅、深圳音乐厅、湖北琴台大剧院等举办过多次专场音乐会，受到业界人士好评。

大学生艺术团参与中宣部、教育部、团中央主办的《五月的鲜花——心中的歌儿唱给党》全国大学生校园文艺会演，受到中共中央政治局常委刘云山等党和国家领导同志亲切接见，参演节目连续三届获得舞蹈类一等奖；受邀赴美国、澳大利亚、加拿大、印度尼西亚参加“孔子学院春节大巡演”和其他交流活动。学校也被授予“湖北省学校艺术教育先进单位”。

还有一年一度的“一二·九诗歌大赛”，该比赛由华中师大于1984年率先发起，由共青团湖北省委、湖北省学联主办，是为纪念“一二·九”爱国学生运动举办的高校诗歌朗诵大赛，旨在传承民族精神，提高青年学生的人文素质和道德情操，切实加强大学生爱国主义教育和革命传统教育。大赛已经成功举办30多届，成为湖北省高校最有影响的文化活动之一。

3. 博爱：立德树人，“爱在华师”

教育是爱的艺术，意味着责任、担当和奉献，对个体的全面发展有着至关重要的作用，无爱不以成学，非爱无以成雅。这既是师范类大学的特殊要求，也是人才培养的客观规律。在“博爱”校园文化的熏陶下，学校涌现出很多富有爱心的典型教师和典型校友。

马克思主义学院教授高新民1995年5月回到老家新洲区李集镇扒

屋村，看到自己曾经就读的村小学校舍十分简陋，孩子们也没有课外书读，他便将自己因出版专著《现代西方心灵哲学》获得的一万元稿费及2000册图书捐给了村小学，给学校建起了图书室，改善了学校教学条件。这次捐资助学让高新民感到快乐，从这一年开始，慈善便成为他做学问、教书育人之外最重要的事业。1997年开始，高新民与妻子刘雅婷拿出自己的工资建立了一个“家庭作坊式”的慈善基金来资助贫困学生，那时国家还没有推行“两免一补”政策，于是他们工作的重点就在初中和小学。他们每年资助11名小学生和2名大学生，每名学生每年资助200元，后来标准不断提高。1998年，高新民到英山县做社会考察时，了解到该县有不少贫困儿童面临失学。在一家福利院里，他得知一些孤儿没钱买作业本，不仅当场出钱资助，还让团县委的同志帮他联系了11个贫困学生，帮助他们回到学校继续读书，并认助了一名孤儿。除了资助学生，他还募集善款在湖北修建了大畈河、扒屋村和余寨等地的3所惠济希望小学。为了让慈善走上正轨，让更多的人得到帮助，2006年，包括高新民在内的4个主要捐资人一起建立了逸华教育基金，并挂靠湖北慈善总会，“逸华”二字正是取自“逸行大爱，华之新载”。逸华教育基金成立之后，高新民成为逸华教育基金的理事，而他的同事、学生以及妻子都是基金的志愿者。现在逸华慈善基金已经成为国内高校中最大的民间慈善机构。高新民的梦想是做一个中国的“慈善诺贝尔”，希望逸华教育基金能够永久做下去。

文学院优秀毕业生汪金权放弃令人羡慕的工作，坚守农村中学23载；他家徒四壁，却将自己半数工资用来资助困难学生，不图任何回报；他正值盛年，却须发染霜，形销骨立。1987年，汪金权从华中师范大学中文系毕业，分配到全国有名的湖北省黄冈中学。在到蕲春四中看望老师时，他看到四中很需要老师，为了支持山区教育，义无反顾地自愿调到最偏远的学校——蕲春四中。四中在该县北部山区，与安徽交界。这里地处大山深处，交通闭塞，条件艰苦。27年如一日，汪金权坚守贫困山区，伫立三尺讲台，专注如一，教书育人，呕心沥血，任劳任怨。尤为可贵的是，他省吃俭用，几乎把自己的所有工资都资助给了200多名贫困学生，帮助他们完成学业。乡邻们发自肺腑赞颂他为“大别山师魂”。2004年，他被教育部授予“全国优秀教师”称号。2010年9月9日“全国教书育人楷模”评选结果正式揭晓，汪金权成为湖北省唯一当选教师，在北京受到时任中共中央总书记胡锦涛的亲切接见。

27年的教育生涯中，马丹以实干彰显着教育本色，用大爱传承着教育特质。在中职教育中，她不放弃每一颗蒙尘的星星；在援藏支教中，她将满腔的热血和青春撒播在雅砻大地。她让每一颗星辰闪闪发光，每一位学生熠熠生辉！马丹从华中师范大学毕业后担任湖北省武汉市旅游学校艺术教师。她的实干，赢得了2019年全国模范教师、2020年全国先进工作者、“湖北省民族团结进步先进个人”、西藏自治区“最美援藏教师”“中国好人榜”等多个荣誉。但这些荣誉，远不及她点亮的那片星空耀眼夺目。从华中师范大学体育学院毕业时，马丹手捧着“全国大学生运动会艺术体操一等奖”的奖状，以这些用努力换来的成绩，她可以顺利进入专业艺术团体，成为舞台上闪亮的星星。可是她知道，只有一颗星星的天空不会美丽，满天繁星才会让天空更加灿烂，所以她拒绝了湖北省歌舞剧团伸出的橄榄枝，毅然走进了武汉市旅游学校的大门，成为了一名中职学校教师，立志让更多的星星闪耀天空。2016年8月，作为党员教师的马丹积极响应党中央号召，成为首批国家教育人才“组团式”援藏教师中的一员，为西藏教育发展作出了积极贡献。有一种伟大，来自平凡；有一种崇高，来自坚守。这或许是对全国教书育人楷模马丹的完美诠释。从擦亮蒙尘的星星到点燃希望的星辰，马丹用实际行动诠释着教书育人，为党的教育事业奉献终身的内涵。

在武汉高校学子和社会民众的言谈里，20世纪80年代就已有了“爱在华师”的口碑。为此，华中师大以“立德树人”为校训，特别重视对大学生的爱心教育，大力宣扬爱的理念，通过多种途径开展爱心活动，不断创新爱心文化的传递方式，注重引导和培养学生的爱心、真心、善心，形成德行操守，引导学生爱家庭，爱事业，爱民族，爱国家，倡导大爱情怀，以一颗博爱之心为出发点和归宿，在锻造学生“博爱”情怀的基础上强调“博学”“博爱”“博雅”的统一，培养造就具有博爱精神和社会担当的未来人民教师。

学校实施“爱心、感恩、诚信”教育工程，开展以“弘扬‘三博’文化，争当文明先锋”为主题的教育活动，组织“感父母恩情、感教师恩情、感母校恩情、感社会恩情”“爱驻母校、旧物浓情”“给父母的一封信”等特色教育活动，创立了以院系为单位的“爱心教育特色基地”，引导学生“讲恩情”“感恩情”“报恩情”，把爱心具体化为责任，投入到爱心服务的行动中去。

近年来，学校师生自主创作了《南湖秋月》《爱心如花开》《爱在华师》等优美动听的校园歌曲，唱出了“美在华师、爱在华师”的心声。毕业生拍摄了 MV《爱在华师》，上传到土豆网之后，备受关注而被誉为“最美校园宣传片”。学校“桂苑之歌”爱心演唱会已经成为我校在武汉地区乃至全国独创并连年举办的又一爱心品牌活动，现已举办 14 届，为贫困生筹集资金几十万元，成为桂子山上的“同一首歌”，其主题曲《爱心如花开》经中央电视台等媒体报道后，在社会上影响广泛。

学校还培育出“博爱”文化育人的典范。全国教书育人楷模、中文系毕业生汪金权用爱心教育铸就了“大别山师魂”。在母亲年迈多病、妻子身染重病、儿子智力障碍等困难条件下，他先后从微薄收入中拿出 10 多万元，资助 200 多名贫困生完成学业，将 1000 余名山里娃送进大学。城市与环境科学学院“独腿教授”刘盛佳在轮椅上忍受病痛折磨，身残志坚，书写了人生传奇：神农架的原始美得以保留，离不开他的报告建议；著作《地理学思想史》填补中外地理学空白，主编的《中国地理》成为大陆和台港澳高校教科书。政工干部冯圣兵本人家庭经济特别困难，但他从高中起就先后资助了 50 多名经济困难的大中小学生，发起成立了“爱心基金”和“圣兵爱心社”。石河子大学挂职干部张春在华中师大两年多时间内帮助了 200 多名新疆学生，被新疆学子亲切地称为“春妈”“干妈”“妈妈”。留学生阿达姆将爱心支教进行到底，被誉为“洋雷锋”。大三女孩曹恒蕾代友行孝，用行动书写人间大爱……

学校创立了圣兵爱心社、心心火义教之家、青年为老服务队、阿达姆“洋雷锋服务队”等一批“爱心公益类”优秀学生社团。“圣兵爱心社”是为品学兼优但家庭经济条件困难、无力完成学业的高中学生提供支持援助的学生社团组织，共资助全国各地贫困学生近 500 余名，其中 90％的孩子考上了大学。它被评为“全国高校优秀社团”“全国学习雷锋志愿服务先进集体”，吸引着越来越多的社会爱心人士以各种方式参与到爱心助学的公益事业中来。其先进事迹在中央电视台

《焦点访谈》栏目专题播出。"心心火义教之家"社团坚持为农民工子弟学校开展义务支教，人民网、湖北电视台等媒体曾多次集中报道。中央电视台《社区英雄》栏目组专程来校拍摄阿达姆"洋雷锋服务队"与武汉春苗农民工子弟学校帮扶结对活动，节目在2013年春节期间播出，赢得25万元公益奖金。

华中师范大学原校长章开沅先生认为，高校应成为引领社会风气的灯塔，尤其在培养人类灵魂工程师的师范大学，更要通过爱心教育和典型示范，引导未来的教师感受爱、学会爱、传递爱、奉献爱。

"博学、博雅、博爱"的"三博"校园文化各有侧重，又相互融合，相互促进。"博学"侧重培养人的知识和能力，强调敏而好学、乐学深思、学而不厌、学以致用，它是衡量人才培养质量的一个重要指标，也是培养创新型人才的坚实基础和现实途径；"博雅"是在人文精神烛照下，致力于培养"博通古今中外，雅致科学人文"的广博文雅、德才兼备、全面发展的高素质人才；"博爱"倡导仁义大爱和责任担当，教育学生爱国家、爱民族、爱家庭、爱学校、爱同学，体现大爱情怀。"三博"相提并论，相辅相成，既实现了"博学""博雅"和"博爱"三者的有机统一，又使德育与智育、体育、美育有机结合，起到了良好的教育引导作用，促进了"三博"校园文化与教育教学的融合，促进了德才兼备、学艺双具的人才成长。

学校"三博"文化育人成果丰硕，赢得广泛的社会赞誉，相关工作在教育部网站、《教育部简报》等得到刊载介绍，多次被新华社、中央电视台及《人民日报》《光明日报》《中国教育报》《中国大学教学》等媒体刊物报道。

二、服务国家战略

高校作为人类社会发展的动力站，是大国崛起的必要倚重。大学的属性及职能决定了服务国家战略是高校的必然抉择。积极服务国家战略，是我国高校肩负的历史使命、政治责任和发展机遇。华中师范大学在孔子学院、心理援助、教育帮扶、咨政报告等方面作出了积极贡献。

2023 年 5 月 16 日，由泗水国立大学孔子学院主办，华中师范大学中文系承办的“中华日”活动在泗水国立大学大礼堂举行

（一）孔子学院

孔子学院不仅是语言教学机构，更是世界人民了解中国、认识中国的一个窗口，是促进世界人民和平友好的一项事业。华中师范大学是国内最早参与汉语国际推广和孔子学院建设的高校之一。2006 年学校成立了“华中师范大学汉语国际推广领导小组”，同时依托学校语言研究所（语言与语言教育研究中心）成立了“华中师范大学汉语国际推广工作研究基地”，并在原外事处设立了“华中师范大学汉语国际推广工作办公室”（以下简称“汉推办”），为汉语国际推广工作提供政策支持和制度保障。2013 年在“汉推办”的基础上学校成立了孔子学院工作处（与国际合作与交流处合署办公），横向协调全校汉语国际教育、汉语国际推广、中华文化对外传播工作，纵向统揽全校的孔子学院建设工作，保障内外信息沟通顺畅、准确，形成快速反应机制，定期就孔子学院发展、重大活动策划以及相关合作交流事宜进行讨论和决策，为孔子学院健康、可持续发展提供强有力的政策支持和保证。

从 2006 年开始，华中师范大学先后与美国堪萨斯大学、澳大利亚纽卡斯尔大学、加拿大卡尔顿大学和印度尼西亚泗水国立大学共建了四所孔子学院。

美国堪萨斯大学孔子学院于 2006 年 5 月 4 日正式挂牌，是华中师范大学最早建立的孔子学院，也是最早在美国开设的孔子学院之一。堪萨斯大学孔子学院致力于远程汉语教学，主要对象为堪萨斯州及邻州的中小学生。该院凭借优秀的教学和出色的管理，以及汉语人才培训特色，被誉为全美孔子学院的“旗舰”之一。时任中国驻美大使周文重、美国国会众议员丹尼斯·摩尔、国家汉办主任许琳先后访问堪萨斯大学孔子学院，对该院工作给予了充分肯定。由于国际政治形势的复杂化，该院已于 2018 年关闭。

澳大利亚纽卡斯尔大学孔子学院成立于 2011 年 5 月，先后设立了 2 所孔子课堂和 6 个教学点，致力于社区汉语教学服务。该孔子学院是一所重视开源节流的教学型孔子学院，举办了大量高质量的收费汉语教学课程（社区课程、私校课程、企业课程和儿童汉语等），另设太极拳、书法、中国语言文化等兴趣班，成为了全球少有的能自负盈亏的孔子学院。

加拿大卡尔顿大学孔子学院于 2012 年 4 月正式挂牌。当时正在加拿大进行正式友好访问的中共中央政治局常委李长春同志专程出席了卡尔顿大学孔子学院的揭牌仪式。该孔子学院隶属于卡尔顿大学人文学部，每年开设 20 门汉语及中国文化学分课程。不仅在本校开展汉语教学并带动卡尔顿大学中国问题的研究和教学，同时发挥地处首府的优势，为加拿大联邦政府机构和主要企业商会提供咨询与培训，逐渐成为加拿大首都地区智库型教学研究中心。

印度尼西亚泗水国立大学孔子学院成立于 2011 年 5 月，下设智星大学、小太阳三语学校、“八一七”等三所学校孔子学院课堂，在开设常规汉语课程的同时，致力于印度尼西亚本土汉语教师培训以及中国传统文化传播。

以上四所孔子学院从创立以来，在中华传统文化传播、高层次人才培养、高水平学术交流等领域都作出了突出贡献。截至 2021 年底，华中师范大学四所合作孔子学院累计注册学生 27385 人次，培训本土教师 2887 人，举办中华文化活动 898 场次，受众达 282900 人。四所孔子学院各具特色，多次荣获“全球先进孔子学院”“孔子学院先进个人”及“开创者奖”等荣誉称号。

1. 以孔子学院为载体，致力于中华语言文化传承创新

孔子学院秉持“各美其美、美美与共”的理念，在开展中文教学的同时举办丰富多彩、各具特色的活动，促进中外文化交流。由澳大利亚纽卡斯尔大学“孔院日”发展而来，每年十月定期举办的“中国周”系列文化活动已成为华中师大与该校合作的精品项目，包括商务论坛、美食节、电影节、文化节等形式多样的活动，让纽卡斯尔大学学员及当地居民都能近距离感受中国文化的方方面面。加拿大卡尔顿大学孔子学院，组织开展了“中医知识讲座”“风雅中国古谱诗词导赏会”“枫派对”“中国古代考选制度工作坊”、卡尔顿“中国周”等特色活动，对促进中国传统文化的地域传播具有深远影响。印度尼西亚泗水国立大学也因地制宜，每年定期举办“泗水中国文化日”，积极开展文化活动，包括剪纸、插花、茶艺、古典乐器演奏等讲座及体验互动，以泗水为中心辐射东爪哇省及周边地区，促进了区域间文化交流。华中师大已成功举办 16 次孔子学院冬、夏令营活动，共培训学员 280 人，极大地推动了中华传统文化的传播，也彰显了我校的文化特色，提升了我校的国际声誉。

华中师范大学四所孔子学院还开设“武汉之窗”，开展“魅力武汉”宣传，展示城市形象摄影、武汉作家图书及武汉特色手工艺品等，以推进武汉市城市形象的国际传播，提升城市知名度。2015 年 5 月，时任湖北省委副书记的张昌尔带队，组织 17 所高校人员赴印度尼西亚开展“2015 印尼泗水中国文化暨湖北高校教育展”，亲临印度尼西亚泗水国立大学孔子学院视察并慰问汉语教师，对孔子学院给予了高度评价。

华中师范大学积极协同合作高校开展孔子学院学员赴中国游学项目，纽卡斯尔大学多次组织举办澳大利亚大学生团来华夏令营和澳大利亚中小学校长“中国行”活动，以课程、讲座及参访相结合的形式，带领海外学子近距离体验华中师范大学校园文化以及武汉城市文化和荆楚文化。泗水国立大学也积极组织暑期夏令营，2017 年的“东盟国家大学生领袖感知中国夏令营”，让 27 名来自印度尼西亚的大学生近距离感受中国传统文化与中国的发展变化，深化了两校的合作基础，促进了两国的民间交流。

此外，华中师范大学组织海外孔子学院学员及留学生多次参与“汉语桥”比赛并取得优异成绩，让学生通过制作短视频、课件以及风采展示等多种形式的活动提升其语言自信，同时增强其对中华传统文化以及湖北荆楚文化的认同。

2. 以孔子学院为平台，致力于国际中文教育人才培养

澳大利亚纽卡斯尔大学孔子学院和加拿大卡尔顿大学孔子学院夯实收费课程和学分课程建设基础，不断拓展其广度与深度。印度尼西亚泗水国立大学孔子学院积极做好旅游汉语教学和研究，不断拓展特色汉语教学。十余年间，华中师范大学与四所合作高校的孔子学院保持密切的人员往来，每年选派优秀的汉语教师和大学生志愿者赴海外教授汉语。截至 2018 年 10 月，共选派孔子学院中方院长、汉语教师和志愿者总计 183 人出国开展汉语国际推广工作。

孔子学院为华中师范大学国际中文教育高层次人才培养提供了实习及就业的平台，为专业对口人才定向流动创造了条件，从一定程度上缓解了学院毕业生的就业压力。同时也为我校从事对外汉语教学研究及其他相关专业的教师提供了海外教学实训和国际科研合作平台，有利于其教学科研水平与外语水平的同步提升。

孔子学院通过联合举办国际中文教育国际学术研讨会，开展专业培训等形式，培养出更多优秀的本土汉语教师。2007 年以来，华中师范大学承担了国家汉办、国侨办海外华文教师培训项目，共培训美国、新加坡、马来西亚、泰国、菲律宾等国华文教师 312 名，共招收孔子学院奖学金学生 332 名。受孔子学院推荐，至今已有 300 多名印度尼西亚学生来华中师范大学留学或短期交流学习，回国后活跃在印度尼西亚各个领域，服务于两国教育和文化交流。

3. 以孔子学院为桥梁，致力于校际高水平学术交流

孔子学院为合作双方高校开展高层次学术交流和国际人才联合培养提供了良好的平台。华中师范大学城市与环境学院与加拿大卡尔顿大学孔子学院共建中加旅游研究中心，定期举办中加跨文化旅游论坛，并促成武汉市及渥太华市结为友好城市。华中师范大学与澳大利亚纽卡斯尔大学共建的孔子学院每年举办“中国周”，开设商务论坛，研讨中国电子商务在旅游业中的发展，为两校学科交流提供了平台。

2016 年开始，华中师范大学借助孔子学院合作平台推进师范生联合培养项目，与堪萨斯大学合办的“未来教育家”项目，致力于培养一批具有国际视野的优秀教师和未来教育家。该项目已举办四届，累计选派了约 90 名优秀的公费师范生赴海外研修。2017 年，华中师范大学成立了中印尼人文交流研究中心，开展相关科学研究，培养高层次人才，打造高水平智库。该中心已成功举办“21 世纪海上丝绸之路”中国-印尼人文交流机制研讨会及 2019—2022 年连续四届中印尼人文交流发展论坛，为促进中印尼教育科技文化交流发挥了积极作用。

过去十多年来，华中师范大学结合学校实际，落实推进中国语言文化走出去战略，努力讲好中国故事，传播好中国声音，不断丰富中外人文交流工作内涵，办好海外孔子学院，做好汉语国际推广，促进中外民心相通和文明互鉴。进入新时代，华中师范大学要把服务国家作为最高追求，立足学校的学科优势和人才优势，扎根中国，融通中外，积极推进国际中文教育事业，不断推动中华语言文化传承创新，在服务国家“一带一路”发展战略，加强世界文明交流互鉴，构建人类命运共同体等方面，发挥更为重要的作用。

（二）心理援助

2020 年初，为应对新冠肺炎疫情，在党中央、教育部党组的坚强领导下，教育部华中师范大学心理援助热线平台（以下简称“热线平台”）认真学习贯彻落实习近平总书记关于疫情防控重要讲话和指示批示精神，第一时间面向一线医护人员、新冠肺炎患者及家属、公安干警及安保人员、海外留学生及华人华侨等重点人群，以及普通民众，提供免费心理援助，至今累计服务 30 万余人次，危机干预 2000 余人次，并开展大量心理科普教育和社会心态引导工作，为打赢疫情防控阻击战提供了重要心理支撑，受到国务院联防联控机制的高度肯定和湖北省委表彰。2 年多来，热线平台始终高度关注国内外疫情形势，持续面向公众免费提供心理援助服务，引导积极向上、健康平和的社会心态，为国家社会心理体系建设发挥了示范带动作用。

1. 服务国家和政府需求，创建中国模式，提供中国方案

新冠肺炎疫情暴发不久，热线平台利用短短 3 天时间，汇集来自

教育部华中师范大学心理援助热线平台

全国 1240 多所高校和部分社会机构的 4000 余名咨询师，采取电话、语音、文字等三种接入方式，开展线上心理援助，至今累计服务 30 万余人次，危机干预 2000 余人次；在组织方式、人员规模、服务形式等方面，是全球心理援助史上史无前例的。2020 年，在“疫情防控中的国际心理学”大会、“心理学家应对 Covid-19 的挑战”、中日韩心理专题研讨会等重要国际学术会议上，热线平台负责人专门推介中国集全国之力搭建心理援助热线平台的做法，为全球心理抗疫发出了中国声音、提供了中国方案。疫情防控常态化下，热线平台探索建立“政府部门指导—高校建设管理—专业资源协同—持续规范服务”工作模式，推动构建政府与高校协同联动的心理援助工作机制，收到良好效果；围绕社会心理体系建设，组织召开“社会治理体系中的心理建设高端学术论坛”，邀请教育部有关领导和中国心理学界一流专家，共同探讨中国特色社会心理服务体系构建；持续开展社会心态调研，针对性撰写咨政报告，提交的咨政报告被国家领导人批示和湖北省委采纳 20 余篇。

2. 对接国家战略，接入国家智慧教育云平台，为教育系统保驾护航

2022 年 3 月底，热线平台接入国家中小学智慧教育平台，以拓展中小学心理健康教育资源，缓解疫情形势紧张停学地区中小学生心理压力。平台服务出现新难题：一方面是国家级平台引流量巨大，而学校平台服务能力相对有限。比如，在接入后一段时间内，平台来自中小学生及相关人员的日呼入量过万人次；另一方面是新增大量的未成年人群体寻求帮助，对未成年人的心理援助及危机干预具有较大的特殊性和困难性。针对上述两个问题，平台组织专家进行问题研讨，并实施应对策略：其一，信息技术层面上，对平台接入量进行扩容，以满足同时 1000 人在线呼入请求；其二，扩大心理咨询师服务队伍，特别是为满足中小学心理求助需求，向全国招募优质的中小学心理健康教师 600 多名，将咨询师数量和运维管理人员规模扩大 3 倍以上；其三，加强网络心理援助技能培训，组织开展短期咨询技术、心理咨询谈话技巧和危机干预系列培训，提升网络心理援助服务质量。平台不仅拓展了心理健康教育资源，还为缓解疫情风险地区停课学生的心理压力发挥了积极作用。

3. 因时因势而动，响应国家需求

热线平台联合武汉市政法委制订工作方案，开展心理健康讲座、发布科普文章、开设团体辅导，帮助有关群体舒缓压力、实现心理创伤修复，推进武汉全国社会心理服务体系建设试点工作。针对国内疫情变化和突发应急事件，及时为西安、山西、福建等疫情起伏地区，以及河南暴雨等自然灾害地区，提供公益心理援助专线，收到陕西省教育厅等单位感谢信。2020 年，随着疫情在国外的蔓延，敌对情绪和歧视压力使中国留学生处境堪忧，热线平台专门招募 152 名具有海外留学经历的咨询师，切实守护海外留学生和华人华侨心理防线。近期，俄乌冲突爆发，热线平台及时开通在乌中国留学人员心理援助专线，并为中国驻波兰大使馆及时提供有关咨询服务。面对上海等地的严峻疫情，热线平台积极协助华东师范大学开展心理援助工作，帮助招募咨询师 800 余名，传授援助经验，提供业务指导，逐步实现热线平台向“教育部心理健康援助中心”转型升级。

4. 锚定提质增效，树立网络心理援助标杆样板

热线平台制定并完善网络心理咨询的制度体系和标准体系，定期开展平台咨询师培训和督导，不断提升咨询师的成就感和求助者的获得感，3 年来热线平台服务满意率一直保持在 92%以上。为减少大中小学生自杀行为，热线平台主办了面向全国的危机干预专业人员培训班，1800 余名骨干人员参加培训，指导和推动参训骨干分省分级开展专题培训，示范性开展湖北、广东等地中小学教师和管理干部危机干预专题培训，培训学员 3000 余人，提升常规心理危机干预的有效性。热线平台与解放军某部队、湖北省总工会、湖北省武警总队等单位合作，坚持普适性心理健康教育与针对性心理疏导相结合，积极探索面向各类群体心理健康服务的可推广模式；目前正与团中央、湖北省文明办等部门共建“西部计划”大学生志愿者心理工作总站、湖北省未成年人心理健康工作总站。

5. 技术与心理服务集成创新，开创大规模网络心理服务模式

热线平台体现出大规模网络协同、智能匹配、伦理规范与流程重构、技术与管理集成的智能化心理健康咨询服务发展趋势，开创了中国特色的重大公共卫生事件心理干预技术服务模式。该模式基于腾讯云联络中心搭建而成，是个集热线电话、微信公众号在线、小程序音视频通话于一身的全渠道、全媒体心理咨询平台，也是国内首个提供综合接入服务的“语音-文本-人工智能”心理援助平台。其功能具有以下几个特点：(1) 根据用户特点分类匹配咨询师，提升网络心理服务的针对性；(2) 能够帮助不同环境中的咨询者，选择最合适、最便捷的沟通方式，快速获得专业咨询师的心理疏导；(3) 实现不同地点的需求用户与援助咨询师高效对接；(4) 实现对心理咨询师的管理支持，实现对紧急危机干预个案的辅助提示和信息反馈功能；(5) 新增人工智能心理服务系统，免费提供心理测评、AI 心理疗愈等 24 小时在线专业服务；(6) 针对求助者中大中小学生超过一半，以及情绪问题、学业问题、亲子问题、人际问题占比较大的实际，分群体菜单式提供心理健康课、心理短文、视频微课等资源，尽量满足个性化需求。近年来，平台接入了国家智慧教育、学习强国、国家卫健委、教育微言（教育部）、湖北省卫健委、武汉市人民政府等链接。创新的信息化和智能化网络服务技术及模式获得系列国家级奖励和表彰：在《人民日报》科技战“疫”2020 中国数字化转型成功案例评选中入选“十大教育服务类数字化转型成功案例”，并入选教育部“教育科技战‘疫’优秀创新应用案例”。

当前，社会对心理健康援助的需求剧增，急需加快中国特色社会心理服务体系建设，深入推进心理服务的制度建设、队伍建设和组织机构建设。下一步，热线平台将以习近平总书记关于加强心理疏导的重要指示批示精神为根本遵循，以建成国内首个“心理健康援助中心”为目标牵引，争取在教育部的支持下，尽快建设全国性的心理健康援助应急响应系统和资源中心，提升应急心理援助和常态化服务能力，为国家治理体系与治理能力现代化贡献应有的力量！

6. 华中师范大学具有网络化心理援助的专业优势

华中师范大学在心理健康援助领域的专业实力处于国内领先地位，而疫情期间组织搭建的“教育部华中师范大学心理援助热线平台”也为“教育部心理健康援助中心”的建设奠定了坚实的工作基础。1985 年学校成立“心理咨询保健所”，这是新中国成立后第一家高校专业心理咨询机构，自成立以来，华中师范大学心理学科和心理服务能力实现了快速发展，现有一支教学、科研实力强大，专业服务充满活力的专业队伍。学院具有心理学一级学科博士学位授予权、心理学博士后流动站，先后建设了人的发展与心理健康湖北省重点实验室、湖北省青少年心理健康教育中心、青少年网络心理与行为教育部重点实验室、国家级心理学实验教学示范中心、国家级心理与行为虚拟仿真实验教学中心等重要学科发展平台。学校建有华中师范大学学生心理健康教育中心，这是教育部思政司首批建设的 6 个示范中心之一。后疫情时代的心理援助将会是基于互联网和智能技术的新模式。华中师范大学在网络心理平台、教育大数据领域建有“青少年网络心理与行为教育部重点实验室”“国家数字化学习工程中心”“国家教育大数据应用技术重点实验室”，能够为网络化心理服务提供技术支撑；在心理咨询专业领域，华中师范大学心理学科突出建设了“数字化环境中人的发展与心理健康”一流学科方向，在国内心理学科中具有鲜明的特色，在心理咨询领域的科学研究、人才培养、管理实务、政策咨询等方面，都承担了领先团队的作用。学校临床与咨询心理学和网络心理两个专业分别是中国心理学会临床与咨询心理学和网络心理学专业委员会主任委员单位，其实力在全国居领先地位；学校建设有“心理健康教育系列”国家级精品共享课及“中学生心理辅导”教师教育国家级精品资源共享课，形成了以“人的发展与心理健康”“网络＋青少年心理健康”为重点的学科建设特色，在高校心理健康教育和中小学心理辅导教材开发、课程建设、心理咨询与心理治疗技术的规范、临床与咨询心理学专业人员职业资格认证办法等方面积累了相当丰硕的成果。

学校具有数十年心理援助历史，取得多项成果。心理学院曾受湖北省教育厅委托开展为期 10 年的大学生自杀心理解剖学研究，其研究成果为全省乃至全国大学生自杀干预提供了宝贵的指导。此外，心理学院还曾多次组织师生参与重大灾难事件的心理援助，例如 2008 年的汶川地震，2015 年的“东方之星”沉船事件；并多次获得团中央和省部相关表彰。在心理援助的过程中，华中师范大学积累了大量的援助经验，并培养了一批心理援助专业人才。华中师范大学的心理学学科在全国心理学科中排名前列，在网络心理平台、心理援助组织管理、心理助人、心理危机的识别与干预等相关领域的研究与实践中长期处于国内领先地位；多次举办全国性心理咨询专业会议和大规模培训，作为主要发起单位推动了心理咨询专业的职业标准、课程标准和研究生培养标准的制订。

（三）教育扶贫

“三区（西藏自治区和青海、四川、甘肃、云南涉藏工作重点省及南疆的和田地区、阿克苏地区、喀什地区、克孜勒苏柯尔克孜自治州四地区）三州（四川凉山州、云南怒江州、甘肃临夏州）”，是国家层面的深度贫困地区，是国家全面建成小康社会最难啃的“硬骨头”，其中四川凉山州是国家 14 个集中连片特困地区之一，也是全国最大的彝族聚居区、典型的深度贫困地区。

习近平总书记始终牵挂着凉山百姓，多次指示并亲自赴凉山州调研指导脱贫攻坚工作。2018 年 2 月，习近平总书记到四川考察调研，并来到凉山彝族自治州昭觉县看望困难群众。在与贫困户、村民代表及驻村扶贫工作队员座谈时，习近平总书记为当地脱贫攻坚工作开出了良方：“……最重要的，教育必须跟上，决不能再让孩子输在起跑线上……”

教育作为一项可持续减贫的政策工具，具有战略性、基础性、先导性的地位与作用，教育也是阻断贫困代际传递的治本之策。作为教育部直属高校，华中师范大学始终注重发挥教师教育特色和优势，坚持“扶贫”与“扶志”“扶智”相结合，着力提升深度贫困地区和贫困人口摆脱贫困的内生动力，为打赢凉山州的脱贫攻坚战贡献力量。

学校党委、行政高度重视教育脱贫攻坚工作，在圆满完成教育部、湖北省部署的脱贫攻坚任务的同时，积极响应中央号召，投入到“三区三州”脱贫攻坚战场。为精准对接凉山州教育脱贫需求，学校党政主要领导多次带队赴凉山州及相关县市走访调研。学校先后与冕宁县人民政府、凉山州人民政府签订了校地合作框架协议。根据协议，我校在教师培训、干部培训、网络教育、实习实践、文化旅游、合作办学等方面，给予凉山州、冕宁县支持与帮扶。目前，学校与凉山州建立了良好的互动交流机制，双方保持常态化互访交流，各项帮扶工作推进顺利并取得一定成效。

为提升凉山教育信息化水平，学校多次选派专家团队赴凉山州及相关县市开展调研，专家团队深入凉山州多个县域的中小学、幼教点，职业学校进行拉网式调查，为各县域制定了适切性的教育改革与发展规划或指导性意见。这些规划大部分被当地政府或教育部门采纳，为凉山的教育发展发挥了积极作用。学校还在凉山州建立了“以教育信息化推进教育精准扶贫研究”（国家社会科学基金“十三五”规划2017年度教育学重点课题）实验县，以期利用长期跟踪观测的大数据，实现教育精准扶贫。

学校一直积极援助凉山州多所学校教育信息化基础设施建设，先后援建西昌民族中学、盐源县泸沽湖镇小学和山南小学双轨教学系统（总价值60万元），向昭觉县勒尔小学和布拖县民族小学、特木里小学和木尔乡中心小学捐赠总共价值100万元的数字化教学终端和数字化阅读终端设备。在帮扶凉山教育信息化基础设施建设的同时，学校也安排了专家技术团队，对援建学校的教师进行了现场培训，为后续教育信息化创新应用和能力提升打下了基础。

2018年教育部批准学校申报的中小学教师信息技术应用能力提升工程创新培训平台对口支援凉山州，学校组建了强有力的工作团队，旨在通过面对面培训、主体协同式牵手行动及全时空的在线学习辅导活动，整体提升凉山州教育信息化的水平。2018年12月顺利开展对凉山州50名骨干校长和70名种子教师两个项目各10天的培训工作。2019年7月圆满完成对凉山州127名高中校长为期6天的培训工作。

学校积极发挥高校的人才优势和智力优势，为凉山州中小学教师、政协委员、机关干部等开展培训，为凉山打造政治合格、业务精湛的管理队伍和教师队伍。2018年至今，学校已为凉山州、冕宁县中小学教师举办专题培训班4期，培训中小学教师420人次；选派10余名专家学者赴凉山州开展督学指导，通过专题讲座、听课评课等形式对冕宁附中进行指导，培训达260余人次；接收凉山州中学教师、校长20余人来校参加教学管理能力提升培训、学科专题培训、专业技能培训等。通过培训，提升了凉山骨干教师和管理干部业务水平，向凉山输出了先进教育理念和优质教育资源，促进了凉山基础教育快速发展。

为对接教育精准扶贫，实现凉山地区基础教育高位均衡，加快凉山基础教育的优质化、现代化、国际化发展，学校与冕宁县开展了合作办学，合作学校—华中师范大学冕宁附属中学于2018年9月正式开学。学校选派了优秀的管理团队和一线教师赴凉山州冕宁县进行送教培训活动，把先进的办学理念和教学经验送到凉山州。为支持凉山教育事业发展，学校还减免了相关办学费用300万元，用于支持合办学校教育信息化建设。

2019年6月华师冕宁附中传来捷报，学校在优质生源严重流失的困境下，文理科高考最高分、特优生人数、省重点上线率均创历史新高！华师冕宁附中创造了山区教育的一个个奇迹，被誉为“山区教育升起的一颗新星”“腾飞的雄鹰”，先后获“中央教科所实验学校”“四川省校风示范学校”等荣誉。华师冕宁附中，正在成为绽放青春的舞台，放飞雄鹰的摇篮，誓让青山绿水间的学子飞得更高、更远！

除在凉山州开展教育扶贫外，学校还承担了教育部对口支援西部高校（喀什大学、大理大学、贵州师范学院、中国石油大学克拉玛依校区）、第九批援疆干部计划、“组团式”援藏、滇西定点扶贫和湖北省帮扶新疆博乐州、定点帮扶五峰县、兴山县及驻头潭村工作队等精准扶贫工作任务。2013年至今，学校共选派各类扶贫干部教师101人，投入各类帮扶资金1900多万元，学校扶贫工作多次得到上级和帮扶地区认可。

（四）咨政报告

华中师范大学政治学学者积极发挥社会服务职能，10 年来相关研究人员共向政府有关部门提交政策咨询报告 344 篇，其中 120 多篇被中组部、中宣部、中农办、教育部、民政部、水利部、文化部、交通部、公安部、人保部、国家林业局、国务院扶贫办、国家老龄委、湖北省委省政府等单位采纳。其中，有的观点为党和政府的有关文件、法律、法规和政策所采用，如程又中教授的报告为外交部采纳，部分观点被写入我国与俄罗斯签订的外交文件中；徐勇教授关于乡镇体制改革的系列报告，成为湖北省制定乡镇改革方案的重要参考依据；项继权教授关于农村税费改革系列报告也为民政部和湖北省政府采纳；唐鸣教授关于《村民委员会组织法》修订建议的相关观点为全国人大法工委和国家民政部采纳。多篇报告引起高层领导的重视，如贺东航教授的报告得到原国务院总理温家宝同志的亲笔批示，徐勇教授和邓大才教授的报告得到原国务院副总理回良玉的亲笔批示。2006 年 11 月 30 日徐勇教授走进中南海，在中共中央政治局第 36 期集体学习中就“我国社会主义民主政治建设研究”进行了专题讲解。以咨询报告为纽带，学校政治学学者与全国社科规划办、教育部社科司、民政部基层政权司、国家林业局、国务院扶贫办、中农办等单位建立了稳定的联系。

2003 年起，周洪宇教授先后向全国人大提交了“九年义务教育免费”“义务教育阶段教科书免费”和“中等职业教育免费”“赋予教师惩戒权”等政策建议并被采纳。近五年来，华中师范大学国家教育治理研究院周洪宇教授向国家有关部委提交政策建议 400 余份，被批示或采纳 300 余份，其中《关于科学编制国家教育事业发展“十四五”规划的建议》《深化教育领域“放管服”改革、推进教育治理现代化的建议》《疫情下我国教育治理体系和治理能力现代化的五大短板及应对策略》等 45 份咨询报告得到党和国家领导人批示。

学校积极组织专家向各级党政部门或者领导提交咨询报告。“十一五”期间，学校专家共提交咨询研究报告 171 份，其中部分报告先后得到温家宝、回良玉等国家领导人的批示；“十二五”期间，学校教

华中师范大学国家教育治理研究院主办的 2022 教育智库与教育治理 50 人圆桌论坛

师撰写咨询研究报告 1800 余篇，被采用 300 多篇，其中，《农民工权益保障形式堪忧》等 6 篇报告获中央政治局常委批示，15 篇报告获其他中央领导批示，96 篇报告获省部级领导批示。“十三五”期间，学校专家共提供研究咨询报告 2000 余篇，获得省部级以上领导批示或部门采纳的有 380 篇，其中《中小学课后服务如何叫好又叫座》获得中央政治局常委王沪宁批示，《“双减”政策落地：如何防止学生学业负担“不减反增”》获得中央政治局委员、国务院副总理孙春兰批示，《乡村教师支持计划三年 五大盲点待补》获得中央政治局委员、国务院副总理孙春兰批示。

2020 年新冠疫情以来，学校党委行政积极部署，组织“疫灾、治理与现代化”联合攻关课题组，开展学术战“疫”。课题组通过深入研判需求，精准对接疫情防控与疫后重建的需求点和攻坚点，加强校内信息资源和科研力量的整合，并根据疫情不断调整研究重点，充分发挥多学科优势，聚焦抗疫历史经验和疫灾地理分布的规律和启示、疫情防控应急管理与风险化解对策等十余个研究领域，积极为党和政府提供决策咨询，取得了突出成效。学校学者围绕疫情防控和疫后重建先后撰写理论文章 100 余篇，在《人民日报》《光明日报》等主流报刊上公开发表 60 余篇，撰写咨询研究报告近 400 篇，其中有 70 余篇得到中央、省部级部门、主要媒体的采纳采用和领导批示，先后有 7 名学者参加中央指导小组等组织的专家咨询座谈会。

学校积极与相关政府部门联系，承担了大量的中宣部、财政部、文旅部、国家乡村振兴局等政府部门委托项目，在获取研究资源的同时，也提升了学校的社会服务能力、咨询服务能力。以华中师范大学乡村振兴研究院为例，党的十八大以来，研究院承担来自国家乡村振兴局等渠道研究与咨询服务项目100多项，到账科研经费7000多万元，参与全国《连片特困地区区域发展与扶贫攻坚规划》（系列）和全国《“十三五”脱贫攻坚规划》编制，参与《关于动员社会各方面力量参与扶贫开发的意见》等扶贫开发文件制定，连续承担国务院扶贫办（现国家乡村振兴局）和湖北、河南、广西、贵州、云南、陕西、新疆、海南等省（自治区）扶贫办（现乡村振兴局）委托的贫困县退出评估、扶贫成效第三方评估、东西部扶贫协作评估等重要任务，承担完成国家乡村振兴局及其直属单位委托的“十四五”巩固脱贫成果规划前期研究、贫困村定点观测、西南区域县村脱贫攻坚经验总结等重要调查研究项目，为推进扶贫开发事业和打赢脱贫攻坚战作出了贡献。

社会学院学科团队充分发挥社会学经世致用的功能，积极服务脱贫攻坚战，以智慧、学识和汗水助推精准扶贫，承担完成系列重大任务。一是参与制定脱贫攻坚规划与政策文件，如《“十三五”脱贫攻坚规划（国发〔2016〕64号）》《关于进一步动员社会各方面力量参与扶贫开发的意见》等文件。二是提交政策咨询报告。10余份报告被省部级部门采纳，《信息不对称阻碍精准扶贫战略实施》等3份报告获汪洋等国家领导人批示。三是承担贫困县退出和扶贫成效第三方评估任务。2016—2020年，承担完成52个贫困县脱贫摘帽评估任务，另作为质量总控单位组织完成41个贫困县脱贫摘帽评估；承担全国东西部扶贫协作考核评估和扶贫开发成效第三方评估分省调查任务，调查覆盖中西部所有省市和自治区。四是承担国务院扶贫办委托的系列决策支持项目。2017年起连续承担贫困村定点观测典型调查任务，2019年起连续承担多项脱贫攻坚成就和经验（案例）总结任务与专题性总结任务，以及2020年后扶贫政策研究设计系列任务。五是编纂年度《中国精准扶贫发展报告》。自2016年起，与国务院扶贫办全国扶贫宣传教育中心联合主编并发布，获中共中央政策研究室等国家部委以及

《人民日报》《光明日报》等媒体关注和重视。

中国农村研究院“百村十年观察”成果发布会被中央电视台《新闻联播》节目重点报道。为服务中西部地区发展，2020 年 8 月 18 日学校与大理州、大理大学共建大理乡愁研究院，2021、2022 年连续两年成功举办“乡愁中国·大理论坛”，为大理全面推进乡村振兴、传承民族传统文化提供理论支撑和实践借鉴。

近年来，华中师范大学旅游管理学科团队不仅承担了国家自然科学、社会科学基金项目；教育部自然科学、社会科学基金项目，教育部哲学社会科学规划项目，湖北省自然科学、社会科学基金，武汉市自然科学、社会科学基金等各类纵向科研项目，而且承担了科技部、文化部、湖北省发改委、文旅局等政府部门和企事业单位委托的大量有关区域旅游的各类规划和调查项目，如鄂西生态文化旅游圈总体规划（组长单位）、湖北省游客满意度、武汉城市圈旅游总体规划、曲阜文化旅游产业园区总体规划、洱海流域旅游业发展规划、清江流域文化旅游发展规划、湖北高铁旅游对接规划，宜昌、咸宁、孝感、鄂州等地级市以及武汉市洪山区、东湖生态旅游风景区等县市区的大量旅游规划等工作，在中部区域与旅游研究领域拥有较权威的影响力和较大的知名度，实践经验丰富、成果丰硕。团队将学术研究与社会实践有机结合，为地方经济发展等作出了重要贡献，仅 2020 年和 2021 年便围绕疫情冲击与旅游恢复的主题向省部级文化与旅游主管部门提交咨政建言 31 篇，为交通厅提交《十四五交旅融合规划》，为省发改委提交“文旅产业监测月报”，为省文旅厅提交“游客满意度”“惠游湖北调查及评估”等。疫后，“湖北旅游行业受损与复工复产调查”“湖北一机游再思考”“引入世界旅游组织进行战略合作及实施路径”“惠游湖北实施效果及优化措施”，“安全有序开放的框架性建议”“文旅市场调查与振兴建议”“出台对被征用住宿场所末端消毒的政策建议”“世界旅游组织（UNWTO）与湖北省党委政府合作路径框架建议”等多篇咨政建议被文旅部、省委省政府采纳，并运用到全省文旅工作实施中，政府智库作用凸显。

三、服务基础教育

高校肩负着人才培养、科学研究、社会服务、文化传承创新、国际交流合作的重要使命。其中，华中师范大学在服务基础教育发展方面作出了重要贡献。

（一）合作办学

借助着华中师范大学强大的学科、人才、科研成果优势和成熟的办学经验，整合资源、创新发展，我校基础教育合作办学工作取得了丰硕成果，现已开学合办中小学50余所，幼儿园20余所，办学范围遍及湖北、广东、海南、江苏、甘肃、福建、河南、云南、湖南、河北、山东、四川、贵州等13个省份。华中师范大学合作办校现有学生近7万人，教师7000多人，华中师大优质教育辐射范围广泛。华中师范大学合作办学工作日益成为我校服务社会、引领基础教育改革创新的一张闪亮的名片，践行着国家的使命与担当。

2012年12月，华中师范大学基础教育合作办学部成立，作为华中师范大学负责基础教育合作办学的统一归口管理单位，代表学校开展基础教育（学前教育、小学、中学）的对外合作办学工作。2016年4月，华中师范大学幼教集团成立，集团秉承“忠诚博雅、朴实刚毅”的华师精神，整合华中师范大学优质教育资源，凝练华中师大幼儿园六十余年的办园经验，推广先进教育理念，致力于构建幼儿教育创新发展生态链。2020年5月，华中师范大学党委常委会审议通过《华中师范大学基础教育合作办学管理办法（试行）》，基础教育合作办学实行管、办分离的体制机制。根据校长办公会议精神，学校组建武汉华大教育集团。2020年12月，华中师范大学第十二次党代会审议并通过的《全面推进高质量发展 为建设教师教育领先的世界一流大学而努力奋斗》工作报告中提出：“高起点运营华大教育集团，打造集学前教育、基础教育、培训教育、终身教育、国际教育、融合教育、教师教育、智慧教育等在内的全方位全链条优质教育服务平台。”

合作办学以华中师范大学为中心，把华师系打造成教育“涟漪效应”的源头，为中国教育的未来出模式、出经验。以教育科技创新为牵引，通过信息化加持质量体系。融通华师办学职能和成果，通过实习实训基地、教育研究基地、培训基地、智慧校园示范基地、优质生源基地、国际化基地、心理健康教育基地、教育评估示范基地、督学督导基地等十余个基地的打造，形成华师特色的教育母核，构建一个立足华中辐射全国的教育生态群落。为促进合办学校高质量发展，办人民满意的教育，学校创造性地实施校长主导、专家督导、教师认证、互助交流、资源共享五大质量保障体系。

1. 校长主导

教师是学校的血液，校长是学校的灵魂，教师教育特色的发展离不开对高端教育人才的培养。在做好教师培训的基础上，华中师范大学基础教育合作办学部每年定期举行高端校长研讨班，聘请教师教育专家和优秀校长对各合办学校管理团队的教学、教研、创新、教学管理等进行能力提升培训，定期举行经验交流会，成立合办学校校长合作小组，遴选卓越校长，并给予资质认证及表彰。基础教育合作学部先后举办了十期校长研讨班，选拔和培养了近百位管理干部，通过合办学校校长、副校长在各地办学校的务力工作，发挥了学校的基础教育的优势，并进一步彰显了华中师范大学的教师教育特色。

根据学校实际情况，华中师范大学基础教育合作办学部选派校长或主管教学的副校长组成管理团队，所有选派的团队人员均接受过华中师范大学的教育、专业培训或在华中师范大学及其附属学校工作过。选派人员具有代表华中师范大学基础教育办学理念的实践能力和专业水平。校长研讨班全面提升了合办学校校长、副校长的管理水平和教学专业素养，培养了具有华中师范大学基础教育办学实践能力和水平的高素质专业化管理团队。

2. 专家督导

督导专家主要来自四个方面：一是华中师范大学基础教育合作办学教育指导与评估委员会中的专家成员；二是附属学校优秀教师；三是华中师范大学在基础教育领域有影响力的学者、专家；四是湖北省内中小学校长、特级教师等基础教育类的优秀校友。

专家督导的内容主要包括十三项：合办学校人员的精神面貌，选派管理团队中的人员工作情况，教师的能力水平，华中师范大学教育教学理念的落实情况，学生对教育、教学的需求，学生的发展状况，合办学校的办学成效，教学研究的开展情况，教育创新的开展情况，校园文化建设，教育信息技术的应用，安全隐患排查，社会声誉。

专家督导的形式主要有做报告、听课、走访、座谈、查看资料、示范课、公开课、培训、评估等。

专家督学与跟岗培训方面：培训周期为每学期 4 次每月 1 次，培训对象为华中师范大学基础教育合作办学平台全体教师；培训形式主要包括：选聘华师附小、华师一附中的优秀教师为导师，为合办学校提供一对一的个性化培训课程，如跟班实践、跟班观摩、授课实践等。

3. 教师认证

基础教育合办学校教师资质认证是指通过对各合办学校所聘校长、教师进行的教学、教研、创新等能力的提升培训，对合格校长、教师颁发由华中师范大学基础教育合作办学部认定的资质证书，以期达到提高校长综合管理水平和教师教育教学能力，提升合办学校综合实力的效果。

教师认证的总体目标是依托华中师范大学先进的教育理念、优质的基础教育资源，科学的管理模式，通过教师资质认证，提升教师专业素养和综合素质，组建一支能适应基础教育发展需要的高素质专业化教师队伍；为各合办学校基础教育全面协调、可持续发展提供有力的师资保障，促进合办学校教育教学的长足发展。

教师认证的具体目标是受训教师要达到在华中师范大学附属学校任教的资质标准，获得由华中师范大学基础教育合作办学部颁发的资质认证证书。受训教师要具备一定的教学科研水平，培训结束需提交一篇高水平的教学论文。受训教师要深刻理解和把握华中师范大学的办学特色和附校的管理及教学模式。

培训的形式主要有以下几种：

讲座：专题讲座与案例课程相结合，力图把理论性、系统性的高端报告、名师讲座与情境性、发散性的案例课程有机结合起来，兼取所长，让老师们在感性与理性的交相呼应中获得对教师职业道德的深刻认识。

接受式学习与探究式学习相结合：要求教师通过撰写作业、小组讨论、跟班实践等形式，自觉进行探究式学习，变被动学习为主动学习。

个体学习与群体研讨相结合：充分发挥团队优势，帮助教师深入挖掘自身教育资源，为大家共同解决问题提供条件，引导教师形成在团体环境中互助互学、资源共享的好习惯，为建设学习型团队打下基础。

学习思考与实践体验相结合：从理论和实践两个层面着手，通过撰写反思作业、记录教育故事、提交学习日志、课程论文等手段，引导教师把对教师职业道德的认识贯彻落实到实际教学工作中。

4. 互助交流

校长主导、专家督导、教师资质认证、资源共享措施的实施，有利于保障合办学校教育教学质量，同时合办学校之间的互助交流也是保障教育教学质量的一个重要手段，具体有以下几种交流形式。

学年总结交流会：合办学校之间、合办学校与附属学校之间联合华中师大或华中师大附属学校校长、教师、教职工代表在每学年开展总结交流会。

校长经验交流会：各合办学校校长定期举行工作经验交流会，成立合办学校校长合作小组。

教师工作经验交流会：各合办学校提供条件定期举办骨干教师经验交流会。

高师院校基础教育合作办学工作研究会年会：这是师范类院校基础教育合作办学领域一年一度的盛事，面向全国30多所师范院校，定期举行，旨在加强各成员单位间的交流合作，共商基础教育合作办学发展大计，实现协同发展、资源共享。

华中师范大学基础教育合作办学年会：这是华中师范大学基础教育合作办学平台每年一度的重要会议，邀请所有华中师范大学合办学校所在地的政府领导、合作方公司领导及合办学校的校长、副校长参加，合作三方围绕合办学校发展及合作办学过程中的重大问题交流探讨，实现三方的共享共赢。

华中师范大学基础教育合作办学创新发展大会：这是华中师范大

学为强化社会服务职能，更高水平推进基础教育合作办学创新发展而举办的高端发展大会，主要面向华中师范大学合办学校当地政府部门、合作方及合办学校校长。会议旨在深化合作办学模式，探讨新时代背景下教师教育创新发展理念和思路。

此外还有校际访问，各合办学校之间，根据实际发展需要开展合办学校的访问交流和参观。

5. 资源共享

以信息化手段构建基础教育合办学校质量保障体系是实施合办学校质量监控的又一重要方法。该体系的总体思路就是以教育信息化为手段，促成合办学校同大学教育资源中心、附属学校共享平台和实时互动平台的对接，实现远程辅导、同步授课、协同备课、远程评估、定向管理等功能，以保障合办学校的教学质量不断提高，办学理念始终能体现华中师范大学特色；通过该系统的构建和完善，以合办学校为试点，逐步推广到合办学校所在地的整个教育面，促进地区教育的均衡化、优质化发展。

资源共享平台系统的构成主要包括合办学校、运营系统、资源平台、附属中小学。

实施对象：各地合办学校。合办学校要有标准化的软、硬件条件。

依托主体：华中师大附属中学、小学。附属学校要注重自身质量的提升，不断凝练、提升具有华师特色的教育理念、方法和模式。

资源平台：附属中小学和大学科研、教学部门协作开发基础教育优质课程资源，提供同步课堂、协同备课远程辅导、视频会议等共享资源。

运营系统：由网络传输系统、工作调度系统、后期维护系统、评价系统等组成。其中网络传输系统包括同步课堂系统、协同备课系统、远程实时辅导系统、视频会议系统等。

通过信息化的运营系统，附属中小学和合办学校之间实时资源共享，开展同步课堂、协同备课、远程辅导、视频会议等活动。合办学校的教师和学生根据需要自由获取资源平台上的共享资源。

资源共享平台的功能包括：

区校灵活对接，方便资源互通。根据合办学校的发展水平，为进一步加强合作平台资源的横向互动，提升优质教育资源的自我生成能力，促进各合办学校协同发展，根据各合作学校的意向，充分考虑各合办学校的实际发展状况和具备的资源条件，在不同地区、不同发展阶段实施区校灵活对接，如合办学校学科内的优势学科与薄弱学科的对接、合办学校之间通过对接实现互补等，通过网络教育教学资源共享平台的建立，在合办学校与大学、大学附属学校间、各合办学校间实现教育教学资源、经验的共享和交流，方便资源互通，实现互帮互助、共同发展。

教科研协同发展。基于华中师范大学优质的基础教育资源，平台依托大学教育教学科研成果，联合华中师大附中、附小，借助现代信息化的网络资源，携手各合办学校建立以学科为基础的教育科学研究共同体。对教育教学进行研究，为各合办学校的发展提供理论、实践保障，同时实现华中师范大学与合办学校的共同发展。如在允许范围内提供条件，帮助和鼓励合办学校教师参与科研工作。

华中师范大学基础教育合作办学整合了附中、附小多年的实践经验，利用他们的优质教师资源，提升学校的基础教育品牌。合办学校开学后，基础教育合作办学部每月派遣督学专家前往合办学校，检查合办学校的教师教学、课程设置、教学计划管理等；同时做到“四个一”：听一次课、讲一次课、评一次课、备一次课，着重提升合办学校教师的教学水平。另外，每月各合办学校也会选派教师前往附中或附小进行跟岗学习，通过亲身参与附中或附小的一系列教学过程，提高自身的教育教学能力。截至 2017 年底，附中、附小累计共派出优秀教师 447 人次前往合办学校进行督学工作，合办学校累计选派教师 620 人次前往附中、附小跟岗学习，2015 年以来合办学校教师跟岗、督学培训人次逐年增加。

（二）教育帮扶

为贯彻落实党中央关于实施乡村振兴战略的重大决策部署，充分发挥教育帮扶阻断贫困代际传递的作用，根据中央组织部、教育部等关于国家乡村振兴重点帮扶县教育人才“组团式”帮扶工作有关部署要求，充分发挥专家组织对教育帮扶的研究、咨询和指导作用，2022

年 9 月教育部组建了国家乡村振兴重点帮扶县教育人才“组团式”帮扶工作专家顾问委员会。华中师范大学第一附属中学（以下简称“华中师大一附中”）周鹏程校长受聘为专家顾问委员，组建了“1＋3＋5＋N”国家乡村振兴县中教育帮扶机制。其中，“1”指华中师大一附中；“3”指此前教育部和华中师范大学交办的 3 所对口帮扶学校——江西省上犹中学、河南省获嘉县第一中学、河南省邓州市湍北高级中学；“5”指华中师大一附中在这次国家乡村振兴重点帮扶县教育人才“组团式”帮扶工作中对口帮扶的贵州省 5 所学校——关岭县综合性高级中学、关岭县民族高级中学、晴隆县第三中学、望谟县实验高中、册亨县民族中学；“N”指上述学校之外华中师大一附中一直在对口支持的学校。

1. 帮扶内容

帮扶的目的在于通过结对互助，使两校之间互惠双赢，促进两校之间办学思想上有新变化，学校管理水平上有新跨越，教育教学质量上有新提高，师资队伍建设上有新突破，办学水平有大提升。

对受援学校管理干部重点从学校文化引领、学校治理探索方面进行帮扶。对受援学校骨干教师重点从教育教学示范、师资队伍提升方面进行帮扶。

学校文化引领方面，一是组织受援学校领导参观华中师大一附中，和他们一起研讨、设计具有学校特色的学校文化。二是协助受援学校开发、编写校本课程，开展综合实践活动；指导开展主题鲜明、富有特色的校园文化活动。三是每学年开展一次德育工作经验交流活动。

学校治理探索方面，一是两校领导保持密切联系，及时交流，共同分析学校教育教学及管理现状，研究解决方法。二是邀请受援学校领导和华中师大一附中管理人员结成帮扶对子，跟班学习。华中师大一附中也将定期选派优秀管理干部，到受援学校驻校指导学校管理工作。三是实行管理制度的资源共享，指导受援学校建立健全各种管理制度。

教育教学示范方面，一是不定期邀请受援学校老师参加华中师大一附中的各种培训活动和教学、教研活动。二是每学期开展送教活动，进行示范教学，传授教学经验和最新教改信息；帮助受援学校转变教育观念，改革教学方法，优化教学过程，建立先进高效的课堂教学模式。三是与受援学校实行教学质量同步测试，同卷测试。在质量检测之后，共同对成绩进行对比、分析，查找原因，调整教学方法。

师资队伍提升方面，一是华中师大一附中邀请受援学校教师来校参加各种研修培训、学术交流等，为受援学校培养教育教学骨干、学术带头人，不断提高受援学校教师的专业化水平。二是每学年选派学科骨干教师到受援学校带课，并指导教师开展教学研究工作。三是受援学校选派学校中青年业务骨干教师到我校进行多种形式的培训学习。四是建立导师制度。华中师大一附中将指定教学能手或学科带头人与受援学校教师建立长效导师指导责任制，在教育理论、课堂教育教学、教育科研等方面加强指导培养，逐渐使受援学校形成优秀的教师群体。

2. 培训方式

一是跟岗学习。学员报到后，按学科安排指导老师，由专职指导教师对学员进行全过程、全方位的指导。参训学员跟班听课，观摩体验导师教学的各个环节，包括备课、上课、说课、评课、组织班级活动等，可根据导师安排设计教案，开展课堂教学实践。

二是理论学习。学员集中学习华中师大一附中的办学理念和特色、班级管理，学习学科核心素养在教学中的设计与应用等。

三是同伴交流分享。学员在体验中学、在练习中学、在交流中学。

四是学习跟踪反馈。学员学完后，可通过网络平台、QQ 群、微信群与指导教师、培训教师和同伴互动交流。

为做好帮扶工作，华中师大一附中采取了以下举措：

一是完善领导机制，提高思想认识。为加强对帮扶工作的领导，切实保障帮扶工作落到实处，华中师大一附中成立对口帮扶工作领导小组。

二是加强过程管理，分阶段实施。华中师大一附中充分采纳受援学校意见，制定详细计划，开展具体工作，每两月召开一次帮扶工作座谈会，每学年进行一次阶段总结会，加强实施力度，强化过程管理，选好帮扶人员，保证此项工作的实效性。

三是建立激励机制。把“结对帮扶”工作纳入学校年度考核以及评优选先的条件之一。对在“结对帮扶”工作中取得突出成绩个人予以表彰和奖励，充分调动帮扶人员工作的积极性。

四是及时总结，做好宣传。联络员要及时对帮扶工作进行宣传报道，及时总结对口支援工作经验，充分发挥网站等媒体的作用，对双方学校的帮扶工作进展情况进行宣传。

3. 帮扶新疆

为了更好地提升学校教学实效，华中师大一附中为新疆博乐分校援助资金，完成学校电视台以及创客教室的建设，大大地丰富了学生科技实践的积极性与创造性，为边疆学生综合素质的发展、视野的拓展提供了硬件支持。

在投入资金支持的同时，华师一附中同时选派优秀管理干部和骨干教师到博乐分校任职任教。从 2009 年开始，华中师大一附中每 3 年派出 5 名优秀干部来校分别担任校级领导、中层干部、骨干教师，压实援疆领导责任，共同打造强势教育平台，不断渗透全新的教育教学理念，引领学校改革发展。总校选派的援博老师切实发挥了智力援博引领、带动、提升教育教学质量的作用，援疆教师团队在帮带培养本地教师、加强教研教改、提升教育教学质量、提升办学水平中发挥了重要作用。

“授人以鱼，不如授人以渔。”华中师大一附中援博教师除完成正常教学工作外，还积极承担了教研任务。他们积极与当地青年教师结对帮扶，在教育理论和教学实践上全方位辅导，直到他们成熟。通过他们的示范、结对帮扶、专题报告等活动，很好地传播了华中师大一附中总校的先进教育教学理念，引领了博乐分校的教改教研，产生了积极的影响。

为提供更好的培训与交流环境，华中师大一附中积极为博乐市本地教师提供跟岗培训与学习的机会。博乐市每年派出高三毕业班教师团队前往华中师大一附中参加培训，至今累计派出 289 名教师。自 2021 年开始每学期派出一名管理干部前往总校跟岗培训半年，至今累计派出 4 名干部设身处地感受总校浓厚的教育氛围，学习总校先进的教育教学经验。

为充分发挥华中师大一附中教育资源优势，推进高素质人才培养模式，每年选派学习能力强、综合素质高的 5-8 名学生前往华中师大一附中作为“联合培养”对象就读，以此提升博乐分校总体教育教学水平，让博乐分校更多的孩子能够享受到最优质的教育。

从九省通衢的武汉到“青色的草原”博尔塔拉，需要跨越 3519 公里的飞行距离。然而，遥远的距离并没有阻拦华中师大一附中教师送教到博的热情与决心。为全力支持博乐高考备考情况、助力博州学子圆梦名校，华中师大一附中专家团在每年两次亲抵博乐，对学校的高考备考工作进行指导，听课、指导学生、与任课教师开展深入交流，至今累计派出指导专家 50 余人。同时，华中师大一附中也多次通过线上的方式，为博乐师生进行学法指导，分享优质教学资源，累计举办讲座 37 次，受益师生约三万余人次。博乐各学科教研组通过参加线上直播课的方式，观摩、学习总校普通高中新课程新教材实施国家级示范校建设研讨活动，各科教师颇受启发。

4. 帮扶江西

按照教育部的指示，华中师大一附中从 2018 年 10 月 20 日开始和上犹中学“结对认亲”。对上犹中学的帮扶分两个阶段：第一阶段是 2018 年 10 月—2022 年 7 月，主要以项目式的活动开展对上犹中学的帮扶；第二阶段是 2022 年 8 月后，开始实施县中托管帮扶项目，派驻校长落实托管协议。

2018 年 10 月接到教育部指示，华中师范大学和华中师大一附中当即行动，时任副校长的夏立新率队赴上犹县开展教育支援对接工作，初步拟定帮扶思路。华中师大一附中多次专题研讨上犹帮扶事宜，决定以周为单位确定帮扶工作时间表和路线图，常态化推进帮扶工作。在实施策略上实行先诊断后帮扶，先在教育教学方法上浸染，再在办学理念上进行渗透，先输血后造血，提升上犹中学办学质量，进而赋能上犹地区基础教育质量的整体提升。

当年 11 月，华中师大一附中赴上犹县开展调研，形成《江西省上犹县教育帮扶需求调研报告》和帮扶需求清单，为精准帮扶奠定了基础。对帮扶清单进行动态管理，根据各种反馈，不断具化、优化帮扶清单。

从 2018 年 10 月到武汉疫情之前，华中师大一附中（以下简称“华师一附中”）共有 52 人次赴上犹县开展调研与帮扶，有上犹中学 184 人次到华中师大一附中学习交流。从陌生到熟悉，两校交流进入“熟人模式”。持续互动中，跟岗培训和送教上门帮扶常态化：每批为期 10 天的浸润式跟岗培训，使来培教师更新了教育教学观念，获得了职业发展新动力；全学科、覆盖教育管理干部和教师、高三学生的送教工作，促进了学校管理、教学研究和高考备考。两校在教学资源实时对接，“教学节”等品牌活动共享、德育活动共建、学生赴汉跟班学习、尖优学生试卷诊断等项目也常态开展。2019—2021 年，连续三年，每年 6 月，上犹中学派 20 余名教师参加华中师大一附中高三骨干教师专项研修班，分别到过贵州、宁波等地参加培训研学活动。

新冠疫情期间，两校线下往来互访较少，主要是开展教师集中培训和线上交流。例如，在 2020 年疫情网课期间，邀请上犹县 9 名高三优秀学生参加华师一附中网课学习。

2022 年 9 月，按照县中托管协议，周斌校长到任，全面深化帮扶上犹中学南北校区教育教学工作，教育帮扶工作掀开新篇章。2022 年 11 月 24 日，“1＋3＋5＋N”国家乡村振兴县中教育帮扶工作交流会在线上召开；12 月中旬线上开展了“1＋1＋1”上犹中学、上犹中学新校区、华师一附中三方联合教研。

2022 年 8 月 15 日—20 日，上犹中学南校区 25 名新教师赴武汉参加华师一附中教师入职培训；10 月上旬全体教师线上参加“2023 年华中师范大学基础教育合办学校高考复习备考培训班”；10 月下旬上犹中学教师线上参与华师一附中组织的“职业生涯规划指导以及选科培训活动”。2023 年 3 月 7 日—14 日举行第一期为期 10 天的“高中学科骨干教师跟岗培训”活动。

华师一附中选派有管理经验的化学奥赛金牌教练周斌出任上犹中学南北校区总校长。驻校校长把华师一附中的办学理念和成熟模式、特色活动等在上犹中学落地生根，做了开创性的工作，例如筹建“金凤书院”聚焦创新拔尖人才培养，开启“青年教师成长共同体”工程和“骨干教师成长共同体头雁工程”，进行初高中贯通式人才培养路径探索等；同时成立“对口帮扶联络办公室”，专司对口帮扶工作。2023 年 1 月 30 日，学校召开 2023 年“县中帮扶”工作座谈会。

在华中师范大学和华中师大一附中的帮扶下，上犹中学取得显著的育人成绩。2019 年该校廖家顺考取北京大学。2020 年该校田涛获全国中学生生物联赛（江西赛区）国家二等奖，张文青、邝盛培获全国中学生生物联赛（江西赛区）国家三等奖。上犹中学代表队参加高中组男子简易编程机器制作团体赛获第一名，范榕获高中男子简易编程机器人个人制作赛一等奖。上犹中学代表队获高中女子组简易机器人团体赛省第一名，张乐妍获一等奖。

上犹中学教师队伍水平也大幅度提升。游敏老师获赣州市第八届中小学教师信息化教学竞赛高中历史一等奖。曹静老师获 2022 年赣州市中学物理优秀课例展示暨教师综合技能培训一等奖。华美师老师获 2022 年赣州市高中化学（说播课）一等奖。郭虹娟老师获 2022 年赣州市英语青年教师教学技能大赛一等奖第一名。上犹中学获评赣州市 2020—2021 年教学质量综合评价“先进单位”。上犹中学获评赣州市 2021—2022 年教学质量综合评价“先进单位”。

（三）西部就业

华中师范大学自建校以来，秉持“为党育人，为国育才”的办学理念，以“忠诚博雅，朴实刚毅”的华师精神，培养引导了一大批毕业生赴基层就业，赴西部就业。华中师范大学因国家需要而生，因社会发展而兴，扎根华中大地服务国家建设，既是历史的选择，更是华师人“行为世范、立德树人”初心使命的生动实践。自 20 世纪 80 年代起，40 多年来学校共为新疆、西藏、青海、甘肃、宁夏、内蒙古、云南、贵州、四川、重庆等西部省（自治区、直辖市）输送选调生、西部计划志愿者、“三支一扶”项目毕业生 5000 余人，共有 18000 余毕业生赴西部重点行业和基层就业，以实际行动把“忠诚博雅、朴实刚毅”的华师精神播撒在了西部的热土上。四十多年来，华中师大一万多名青年学子选择到西部基层就业，自觉担负起青年责任、勇担时代使命，在服务西部、服务基层的工作实践中，保持初生牛犊不怕虎、越是艰险越向前的刚健勇毅，勇立时代潮头，在中华民族伟大复兴的历史征程中不断续写新时代青年的光辉业绩和华彩篇章。

1. 传承华师精神血脉，教育引导学生赴西部就业

自 1980 年起，华中师范大学就紧跟国家形势需求，深入贯彻落实

中央关于高校学生就业工作的重要指示，教育引导毕业生树立“到祖国最需要的地方”的理想信念，引导毕业生到基层就业，到西部就业。尤其是2000年后，随着信息时代的来临，学校紧跟时代步伐，深入贯彻落实党中央国务院关于做好高校毕业生就业工作的重要指示精神，不断完善促进就业工作机制，构建就业服务平台，多措并举鼓励和引导毕业生赴基层和西部地区就业，鼓励他们扎根立足基层、建功立业西部、实现自我价值。

坚持立德树人就业育人价值导向。自20世纪80年代以来，华中师范大学始终强化基层就业的鲜明导向，高度重视毕业生面向基层就业的精神引导和价值引领；进入90年代，形成了学校领导协调推动、职能部门协同联动、二级院（系）实施发动的西部就业工作格局；新世纪以来，学校先后制定《华中师范大学促进学生高质量就业工作方案》（华师行字〔2017〕20号）《华中师范大学促进学生高质量充分就业的若干意见》（华师行字〔2019〕131号）《华中师范大学就业工作考核方案》（2019修订），将基层就业、西部就业作为考核二级院（系）就业工作的重要指标，切实强化制度牵引和激励。学校领导班子亲自结对学院，结合自身经历、行业发展、国家需求为学生讲党课、思政课，帮助大学生深入了解国情社情，科学规划职业生涯，倡导树立“选择西部、扎根基层、行行建功、处处立业”的价值理念，勉励同学们毕业后踊跃到基层锻炼成才。学校学工就业部门及学院通过“周末晚点名”，毕业生基层就业座谈会，学费、国家贷款补偿代偿，颁发基层就业奖励，表彰基层就业先进，不定期回访慰问等多种举措，弘扬“扎根基层，奉献青春”的正能量，着力强化基层就业的鲜明导向。

全链条打造西部就业服务保障支持体系。全员参与促进西部就业，完善“校院班三级联动、家校互动的全员就业体系”，形成各负其责、运行高效的工作格局。1980年代，学校的西部就业工作重在加强对学生的引导指导，全过程加强西部地区生源的教育管理，鼓励学生毕业后按照国家政策，回到西部地区及家乡建功立业；1990年代后，学校重在打造为毕业生西部就业服务的保障支持体系，通过构建“课程教学＋实践育人”就业教育的两大平台，将就业教育贯穿人才培养始终；进入新世纪，学校着力打造“赛事引领＋职业体验＋项目培育”

就业实践三大平台，加快建设职业化、专业化、高水平就业指导队伍，不断提升学生职业能力；尤其是 2018 年以后，针对西部地区家庭贫困的生源，学校进行全方位精准帮扶，按照“精准帮扶，不落一人”的目标，从学生入校起，建立《重点群体学生就业帮扶档案》，由专门教师“一对一”实时掌握就业状态、精准提升求职能力、全程包干帮扶指导；针对有志于赴西部就业的毕业生群体，开展政策宣传，通过“大学生西部计划”“新疆地区专招”“西藏专招”“国家公费师范生计划”“国家优师计划”等项目，吸引有西部就业意愿的重点群体毕业生“就业政策掌握 100%”，努力做到毕业教育动心、就业指导入心、就业服务暖心、就业跟踪贴心。

针对性引导学生服务基层和西部地区。自 1980 年代以来，华中师范大学始终心怀为西部地区输送人才的办学精神，着力提升学生素质，聚焦区域发展需要，引导更多毕业生主动到基层和西部艰苦地区就业，做到“下得去、留得住、干得好”，引导毕业生到基层一线就业；1990 年代后，充分发挥学校在基础教育、信息技术、行政管理等方面的专业优势，主动对接地方教育、农业、卫健等部门的人才需求；2000 年后，学校开展多种措施，针对性引导学生服务基层和西部地区就业，依托学院开展以“成才观、职业观、就业观”为核心的就业主题教育活动，通过政策形势讲座、榜样示范引领等形式，唱响基层就业“主旋律”，为西部地区输送大量人才，确保每年有 10%的毕业生到西部地区、基层地区以及艰苦边远地区干事创业。尤其是 2017 年后，伴随着湖北省人社部门力推的“我选湖北”“学子留汉工程”，积极引导毕业生留在荆楚大地；学校紧扣“国家一带一路及中部崛起”的人才需求，前瞻调整学科专业设置，与中西部地区基础教育、数字媒体技术、生物化学等领域 80 余家企业深入对接合作，积极开展毕业生“我为家乡建设做贡献，青春建功新西部”就业价值引领教育，实施“学子留汉就业创业助推行动”，引导毕业生到中西部地区就业；2020 年以来，学校将人才输送与服务国家和社会需求紧密结合，建立新疆籍、西藏籍等西部民族地区就业学生岗前培训、持续追踪和成长帮扶工作机制，合理引导学校的公费师范生就业观念，每年指导引导近 300 名毕业生赴疆、青、藏、蒙、贵等民族地区就业。

尽全力开拓西部就业市场。1980 年代，学校在西部地区的招生上下功夫，在条件可能的情况下，按照国家招生计划，保质保量完成国家在西部地区的招生任务，充分挖掘西部地区生源资源，将更多的西部生源地区学生招进来，培养好，送回去建功立业；进入1990年代后，学校根据国家发展大局，积极响应国家政策，充分拓展西部就业岗位供给；新世纪以来，学校持续强化“全校上下齐动员，师生员工同聚力，内外资源共支撑”的协同联动效应，大力加强就业市场建设，多措并举促进毕业生面向基层就业；尤其是2015年后，学校紧抓国家政策红利，大力举办各类线上、线下基层就业校园招聘活动，向毕业生推介相关优惠政策。2020年新冠疫情暴发后，学校积极利用信息技术手段，在学生就业信息网站开辟“选调生”专栏，结合就业信息QQ群、微信公众号等平台持续推送基层就业项目。此外还利用寒暑假集中组织开展基层就业岗位拓展活动，相关职能部门和二级院（系）通过回访、调研等多种形式，紧密对接各地各部门，收集“选调生”“西部计划”“三支一扶计划”“应征入伍”等基层项目的岗位需求。

讲好基层就业典型故事，发挥基层就业榜样力量。学校深入探寻就业指导教育中的思政元素，打造第一课堂和第二课堂的有效结合，引导学生树立正确的世界观、人生观和价值观，自觉地把个人理想同国家与社会的需要紧密结合起来；定期跟踪寻访赴基层就业的校友，运用学生喜闻乐见的形式在校内宣传，树立毕业生在基层就业成才的先进典型，如“大别山师魂”汪金权（大学毕业以后，扎根于蕲北山区，坚持把自己的工资用于资助贫困学生）。在20世纪90年代，以学校建校90周年校庆为契机，学校邀请基层就业、农村支教等先进模范进校开展专题讲座；在2003年，学校举办百年校庆的时候，开展“迎校庆、树典型、促就业”系列活动，邀请西部就业的典型回校作专题报告，唱响到基层、到西部、到祖国最需要的地方建功立业的主旋律。进入2018年后，学校广泛宣传“大学生西部计划”等西部就业政策，引导激励更多毕业生赴基层就业，学校2021届及2022届毕业生基层就业氛围浓厚，报考西部省市自治区选调生人数占求职就业人数的近3%；入选新疆、西藏、甘肃、青海等地定向招录选调生70多人，创历史新高，位居湖北省内高校前列。

2. 毕业生西部就业规模持续增长

学校档案馆学生就业去向派遣数据显示，20世纪80年代至90年代初，华中师范大学毕业生西部就业人数稳定在 170 人左右；随着招生规模的扩大，1990 年至 2000 年，学校历年毕业生西部就业人数约 360 人左右；2000 年到 2010 年，学校毕业生西部就业人数均超过 430 人；2011 年至 2022 年，由于国家公费师范生项目的启动，学校毕业生西部就业人数保持高速增长，西部就业人数每年 850 人左右，占当年毕业生总人数 10%以上。具体西部就业人数及规模见下表：

表 5.1 华中师范大学毕业生西部就业人数及规模（1980 年至 2022 年）

年份	西部就业人数	毕业生总人数	占比	备注
1980—1989 年	约 1900 人	约 28600 人	6.68%	
1989—1998 年	约 3700 人	约 43000 人	8.60%	
1998—2011 年	约 5300 人	约 59000 人	8.99%	
2011—2022 年	约 8700 人	约 84000 人	10.35%	自 2011 年起，实施国家公费师范生教育
总计	约 19600 人	约 214600 人	9.13%	

3. 毕业生西部就业质量稳中有升

学校进行专项奖励，对西部就业毕业生进行激励。华中师范大学高度重视毕业生西部就业，在政策解读全覆盖的基础上，广泛利用就业指导课、网络、广播等多种形式，结合党团组织生活会等各种学生活动展开宣传动员指导。1995 年后，学校连续开展“华师学子西进工程”“华师学子基础教育行”大型调研实践活动，教育引导动员毕业生赴西部就业；进入 2000 年后，学校拨付专项资金，利用“华师学子西部计划专项行动”等实践活动，形成大学生西部就业的良好就业氛围。2009 年学校出台新政策对参加“农村支教”“到村任职”等基层和西部的毕业生给予物质奖励，对符合条件的西部就业毕业生授予优秀毕业生的荣誉称号，并集中表彰发放纪念品。

跟踪服务，为毕业生排忧解难，促进西部就业毕业生高质量发展。自 20 世纪 80 年代以来，每年学校都划拨专门经费用于“看望支教生”“回访西部毕业生”等活动，准确了解到西部、到基层就业的毕业生的工作情况，力所能及地解决他们生活和工作中的困难。1998 年，学校领导带队分四组分别赴新疆、西藏、青海、云南等地看望了在西部地区就业的部分支教生。2009 年，学习组织 16 个调研组到全国 15 个省和自治区，回访了近 300 个单位，了解了西部就业校友的实际工作情况。2015 年后，根据实际情况，按照教育部要求，在研究生录取、辅导员招聘等方面优先录取服务期满或有基层、西部工作经历的毕业生，力所能及地解决他们的后顾之忧。

开拓西部就业市场，力促毕业生西部高质量充分就业。自 20 世纪 80 年代起，学校始终高度重视对基层就业和西部就业的市场开拓工作，多方开拓基层就业市场，为毕业生到基层及中西部地区和艰苦边远地区就业创业，投身扶贫开发和农业现代化建设创造条件；进入 2010 年后，学校就业部门围绕服务国家战略拓展就业区域，围绕“一带一路”“西部大开发”等国家、重点战略区域，依托武汉独特的地理位置，努力构建“立足长带，辐射全国”的就业大格局；2015 年后，学校着重加大对西部地区的重大工程和重大项目重要领域等就业市场的开拓力度，鼓励毕业生参与“三区三州”等深度贫困地区教育脱贫攻坚战。统计数据显示，40 多年来，华中师范大学赴西部就业的毕业生主要分布在国家公务机关、基础教育以及重点国有企业，后续发展和职业历练高于平均水平，社会声誉好，就业质量高。

四、服务地方社会

华中师范大学充分发挥社会服务职能，积极强化与各级地方政府、企业的合作，在扩大合作领域、丰富合作项目、深化合作内涵、促进科研成果转化、干部培训、教师培训等方面进行了一系列富有成效的实践，形成了互惠互利、校地共赢的发展格局。

（一）成果转化

自 1980 年以来学校始终注重加强应用科学研究，并且积极推进把科研成果应用到工农业生产中。如在 1982 年学校就将自己研制的水胺硫磷的使用面积扩大到 12 个省份，防治棉花和其他农作物面积达 5000 万亩以上，经当时的植保部门计算，仅这一项成果推广可以在当时取得经济收益达 5 亿元以上。近些年，化学学院农药化学团队成功创制的绿色农药新品种“喹草酮”推广应用超过100万亩，创造经济效益近1.5亿元。

为促进科技成果转化，学校按照“市场导向、规范管理、协调推进、激励创新”的理念，对科技成果转化机构进行了优化，成立了科技成果转化领导小组。领导小组下设科技成果转化办公室，协调和管理科技成果转化事务，挂靠科技处。设立技术转移中心，提供专业化、市场化的科技成果转化服务。技术转移中心与创新创业学院、科技园、资产公司等机构组成具有华师特色的技术转移运营体系。

优化后的技术转移中心着眼于学校“双一流”建设的历史任务，构建技术交易、投融资的支撑服务平台，开展技术开发和市场需求对接、科技成果和风险投资对接，形成市场化的科技成果转移转化运营体系。中心有专职工作人员9人，其中6人持有技术经纪人（经理人）证书。2016年中心被认定为武汉市技术转移示范机构，2018年中心被认定为湖北省技术转移示范机构。过去3年，中心在智慧教育、绿色农药、平台大数据、新材料和生物医药、节能环保、人工智能与自动化等领域，与包括腾讯、阿里巴巴、华为在内的500多家企业牵线搭桥。指导成立多家初创公司，开展智慧教育方面的技术推广工作。通过与一大批行业内龙头企业（如奥鹏教育、天喻信息、清华紫光、浪潮集团、北京慕华信息科技有限公司、江苏金智教育信息股份有限公司）的合作，使之成长为教育信息化龙头示范企业，带动行业实现年经济效益数十亿元，为学校赢得技术转移收益4000余万元。积极物色合作对象，通过参加成果推广会、项目对接会，举办项目接洽会揭示技术优势，促成技术转让和许可20余项，为学校赢得技术转移收益6000余万元。派出专职的法律顾问、知识产权顾问、销售顾问协助科研团队实施技术转移、转让，签订技术合同1000余项，登记合同额超过3亿元。中心与创新学院合作，争取了1万平方米的场地，支持大学生创新创业；累计培育创业团队500多支，注册小微企业110多家。中心与资产公司合作，在江夏区建设华师科技园，促进科技成果转化、高新技术企业孵化、创新创业人才培养、产学研合作。积极参加技术转移联盟组织（中国高校技术转移联盟、湖北省技术市场协会、武汉市高校技术转移联盟），强化信息共享与业务合作；在多个技术转移服务平台上（国家科技成果转化项目库、全国技术转移公共服务平台、湖北省科惠网、湖北省科协）发布科技成果。

早在20世纪60年代，华中师范大学化学学院张景龄先生就开始筹建有机磷农药研究室。当时，有机氯农药的弊端已引起广泛关注，研制开发新型高效杀虫剂成为一项重要任务。张景龄先生将有机磷杀虫剂研究作为主攻方向，很快成功研制开发出新农药“水胺硫磷”，先后在仙桃农药厂等全国20多家农药厂实现了产业化，成为取代有机氯杀虫剂“六六六”的大吨位品种，年产量超过万吨，创造了十分显著的经济效益和社会效益。1978年，这项成果获得了全国科学大会奖。

随后，他又成功研制出土壤杀虫剂“甲基异柳磷”“乙基异柳磷”，同样在全国数十家农药厂实现了产业化。由于当时我国并没有实施专利制度，因此，尽管“甲基异柳磷”实际上是一个创制的新品种，但在当时无法进行专利保护，文献中并没有报道。“水胺硫磷”和“甲基异柳磷”这两个农药品种已在市场上销售使用了三十多年，因它们成本低、杀虫活性好而受到广大农民的欢迎。由于这些农药品种的成功研制和产业化，华中师范大学农药研究得到了同行的高度认可，成为我国农药研发的重要基地之一。

高粱是全球第五大粮食作物，全世界种植面积约6亿亩，我国年种植面积约1100万亩。高粱作为重要的食用、饲用及能源用原料，近年来需求激增，我国年进口量超过1000万吨。由于高粱对化学药剂很敏感，目前还没有理想的高粱田除草剂，常用药剂如二氯喹啉酸、莠去津、二甲四氯等效果不理想，且需严格规范用药，否则容易造成药害。高粱专用高效除草剂的匮乏，是制约高粱产业发展的一个重要瓶颈。

喹草酮（试验代号Y13161）是杨光富教授团队创制的高粱专用选择性的超高效除草剂，对高粱表现出高度的安全性，填补了高粱田专用除草剂领域国内外空白。喹草酮杀草谱广，速效性好，对多种阔叶杂草防效与同类主流除草剂硝磺草酮相当，但对禾本科杂草防效显著优于硝磺草酮。并且，喹草酮除对高粱安全外，对玉米和小麦也非常安全，而硝磺草酮只对玉米安全，对高粱产生严重药害。此外，喹草酮对狗尾草和苘麻（玉米地尤其是北方玉米地中的两种主要杂草）防效优异，而硝磺草酮对狗尾草几乎无效。

该化合物已获得中国专利20130516269.0，国际PCT专利：PCT/CN2014/078005，并已经在欧盟、美国、印度、阿根廷、墨西哥和尼日利亚等国家和地区申请专利。现已转让给山东先达农化股份有限公司进行产业化开发，并于2020年12月获得新农药登记，截至2022年已经在全国范围内推广超过200万亩。

氯酰草膦为华中师范大学农药化学研究所贺红武教授课题组创制的具有我国自主知识产权的除草剂。该成果由湖北省科技厅组织专家对其技术鉴定为：达到国际同类研究先进水平，并于2009年获湖北省技术发明一等奖和武汉市科技进步一等奖。Clacyfos（氯酰草膦）作为首个具有实用价值的植物丙酮酸脱氢酶（PDHc）抑制剂类除草剂，分别被世界著名的《农药手册》第16版（2013）和第17版（2015）收录，是该书收录的唯一一个中国创制除草剂，也是科迪华农业科技和陶氏杜邦农业事业部2018年8月1日公布的世界上最新应用开发的150种农业化学品之一。

吡唑喹草酯是杨光富教授团队借助团队建立的“绿色农药分子设计的计算化学生物学平台”筛选的水稻田超高效除草剂，有望解决当前水稻生产中抗性稗草和抗性千金子几乎无药可治的技术难题。吡唑喹草酯是目前对抗性千金子活性最高的除草剂，同时对各种抗性稗草防效十分优异，并且其对各种品系的水稻安全，对哺乳动物低毒，对水生生物安全，为水稻田抗性稗草和抗性千金子防治提供了优秀的解决方案，该药剂有望2023年获得新农药登记。

水稻是我国第一大粮食作物，常年种植面积约4.5亿亩，产量接近我国粮食总产量的一半。水稻纹枯病是危害水稻的三大病害之首，年均发生面积约2.3～2.8亿亩，是影响水稻高产、稳产及稻米品质的重要障碍。针对现状，杨光富教授团队开发了具有自主知识产权的杀菌剂新品种氟苯醚酰胺和氯苯醚酰胺。

（二）干部培训

1982年，教育部人事司和湖北省委组织部分别在华中师范大学成立了“教育部中南教育管理干部培训中心”和“湖北省党政干部华中师范大学培训部”，专门培训高等学校和党政机关的县处级领导干部。

40 多年来，学校干部培训工作在教育部和省委组织部的关怀和指导下，严格执行中央关于干部教育培训的各项方针政策，以发挥高校基地优势，服务经济社会发展为目标，着力改革创新，在提升干训质量、打造干训特色、优化干训品牌等方面取得了积极成效，形成了干训文化与高校文化深度融合的培训文化和独具特色的工作格局。截至 2023 年 4 月，学校共举办中南地区高校中层管理干部培训班 79 期，湖北省省直机关处级干部进修班 91 期，其他各类党政干部培训班若干期，共培训党政干部和高校教育管理干部近 3 万人。学校干部培训工作在湖北乃至全国产生了重要影响，为中南地区高教事业和湖北地方经济社会发展作出了突出贡献。

1. 坚持适配培训需求，培训设计凸显围绕中心、服务大局

根据全国干部教育培训工作会议精神和省委有关干部教育培训的要求，学校干训工作围绕地方经济社会发展需要，依托百年名校的优质教育资源，充分发挥学科专业优势，不断设计和开发适应时代发展、贴近干部需求的培训项目。主体班形成了“专题讲授＋集体研讨＋自主学习＋调研实践”四位一体的教学布局，以坚定理想信念宗旨为根本，以全面增强执政本领为重点，突出政治训练、政治历练，把提高政治觉悟、政治能力贯穿全过程。遵循处级干部特点和成长规律，不断优化和完善课程模块，力求理论教育更加深入、党性教育更加扎实、专业化能力培训更加精准、知识培训更加有效，目的在于培养造就忠诚干净担当的高素质专业化干部队伍，为谱写新时代高质量发展新篇章服务。

2. 坚持动态聘任机制，师资队伍凸显开放性和高端化

为了高标准、高质量完成培训任务，学校干训工作根据教学效果的需要，以开阔的视野在全省乃至全国范围选聘相关课程或专题的授课者，并严格根据教学效果评估结果进行遴选。开放、动态、灵活的聘任机制让名师荟萃、大家云集在华师培训部成为可能，在师资队伍上实现了“两个增加比重”：增加了华师之外名师名家的比重；增加了实践经验丰富、理论功底扎实的领导干部上讲台的比重。曾经给中央政治局集体学习组讲课的徐勇教授、周叶中教授、刘守英教授，著名学者欧阳康教授、朱英教授、马敏教授、李良明教授、赵凌云教授、马哲军教授、相关厅局领导等都长期为主体班授课。近三年近10门课程先后入选中组部和省委组织部好课程，25门课程入编全国党员教育培训优秀课程师资数据库。这支由校内外知名专家学者组成的高水准师资队伍已成为华师培训部不可替代的“软实力”，确保了对学员进行理论武装、党性教育和能力提升的实效。

3. 坚持强化组织领导，培训管理凸显高要求和精细化

为了优质高效地做好干训工作，学校加强领导，周密组织，成立了由分管校领导负总责的培训工作领导小组，对培训班的教学、管理、后勤保障等各项工作统筹安排，确保培训任务不折不扣落实到位。一是抓教学计划执行与管理。以教学管理科学化、流程化、精细化为目标，严格按照教学计划，实施教学管理，遵守教学工作各项流程，做到“三个到位”，即课前通知协调到位，随堂跟踪服务到位，课后总结评估到位。二是抓学员管理和考核。近年来主体班配备副校级职员全程带班，垂范引领、润物无声。在培训管理上做到了全面实施学风督促和量化考核，实现了管理指标化、指标考核化、考核日常化，将严字落到了实处。三是抓后勤保障与服务。全程培训做到了科学化管理、精细化服务、示范性引导。

4. 坚持改革创新，培训方式方法凸显针对性和实效性

一是优化教学方法。根据教学内容和教学效果需要，在沿用传统课堂讲授方法的同时，大量采用生动鲜活、学员乐于接受的教学方法，如双向交流的互动式教学、问题导向的研究式教学、理论结合实际的案例式教学、经验分享的访谈式教学、情景模拟的体验式教学等，呈现出立体化教学方法体系。二是丰富集体研讨，在增强“管理故事赏析”“学员讲坛”“课后思辨台”等集体研讨平台效果基础上，强化问题导向和结构化研讨，搭建特色研讨交流平台。三是强化现场教学。与辛亥革命纪念馆、市民之家、国家光电实验中心、省监狱局等多个单位共建各具特色的教学实践基地，培训的针对性和实效性在接地气的实践行动中得到了增强。四是创新培训举措。本着激活学员内在潜能及学习动力的理念，华师培训部践行“五个注重”，即注重学员经验、注重学员参与、注重学员思辨、注重学员体验、注重学员研究，创新推出值周大班长制、学员轮值引导互动和答谢专家讲座、定期推出学习简报等多种行之有效的培训举措，助推培训实效不断提升。

5. 坚持社会效益优先，培训成果凸显标志性和延续性

干训工作是华中师范大学服务社会的一个重要窗口，学校一直坚持社会效益优先，举全校之力优先保障教育部和省委组织部下达的指令性干训任务高质量完成，优质服务高素质干部队伍建设和经济社会发展需要。40多年来，除新冠疫情期间，其他年份，学校针对中南地区高校中层干部和湖北党政机关县处级领导干部的培训工作一直坚持不懈。到2023年4月，学校共举办中南地区高校中层管理干部培训班79期，湖北省省直机关处级干部培训主体班91期，其他各类党政干部培训班数百期，共培训党政干部和高校教育管理干部近3万人。这一标志性培训成果在高校基地中独树一帜，也成为干部教育培训高校基地建设的一个重要成果。数以万计的干训学员遍布中南地区高校和湖北省党政机关，作为华师的杰出校友，他们在与华师相互赋能的发展共同体中，形成了以培训促合作、在合作中强培训的衍生效应，进一步延续和扩大了培训成果，促进了校府协同、校企协同以及政产学研的良性互动和共同发展。

2015年，教育部人事司将中南地区高校中层管理干部培训班作为示范班次列入当年教育部干部培训年度计划并给予专项经费支持。党校文化与高校文化深度融合、学科发展与干部培训相互促进的比较优势也让学校成为学员自主选学的优先选择。学校干训工作经验入选中央组织部《全国干部教育培训工作经验交流材料》并受到相应表彰。在全国干部教育培训工作会议等场合，华师干训工作多次做经验交流发言。共产党员网、全国高校思政网、学习强国、《湖北日报》《全国干部教育通讯》《干部教育培训研究》《党政干部论坛》等媒体刊物先后多次对培训部的干部教育培训经验和动态进行宣传报道。学校深度问效学员跟踪开展案例研究，主编出版了《高校教师党支部党建创新案例精选》《高校管理案例与启示》两套案例丛书，产生了较好的社会反响，得到了各级领导和培训同仁的充分认可。培训跟踪调查发现，经过培训的学员60%以上得到晋升，有300多人成为厅局级领导，10多人成为省部级领导，他们都在不同的岗位上为经济社会发展作出了突出贡献。

（三）教师培训

为做好教师培训工作，2010 年学校专门成立了教师教育学院，主要由原教师职业技能训练与测试基地、教育部中南高师师资培训中心、湖北省普通话培训与测试中心等单位合并组建。教师教育学院主要工作职能包括：师范生教师专业能力训测赛、教师教学发展、国培计划、学科教学论教师队伍建设、语言文字、湖北省普通话培训测试中心、教师教育规划和研训平台建设、《教师教育论坛》期刊编辑出版等。

1. 从 0 到 5：教师教育平台建设取得新突破

为补齐工作短板，抢抓教师教育发展新机遇，学院主动与教育部、湖北省教育厅、武汉市教育局等进行汇报沟通，申报教师教育相关平台，目前已形成国家教师发展协同创新实验基地、教育部新时代中小学名师名校长培养计划名校长培养基地、教育部新文科教师教学发展示范中心、湖北省教师教育创新发展联盟、武汉市教师教育综合改革实验区的部、省、市三级平台建设体系，实现了从无到有的新突破。

2020 年 4 月教育部教师工作司发文支持学校创建国家教师发展协同创新实验基地（以下简称“基地”）。基地以培养培训“人工智能＋教育”背景下的卓越数字教师为主线，构建基地覆盖下的实验中心、重点平台、实验学校的“云基地”新模式，形成条件保障、理论研究、研训实践、乡村教育振兴“四化四度”的基地建设体系，推动和引领教师专业新发展。

学校还取得以下成果：服务宁夏“互联网＋教育”示范区建设，于 2021 年 7 月成立国家教师发展协同创新实验基地宁夏实验中心。融入粤港澳大湾区建设，于 2021 年底与广州市增城区共建国家教师发展协同创新实验基地粤港澳大湾区实验中心。推动教育优质均衡发展，在黄冈市、孝感市、恩施州等地建立 45 所“高素质专业化创新型教师队伍建设”实验校。制定《华中师范大学国家教师发展协同创新实验基地建设管理办法（试行）》，瞄准智能时代教师教育发展的前沿和现实问题，开展“人工智能＋研训”基本理论及标准研究。2021 年通过发布指南，项目申报，评审立项基地建设研究项目 22 项，分三年建设，每年按150万元进行资助。在前期研究的基础上，已提出了“互联网＋本地化”“强交互教学空间”“同步互动教师培训体系”等原创性理论，发表高水平学术论文近30篇，为智能环境下教师队伍建设提供理论支撑和实践指引。

发挥数字教师研训基地示范作用，承担中小学教师信息技术应用能力提升工程2.0计划、信息素养提升计划等信息化专项培训项目18个；获批教育部-中国银行“智慧创新未来教育”万名中小学校长和教育主管部门负责人培训项目，成为教育部遴选全国首批20家承训机构之一。融入国家重大发展战略，依托国家教师发展协同创新实验基地粤港澳大湾区实验中心和宁夏实验中心，开展区域教师培训，完善基地建设体系。服务“一带一路”建设，首次开展学科教学国际培训，承办南非中小学业务骨干教师能力建设高级培训班。

指导的湖北省咸宁市咸安区教育局《构建“强交互专递课堂”，打造基础教育“咸安质量”》和崇阳县教育局《推行联校网教 助力教育均衡》两个案例获得中央电教馆2022年“三个课堂”建设与应用创新案例，为促进全国范围内“三个课堂”和“双师”课堂落地应用起到很好示范作用。提升信息素养，拓展教育信息化成果。连续两年在宁夏全区开展中小学教师信息素养测评，测评教师6.6万人。积极为宁夏“互联网＋教育”标杆校建设等活动提供专家指导，累计实地调研22个区县、3000余师生，指导宁夏乡村教师应用人工智能等新兴技术优化教育教学方法。

2. 主动担当，高质量建设湖北省教师教育创新发展联盟

2019年5月，学校向湖北省委省政府提出牵头组建湖北省教师教育创新发展联盟（以下简称“联盟”）。2020年12月7日，省教育厅及省内20余所高校负责人在学校召开联盟成立筹备会议，就联盟章程、组织框架、行动计划和重点工作进行了讨论，取得了系列共识。12月11日在湖北省委省政府的关心指导和省教育厅的大力支持下，于武汉东湖国际会议中心正式举行联盟启动仪式。学校制定了《湖北省教师教育创新发展联盟章程》和《湖北省教师教育创新发展联盟行动计划》，并在2021年3月湖北黄石召开的联盟工作推进会上再次征求各成员单位意见，对章程内容进行修改完善。

组织开展联盟成员高校师范专业认证培训。2021年10月9日—10日，来自省内14所高校相关负责人和教师代表共240余人以在线方式参加了为期两天的师范专业认证培训。推动中小学教师资格免试认定改革工作。2022年对武汉大学、中南民族大学、湖北大学、江汉大学、湖北第二师范学院等开展教育类研究生和师范生免试认定教师资格工作的相关部门同志给予一对一的政策解读、考核细则制定、命题制卷等指导交流。举办湖北省普通高校师范专业大学生教学技能大赛。在承办竞赛中全程对接全国师范院校师范生教学技能竞赛标准，不指定教材，通过委托第三方独立命题等，不断完善竞赛工作体系，创新竞赛组织工作，确保竞赛高标准高质量运行。

2022年华中师范大学第15届师范生教学技能大赛面向联盟成员高校进行现场直播，比赛期间共有1100多人线上观看，为全省师范生提供了学习和交流的平台。2022年7月，落实教育部师范教育协同提质计划，为联盟成员高校汉江师范学院举办青年教师教学能力提升培训班和管理干部教学管理业务能力提升培训班，为期10天，共培训各类人员120人。

3. 服务师范生人才培养，积极推动成立武汉市教师教育综合改革实验区

省教育厅、省委编办、省财政厅、省人社厅于2021年启动湖北省教师教育综合改革实验区创建工作。实验区由市（州）政府联合高校申报，综合考虑相关申报条件及华师教师教育工作实际情况，华师与武汉市共同申报省级教师教育综合改革实验区。作为牵头部门，教师教育学院积极落实学校领导批示和指示，对标湖北省教师教育综合改革实验建设方案，将实验区建设融入学校强师计划统筹规划。在合作协议起草过程中，多次与武汉市教育局教师工作处、学校本科生院、研究生院等部门进行沟通，充分吸收各方意见。召开创建工作推荐会，细化分工，落实申报工作。目前合作协议学校已讨论通过并报武汉市人民政府进行审议。

注重师范生教学基本功训练，进一步完善有标准、有制度、有指导、有考核、有成效的“五有”训测机制，打造“树师德、炼师能、展师风、铸师魂”的师范生活动品牌，培育新时代“四有”好老师。

学校出台《华中师范大学师范生教育教学能力考核办法》，修订《华中师范大学师范生教师职业能力测试标准》《师范生专业能力训练手册》。从学科教学论教师和中学一线骨干教师中遴选成员，组建班主任与班级管理教研室，制定课程大纲和编写教材。开展“华中师范大学最佳师范生集体、师范生活动积极分子评选暨风采展”和“华中师范大学师范生专业技能大赛”系列活动。依托智慧实训教室，在书写训练、口语训练、微格教学等方面打造智能训练平台，极大提升了师范生专业技能水平，在第七届全国师范院校师范生教学技能竞赛中，获二等奖 1 个，三等奖 1 个；在第三届、第四届全国师范生微课大赛中共获特等奖 6 个，一等奖 7 个，二等奖 5 个，三等奖 6 个。

表 5.2　近三年师范生专业技能训练情况

年份	钢笔字训练	粉笔字训练	口语训练
2020 年	90 场/7120 人次	99 场/7735 人次	60 场/2616 人次
2021 年	116 场/9180 人次	116 场/9182 人次	100 场/4621 人次
2022 年	102 场/7390 人次	98 场/7085 人次	190 场/11256 人次

表 5.3　近三年师范生专业技能测试情况

年份	钢笔字测试	粉笔字测试	普通话测试
2020 年	2486 人次	2151 人次	710 人次
2021 年	2568 人次	2576 人次	194 人次
2022 年	3125 人次	2524 人次	8892 人次

4. 严把教师入口关，精心组织全国中小学教师资格考试

2020 年 9 月，教育部启动实施教育类研究生和公费师范生免国家中小学教师资格考试认定取得中小学教师资格改革。学校在没有任何经验可借鉴的情况下，多方调研，大胆探索，科学求证，短时间内研制出台《华中师范大学师范生教育教学能力考核办法（试行）》并在 2021 年组织 2 次校内教师，完成首批 429 名学生认定。

2022 年按照《教育部关于推进师范生免试认定中小学教师资格改革工作的意见》文件精神，修订并出台《华中师范大学师范生教育教学能力考核办法》，并建立拥有 112 名以高中一线骨干教师及教研员为主的各学科师范生教师职业能力综合测试命题专家库，已命制 200 余

套试题。2022 年组织 3 次校内教师职业能力综合测试，完成 1024 名学生职业能力综合测试认定。试点工作相关做法和经验被省教育厅和教育部作为工作典型进行推广交流。

作为全国中小学教师资格考试教育部师范生考区和武汉市考点，近三年来学院克服疫情对考试组织工作的影响，本着为师范生提供服务的宗旨，克服困难，做到“能考尽考应考尽考”。学校荣获武汉市 2020—2021 年度教师资格考试工作先进单位。

表 5.4　近三年全国中小学教师资格考试组考情况

年份	笔试	面试
2020 年	1 次/12402 科次	1 次/2419 人次
2021 年	2 次/19867 科次	2 次/10930 人次
2022 年	2 次/20759 科次	2 次/5920 人次

5. 1+M+N：教师培训构建新格局

学校打破原有职前培养与职后培训割裂的教育生态，推进职前培养和职后培训一体化，不断丰富和拓展教师培训的内涵与外延，形成 1 个名师名校长培养基地为引领，“国培计划”示范性项目（M）为工作重心，“国培计划”中西部骨干项目及其他地方性培训（N）为支撑的示范引领与整体提升相结合、涵盖大中小幼全学段的教师培训新格局。

“双名工程”是全国中小学教师校长培养的最高班次，对百名优秀教师和百名优秀校长，进行 3 年连续性系统化培养，旨在充分发挥名师名校长的示范引领作用，探索教育领军人才培养的有效模式，营造教育家脱颖而出的制度环境，着力建设新时代高素质专业化创新型教师队伍。2018 年 9 月—2021 年 4 月，学校完成首期中小学名师领航项目，3 名学员顺利结业。2022 年申报并获批新时代中小学名师名校长培养计划（2022—2025）名校长培养基地（全国评选十家单位）。

M：“国培计划”示范性项目。实施示范项目，重点加强方向方法引领、优质资源建设，培育教育家型教师和校园长、专家型培训者和团队。2020—2023 年共承担示范性项目 13 项，其中典型案例《打造国培精品 彰显教师教育特色——以国培“高中综合实践活动骨干教师研修项目”为例》入选教育部国培十年优秀培训实践案例，作为全国仅有三家承训单位之一已连续开展教育部高校新入职教师国培示范性项目 13 年。

N:“国培计划”中西部骨干项目及其他地方性培训。将巩固拓展脱贫攻坚成果同乡村振兴有效衔接，支持中西部欠发达地区农村义务教育学校、幼儿园骨干教师、校园长和培训者深度培训。2020—2023 年面向湖北、湖南、贵州、陕西等多个省份开展各类培训 36 项。

引领高校教学创新，为湘潭大学、武汉学院、武汉商学院、空军预警学院、国防科技大学信息通信学院、汉江师范学院等高校开展教师教学及管理能力提升培训，促进学校教师教育影响力进一步提升。

表 5.5 近三年承担“国培计划”等各类教师培训情况

年份	示范性项目	中西部骨干项目	其他项目
2020 年	9	6	1
2021 年	1	7	12
2022 年	3	7	3

参考文献

《华中师大报》历年合订本。

结语：学校学科建设的特点与历史经验

华中师范大学是一个有着120年历史的学校，从文华书院大学部、华中大学、中华大学、中原大学到华中师范学院、华中师范大学，都为国家富强、民族振兴作出了不可磨灭的贡献。今日华中师范大学学科建制，寻其历史轨迹，其事业基础则承接多所学府，其学科主脉源出中西，其文化力量来自中华优秀传统文化、革命文化和社会主义先进文化。不同历史时期，面对各种复杂的社会矛盾、不断变化的国内外形势，以及民族存亡的生存危机，学校学科发展也受其影响。在学校学科建设与发展的百年历史进程中，学校采取一系列战略性举措，推进一系列变革性实践，实现了一系列突破性进展，取得了一系列标志性成果，推动学校迈上了建设教师教育领先的世界一流大学新征程，也积累了丰富的历史经验，这是学校以此为基础继续推动学科建设与发展的宝贵财富。

一、学校学科建设的特点

学科建设是高校建设的永恒主题，也是高校发展的核心环节和基础支撑。华中师范大学学科发展经历了从无到有，从起步到完善，从规模扩张到质量提升的历史运动过程，呈现出开放性、融合性、传承性、基础性、整体性等鲜明的历史特点。

（一）开放性：在交流与互鉴中促进学科发展

华中师范大学是一个善于学习国内外其他学校长处，并从它们的实践中吸取经验和教训的学校。在华中师范大学学科发展的历史进程中，在师资构成、学术活动、国际交流等方面充分体现了开放性。学校创立至今120年的不同时期，对外开放和国际交流在学校发展过程中发挥了重要作用，有力地促进了学校学科在较高水平上的顺利建构和不断改进，为追赶学科发展的国际水平发挥了极其重要的桥梁和纽带作用。

在师资构成方面，在学校办学过程中，教师队伍中的外教人数一直占有一定比例。1903年，文华书院大学部有外籍教师4人，中国教师7人。2020年新冠疫情暴发前，每年在校工作的长聘外籍专家教师达60人左右，短聘约500人次。聘请长短期外国文教专家，始终是学校建设国际化教师队伍推动学科建设的重要举措。这些外籍专家教师为学校学科建设作出了突出贡献。如韦棣华女士1920年建立文华公书林后，同文华大学校长孟良佐创办文华图书科，这是中国正规的高校图书馆学教育的开端，培养出了中国第一代图书馆学人才。如华中大学西迁喜洲后，师资队伍流失严重，学科发展受到影响。1939年，哈佛—燕京学社委派语言学家傅懋勣至华中大学，大大增加了中文系的实力。同时，复初会派来郑恺茹（Gertrude Zenk）加入音乐系，使条件很差、音乐器材奇缺的音乐系大为改善。在办学过程中，学校始终坚持聘请外国文教专家来校长期或短期任教，建设了一支高水平的国际化教师队伍，为学校学科发展提供了有力的智力支撑。

在课程教学方面，学校在办学初期便积极向西方课程体系和教育方法借鉴和学习。文华大学作为教会大学，重视英文和数学课，开设英文课程，包括读本、文法和写作。1906年开始，文华大学的课程教学，除中国语文和历史外，全部采用英文课本，教师亦采用英文教学。1929年新的华中大学筹建成功，但其教学范围限于文科、理科和教育三个领域。组建好教师队伍后，学校集中力量办好人文学科方面的中文、历史、英语、经济、哲学、宗教等系和自然科学方面的生物、化学、物理3系。华中师范学院成立后，学校在课程体系设置上学习苏联，不少教材选用苏联教科书。基于此，学校聘请10名苏联专家进行授课，与此同时向本校教师传授苏联教学方法、教授俄语，提高教师教学水平和业务能力。

在学生构成方面，支持来华留学。1965年，有越南留学生120名来校学习汉语。改革开放后，学校招收外国留学生的工作得以加强。

“八五”期间，有30名外国留学生来学校接受全日制普通高等教育。1999年学校颁布《华中师范大学迈向21世纪行动计划》，提出实施留学生教育工程，扩大对外交流，包括积极发展留学生教育，改善留学生的教学、生活条件，加大开放力度，扩宽交流渠道等措施。“十一五”期间，学校加强对外汉语师资队伍建设，改进教学方法和手段，建立了符合留学生特点、具有学校特色的留学生课程、管理和服务体系，使来校留学生数量大幅增长。2003年以来，学校留学生数量逐年递增，特别是在学校成为留学预科基地后，获得中国政府奖学金的学生数量逐年上升，各层次留学生分布更加合理。截至2012年底，学校有来自140多个国家的2345名学生来学校留学，留学生规模排在全国前列。

在国际交流方面，学校始终积极展开国内外学术交流活动。文华大学期间，早期中共领导人陈独秀应孟良佐之邀于1920年2月6日出席文华大学毕业典礼后作题为《知识青年的感情教育问题》的演讲。在文华大学建校50周年之际，先后有迪威博士、罗伯逊教授、上海圣约翰大学的波特博士等人来文华讲学。华中大学时期，为筹措办学资金，华中大学校长韦卓民赴美，想方设法使各协作差会的国内总部及建校委员会了解华中大学发展所面临的困难，出席多次会议，做了大量说服工作。在韦卓民的积极努力下，耶鲁神学院院长韦格尔率领雅礼会理事组成的委员会访问华中大学，并拨款支持理学院发展。哈佛—燕京学社资助华中大学展开长江中游文化研究。学校也常邀请国内外知名学者莅校讲演，即便是西迁喜洲期间，学术交流活动也不曾中断。云南大学校长熊庆来，西南联大教授郑天挺、冯友兰，著名作家老舍，著名古琴演奏家查阜西，李约瑟博士等人先后到校讲演，并与师生进行交流，极大地促进了学校的学术繁荣。新中国成立后十七年间，学校与苏联学者密切交往。如苏联生物学家谢孔、马克思列宁主义基础专家库兹涅佐夫等人先后来院讲学，并与师生交流。学校更名为华中师范大学后，国内外学科学术交流更加频繁，教育对外开放更加深入，交流合作形式愈加多样化，有力推动了学校建成具有教师教育特色的世界一流大学。

华中师范大学学科发展过程中，在师资构成、课程体系、教学方式、学生构成等多方面充分体现了开放性。学校学科建设面向全国以及世界开放，注重与各个国家的交流与合作。一方面，努力把学校研究成果推向国际学术舞台，使其为国际上更多的同行熟知和认可，为学校学科建设创造了良好的国际环境；另一方面，及时了解世界学术研究动态，引进国外先进的理论研究成果，借鉴国际学术规则和规范，开阔研究视野，为学校学科发展提供滋养。

（二）融合性：在包容与发展中推动学科发展

纵观120年的历史进程，学校有着教会学校、私立学校和革命学校的文化传统，学校学科建设底蕴深厚。为满足国家建设和学校发展需要，学校的学科体系和结构都适时变化，进行了有机整合，从而实现学科力量的凝聚，在包容和发展中强有力地推动了学科发展。

1929年，华中大学重新开学，包括文学院、理学院、教育学院三个学院，设中文、历史、英语、经济、地理、宗教、生物、化学、物理、数学等系。英国循道会委派代表S. H. 丁克生牧师组建了历史系，英国伦敦会委派的雷美佳小姐组建了英语系，雅礼会委派萧之的任职生物系，陶士珍任职物理系，王老师任职化学系，各个教会派出的教职员携手构建了华中大学最具实力的理学院。1951年，为落实教育部《关于1950年全国教育工作总结和1951年全国教育工作方针和任务的报告》中在中南区组建一所师范学院的工作任务，时任中南军政委员会教育部长的潘梓年决定将中原大学教育学院并入私立华中大学，组建中南区的师范学院。私立华中大学改制为公立华中大学后便推进学系改制。取消院的建制，私立华中大学原有文学院、理学院、教育学院和中原大学教育学院并入，带来俄语、教育、政治、历史4系。1962年，湖北大学被撤销，该校的数学、物理、化学3系并入华中师范学院。华中师范大学成立后，对学校学科进行调整改组。学校现有的一流学科政治学学科正是在文华书院和中华大学政治学专业、中原大学政治系的基础上创建起来的。2020年成立的人工智能教育学部是学校建设“学科特区”、实行综合改革的试点单位，整合了国家数字化学习工程技术研究中心（教育大数据应用技术国家工程实验室）、教育信息技术学院、伍伦贡联合研究院、教师教育学院等4个二级建制教学科研单位一级国家数字化学习工程技术中心（科技部）等12个国家、省、部级科研、教学平台和其他机构组成，是人工智能与教育深度融合的交叉学科创新高地。通过整合调整，学校形成了“以基础学科专业为优势，哲学、经济学、法学、教育学、文学、历史学、理学、工学、农学、管理学、艺术学等多学科门类协调发展”的学科体系，有力推动了学校建设。

（三）传承性：在继承和发扬中延续学科传统

任何大学都有属于自己的传统基础，华中师范大学也不例外，有着独特的文化根基。毋庸置疑，学科的培育与发展植根于学校自身的历史文化。纵观学校 120 年的历史进程，在马克思主义思想的指导下，中国优秀传统文化、西方文化、革命文化和社会主义先进文化有机融合和内在相通，经过一代代地沉淀积累，一次次地发展创新，在继承和发扬中形成薪火相传、一脉相承的优良传统，成为推动学科发展的内在动力。

在长期的办学实践中，学校始终坚持立足中国实际、扎根中国大地办大学，学科建设服务社会主义现代化建设，形成了优良的办学传统。学校教师热爱祖国、热爱人民，关注国计民生，将自己的教育教学与学术研究同国家、民族、人民命运紧密联系在一起。学科建设始终与国家危亡、民族命运息息相关。无论是文华大学、华中大学、中原大学，抑或中华大学，都是在国家动荡、民族危亡的时局下办学的。学校的学科建设受制于时局，也服务于国家建设和抗战需要。抗战时期，学校几度西迁，是战时中华民族高等教育发展的缩影，也是保证高等教育薪火的抗争。华中大学西迁喜洲，中华大学西迁重庆，充分体现抗战精神，将抗日救国与传承中华文化作为高校的担当与使命，为喜洲乃至整个滇西都作出了突出贡献。中华大学西迁重庆时期，教师在十分艰苦的条件下，积极为地方社会服务，物理教师为当地民众发电，社会学教师调研西南民族发展情况。中原大学贯彻教育与社会实践相结合的原则，组织师生深入中南地区进行教育调查。如 1949 年 12 月 18 日开始，在郭抵、高原、于树作、常春元等同志的带领下，20 名干部、教员和 207 名学员组成 4 个调研大队投入河南、湖北、湖南、江西 4 省及武汉、广州、桂林 3 市的 202 所中学、5 所专科学校、

6 所大学和部分城乡小学进行教育调查。这种扎根中国大地，服务国家建设的优良传统，目前华师学人仍在继承与发扬，秉持“为党育人、为国育才”的办学理念和“忠诚博雅、朴实刚毅”的华师精神，围绕“行为世范、立德树人”的初心使命展开着孜孜不倦的生动实践。中农院徐勇教授团队扎根农村开展调研，化学学院杨光富教授团队研究农药服务农业增产，教育学院周洪宇教授团队积极资政建议服务国家教育决策，社会学院中青年教师团队开展乡村精准脱贫评估工作等。此外，从 1980 年起，华中师范大学就紧跟国家建设发展需求，在教育教学中引导学术树立“到祖国最需要的地方”的理想信念，引导毕业生到西部、基层就业。40 年来学校为新疆、西藏、青海、甘肃、宁夏、内蒙古、云南、贵州、四川、重庆等西部省区市输送选调生、西部计划志愿者、“三支一扶”项目毕业生 5000 余人，共有 18000 余毕业生赴西部重点行业和基层就业，自觉肩负青年责任、勇担时代使命，以实际行动将华师精神播撒在祖国广袤的土地上。这一优良传统使学校学科建设与国家、民族、人民和时代的需要相适应，把学术研究铺展在祖国的大地上，将知识播种在祖国的大地上，形成了学风朴实、治学严谨、扎根实践、回报社会的校风。

（四）基础性：在夯基和固本中助力学科发展

基础性是学校学科建设体现出的一大鲜明特点，主要体现在设置基础学科、开展基础研究、服务基础教育三个方面。

第一，设置基础学科。华中大学时期，下设教育学院，包括教育学系、心理学系和音乐专业，设置国文、英文、史地、数学、物理、化学、生物及音乐等基础学科。中华大学分设文学院、理学院和商学院，包括中国文学、外国语文、教育学、政治学、法律学、数学、物理学、化学、经济学等学科。中原大学推进学院制改革后设立财经、教育、政治、文艺 4 个学院，设有音乐、美术、政治、历史、教育行政、工商管理、金融、贸易等学科。华中师范学院时期，设有四年制的政治教育、中文、俄文、历史、数学、物理、化学、生物、体育、音乐等 12 个基础学科。目前，学校共有本科目录专业 81 个，设置中文、政治、历史、语文、英语、数学、物理、化学、生物、体育、地理等 16 个师范专业。可以看出，学校在学科建设实践中，始终坚持基础学科的中心地位，不断扩充基础学科门类。其中，政治学、教育学、中国语言文学在最新一轮评估中进入一流学科建设名单，基础学科建设成效显著。

第二，开展基础研究。基础研究是学校学科建设中的重要内容，为推动学校学科建设发挥了重要作用。文华大学时期，学校首次创办图书科，专门研究图书馆学，开启了高校图书馆学研究，培养了中国第一代图书馆学人才。华中大学西迁喜洲期间，学校对西南边疆历史、民族、宗教、语言、物产等方面展开了深入研究，并取得长足进展。如中文系包鹭宾、游国恩、傅懋勣等著名学者对滇西南诏、向国、佛教、种族及各少数民族语言的研究取得了丰硕的研究成果，并受到国际学者特别是美国汉学家的高度重视。中原大学教学组织设研究部负责理论研究和研究生培养工作，开展政治理论研究和文艺理论研究。华中师范学院期间，学校向全校师生提出了开展科学研究的任务，有组织、有计划地展开基础研究，涌现出《中学语文教学中的语言因素》《墨家的形式逻辑》《亚里士多德逻辑》等相关研究成果。更名为华中师范大学后，学校对人文社会科学和自然科学的基础研究更加重视，在现代汉语、教育基本理论、马克思主义经典著作及基本理论、中国近代史等领域取得重要进展和丰硕成果。

第三，服务基础教育。学校始终以培养人才为己任，通过各种方式和渠道，为我国基础教育事业培养了一批批合格师资及教育管理人才。中华大学文学院教育学系附设师范专修科，培养基础教育师资。1950 年中原大学教育学院成立后，先后开办工农速成中学师资训练班、工农干部文化补习班，为工农速成中学、工农干部文化补习学校培训师资。华中大学 1951 年被定性为师范大学后其服务基础教育的作用更为突出。华中师范学院期间，学校明确提出各专业的培养目标是"主要培养中等学校教师"。为进一步适应基础教育改革的需要，学校坚持开展基础教育研究实验，创办基础教育改革试验区，探索多种形式与社会合作办基础教育，等等，有力推动了基础教育发展。1988 年，华中师范大学提出为中等教育服务、为基础教育服务的办学宗旨，在基础教育服务方面采取了一系列措施，包括改革本科毕业生的分配方向，1985—1988 年，60%毕业生分配到教育一线，到边远山区工作的达到

20%。在120年的发展历程中，学校逐步明确了为基础教育服务的办学宗旨，建立了体系完备的教师教育学科体系，为基础教育事业培养了一大批优秀师资。学校在学科建设中始终坚持设置基础学科，开展基础研究，采取各种形式为基础教育培养大量合格师资，不断提升面向基础教育领域服务的层次和水平，助力基础教育改革发展。

（五）整体性：在统筹和协调中推进学科发展

学科建设是大学的重要任务，是大学存续与发展的关键要素。在学校发展中，学科被视为一个系统整体，体现出整体性的典型特征。其一，系统谋划学科布局，实现学科整体发展。华中大学在筹办时计划设立文、理、神学和医学院，建立一所综合性大学。初建时，华中大学设文、理、图书三科，但因原文华大学自然科学学科相当薄弱，所以理科状况不佳。1929年华中大学重新开办后，学校决定集中力量办好人文学科方面的中文、历史、英语、经济、哲学、宗教等系和自然科学方面的生物、化学、物理等系，规模甚小的数学系主要在教学方面和其他方面服务于另外三个理科系。华中高等师范学院成立后，根据中央教育部规定并结合中南地区教育实际和本校条件，对学校科系设置进行了统一规划，如4年制本科设有教育、政治、中文、俄文、历史、数学等12系，2年制专科班设有教育、中文、俄文、历史、数学、物理等12科，1年制的高制和初制设有历史、数学、物理等10个班，满足不同学生的发展需求。改革开放后，学校更名为华中师范大学，对于学科建设的统筹规划进入一个新的阶段。学校制定了一系列五年计划以及十年规划纲要等总领性文件，试图将学校的学科建设提高到一个新的高度。目前，学校要求在新一轮“双一流”及“争创一流”学科建设推进中要明确“找准学科方位、明确建设目标、加强资源统筹、强化交叉融合”的建设思路，注重凝练方向、聚焦需求、补齐短板、加强交叉，在学校“十四五”规划的宏观指导下推动学科建设的整体性发展，奋力建设教师教育领先的世界一流大学。

其二，整合学科建设资源，推动学科群建设。新中国成立后，全国高校开展院系调整工作，中原大学教育学院并入私立中华大学，改制为公立华中大学，后又将湖北教育学院、广西大学生物系、南昌大学师范部俄文科，文法学院教育系，华南师范学院历史系等并入公立华中大学，使得学科建设资源更为集中。随后，根据国家建设需求学校改制为华中高等师范学院，明确了师范教育的办学属性，也明确了学科建设的整体目标。目前，学校整合学科建设资源，推动了教育、政治等多个学科群建设。学校在新一轮“双一流”及“争创一流”学科建设中注重推动全覆盖、突出引领性，加强学科集约集群大平台建设，聚焦国家重大战略，推进学科交叉融合，着力构建大平台、组建大团队、承接大项目、培育大成果，更好地发挥一流学科的辐射带动作用，促进更多学科冲击一流。与此同时，学校要求各建设单位切实肩负起主体责任，相关职能部门做好支撑服务，加大资源统筹，形成稳定支持的学科建设长效机制。随着学校进一步发展的需要，学科群建设打破了传统学科界限，使师资、仪器设备、科研场地、研究资料等学科建设资源实现整合和共享，从而巩固和加强原有特色学科发展，并用其辐射带动学科群内薄弱学科发展，实现学科建设和发展的良性循环，这是学科整体化综合化发展的新趋势，对于学校发展有着显著的现实意义。

二、学校学科建设的历史经验

120 年来，学校在学科建设方面积累了丰富的历史经验，推动学校迈上建设教师教育领先的世界一流大学新征程。这些经验对我们今天推进学校学科建设与高质量发展裨益甚深。

（一）立场坚定：坚持党对学校学科发展的全面领导

推进学校学科建设与发展，首要的是坚定政治立场，全面加强党的领导。“中国特色社会主义最本质的特征是中国共产党领导，中国特色社会主义制度的最大优势是中国共产党领导”①，坚持党对学科建设和发展的全面领导，坚定科学发展的政治立场，是保证学校学科建设

① 习近平：《高举中国特色社会主义伟大旗帜为全面建设社会主义现代化国家而团结奋斗——在中国共产党第二十次全国代表大会上的报告》，《人民日报》，2022 年 10 月 16 日。

和发展沿着正确的方向前进的首要前提。学科体系是学校组织的重要组成部分，学术研究是学校发展的核心推动力，学科学术建设是提高学校教育质量、学术水平的重要途径。120 年间的学校学科建设取得了历史性成就，同时也积累了丰富的历史经验，这是学校以此为基础继续推动学科发展的宝贵财富。学校要始终坚持党对学科发展的全面领导，把推进和加强学科建设作为贯彻党和国家的教育方针、服务社会主义现代化强国建设的重要措施，将其置于学校发展的基础地位。从中原大学到公立华中大学，到华中师范学院，到华中师范大学的办学实践中学科建设均始终注意把握坚定的政治方向，始终坚持党对高校的全面领导。这一办学历程也深刻说明，中国共产党领导的学科建设同党领导的各项事业一样，什么时候党的领导坚强有力，学科发展就能开创崭新局面；什么时候党的领导被弱化、虚化、淡化、边缘化，学科发展就会偏离正确轨道。坚持党的全面领导，既是学校学科建设和发展的鲜明特点，更是学校学科发展的实践立足点，是基于学校学科发展得出的历史结论。我们的学科发展目标在每个历史时期是否明确有效，除了必须遵循一定的教育规律外，还取决于能否正确反映学校在那个时期的中心任务、是否真正服务于党和国家事业发展，这些都必须依靠党的全面领导才能够实现。只有坚持党的全面领导，坚持党委领导下的校长负责制，统筹推进学校各项事业的向前发展，才能推进学科的蓬勃发展。历史证明，在各个历史阶段，学校学科建设之所以取得长足进步，最根本的原因在于始终坚持党的领导。坚持和加强党对学科建设的全面领导，全面贯彻党的教育方针，就是坚持马克思主义对师范教育管理的指导地位不动摇。坚持党对学科建设的全面领导，就是充分发挥党的政治优势，深化对学科建设的认识，为建设一流学科提供政治保证。

（二）着眼全局：统筹规划学校学科发展的科学布局

立足于新时代新征程，学校学科建设与发展要对标一流大学和一流学科的建设目标，在把握战略主动和着眼战略全局中稳步推进学科建设和高质量发展，认真擘画今后一个时期学校学科建设的布局和蓝图。学校要结合自身实际，合理选择一流学科建设路径，科学规划、积极推进，在多领域建设一流学科，形成一批相互支撑、协同发展的一流学科，全面提升综合实力和国际竞争力，进入世界一流大学行列或前列。学校要全面落实新发展理念，高质量推进第二轮一流学科建设。完善学科治理结构，重点推进政治学、教育学、中国语言文学一流学科建设，加强一流学科制度体系建设。根据国家新一轮学科专业目录调整，优化一流文科、高水平理科、特色术科、高质量应用社会科学的学科布局。推进学科交叉与交叉科学研究，成立前沿交叉科学研究院。根据第五轮学科评估成效，完成学校学科发展水平动态监测数据报告。推进人工智能＋教师教育、人工智能＋其他专业和跨学科重大攻关集群建设。作为师范大学，学校要强化教师教育特色，围绕教师教育建设若干一流学科，扩大国际影响力，带动学校进入世界同类高校前列。

学科建设关乎学校前途命运，必须放眼战略长远，瞄准学科前沿，不断增强学科发展的前瞻性，明确学校学科特色发展定位。学校要从战略高度率先进行学科专业调整，按照国家年度发布重点领域学科专业清单，“着力发展国家急需学科，以及关系国计民生、影响长远发展的战略性学科。支持建设高校瞄准世界科学前沿和关键技术领域优化学科布局，整合传统学科资源，强化人才培养和科技创新的学科基础。对现有学科体系进行调整升级，打破学科专业壁垒，推进新工科、新医科、新农科、新文科建设，积极回应社会对高层次人才需求。布局交叉学科专业，培育学科增长点”①。同时，推进中国特色哲学社会科学体系建设。学校的学科建设要坚持马克思主义指导地位，提出新观点，构建新理论，加快构建中国特色、中国风格、中国气派的哲学社会科学学科体系、学术体系、话语体系。巩固马克思主义理论一级学科基础地位，强化习近平新时代中国特色社会主义思想学理化学科化研究阐释。围绕基础科学前沿面临的重大哲学问题以及科技发展对人类社会的影响，加强科学哲学研究，进一步拓展科学创新的思想空间，推动科学文化建设。深入实施高校哲学社会科学繁荣计划，加快完善

① 教育部、财政部、国家发展改革委发布《关于深入推进世界一流大学和一流学科建设的若干意见》［EB/OL］.（2022-01-29）［2023-02-25］. http：//www. moe. gov. cn/srcsite/A22/s7065/202202/t20220211 _ 598706. html.

对哲学社会科学具有支撑作用的学科，推动马克思主义理论与马克思主义哲学、政治经济学、科学社会主义、中共党史党建等学科联动发展，建好教育部哲学社会科学实验室、高校人文社会科学重点研究基地，强化中国特色新型高校智库育人功能，着力推进学校学科建设和高质量发展。

（三）把握基点：牢牢夯实学校学科发展的根本基础

建设一流学科是一项长期任务，需要各方共同努力，形成多元化投入、合力支持的格局。第一，定位明确，办出教师教育特色，合理的办学定位是师范大学发挥优势、建成教师教育领先的中国特色世界一流大学的必然选择。建设世界一流大学，尤其是师范类高校，需要合理定位，扬长避短，以特色优势学科为建设出发点，以一流学科带动大学整体发展，建设成特色鲜明、行业引领的世界一流单科性大学。第二，调整结构，推进治理现代化。治理结构优化是时代语境下建设一流学科的内在要求。建设一流学科，需要以内部治理结构改革为突破口，具体而言，要从三个方面入手：一是简政放权，坚持党委领导、校长负责、民主管理，推进机构改革和职能转变，充分发挥学科建设中各部门积极性与主动性，减少行政审批，优化办事流程，形成高效、通畅的行政运行机制。二是放管结合，在放权的同时强化监管，完善和健全监督机制，尤其是建设民主监督机制，实现师生员工对学科建设的民主参与、民主管理、民主监督，发挥群众力量在学科建设中的作用，形成办学合力。三是优化服务，在做到放管结合的同时，优化学科建设的物理环境，加强各项基础设施建设，同时要营造良好的制度环境，健全各项服务机制和财政保障制度，为学科建设提供制度保障。同时，要注重促进治理理念和体制创新，增强学科建设的规范化、体系化和科学化，实现教育治理对一流学科建设的保驾护航。第三，夯基固本，加强保障机制建设。健全的体制机制是建设一流学科的必要保障，随着师范教育事业向纵深化发展，对师范教育保障机制提出了新要求。破解体制机制障碍，健全学科建设保障机制，是基于一流学科建设的价值判断和本质要求，是保障一流学科建设的科学路径。要坚持加强全员思想政治教育，为建设一流学科提供思想保障；要坚持走以质量为中心的内涵式发展，为建设一流学科提供质量保障；要坚持加强教师队伍和政工队伍建设，为建设一流学科提供队伍保障；要坚持推动学校基本建设工作，为建设一流学科提供硬件保障；要坚持财政投入稳定增长，为建设一流学科提供经费保障；要坚持全面推进法治建设，为建设一流学科提供法律保障；要坚持做好学校卫生与保卫工作，为建设一流学科提供环境保障；等等。一流学科建设必须要有坚实的保障机制作为基础，要充分认识到健全教育保障机制的重要意义，为建设一流学科夯基固本。

（四）紧抓重点：切实解决学校学科发展的困点难点

建设具有教师教育特色的世界一流大学，要求统筹学科发展全局，认真部署学科建设中的重点学科和关键专业，进一步提高科研创新能力。第一，夯实基础学科建设，是学校学科建设的基础性工作。学校要从学科发展战略上充分认识到基础学科建设的重要性，实施基础学科建设行动，“稳定支持一批立足前沿、自由探索的基础学科，重点布局一批基础学科研究中心。加强数理化生等基础理论研究，扶持一批‘绝学’、冷门学科，改善学科发展生态”①。建设一批基础学科培养基地，以批判思维和创新能力培养为重点，强化学术训练和科研实践，强化大团队、大平台、大项目的科研优势转化为育人资源和育人优势，为高水平科研创新培养高水平复合型人才。立足当前，学科建设要重视基础学科，把基础学科作为重大基础工作来抓。学校不少学科和专业总体实力略逊，基础学科薄弱是根本原因，也是亟待补齐的学科短板。第二，推动学科交叉融合。以问题为中心，建立交叉学科发展引导机制，搭建交叉学科的国家级平台。以跨学科高水平团队为依托，以国家科技创新基地、重大科技基础设施为支撑，加强资源供给和政策支持，建设交叉学科发展第一方阵。创新交叉融合机制，打破学科专业壁垒，促进自然科学之间、自然科学与人文社会科学之间交叉融合，围绕人工智能教育、国家治理等领域培育新兴交叉学科。

---

① 教育部、财政部、国家发展改革委发布《关于深入推进世界一流大学和一流学科建设的若干意见》[EB/OL].（2022-01-29）[2023-02-25]. http://www.moe.gov.cn/srcsite/A22/s7065/202202/t20220211_598706.html.

完善管理与评价机制，防止简单拼凑，形成规范有序、更具活力的学科发展环境。第三，深入开展习近平总书记关于教育的重要论述的研究。全面对接国家和区域重大发展战略，有组织地加强重大项目、重大平台、重大团队建设和重大成果培育。积极推进省部级重点研究基地建设，优化“教育大数据应用技术国家工程研究中心”新序列管理。组建国别与区域研究院。实施科技领军人才团队和优秀青年团队支持计划。加强应用学科建设。加强应用学科与行业产业、区域发展的对接联动，推动建设高校更新学科知识，丰富学科内涵。重点布局建设现代教育技术等社会需求强、就业前景广阔、人才缺口大的应用学科。

（五）凝聚力量：切实加强学校学科发展的师资队伍建设

师资队伍是学科建设的第一资源和核心力量。师资队伍建设事关世界一流大学的建设进程，事关学科建设质量，要从战略高度认识到师资队伍的重要作用。其一，建设高水平人才队伍。学科建设要充分发挥师资队伍的建制化优势，完善教师培养、评价、激励机制，抓好师资队伍建设。加快实施人才强校战略。落实“校领导联系重点人才专家制度”“学科人才队伍建设一把手任期目标责任制”等，召开全校人才工作会议。优化引才服务，完善绿色通道，提高引才实效。“引导全体教师按照有理想信念、有道德情操、有扎实学识、有仁爱之心的‘四有’好老师标准严格要求自己，坚定理想信念，践行教书育人初心使命，提高教师思想政治和育人水平。”① 其二，完善学科团队建设机制。推动以“破五唯”为导向的评价改革，优化职称（职务）评聘，建立健全分类评价体系。加大对交叉学科专业建设的人才政策倾斜。完善人事分配制度，建立以绩效年薪制（基础年薪＋业绩年薪）为主体，协议工资、项目工资等并存的多元收入分配体系。加强师德师风建设，进一步完善师德师风政策体系，完善师德师风考评监督体系。其三，加强青年人才培育工作。持续推进“学者名师支持计划”，扩大

---

① 教育部、财政部、国家发展改革委发布《关于深入推进世界一流大学和一流学科建设的若干意见》[EB/OL].（2022-01-29）[2023-02-25]. http：//www. moe. gov. cn/srcsite/A22/s7065/202202/t20220211 _ 598706. html.

博士后在站规模，优化青年学者“传帮带”机制。推行多元化聘用方式，构建完善预聘-长聘制度体系。坚持引育并举，扎实做好人才引进和培养工作，健全人才激励机制，深化教师评价体制改革，打造一批一流学科领军人才和学术团队，全面开创学科建设新局面。教育大计，教师为本。学校要始终把建设一流教师队伍作为学科建设的第一要务和提高学科建设质量的关键，在统筹规划学科建设的同时保障师资供给，在部署工作时满足教师需求，创新人才工作机制，营造良好的用人环境，激发教师创新活力和工作热情，以一流教师建设一流学科。

在“双一流”建设的历史机遇期，学科建设是学校发展的核心议题和实然基础。自建校以来，学校学科建设保持着不断向前的发展态势，认真挖掘和总结建校以来学科建设的历史经验，是对当前以及未来学校学科建设质量提升的历史反哺和现实关照，是增强增进学科建设自信的重要举措。“双一流”建设如火如荼，学校学科建设要回溯历史、总结经验、把握机遇，立足新发展阶段，贯彻新发展理念，构建新发展格局，全力推进高质量一流学科建设，努力建成教师教育领先的世界一流大学，在解决中国问题、服务经济社会高质量发展中创造世界一流大学和一流学科建设新模式。

附录 1：华中师范大学重大科研项目立项情况一览表

人文社科类

序号	立项年度	项目编号	项目名称	首席专家	项目类型	所属学科
1	2007	07&ZD025	具有中国特色的农业生产组织现代化研究	曹阳	国社科年度重大	经济学
2	2007	07&ZD030	促进社会公平正义的服务型政府建设和公共服务体系完善研究	张立荣	国社科年度重大	管理学
3	2008	08&ZD028	健全农村民主管理制度对策研究	唐鸣	国社科年度重大	政治学
4	2009	09&ZD045	中国集体林权制度改革研究	贺东航	国社科年度重大	政治学
5	2010	10&ZD018	加快公共文化服务体系建设研究	吴理财	国社科年度重大	政治学
6	2010	10&ZD041	建设有中国特色的政府决策咨询机构研究	傅广宛	国社科年度重大	管理学
7	2010	10&ZD093	《荆楚全书》编纂	章开沅	国社科年度重大	中国历史

续表

序号	立项年度	项目编号	项目名称	首席专家	项目类型	所属学科
8	2011	11&ZD029	在社会管理体制创新中推动基层民主发展研究	詹成付	国社科年度重大	政治学
9	2011	11&ZD036	城市流动人口服务管理问题研究	江立华	国社科年度重大	人口学
10	2011	11&ZD039	我国住房保障问题与改革创新研究	邓宏乾	国社科年度重大	经济学
11	2011	11&ZD078	马克思主义文学批评的中国形态研究	胡亚敏	国社科年度重大	中国文学
12	2011	11&ZD079	中国共产党早期领导人遗著的收集、整理与研究	李良明	国社科年度重大	党史·党建
13	2011	11&ZD128	全球华语语法研究	邢福义	国社科年度重大	语言学
14	2011	11&ZD150	新时期我国学校体育教育理论与实践重大问题研究	王健	国社科年度重大	体育学
15	2011	11&ZD151	我国儿童青少年人格发展基础性数据库构建研究	周宗奎	国社科年度重大	心理学
16	2012	12&ZD120	东西方心灵哲学及其比较研究	高新民	国社科年度重大	哲学
17	2012	12&ZD145	《中国疫灾历史地图集》研究与编制	龚胜生	国社科年度重大	中国历史
18	2012	12&ZD148	近现代海外中华商会研究（南洋地区）	朱英	国社科年度重大	中国历史
19	2012	12&ZD223	互联网环境下的语言生活方式与建设和谐的网络语言生活研究	何婷婷	国社科年度重大	语言学
20	2013	13&ZD037	我国道德领域突出问题治理研究	龙静云	国社科年度重大	哲学
21	2013	13&ZD096	中国近现代博览会通史	马敏	国社科年度重大	中国历史
22	2013	13&ZD104	多卷本《德国通史》	邢来顺	国社科年度重大	世界历史
23	2013	13&ZD128	文学伦理学批评：理论建构与批评实践研究	聂珍钊	国社科年度重大	外国文学

续表

序号	立项年度	项目编号	项目名称	首席专家	项目类型	所属学科
24	2013	13&ZD183	基于多维度聚合的网络资源知识发现研究	夏立新	国社科年度重大	图书馆、情报与文献学
25	2014	14ZDA087	总体国家安全观下的中国东南周边地区安全机制构建研究	韦红	国社科年度重大	国际问题研究
26	2014	14ZDB004	中国老学通史	刘固盛	国社科年度重大	哲学
27	2014	14ZDB047	中国近现代手工业史及资料整理研究	彭南生	国社科年度重大	中国历史
28	2015	15ZDA001	习近平总书记系列重要讲话精神对中国特色社会主义理论创新和实践创新研究	刘从德	国社科年度重大	马克思主义
29	2015	15ZDB007	先秦诸子综合研究	高华平	国社科年度重大	中国文学
30	2016	16ZDA131	近代中国工商税收研究	魏文享	国社科年度重大	中国历史
31	2016	16ZDA208	两岸书卷字今音异同专题研究与信息平台建设	范新干	国社科年度重大	语言学
32	2016	16ZDA232	国民心理卫生素养及其提升机制与对策	江光荣	国社科年度重大	心理学
33	2016	16ZDA240	中国新诗传播接受文献集成、研究及数据库建设（1917—1949）	王泽龙	国社科年度重大	中国文学
34	2017	17ZDA118	20 世纪中国农村调查不同流派的资料整理与研究	刘金海	国社科年度重大	政治学
35	2017	17ZDA259	清人文集“经义”整理与研究	董恩林	国社科年度重大	中国历史
36	2018	18VSJ063	构建乡村治理新体系研究	邓大才	国社科重大专项	政治学
37	2018	18ZDA051	环境保护与经济高质量发展融合的机制、路径和政策体系研究	涂正革	国社科年度重大	经济学

续表

序号	立项年度	项目编号	项目名称	首席专家	项目类型	所属学科
38	2018	18VSJ065	新型城镇化背景下加快农业转移人口市民化研究	江立华	国社科年度重大	人口学
39	2018	18VZL018	基于大数据的世界民粹主义思潮发展动态及其有效引导	郭明飞	国社科重大专项	马列·科社
40	2018	VGA180002	建设教育强国的国际经验与中国路径	周洪宇	教育科学规划重大	教育学
41	2018	18ZDA128	中国共产党建党以来农村基层组织资料收集与数据库建设	姚锐敏	国社科年度重大	政治学
42	2018	18ZDA263	多卷本《中国现当代旧体诗词编年史》编纂与研究及数据库建设	李遇春	国社科年度重大	中国文学
43	2018	18ZDA331	当代中国社会群体印象评价及心理机制研究	佐斌	国社科年度重大	心理学
44	2019	19ZDA114	乡村振兴战略背景下多元化乡村治理问题研究	田先红	国社科年度重大	政治学
45	2019	19ZDA124	新中国七十年来农村基层建制变动资料收集与数据库建设	陈军亚	国社科年度重大	政治学
46	2019	19ZDA263	马克思主义文学批评经典重铸与当代拓展研究	胡亚敏	国社科年度重大	中国文学
47	2019	19ZDA345	新时代我国文献信息资源保障体系重构研究	夏立新	国社科年度重大	图书馆、情报与文献学
48	2020	20&ZD139	建党百年农村妇女参政议政资料收集、研究与数据库建设	刘筱红	国社科年度重大	政治学
49	2020	20ZDA029	健全充满活力的基层群众自治制度研究	邓大才	国社科重大专项	政治学
50	2021	21VJXT015	中国历史瘟疫图像整理与疫灾文化研究	龚胜生	国社科重大专项	中国历史
51	2021	21&ZD264	文学伦理学批评的理论资源与对外传播研究	苏晖	国社科年度重大	外国文学
52	2021	21&ZD059	文化强国战略下的公民道德建设工程研究	龙静云	国社科年度重大	哲学

续表

序号	立项年度	项目编号	项目名称	首席专家	项目类型	所属学科
53	2021	21ZDA125	新时代新阶段推进中国特色社会主义政治制度自我完善和发展研究	牟成文	国社科重大专项	马列·科社
54	2022	22ZDA080	新时代完善思想政治工作体系研究	万美容	国社科重大专项	马克思主义
55	2022	22ZDA095	推进义务教育均衡发展和城乡一体化研究	雷万鹏	国社科重大专项	教育学
56	2022	22ZDA064	党的十八大以来推进社会主义基层民主政治建设的实践和经验研究	陈荣卓	国社科重大专项	政治学
57	2022	22ZDA011	中国共产党百年奋斗中坚持独立自主研究	胡宗山	国社科重大专项	马列·科社
58	2022	22&ZD021	中国共产党土地政策法规资料收集整理与数据库建设	丁文	国社科年度重大	党史·党建
59	2022	22&ZD187	重大突发公共卫生事件下网络化社会支持与心理健康研究	任志洪	国社科年度重大	心理学
60	2022	22&ZD324	人本人工智能驱动的信息服务体系重构与应用研究	王伟军	国社科年度重大	图书馆、情报与文献学
61	2003	03JZDH0031	我国农村与农民问题研究	徐勇	教育部重大攻关	政治学
62	2004	04JZDH0029	商会与近现代中国研究	马敏	教育部重大攻关	历史学
63	2006	06JZD0034	中国转型期的社会风险及公共危机管理研究	丁烈云	教育部重大攻关	管理学
64	2007	07JZD0016	和谐社会构建中的基层民主政治建设研究	徐勇	教育部重大攻关	政治学
65	2007	07JZD0024	新农村建设中的社区建设研究	项继权	教育部重大攻关	政治学
66	2008	08JZD0003	当代资本主义国家共产党的理论与实践研究	聂运麟	教育部重大攻关	马克思主义
67	2008	08JZD0004	高校思想政治理论课测评体系研究	张耀灿	教育部重大攻关	马克思主义
68	2008	08JZD0032	网络舆论的监测与安全研究	黄永林	教育部重大攻关	新闻学与传播学

续表

序号	立项年度	项目编号	项目名称	首席专家	项目类型	所属学科
69	2009	09JZD0025	城乡基层治理研究	程又中	教育部重大攻关	政治学
70	2009	09JZD0035	义务教育学校布局问题研究	雷万鹏	教育部重大攻关	教育学
71	2010	10JZD0036	我国义务教育均衡发展改革研究	范先佐	教育部重大攻关	教育学
72	2010	10JZD0032	国家惠农政策的成效评价及完善研究	邓大才	教育部重大攻关	政治学
73	2011	11JZD006	当代中国大众文化价值观研究	佐斌	教育部重大攻关	哲学
74	2011	11JZD036	汉民族共同语在两岸的现状比较研究	储泽祥	教育部重大攻关	语言学
75	2012	12JZD023	新时期我国农村综合改革研究	王敬尧	教育部重大攻关	政治学
76	2012	12JZD002	全面加强学校德育体系建设研究	杜时忠	教育部重大攻关	教育学
77	2013	13JZD002	世界社会主义主要流派的历史演进研究	聂运麟	教育部重大攻关	马列・科社
78	2014	14JZD044	信息技术支持下的教育教学模式研究	杨浩	教育部重大攻关	教育学
79	2016	16JZD015	水生态补偿机制研究	王清军	教育部重大攻关	法学
80	2017	17JZD017	推进农业供给侧结构性改革的理论与战略研究	王敬尧	教育部重大攻关	政治学
81	2019	19JZD047	社会主义核心价值观更好融入大中小学课程教材研究	秦在东	教育部重大攻关	马克思主义
82	2019	19JZD012	建立健全住房基础性制度和房地产市场平稳健康发展长效机制研究	陈淑云	教育部重大攻关	经济学
83	2021	21SZK10511003	建党百年思政课建设的历史经验与发展规律研究	李芳	教育部重大攻关	马克思主义
84	2022	22JZD045	教育数字化转型的国际比较研究	吴砥	教育部重大攻关	教育学

自然科学类

序号	立项年度	项目编号	项目名称	首席专家	项目类型	所属学科
1	2014	2015CB856900（01）	高压缩重子物质的物理实验研究	许怒	国家重点基础研究计划（973）项目	物理学
2	2012	11221504	高能核物理	王新年	国自科创新群体项目	物理学
3	2022	62293550	人工智能赋能教与学的理论与关键技术研究	杨宗凯	国自科重大项目	教育学
4	2006	10631030	非线性椭圆与抛物型方程的理论及其应用的研究	邓引斌	国自科重点项目	数学
5	2006	10635020	夸克物质产生的硬探针信号和集体效应研究	蔡勖	国自科重点项目	物理学
6	2008	10835005	高温强作用物质的性质及其临界点物理的动力学理论与 RHIC 实验研究	吴元芳	国自科重点项目	物理学
7	2010	21032001	反应集群的自分类性在杂环化合物合成中的应用	吴安心	国自科重点项目	化学
8	2010	31030016	植物与传粉者相互作用在高山草甸群落构建中的作用	黄双全	国自科重点项目	生物学
9	2012	21232003	可见光催化的可控自由基反应及其合成应用	肖文精	国自科重点项目	化学
10	2013	11331005	流体力学方程的数学理论	朱长江	国自科重点项目	数学
11	2013	21332004	综合高效性、选择性和反抗性的生态农药分子设计与合成	杨光富	国自科重点项目	化学
12	2014	11435003	对重味物理领域超标准模型新物理效应的实验探索和理论研究	谢跃红	国自科重点项目	物理学

续表

序号	立项年度	项目编号	项目名称	首席专家	项目类型	所属学科
13	2014	11435004	强相互作用物质的喷注层析研究	王恩科	国自科重点项目	物理学
14	2014	71433004	基础教育公平实现机制与服务均等化研究	熊才平	国自科重点项目	教育学
15	2015	61532008	高通量微生物组学数据模式提取和分析	何婷婷	国自科重点项目	计算机科学与技术
16	2017	11735007	极端条件手征物质的新形态和反常输运的研究	侯德富	国自科重点项目	物理学
17	2017	31730012	探究高山草甸群落中植物减免种间花粉干扰的适应策略	黄双全	国自科重点项目	生物学
18	2018	11831009	非光滑变分理论及其在椭圆型偏微分方程中的应用	彭双阶	国自科重点项目	数学
19	2018	21834002	多模态光电子扫描高分辨质谱化学成像及乳腺癌分子病理分级和分型	钟鸿英	国自科重点项目	化学
20	2018	21837001	生态农药创制的化学生物学基础	杨光富	国自科重点项目	化学
21	2019	11935007	强相互作用物质的硬探针信号研究	王新年	国自科重点项目	物理学
22	2019	21936003	基于铁循环调控的地下水化学氧化修复新方法	张礼知	国自科重点项目	化学
23	2019	61937001	多空间融合下的大学生个性化学习与智能教育服务关键技术研究	杨宗凯	国自科重点项目	教育学
24	2020	12033001	多信使中子星观测与超密物态的动力学探针研究	郑小平	国自科重点项目	物理学
25	2020	32030071	探究蜂类传粉植物保护花粉的适应策略	黄双全	国自科重点项目	生物学

续表

序号	立项年度	项目编号	项目名称	首席专家	项目类型	所属学科
26	2021	12135006	重味强子弱衰变的精确计算与新物理探索	杨亚东	国自科重点项目	物理学
27	2022	12235006	基于CMOS的多晶钙钛矿X射线平板探测器关键问题与技术研究	孙向明	国自科重点项目	物理学
28	2006	10625105	偏微分方程	朱长江	国家杰青基金项目	数学
29	2008	10825523	高能核物理—RHIC和LHC物理中高横动量现象理论研究	王恩科	国家杰青基金项目	物理学
30	2009	20925206	农药化学	杨光富	国家杰青基金项目	化学
31	2011	11125101	非线性泛函分析	彭双阶	国家杰青基金项目	数学
32	2012	11225523	粒子物理	杨亚东	国家杰青基金项目	物理学
33	2014	21425728	污染控制化学	张礼知	国家杰青基金项目	化学
34	2016	11625104	群及其表示	周远扬	国家杰青基金项目	数学
35	2022	12225106	变分理论及其应用	郭玉劲	国家杰青基金项目	数学
36	2022	12225503	高能核物理理论和唯象	秦广友	国家杰青基金项目	物理学
37	2013	11322546	高能核物理	张本威	国家优青基金项目	物理学
38	2014	11422545	非标准模型及其唯象学	陈绍龙	国家优青基金项目	物理学

续表

序号	立项年度	项目编号	项目名称	首席专家	项目类型	所属学科
39	2016	21622201	手性杂环催化不对称合成	陈加荣	国家优青基金项目	化学
40	2018	11822302	引力波电磁对应体和伽玛射线暴	俞云伟	国家优青基金项目	物理学
41	2018	21822103	绿色合成与不对称催化反应	陆良秋	国家优青基金项目	化学
42	2019	11922109	分形分析	付小叶	国家优青基金项目	数学
43	2020	22022404	荧光探针与生物分析	孙耀	国家优青基金项目	化学
44	2020	32022001	微生物生长生理	朱曼璐	国家优青基金项目	生物学
45	2021	12122505	相对论重离子碰撞中 QCD 相变临界点的实验研究	罗晓峰	国家优青基金项目	物理学
46	2022	12222105	流体力学中的偏微分方程	訾瑞昭	国家优青基金项目	数学
47	2013	2013BAH18F02	数字学习内容与管理服务及产业化示范	易宝林	国家科技支撑计划	教育学
48	2013	2013BAH30F01	全媒体在线编辑与适配推送数字出版技术研究及应用示范	王继新	国家科技支撑计划	教育学
49	2013	2013BAH72B01	教育云规模化应用示范	杨宗凯	国家科技支撑计划	教育学
50	2014	2014BAH22F01	中小学师资培训服务支撑技术研究及应用示范	吴砥	国家科技支撑计划	教育学
51	2015	2015BAH33F01	数字化学习资源集成技术研究	杜旭	国家科技支撑计划	教育学
52	2015	2015BAK27B02	互动式土家织锦文化虚拟展示研究	赵刚	国家科技支撑计划	计算机科学与技术
53	2015	2015BAK33B02	科技馆建设及展示展教关键技术研究	张本威	国家科技支撑计划	计算机科学与技术

续表

序号	立项年度	项目编号	项目名称	首席专家	项目类型	所属学科
54	2015	2015BAK03B03	土家音乐文化数字化保护与展示关键技术研究及示范	刘清堂	国家科技支撑计划	计算机科学与技术
55	2015	2015BAK07B03	地方志可视化技术研究与演示平台实现	黄涛	国家科技支撑计划	计算机科学与技术
56	2015	2015BAK02B02	非物质文化遗产数字化关键技术及示范应用	黄永林	国家科技支撑计划	计算机科学与技术
57	2016	2016YFE0100900	ALICE 实验升级及物理研究	殷中宝	国家重点研发计划	物理学
58	2016	2016YFA0203002	消减大气环境 NOx 去除纳米材料的可控制备及污染物转化机制	艾智慧	国家重点研发计划	环境科学
59	2017	2017YFA0402100	大型强子对撞机 LHCb 实验的物理研究	谢跃红	国家重点研发计划	物理学
60	2017	2017YFD0200507	植物调控相关候选药物研究及产品创新	杨光富	国家重点研发计划	植物保护学
61	2017	2017YFA0505203	基于高性能可逆结合的蛋白质动态可逆修饰外源小分子调控技术	郭军	国家重点研发计划	植物保护学
62	2017	2017YFC0909502	基于 COPD 基因组特征谱的多级多维整合、模式识别和个体化网络验证	胡小华	国家重点研发计划	临床医学
63	2017	2017YFB1401303	数据驱动的数字教育个性化服务支撑技术研究	刘三女牙	国家重点研发计划	教育学
64	2017	2017YFB1401301	数字教育众筹众创的个性化服务理论研究	杨宗凯	国家重点研发计划	教育学
65	2018	2018YFB1004504	基于大数据的教学效果评价技术	陈靓影	国家重点研发计划	教育学

续表

序号	立项年度	项目编号	项目名称	首席专家	项目类型	所属学科
66	2018	2018YFD0200102	高效低风险小分子除草剂研发与示范	李海兵	国家重点研发计划	植物保护学
67	2018	2018YFC1802003	复合有机污染场地还原-氧化耦合修复技术	龚静鸣	国家重点研发计划	环境科学
68	2018	2018YFC1800701	土壤-地下水中污染物界面反应原位表征技术与方法	张礼知	国家重点研发计划	环境科学
69	2018	2018YFE0104700	ALICE 实验夸克物质性质的硬探针研究	张晓明	国家重点研发计划	物理学
70	2019	2019YFC1806203	活性填充材料及长效缓释功能材料研发	刘晓	国家重点研发计划	环境科学
71	2020	2020YFE0202002	基于硅像素的内径迹探测器合作研制	孙向明	国家重点研发计划	物理学
72	2020	2020AAA0108804	增强智能在线教育成效评测技术	刘三女牙	国家科技创新 2030 专项	教育学
73	2021	2021YFD1700103	高选择性除草剂创制的分子基础与新品种开发	杨文超	国家重点研发计划	植物保护学
74	2021	2021YFA0716702	超铺展剂控制农药液滴撞击作物表面沉积铺展的理论机制	李海兵	国家重点研发计划	化学
75	2021	2021YFC3340802	多维度多场域的学生数据采集技术	吴砥	国家重点研发计划	教育学
76	2022	2022YFA1006900	几何与物理中的非线性椭圆方程解的量化分析及分类	王春花	国家重点研发计划	数学
77	2022	2021ZD0200524	中国学龄儿童脑智发育队列研究 华中师范大学队列建设	周宗奎	国家科技创新 2030 专项	教育学

续表

序号	立项年度	项目编号	项目名称	首席专家	项目类型	所属学科
78	2022	2022YFB3903502	农田基础设施遥感智能识别与巡查技术研究	吴浩	国家重点研发计划	地理学
79	2022	2022YFA1602103	ALICE 探测器升级	殷中宝	国家重点研发计划	物理学
80	2022	2022YFA1604901	夸克物质临界信号和集体运动性质的实验研究	施梳苏	国家重点研发计划	物理学
81	2022	2022YFA1601902	LHCb 实验上底介子衰变中的 CP 破坏研究	尹航	国家重点研发计划	物理学
82	2022	2022YFA1604703	基于 Topmetal 读出的高压气体时间投影室探测技术研究	陈凯	国家重点研发计划	物理学
83	2022	2022YFD1700302	新型杀真菌剂创制的分子基础及新品种开发	吴琼友	国家重点研发计划	植物保护学
84	2022	2022YFD1700204	原创性靶标成靶性评价和靶向小分子探针设计	朱晓磊	国家重点研发计划	化学
85	2022	2022ZD0117100	面向智慧教育的学习者认知与情感计算研究	杨宗凯	国家科技创新 2030 专项	教育学
86	2022	2022ZD0117103	多时空跨尺度认知与情感规律挖掘方法	孙建文	国家科技创新 2030 专项	教育学
87	2022	2022YFA1207402	纳米智能控释农药创制及靶向传递与控释机制研究	尹军	国家重点研发计划	化学

附录 2：华中师范大学科学研究优秀成果奖获奖情况一览表

人文社科类

序号	届数/获奖年度	奖项类别	成果名称	成果形式	获奖作者	所属学科	获奖等级
1	第一届/1995 年	高等学校科学研究优秀成果奖（人文社会科学）	语法问题发掘集	著作	邢福义	语言学	一等奖
2	第一届/1995 年	高等学校科学研究优秀成果奖（人文社会科学）	陶行知教育学说	著作	董宝良，周洪宇	教育学	一等奖
3	第一届/1995 年	高等学校科学研究优秀成果奖（人文社会科学）	中国现代电影文学史	著作	周晓明	中国文学	二等奖
4	第一届/1995 年	高等学校科学研究优秀成果奖（人文社会科学）	开拓者的足迹——张謇传稿	著作	章开沅	历史学	二等奖

续表

序号	届数/获奖年度	奖项类别	成果名称	成果形式	获奖作者	所属学科	获奖等级
5	第一届/1995 年	高等学校科学研究优秀成果奖（人文社会科学）	老子其人其书及其道论	著作	詹剑峰	哲学	二等奖
6	第一届/1995 年	高等学校科学研究优秀成果奖（人文社会科学）	明清小说理论批评史	著作	王先霈，周伟民	中国文学	二等奖
7	第一届/1995 年	高等学校科学研究优秀成果奖（人文社会科学）	中国近代商人心理结构初探	论文	马敏	历史学	二等奖
8	第一届/1995 年	高等学校科学研究优秀成果奖（人文社会科学）	企业社会学新论	著作	刘祖云	社会学	二等奖
9	第一届/1995 年	高等学校科学研究优秀成果奖（人文社会科学）	中国民间童话概说	著作	刘守华	中国文学	二等奖
10	第一届/1995 年	高等学校科学研究优秀成果奖（人文社会科学）	汉族儿童问句系统习得探微	著作	李宇明，唐志东	语言学	二等奖
11	第一届/1995 年	高等学校科学研究优秀成果奖（人文社会科学）	中国图书馆学思想的发展及其影响初探	论文	况能富	图书馆、情报与文献学	二等奖
12	第一届/1995 年	高等学校科学研究优秀成果奖（人文社会科学）	中小学整体结构改革实验研究报告	研究报告	旷习模，杨小微，瞿天山	教育学	二等奖

续表

序号	届数/获奖年度	奖项类别	成果名称	成果形式	获奖作者	所属学科	获奖等级
13	第一届/1995年	高等学校科学研究优秀成果奖（人文社会科学）	小学数学启发式教学改革实验报告	研究报告	姜乐仁	教育学	二等奖
14	第二届/1998年	高等学校科学研究优秀成果奖（人文社会科学）	南京大屠杀的历史见证	著作	章开沅	历史学	一等奖
15	第二届/1998年	高等学校科学研究优秀成果奖（人文社会科学）	汉语语法学	著作	邢福义	语言学	一等奖
16	第二届/1998年	高等学校科学研究优秀成果奖（人文社会科学）	中国老学史	著作	熊铁基，马良怀，刘韶军	哲学	二等奖
17	第二届/1998年	高等学校科学研究优秀成果奖（人文社会科学）	社会主义发展理论研究	著作	宋才发	马克思主义理论	二等奖
18	第二届/1998年	高等学校科学研究优秀成果奖（人文社会科学）	中国近现代教育思潮与流派	著作	董宝良，周洪宇	教育学	二等奖
19	第三届/2003年	高等学校科学研究优秀成果奖（人文社会科学）	转型时期的社会与国家——以近代中国商会为主体的历史透视	著作	朱英	历史学	二等奖
20	第三届/2003年	高等学校科学研究优秀成果奖（人文社会科学）	优化学校教育活动体系、促进学生主体性发展	研究报告	杨小微	教育学	二等奖

续表

序号	届数/获奖年度	奖项类别	成果名称	成果形式	获奖作者	所属学科	获奖等级
21	第三届/2003年	高等学校科学研究优秀成果奖（人文社会科学）	中国农村村民自治	著作	徐勇	政治学	二等奖
22	第三届/2003年	高等学校科学研究优秀成果奖（人文社会科学）	中国民间故事史	著作	刘守华	中国文学	二等奖
23	第三届/2003年	高等学校科学研究优秀成果奖（人文社会科学）	汉语量范畴研究	著作	李宇明	语言学	二等奖
24	第四届/2006年	高等学校科学研究优秀成果奖（人文社会科学）	汉语复句研究	著作	邢福义	语言学	一等奖
25	第四届/2006年	高等学校科学研究优秀成果奖（人文社会科学）	从耶鲁到东京——为南京大屠杀取证	著作	章开沅	历史学	一等奖
26	第四届/2006年	高等学校科学研究优秀成果奖（人文社会科学）	学位与研究生教育史	著作	周洪宇	教育学	二等奖
27	第四届/2006年	高等学校科学研究优秀成果奖（人文社会科学）	现代思想政治教育学	著作	张耀灿，郑永廷，刘书林，吴潜涛	马克思主义理论	二等奖
28	第四届/2006年	高等学校科学研究优秀成果奖（人文社会科学）	流动中的乡村治理——对农民流动的政治社会学分析	著作	徐勇，徐增阳	政治学	二等奖

续表

序号	届数/获奖年度	奖项类别	成果名称	成果形式	获奖作者	所属学科	获奖等级
29	第四届/2006 年	高等学校科学研究优秀成果奖（人文社会科学）	班级社会生态环境研究	著作	江光荣	心理学	二等奖
30	第五届/2009 年	高等学校科学研究优秀成果奖（人文社会科学）	近代中国商会选举制度之再考察	论文	朱英	历史学	二等奖
31	第五届/2009 年	高等学校科学研究优秀成果奖（人文社会科学）	现代国家的建构与村民自治的成长	论文	徐勇	政治学	二等奖
32	第五届/2009 年	高等学校科学研究优秀成果奖（人文社会科学）	主体教育论	著作	王道俊，郭文安	教育学	二等奖
33	第五届/2009 年	高等学校科学研究优秀成果奖（人文社会科学）	思想政治教育方法发展研究	著作	万美容	马克思主义理论	二等奖
34	第五届/2009 年	高等学校科学研究优秀成果奖（人文社会科学）	中国的工业生产力革命：用随机前沿生产模型对中国大中型工业企业全要素生产率增长的分解及分析	论文	涂正革，肖耿	经济学	二等奖
35	第五届/2009 年	高等学校科学研究优秀成果奖（人文社会科学）	半工业化：近代中国乡村手工业的发展与社会变迁	著作	彭南生	历史学	二等奖

续表

序号	届数/获奖年度	奖项类别	成果名称	成果形式	获奖作者	所属学科	获奖等级
36	第五届/2009 年	高等学校科学研究优秀成果奖（人文社会科学）	英语诗歌形式导论	著作	聂珍钊	外国文学	二等奖
37	第五届/2009 年	高等学校科学研究优秀成果奖（人文社会科学）	历史的丰碑与艰难的探索——20 世纪社会主义发展的历史进程	著作	聂运麟	马克思主义理论	二等奖
38	第五届/2009 年	高等学校科学研究优秀成果奖（人文社会科学）	中国民间文化与新时期小说	著作	黄永林	中国文学	二等奖
39	第六届/2012 年	高等学校科学研究优秀成果奖（人文社会科学）	语法问题献疑集	著作	邢福义	语言学	一等奖
40	第六届/2012 年	高等学校科学研究优秀成果奖（人文社会科学）	中国中西部地区农村中小学合理布局结构研究	著作	范先佐	教育学	一等奖
41	第六届/2012 年	高等学校科学研究优秀成果奖（人文社会科学）	教育公平论	著作	周洪宇	教育学	二等奖
42	第六届/2012 年	高等学校科学研究优秀成果奖（人文社会科学）	突破服务型政府建设“两大瓶颈”创制服务型政府标准体系及建设纲要——对东部、中部、西部和东北地区服务型政府建设情况的调查与思考	研究报告	张立荣，冷向明	管理学	二等奖

续表

序号	届数/获奖年度	奖项类别	成果名称	成果形式	获奖作者	所属学科	获奖等级
43	第六届/2012年	高等学校科学研究优秀成果奖（人文社会科学）	农民理性的扩张："中国奇迹"的创造主体分析——对既有理论的挑战及新的分析进路的提出	论文	徐勇	政治学	二等奖
44	第六届/2012年	高等学校科学研究优秀成果奖（人文社会科学）	基于网络教学平台的城乡教师教研互动研究	论文	熊才平，杨薇薇	教育学	二等奖
45	第六届/2012年	高等学校科学研究优秀成果奖（人文社会科学）	图书馆专家知识地图的XTM构建方法研究	论文	夏立新，王忠义	图书馆、情报与文献学	二等奖
46	第六届/2012年	高等学校科学研究优秀成果奖（人文社会科学）	中国现代诗歌意象论	著作	王泽龙	中国文学	二等奖
47	第六届/2012年	高等学校科学研究优秀成果奖（人文社会科学）	论当代世界社会主义运动的重大变化及其转型	论文	聂运麟	马克思主义理论	二等奖
48	第六届/2012年	高等学校科学研究优秀成果奖（人文社会科学）	道教与中国民间文学	著作	刘守华	中国文学	二等奖
49	第六届/2012年	高等学校科学研究优秀成果奖（人文社会科学）	中西通俗小说叙事：比较与阐释	著作	黄永林	中国文学	二等奖
50	第六届/2012年	高等学校科学研究优秀成果奖（人文社会科学）	汉语空间短语研究	著作	储泽祥	语言学	二等奖

续表

序号	届数/获奖年度	奖项类别	成果名称	成果形式	获奖作者	所属学科	获奖等级
51	第七届/2015年	高等学校科学研究优秀成果奖（人文社会科学）	商民运动研究（1924—1930）	著作	朱英	历史学	二等奖
52	第七届/2015年	高等学校科学研究优秀成果奖（人文社会科学）	中国人留学史	著作	章开沅，余子侠，郑刚，刘振宇，冉春	教育学	二等奖
53	第七届/2015年	高等学校科学研究优秀成果奖（人文社会科学）	当代中国服务型政府建设和公共服务体系完善理论与实证研究：以促进社会公平正义为依归	著作	张立荣，冷向明，王志强	管理学	二等奖
54	第七届/2015年	高等学校科学研究优秀成果奖（人文社会科学）	中国家户制传统与农村发展道路——以俄国、印度的村社传统为参照	论文	徐勇	政治学	二等奖
55	第七届/2015年	高等学校科学研究优秀成果奖（人文社会科学）	人口流动背景下的义务教育体制改革	著作	范先佐，雷万鹏，郭清扬，贾勇宏，冯帮，张利萍	教育学	二等奖
56	第八届/2020年	高等学校科学研究优秀成果奖（人文社会科学）	中国教育活动通史（1—8卷）	著作	周洪宇，申国昌，刘来兵，广少奎，赵国权，刘训华，郭娅，赵厚勰，李忠，张亚群，但昭彬，涂怀京	教育学	一等奖

续表

序号	届数/获奖年度	奖项类别	成果名称	成果形式	获奖作者	所属学科	获奖等级
57	第八届/2020年	高等学校科学研究优秀成果奖（人文社会科学）	当代中国农地制度的存续与变迁	论文	王敬尧，魏来	政治学	一等奖
58	第八届/2020年	高等学校科学研究优秀成果奖（人文社会科学）	恽代英全集（1—9卷）	著作	李良明，曾成贵，钟德涛，李天华，李国祥，蔡丽，宋姝月	马克思主义理论	一等奖
59	第八届/2020年	高等学校科学研究优秀成果奖（人文社会科学）	刻板印象内容与形态	著作	佐斌	心理学	二等奖
60	第八届/2020年	高等学校科学研究优秀成果奖（人文社会科学）	网络心理学：行为的重构	论文	周宗奎，刘勤学	心理学	二等奖
61	第八届/2020年	高等学校科学研究优秀成果奖（人文社会科学）	融合共享：运动弱势学生体育教育改革的时代诉求	论文	王健，曹烃	体育学	二等奖
62	第八届/2020年	高等学校科学研究优秀成果奖（人文社会科学）	日本侵华殖民教育史料	著作	宋恩荣，余子侠，曲铁华，曹必宏，庄明水，黄雅丽	教育学	二等奖
63	第八届/2020年	高等学校科学研究优秀成果奖（人文社会科学）	新时期 新探索 新征程：当代资本主义国家共产党的理论与实践研究	著作	聂运麟，丁淑杰，王喜满，王建礼，李周，李亚洲，苗光新，袁群，曹天禄，商文斌，程光德	马克思主义理论	二等奖

续表

序号	届数/获奖年度	奖项类别	成果名称	成果形式	获奖作者	所属学科	获奖等级
64	第八届/2020 年	高等学校科学研究优秀成果奖（人文社会科学）	中国近代商会通史	著作	马敏，虞和平，朱英，郑成林，付海晏，魏文享，李勇军	历史学	二等奖
65	第八届/2020 年	高等学校科学研究优秀成果奖（人文社会科学）	社会主义核心价值观“进教材”的教育学探索	论文	杜时忠，曹树真	教育学	二等奖
66	第一届/1995 年	湖北省社科优秀成果奖	关于中国农村基层政权建设	系列论文	张厚安	政治学	一等奖
67	第二届/2000 年	湖北省社科优秀成果奖	中国现代文学社团流派史	著作	陈安湖	中国文学	荣誉奖
68	第二届/2000 年	湖北省社科优秀成果奖	汉英辞格对比与翻译	著作	李定坤	语言学	荣誉奖
69	第二届/2000 年	湖北省社科优秀成果奖	宋儒风采	著作	王瑞明	历史学	荣誉奖
70	第二届/2000 年	湖北省社科优秀成果奖	中国教育行政学	著作	萧宗六，贺乐凡	教育学	荣誉奖
71	第二届/2000 年	湖北省社科优秀成果奖	论陶行知的中西教育观	论文	董宝良	教育学	荣誉奖
72	第二届/2000 年	湖北省社科优秀成果奖	中国鼓文化研究	著作	严昌洪，蒲亨强	历史学	一等奖
73	第二届/2000 年	湖北省社科优秀成果奖	辛亥前后史事论丛续编	著作	章开沅	历史学	一等奖
74	第二届/2000 年	湖北省社科优秀成果奖	现代西方心灵哲学	著作	高新民，沈学君	哲学	一等奖
75	第二届/2000 年	湖北省社科优秀成果奖	中国农村村民自治	著作	徐勇	政治学	一等奖
76	第二届/2000 年	湖北省社科优秀成果奖	小句中枢说	论文	邢福义	语言学	一等奖
77	第二届/2000 年	湖北省社科优秀成果奖	论教育成本的分担和补偿	论文	范先佐，周文良	教育学	一等奖

续表

序号	届数/获奖年度	奖项类别	成果名称	成果形式	获奖作者	所属学科	获奖等级
78	第三届/2002 年	湖北省社科优秀成果奖	湖北通史	著作	章开沅，张正明，罗福惠	历史学	一等奖
79	第四届/2004 年	湖北省社科优秀成果奖	张謇与近代社会	著作	章开沅	历史学	一等奖
80	第四届/2004 年	湖北省社科优秀成果奖	汉语复句研究	著作	邢福义	语言学	一等奖
81	第五届/2006 年	湖北省社科优秀成果奖	汉语句法机制验察	著作	邢福义，刘培玉，曾常年，朱斌	语言学	一等奖
82	第五届/2006 年	湖北省社科优秀成果奖	千年梦想圆于建百年——小康社会与教育新使命	著作	周洪宇	教育学	一等奖
83	第六届/2008 年	湖北省社科优秀成果奖	中国文化与中国艺术心理思想	著作	王先霈	中国文学	一等奖
84	第六届/2008 年	湖北省社科优秀成果奖	辛亥革命史资料新编	著作	章开沅	历史学	一等奖
85	第六届/2008 年	湖北省社科优秀成果奖	中国工业增长模式系列研究	系列论文	涂正革	经济学	一等奖
86	第六届/2008 年	湖北省社科优秀成果奖	主体教育论	著作	王道俊，郭文安	教育学	一等奖
87	第七届/2010 年	湖北省社科优秀成果奖	湖北新民主革命史（四卷本）	著作	李良明，田子渝，曾成贵，刘宗武	马克思主义与党建	一等奖
88	第七届/2010 年	湖北省社科优秀成果奖	近代中国商会、行会及商团新论	著作	朱英	历史学	一等奖
89	第七届/2010 年	湖北省社科优秀成果奖	中国现代诗歌意向论	著作	王泽龙	中国文学	一等奖
90	第七届/2010 年	湖北省社科优秀成果奖	湖北考试史	著作	余子侠，胡向东，周东明，喻本伐	教育学	一等奖

续表

序号	届数/获奖年度	奖项类别	成果名称	成果形式	获奖作者	所属学科	获奖等级
91	第八届/2012 年	湖北省社科优秀成果奖	服务型政府建设研究	著作	张立荣，冷向明，方堃，江易华，李晓园	管理学	一等奖
92	第八届/2012 年	湖北省社科优秀成果奖	中国近代博览会史研究	系列论文	马敏	历史学	一等奖
93	第九届/2014 年	湖北省社科优秀成果奖	县乡关系：问题与调适	著作	吴理财	政治学	一等奖
94	第九届/2014 年	湖北省社科优秀成果奖	辛亥革命史事长编	著作	严昌洪	历史学	一等奖
95	第九届/2014 年	湖北省社科优秀成果奖	中国的碳减排路径与战略选择——基于八大行业部门碳排放量的指数分解分析	系列论文	涂正革	经济学	一等奖
96	第九届/2014 年	湖北省社科优秀成果奖	老子集成	著作	熊铁基，陈红星	宗教学	一等奖
97	第九届/2014 年	湖北省社科优秀成果奖	人口流动背景下义务教育体制改革	著作	范先佐	教育学	一等奖
98	第十届/2016 年	湖北省社科优秀成果奖	汉代学术史论	著作	熊铁基	历史学	一等奖
99	第十届/2016 年	湖北省社科优秀成果奖	恽代英全集（1—9 卷）	著作	李良明，曾成贵，钟德涛，李天华，李国祥，蔡丽，宋姝月	马克思主义与党建	一等奖
100	第十届/2016 年	湖北省社科优秀成果奖	文学伦理学批评导论	著作	聂珍钊	中国文学	一等奖
101	第十届/2016 年	湖北省社科优秀成果奖	村民自治有效实现的条件研究	论文	邓大才	政治学	一等奖

续表

序号	届数/获奖年度	奖项类别	成果名称	成果形式	获奖作者	所属学科	获奖等级
102	第十一届/2018年	湖北省社科优秀成果奖	健全农村民主管理制度：逻辑·机制·战略	著作	唐鸣，陈荣卓，梁东兴	政治学	一等奖
103	第十一届/2018年	湖北省社科优秀成果奖	中国近代商会通史	著作	马敏，虞和平，朱英，郑成林，付海晏，魏文享，李勇军	历史学	一等奖
104	第十一届/2018年	湖北省社科优秀成果奖	两宋生态环境变迁史	著作	张全明	历史学	一等奖
105	第十一届/2018年	湖北省社科优秀成果奖	历史延续性视角下的中国道路	论文	徐勇	政治学	一等奖
106	第十一届/2018年	湖北省社科优秀成果奖	义务教育均衡发展与省级统筹	论文	范先佐，郭清扬，付卫东	教育学	一等奖
107	第十一届/2018年	湖北省社科优秀成果奖	中国现代出版企业制度研究	系列论文	范军，欧阳敏，沈东山	中国文学	一等奖
108	第十二届/2020年	湖北省社科优秀成果奖	公共产品供给促进反脆弱发展：甘孜藏区发展策略研究	著作	李雪萍	社会学	一等奖
109	第十二届/2020年	湖北省社科优秀成果奖	战争与工业：抗日战争时期中国装备制造业的演化	著作	严鹏	历史学	一等奖
110	第十二届/2020年	湖北省社科优秀成果奖	理念与追求：大学发展的思考与探索	著作	董泽芳	教育学	一等奖

续表

序号	届数/获奖年度	奖项类别	成果名称	成果形式	获奖作者	所属学科	获奖等级
111	第十二届/2020 年	湖北省社科优秀成果奖	中国农村产权变迁与经验——来自国家治理视角下的启示	论文	邓大才	政治学	一等奖
112	第十三届/2022 年	湖北省社科优秀成果奖	人口流动与产业集聚互动的机制和效应研究	著作	敖荣军	经济学	一等奖
113	第十三届/2022 年	湖北省社科优秀成果奖	德国通史	著作	邢来顺，郑寅达，王亚平，孙立新，刘新利	历史学	一等奖
114	第十三届/2022 年	湖北省社科优秀成果奖	马克思主义文学批评中国形态的当代建构	著作	胡亚敏	中国文学	一等奖
115	第十三届/2022 年	湖北省社科优秀成果奖	国家化、农民性与乡村整合	著作	徐勇	政治学	一等奖
116	第十三届/2022 年	湖北省社科优秀成果奖	深度教学：促进学生素养发育的教学变革	著作	郭元祥	教育学	一等奖
117	第十三届/2022 年	湖北省社科优秀成果奖	乡村振兴战略背景下农村社区治理高质量发展研究	系列论文	陈荣卓，刘亚楠，李梦兰	政治学	一等奖
118	第十三届/2022 年	湖北省社科优秀成果奖	近代中国直接税研究	系列论文	魏文享	历史学	一等奖
119	第三届/2006 年	全国教育科学研究优秀成果奖	课程新论	著作	廖哲勋	教育学	一等奖

续表

序号	届数/获奖年度	奖项类别	成果名称	成果形式	获奖作者	所属学科	获奖等级
120	第三届/2006 年	全国教育科学研究优秀成果奖	儿童的社会技能	著作	周宗奎	教育学	二等奖
121	第三届/2006 年	全国教育科学研究优秀成果奖	德育十论	著作	杜时忠	教育学	二等奖
122	第四届/2011 年	全国教育科学研究优秀成果奖	教育学	著作	王道俊	教育学	一等奖
123	第四届/2011 年	全国教育科学研究优秀成果奖	日本侵华教育全史	著作	宋恩荣，余子侠	教育学	二等奖
124	第五届/2016 年	全国教育科学研究优秀成果奖	学术新域与范式转换——教育活动史研究引论	著作	周洪宇	教育学	一等奖
125	第五届/2016 年	全国教育科学研究优秀成果奖	教学论新编	著作	陈佑清	教育学	二等奖
126	第六届/2022 年	全国教育科学研究优秀成果奖	陶行知大传：一位文化巨人的四个世界	著作	周洪宇	教育学	一等奖
127	第六届/2022 年	全国教育科学研究优秀成果奖	中国教育改革 40 年 农村教育	著作	范先佐	教育学	二等奖

续表

序号	届数/获奖年度	奖项类别	成果名称	成果形式	获奖作者	所属学科	获奖等级
128	第六届/2022 年	全国教育科学研究优秀成果奖	理念与追求：大学发展的思考与探索	著作	董泽芳	教育学	二等奖
129	第六届/2022 年	全国教育科学研究优秀成果奖	全面加强学校德育体系建设和研究	著作	杜时忠	教育学	二等奖
130	第六届/2022 年	全国教育科学研究优秀成果奖	高中生综合素质评价的审思与重构	著作	罗祖兵	教育学	二等奖
131	第六届/2022 年	全国教育科学研究优秀成果奖	生态文明教育研究	著作	岳伟	教育学	二等奖
132	第六届/2022 年	全国教育科学研究优秀成果奖	论学科育人的逻辑起点、内在条件与实践诉求	论文	郭元祥	教育学	二等奖
133	第六届/2022 年	全国教育科学研究优秀成果奖	城镇化背景下农民工子女就地选择意愿及其影响因素研究	论文	雷万鹏，徐璐	教育学	二等奖
134	第六届/2022 年	全国教育科学研究优秀成果奖	基于人工智能的课堂行为分析方法及其应用	论文	刘清堂，何皓怡，吴林静，邓伟，陈越，王洋，张妮	教育学	二等奖

续表

序号	届数/获奖年度	奖项类别	成果名称	成果形式	获奖作者	所属学科	获奖等级
135	第六届/2022 年	全国教育科学研究优秀成果奖	教育数据伦理：大数据时代教育的新挑战	论文	刘三妍	教育学	二等奖
136	第六届/2022 年	全国教育科学研究优秀成果奖	Validation of a teachers' achievement goalinstrument for teaching physical education	论文	王健，沈波，罗小兵，胡庆山，Alex C. Garn	教育学	二等奖
137	第六届/2022 年	全国教育科学研究优秀成果奖	教师引导行为与学习者与先前知识水平对视频学习的交互影响	论文	杨九民，章仪，李丽，皮忠玲	教育学	二等奖
138	第八届/2001	中宣部精神文明建设“五个一工程”入选奖	社会主义：20 世纪的回顾与前瞻	著作	李会滨	马列·科社	入选奖

注：本表仅包括高等学校科学研究优秀成果奖（人文社会科学）一、二等奖，湖北省社科优秀成果奖一等奖，全国教育科学研究优秀成果奖一、二等奖，中宣部精神文明建设“五个一工程”入选奖。

自然科学类

序号	获奖年度	奖项类别	成果名称	获奖作者	所属学科	获奖等级
1	1981	国家发明奖	水杨酸异丙酯新工艺	张景龄，刘钊杰，黄文芳，卿湘华，古练权，邝培翠，余光旭，杨兴钰，汪焱刚	化学	四等奖
2	1985	国家科技进步奖	甲基异柳磷	张景龄，刘钊杰，余光旭等	化学	二等奖
3	1988	国家发明奖	相转移催化一步法合成水胺硫磷新工艺	张景龄，卿湘华，刘钊杰，邝培翠，余光旭	化学	三等奖
4	1988	教育部科技奖	农药增效剂——增效磷 1 号	刘钊杰，贺红武，邹煜平等	化学	二等奖
5	1990	农业部科技奖	湖北省山区开发系统研究	曾菊新等	地理学	二等奖
6	1991	国家体育委员会科技奖	中国体育事业指标体系	邓宗琦，杜水芳，刘厚生，李正梅，刘贤龙	体育学	二等奖
7	1994	国家计划委员会科技奖	湖北省国土资源综合评价	徐樵利，谭传风，李鹤鸣，王会昌，余刚鹏	环境科学与工程	二等奖
8	1992	教育部科技奖	有机磷农药水胺硫磷的推广应用	卿湘华，刘伏清，王建民，胡保国，余光旭，贺红武，谭效松，郑金华，刘实	化学	一等奖
9	1994	教育部科技奖	高强能子——强子碰撞纵向相空间的动力学	吴元芳，刘连寿	物理学	二等奖
10	1995	教育部科技奖	斜纹夜蛾核型多角体病毒杀虫剂中试生产及应用	王家坤，余泽华，彭建新等	化学	二等奖

续表

序号	获奖年度	奖项类别	成果名称	获奖作者	所属学科	获奖等级
11	1996	教育部科技奖	新农药甲基异柳磷的应用与推广	刘钊杰，卿湘华，贺红武，赵悦臻，刘贤建，赵莉，范建国，余光旭，于长洪，谭效松，严刚，王今红，罗建林	化学	二等奖
12	2006	国防科工委	相对论性核-核碰撞模型与QGP相变信号物理研究	蔡勖，周代梅，王晓荣	物理学	二等奖
13	2004	高等学校科学研究优秀成果奖（科学技术）	强相互作用新物质形态的硬探针信号及集体效应研究	王恩科，张本威，张汉中	物理学	一等奖
14	2006	高等学校科学研究优秀成果奖（科学技术）	新农药生物合理设计的分子基础研究	杨光富，湛昌国，万坚，丁明武，张莉	化学	一等奖
15	2007	高等学校科学研究优秀成果奖（科学技术）	非线性守恒律组的数学理论	朱长江，赵会江	数学	二等奖
16	2009	高等学校科学研究优秀成果奖（科学技术）	非线性椭圆型与抛物型偏微分方程若干问题的研究	邓引斌，李工宝，彭双阶	数学	二等奖
17	2015	高等学校科学研究优秀成果奖（科学技术）	典型环境污染物高效去除及其机理	张礼知，艾智慧，龚静鸣	化学	二等奖
18	2017	高等学校科学研究优秀成果奖（科学技术）	环境和生物样品的准确测定及成像	钟鸿英，李海兵，冯国强，徐晖，梁沛	化学	二等奖

续表

序号	获奖年度	奖项类别	成果名称	获奖作者	所属学科	获奖等级
19	2018	高等学校科学研究优秀成果奖（科学技术）	夸克胶子新物质形态的喷注层析研究	王恩科，张本威，张汉中，陈晓芳	物理学	一等奖
20	2019	高等学校科学研究优秀成果奖（科学技术）	智能云端一体化学习关键技术与应用	杨宗凯，刘三女牙，韩骏，杨非，李小文，刘拥纲，聂风华，方力，李晟，张昭理，黄涛，吴砥，何秀玲，陈增照，刘海，陈矛，周东波	计算机科学与技术	一等奖
21	1992	湖北省计划委员会科技奖	农业资源和区域开发研究	曾菊新等	农业资源与环境	一等奖
22	1997	湖北省科学技术奖	叶立德化学	黄文芳，孙玉树	化学	一等奖
23	2000	湖北省科学技术奖	近代量子光学导论	彭金生，李高翔	物理学	一等奖
24	2004	湖北省科学技术奖	非线性偏微分方程的控制理论中的若干问题	汪更生	数学	一等奖
25	2005	湖北省科学技术奖	新农药的分子设计策略及合成方法学研究	杨光富，贺红武，万坚，肖文精，丁明武	化学	一等奖
26	2006	湖北省科学技术奖	网络管理平台软件研究	肖德宝，黄志勤，佘松平，陈代兵，何琨，余一娇，崔建群，李艳，杨祎，李矗，袁守正，彭熙，刘一兰，熊伟，王军	计算机科学与技术	一等奖

续表

序号	获奖年度	奖项类别	成果名称	获奖作者	所属学科	获奖等级
27	2006	湖北省科学技术奖	强作用新物质形态中的喷注淬火效应和非线性响应理论研究	王恩科，张本威，张汉中	物理学	一等奖
28	1987	湖北省科技进步奖	相转移催化一步法合成水胺硫磷新工艺	张景龄，卿湘华，刘钊杰，邝培翠，余光旭	化学	一等奖
29	2008	湖北省科学技术奖	非线性双曲守恒律组及相关问题的研究	朱长江，赵会江	数学	一等奖
30	2009	湖北省科学技术奖	创制除草剂氯酰草膦（HW02）的研究与开发	贺红武，谭效松，彭浩，刘钊杰，汪军	化学	一等奖
31	2010	湖北省科学技术奖	基于精益建造的建筑工程质量协同管理技术与应用研究	丁烈云，骆汉宾，钟波涛，叶艳兵，吴公稳，何婷婷，叶兵，周迎，沈祥，张志强，谢玉超，余章勇，徐晟	管理科学与工程	一等奖
32	2010	湖北省科学技术奖	非线性偏微分方程中的典型问题的研究	李工宝，邓引斌，彭双阶	数学	一等奖
33	2011	湖北省科学技术奖	网络内容分析关键技术与应用	杨宗凯，郑庆华，许炜，黄建，王泰，刘三女牙，刘均，肖宇，黑晓军，周宗奎	计算机科学与技术	一等奖
34	2011	湖北省科学技术奖	量子纠缠态制备的若干问题的理论研究	李高翔，谭华堂，朱诗尧，吴少平	物理学	一等奖

续表

序号	获奖年度	奖项类别	成果名称	获奖作者	所属学科	获奖等级
35	2013	湖北省科学技术奖	碳/杂环高效构筑中的新试剂、新催化体系和新反应研究	肖文精，陈加荣，陆良秋，曹宜菊，杨倩	化学	一等奖
36	2015	湖北省科学技术奖	教育云关键技术与规模化应用	杨宗凯，刘三女牙，刘拥纲，王珠珠，张昭理，欧阳由，宋磊，易乔治，陈增照，黄涛，陈矛，吴砥，舒江波，孙建文，易宝林	计算机科学与技术	一等奖
37	2017	湖北省科学技术奖	氮杂环合成中的串联反应研究	肖文精，陆良秋，陈加荣，邹有全，阳青青	化学	一等奖
38	2019	湖北省科学技术奖	卤氧化铋光催化材料	张礼知、艾智慧、李杰、蒋静、李浩	化学	一等奖
39	2020	湖北省科学技术奖	孤独症儿童智能教育干预关键技术及其应用	杨宗凯、陈靓影、陈丹、刘三女牙、范静怡、刘乐元、张坤、许彬、刘海、彭世新、钟正、蔡畅、刘俐利	计算机科学与技术	一等奖

注：本表仅包括国家级科学技术成果奖、国家技术发明奖和国家科学技术进步奖，以及高等学校科学研究优秀成果奖（科学技术）一、二等奖，教育部科技奖及其他中央部委一、二等奖，湖北省科学技术奖一等奖。

附录3：华中师范大学国家社科基金成果文库入选情况一览表

序号	入选年度	成果名称	作者	所属学科
1	2013	中国古代文学观念发生史	王齐洲	中国文学
2	2013	文学伦理学批评导论	聂珍钊	外国文学
3	2014	当代中国农业生产组织现代化研究	曹阳	经济学
4	2014	基层民主发展的途径与机制：权利保障与社区建设	徐勇	政治学
5	2014	中国商会通史	马敏	历史学
6	2014	西方文论关键词与当代中国	胡亚敏	中国文学
7	2015	先秦诸子与楚国诸子学	高华平	中国文学
8	2019	国家与民间互动视野下的近代所得税研究	魏文享	历史学
9	2019	街区里的商人社会——民国时期马路商界联合会研究	彭南生	历史学